U0964212

全国高等院校工商管理规划教材、人力资源管理专业主干课程教材

人力资源管理心理学

（第二版）

刘晓宁　赵　路　主编

对外经济贸易大学出版社
中国·北京

图书在版编目（CIP）数据

人力资源管理心理学／刘晓宁，赵路主编．—2版
．—北京：对外经济贸易大学出版社，2015．8（2023.9重印）
全国高等院校工商管理规划教材．人力资源管理专业
主干课程教材
ISBN 978-7-5663-1361-4

Ⅰ．①人… Ⅱ．①刘… ②赵… Ⅲ．①人力资源管理
-管理心理学-高等学校-教材 Ⅳ．①F241-05

中国版本图书馆 CIP 数据核字（2015）第 125890 号

人力资源管理心理学（第二版）

刘晓宁 赵 路 **主编**

责任编辑：王红梅 汪 洋

对 外 经 济 贸 易 大 学 出 版 社
北京市朝阳区惠新东街 10 号 邮政编码：100029
邮购电话：010-64492338 发行部电话：010-64492342
网址：http://www.uibep.com E-mail：uibep@ 126.com

北京九州迅驰传媒文化有限公司印装 新华书店经销
成品尺寸：185mm×260mm 21．25 印张 491 千字
2015 年 8 月北京第 2 版 2023 年 9 月第 6 次印刷

ISBN 978-7-5663-1361-4
印数：7 001－7 600 册 定价：39．00 元

人力资源管理专业主干课程教材编委会名单

（按姓氏拼音先后为序）

出 版 说 明

21 世纪以来，全球经济蓬勃发展，市场竞争日益激烈，我国企业越来越紧迫地感到增强其自身竞争力的重要性。知识经济时代，人力资源已替代物质资源成为企业发展最根本的资源，企业必须不断创新适应竞争模式的改变，把人力资源管理提到战略高度，并建立适合自身的人力资源管理体系。企事业机构内外部竞争环境的变化，对国内的人力资源管理专业教育提出了新的课题，对该专业的教材也提出了更高的要求。

鉴于此，我们邀请中国人民大学、清华大学、对外经济贸易大学、中央财经大学、首都经济贸易大学、北京师范大学、南开大学、西安交通大学等众多知名学府的权威学者，并联合实务界人士，共同推出了“人力资源管理专业主干课程教材”。这套丛书，既可以作为人力资源管理专业本科生教材，也可以作为业内人士学习的重要参考图书。

本套丛书在讲解基本知识内容的基础上，对重点内容及其最新发展进行了极大地丰富和深化。在知识结构安排上更加完善，颇具有前瞻性和系统性。书中融入了与理论知识密切相关的现实案例，有助于读者扩大知识视野，提高理解理论的深度，拓宽思考现实问题的广度，从而在实践中解决问题。

本套丛书的每一本都是作者的倾力制作，愿它们的出版对我国的人力资源管理专业教育、人才的培养有所助益！

对外经济贸易大学出版社

2013 年 9 月

再版前言

本书是受对外经济贸易大学出版社委托编写的全国高等院校工商管理规划教材。该书的第一版于 2010 年 8 月出版，经过 4 年多的检验，受到了普通高等学校（包括电视大学、夜大学、自学考试和函授大学）广大师生的欢迎和喜爱。现根据广大读者的要求，于 2015 年进行再版。

党的二十大报告指出："教育、科技、人才是全面建设社会主义现代化国家的基础性、战略性支撑。必须坚持科技是第一生产力、人才是第一资源、创新是第一动力，深入实施科教兴国战略、人才强国战略、创新驱动发展战略，开辟发展新领域新赛道，不断塑造发展新动能新优势。""我们要坚持教育优先发展、科技自立自强、人才引领驱动，加快建设教育强国、科技强国、人才强国，坚持为党育人、为国育才，全面提高人才自主培养质量，着力造就拔尖创新人才，聚天下英才而用之。"本书作为人力资源管理类教材，在内容编写中严格贯彻了党的二十大精神的要求，注重高质量教材内容的提炼，为培养新时代建设人才尽微薄之力。

本书全面系统地阐述了本门学科的基本概念、基本理论，力求做到表述清楚、准确规范。本书紧紧围绕人才的培养目标，力求突出人力资源管理职业技能的培养，参考和引用了大量国内外文献资料，力求反映本学科最新的研究成果。

全书分为三篇，共 10 章，内容涵盖了人力资源管理心理学的概念与发展历史、人力资源管理心理学的实践、员工心理的维护与发展等完整的知识体系，它适合于人力资源管理及相关专业用作专业基础课或选修课教材，也可以作为在职员工培训和自学辅导的教材。

本着创新和博采众长的精神，本教材吸收了国内外优秀的人力资源管理类和心理学教材精华，力求做到体系完整和重点突出，充分体现时代特点，反映了"人事管理"逐渐被"人力资源管理"所取代的过程中人力资源管理心理学发展的最新进展和发展趋势，形成了具有特色的结构体系。同时，遵循理论联系实际和学以致用的原则，力图使读者既能把握本学科发展的脉络和趋势，又能立足实践，因而，本书具有以下鲜明的特点：

（1）系统性强。本书从心理学的角度及改善人力资源管理的视角，对人力资源管理心理学的基础理论和方法进行了全面介绍，希望能够帮助学生和管理者建立先进的人力资源管理心理学理念，善于运用本学科的基本理论和方法，分析解决管理实践中的实际问题。

（2）突出实用性。本书以突出实用性为主，概念和理论讲述力求简洁、精练；整体风格突出实用性和可操作性。本书把理论和实践、量表测试与技巧、案例分析和讨论等内容相结合，使学生和读者不仅能够学习和掌握人力资源管理心理学的理论知识，更重要的是借此培养学生或管理者掌握人力资源管理心理学的知识和技能。

（3）形式活泼，内容新颖。书中广泛运用图文和表格，使得教材内容变得清晰、直观、生动，增加读者的感性认识。每章后附有讨论问题、参考文献或网站资源，便于学生进行拓展学习和提高。

（4）案例与知识点丰富，富有启发性。本教材正文配以阅读资料和案例，正文和案例及知识点相互穿插，在阅读正文的同时也可以跳跃式阅读相关资料，既拓宽了学生视野，弥补了课内教学的不足，也便于学生进行深度探索。每章后的案例讨论有助于培养学生发现问题、分析问题和解决问题的能力，以及培养学生的实践和创新精神。

本书思路清晰、脉络清楚，内容衔接紧密，浑然一体，凸显了人力资源管理心理学的学科本质。同时，作者强调理论联系实际，学以致用，注重阐述人力资源管理心理学的研究成果在教学中的应用。

作　者

2023 年 7 月

目　录

第一篇　人力资源管理心理学基础

第二篇　人力资源管理心理学的实践

第三篇 员工心理的维护和发展

第一篇　人力资源管理心理学基础

21 世纪的管理是以人为核心的管理，在这一新的历史时期，人力资源正在迅速成为现代社会越来越重要的财富，无论是物质生产领域还是精神生产领域，人力资源的作用越来越突出，组织间的竞争从本质上看就是人力资源开发与管理的竞争。人力资源开发与管理的许多问题都是属于人本身的范畴，而对人的管理无非是对人的心理活动的外在表现管理。要以人为本来维持组织的正常运行和发展进步，必须加强对人的心理和行为的管理。只有这样，才能真正有效地发挥组织管理作用和体现组织管理功能，最终达到实现组织追求的经济效益目标。

第一章

绪　　论

学习目标

- 掌握人力资源管理心理学的定义和内涵
- 掌握人力资源管理心理学的学科性质
- 掌握人力资源管理心理学的研究方法
- 了解人力资源管理心理学的意义与作用
- 了解人力资源管理心理学发展的历史沿革

关键概念

人力资源　人力资源管理　心理学　管理心理学　组织行为　工业心理学
人事心理学　人力资源管理心理学　霍桑实验　霍桑效应　心理现象　人的行为规律
心理机制　人性假设理论　人的潜能　调动人的积极性　关注人性需要

引导案例

霍桑实验是心理学史上最出名的事件之一。这一系列在美国芝加哥西部电器公司所属的霍桑工厂进行的心理学研究是由哈佛大学的心理学教授梅奥主持。

霍桑工厂是一个制造电话交换机的工厂，具有较完善的娱乐设施、医疗制度和养老金制度，但工人们仍愤愤不平，生产成绩很不理想。为找出原因，美国国家研究委员会组织研究小组开展实验研究。

霍桑实验的工作环境改变是透过改变照明亮度来观察的，结果是，亮度增加，生产力增加，但亮度逐渐下降生产力仍然继续升高。更奇异的是，控制组的照明其实一点都没改变，但生产力仍会上升。甚至，实验人员延长工时或减少休息时间，生产力也会上升。许多工人都比实验前更满意自己的工作。

经过几年的研究，梅奥与同僚终于发现金钱激励并不影响产能，因为在实验中加薪或不加薪产能都提升了。进一步了解后才知道，这些工人被选出参与实验时，本身即感到是一种个人的光荣，这种心态又形成整个团队的荣誉感，而导致“情绪性的连锁反应”。换言之，这个实验结果并未如原先所预期，看来是近乎失败的实验。

但梅奥与同僚由霍桑实验中领悟到，团队归属感也能满足个人的心理需求。此外，赋予员工个人或团队对某项任务决策的责任，使得个人或该团队更愿意将该任务视为己任而全力以赴。其次，负责该任务之经理人对于整个事件的肯定与关怀，会使员工明白他们对组织有独特而重要的贡献。

人力资源管理心理学霍桑实验对管理理论有相当的贡献：它让工人了解自己不全然只是机械的延伸；它引发产业界与学术界一系列的相关措施与研究；它替管理学开了一扇通往社会科学领域的门；它同时也令研究者检讨田野调查不能与标的物太接近，否则会影响实验的结果（称之为霍桑效应）。

梅奥与同僚发现经营者要对管理的人性社会面与行为面有更深入的了解。

（资料来源：选自豆丁网）

随着经济全球化的进一步发展和全球竞争的加剧，有效的人力资源管理已经成为组织发展和成功的关键所在。因此，加强对人力资源管理的理论和实践研究非常重要。现代人力资源管理理论借鉴了很多其他领域如经济学、心理学、社会学、人类学等学科的研究成果。东、西方心理学理论都对人力资源管理理论和实践有很重要的指导意义。西方心理学对心理测验、动机与激励理论研究、心理干预等方面的影响较大；中国很多心理学思想虽然没有形成完整的体系，理论框架也不够完善，但是这些心理学思想往往是从社会实践中总结而来，因此在解决一些社会心理问题有其独到的作用，在人力资源管理实践中也有一定的借鉴意义。

第一节　人力资源管理心理学概述

一、两种取向的人力资源管理心理学

什么是人力资源管理心理学？如何定义人力资源管理心理学？不同的教材和专著从不同的角度给出了各自的解释。

人力资源管理心理学是人力资源管理学和心理学交叉融合而形成的一门边缘学科，从事该学科研究的人员也主要来自于心理学和人力资源管理学领域。由于这两个领域的研究人员在学科背景、知识结构、看待问题的角度等方面存在差异，所以在这门学科不断发展的过程中，逐渐演变出了两种取向的人力资源管理心理学。

1. 心理学取向的人力资源管理心理学

心理学取向的人力资源管理心理学是基于心理学角度出发的。这种人力资源管理心理学看问题比较微观，注重个体层面的心理问题和行为背后的潜在机制，侧重于从心理学的角度出发，用心理学的理论、知识和方法来探讨人力资源管理方面的相关问题，说明和解释相关现象。

定义 1：人力资源管理心理学——研究人力资源管理与开发过程中各种心理现象和行为规律的学科。它属于应用心理学的一个学科领域。

2. 人力资源管理取向的人力资源管理心理学

人力资源管理取向的人力资源管理心理学是基于人力资源管理的角度出发，旨在为

人力资源管理层或领导层出谋划策，引导他们如何管理员工，以便有好的业绩和绩效。这种人力资源管理心理学看问题比较宏观，也比较务实，侧重于用人力资源管理的思想、原理和方法探讨相关心理学问题，说明和解释相关心理现象。

定义 2：人力资源管理心理学——即把心理学的研究成果和理论应用到人力资源管理领域的学科。它属于人力资源管理的一个应用领域。

这两种取向已经在国内外不同版本的人力资源管理心理学著作中得到了体现。两种取向的人力资源管理心理学在研究对象、内容体系等方面基本相同，不同之处在于研究问题的出发点不同。例如，在研究企业员工工作倦怠问题时，心理学取向的人力资源管理心理学更关注员工工作倦怠形成的心理机制，寻求导致其工作倦怠的心理因素；而人力资源管理取向的人力资源管理心理学则更侧重从人力资源管理的角度出发，分析员工工作倦怠的形成原因，探查引起员工工作倦怠的社会、文化、组织条件等。

二、人力资源管理活动中“手段与目的的辩证统一体”

上述两种取向的人力资源管理心理学实际上触及到了一个非常重要而敏感的问题：人力资源管理活动的终极目的是什么？作为管理客体的人与作为管理主体的组织究竟是什么样的关系？人及其心理变化究竟是实现组织目标的手段或工具，还是人力资源管理活动的目的？换句话说，人力资源管理心理学研究人力资源管理与开发过程中人的心理活动和行为规律的目的何在？

人力资源管理取向的人力资源管理心理学倾向于认为，探索人力资源管理活动中人的心理活动和行为规律应该服务于人力资源管理的目的，是为了更加有效地、科学地开展人力资源管理工作，提高工作绩效，最终实现组织目标。按照这种观点，人力资源管理活动中的人及其心理变化只是实现组织目标的手段或工具，处于从属地位。因此，研究人力资源管理活动中的人及其心理规律的人力资源管理心理学属于工具性或功利性的学科。而心理学取向的人力资源管理心理学则倾向于认为，人力资源管理活动中的人及其心理变化本身也应该成为人力资源管理的目的。人力资源管理心理学不仅应该服务于企业和组织目标，为该目标的实现提供依据、出谋划策，还应该服务于组织中的人，为企业和组织中人的全面发展提供依据和方法。当今的人力资源管理是以人性化管理或人本管理为主流的管理，在学术研究领域也已经出现了由人力资源管理（HRM）向人力资源发展（HRD）转变的趋势，人及其心理发展作为管理目的的地位更应该受到重视。

实际上，组织目标和人的发展目标并非一定是完全对立的关系，二者是互为因果、互为目的和手段的对立统一关系。揭示组织环境中人的心理和行为规律，一方面应该有利于科学合理地开展管理工作，提高工作绩效，实现组织发展目标；另一方面应该有利于改善组织中人的心理状态，促进人的全面发展。组织目标的实现和组织中人的全面发展是互为目的和手段的，组织目标的实现为人的全面发展提供了条件，人的全面发展又为组织目标的实现奠定了基础。也就是说，人力资源管理活动中的人及其心理既是手段又是目的，同样组织管理也既是手段又是目的，二者都是手段和目的的辩证统一体。这种思想可以用图 1-1 加以更为详细的说明。

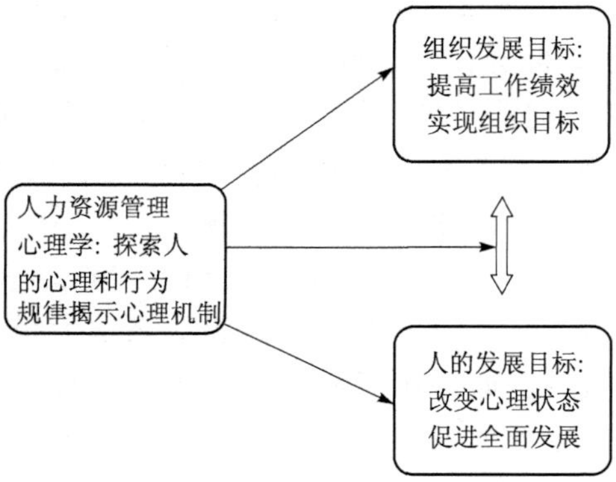

图 1-1 人力资源管理心理学手段和目的的辩证统一关系

首先，人力资源管理心理学具有双重目标或双重性。一方面，它要服务于组织发展目标，在这个意义上它具有工具性或功利性；另一方面，它要服务于人的发展目标，在这种意义上它具有人文性、教育性等非功利的特点。

人的目标 \ 组织目标	实现	未实现
实现	A	B
未实现	C	D

图 1-2 两种管理目标的交互作用产生的四种情况

其次，上述两种目标是交互作用、互相影响的。这种交互作用造成的四种状态如图 1-2 所示，其中 A 是理想状态，B 是不常见状态，C 是常规状态，D 是最糟状态。

最后，人力资源管理心理学除了直接服务于组织发展目标和人的发展目标之外，还需要对这两种目标之间交互作用的方式进行干预，协调二者之间的矛盾，调整二者之间的关系，使其达到相互促进、共同发展的状态，即达到图 1-2 中 A 所代表的理想化状态。

三、人力资源管理心理学的定义

一般说来，人力资源管理心理学是研究人力资源管理活动中人的行为规律及其潜在的心理机制，并科学地运用心理学原理和方法改进人力资源管理工作，不断提高工作效率与管理效能，最终实现组织目标与个人全面发展的一门学科。

定义 3：人力资源管理心理学——研究人力资源管理与开发过程中人的心理活动和行为规律，并致力于把心理学的研究成果和理论应用到人力资源管理实践的学科。

这个定义主要有以下三层含义：

第一，人力资源管理心理学的研究对象是人的行为规律及其潜在的心理机制。也就是说，人力资源管理心理学既探索组织管理活动中人的行为规律，又揭示这些行为背后潜在的心理机制。它把人的行为规律及其心理机制结合起来进行研究，其原因在于人的行为与心理之间具有密不可分的关系。一方面，行为是在一定心理活动的指导下进行的，它是心理活动的外在表现，要想真正了解人的行为，就要探索其背后潜在的心理机制；另一方面，心理又是行为的内在动因，是调节、控制行为的内部过程，要想揭示人类心理的奥秘，就必须分析人的外在行为。由此可见，人力资源管理过程中人的行为规律及其心理机制都是人力资源管理心理学所要探讨的对象。

第二，人力资源管理心理学的研究范围是人力资源管理活动中，包括人力资源的战略规划、工作分析、员工的选拔、培训、激励、安置、绩效评价和职业发展等方面人的行为规律及其潜在的心理机制。换句话说，人力资源管理心理学不是探索一般情境下人的行为规律及其潜在的心理机制，而是把研究范围严格限定在人力资源管理活动这一特定情境中。

第三，人力资源管理心理学研究的目的是在掌握人力资源管理活动中人的行为规律及其潜在心理机制的基础上，运用科学的方法改进人力资源管理，充分调动人的积极主动性，不断提高工作效率与管理效能，最终实现组织目标与个人的全面发展。

概括地说，人力资源管理心理学是心理学的分支学科，也是人力资源管理科学的重要组成部分。人力资源管理心理学是建立在心理学、社会心理学、行为科学、系统科学、管理学、经济学等学科基础之上，并运用这些学科的理论、方法研究人力资源管理中的心理现象的一门学科，因而也是一门跨自然科学、社会科学的边缘性学科。

第二节　人力资源管理心理学的学科性质

一、人力资源管理心理学的相关学科

（一）管理学理论

管理科学的发展经历了古典管理、行为科学、现代管理三个阶段。

1. 古典管理理论

古典管理理论包括：早期管理理论（亚当·斯密、大卫·李嘉图），传统管理理论（巴贝奇、艾末生）和科学管理理论（美国的泰罗、法国的法约尔、德国的韦伯及美国的古利克和英国的厄威克）。

2. 行为科学理论

行为科学理论研究的内容包括：人的本性和需要、行为动机和人际关系。

（1）人际关系理论：奠基者是美国的梅奥和罗特利斯伯格。

（2）行为科学理论：包括人类需要理论、人性管理理论、群体行为理论、领导行为理论。

3. 现代管理理论

现代管理理论包括：社会系统学派（巴纳德）、决策理论学派（西蒙）、系统管理学派、经验主义学派（德鲁克和戴尔）、权变理论学派、管理科学学派（伯法）。

（二）人力资源开发与管理

人力资源开发与管理指运用现代化的科学方法，对与一定物力相结合的人力进行合理的培训、组织与调配，使人力、物力经常保持最佳比例，同时对人的思想、心理和行为进行恰当的诱导、控制和协调，充分发挥人的主观能动性，使人尽其才，事得其人，人事相宜，以实现组织目标。

人力资源开发与管理是运用科学系统的理念、技术、工具和方法，进行人力资源的获取、使用、激励、保持和开发，影响或改变员工的行为、态度和绩效，以充分开发人力资源，挖掘人的潜力，调动人的积极性，提高工作效率，实现组织目标的理论、方法、工具与技术的学科。

（三）管理心理学理论

管理心理学从组织管理的角度出发，将心理学的原理和成果与其他相关的学科成果应用到管理活动中，分析和研究人的心理活动和行为规律，研究组织管理活动中的社会心理现象，以及个体、群体、领导、组织的具体活动的规律性。它包括丰富的内容，涉及组织管理中的各种心理问题，探索激励人的心理和行为的各种途径和技巧，提高对人的行为的预测、引导和控制，是以调动人的积极性，协调与建立组织良好的人际关系，在实施管理的过程中注意不断满足人的心理需要，进而发挥组织成员的主动性、创造性，提高工作效率，优化组织效能为目的的学科。

（四）心理学基础知识

1. 普通心理学

普通心理学是研究心理学基本原理和心理现象的一般规律，它是一切应用心理学的基础。心理学内部有许多分支学科，每一分支分别从不同的角度来研究心理现象。但是，任何一个分支都不可避免地要涉及对心理和心理现象的总的看法，如心理学的对象和方法，心理的实质和心理现象的规律性，心理学的历史、发展趋势、理论体系、派别和研究方法等。对这些心理学一般理论问题的阐述，构成了普通心理学的一个重要的研究领域，即心理学基本原理的研究。普通心理学研究成果对其他心理学分支有重大的意义。

2. 社会心理学

社会心理学是研究个体和群体的社会心理现象的心理学分支。个体社会心理现象指受他人和群体制约的个人的思想、感情和行为，如人际知觉、人际吸引、社会促进和社会抑制、顺从等。群体社会心理现象是指群体本身特有的心理特征，如群体凝聚力、社会心理气氛、群体决策等。

社会心理学是心理学和社会学之间的一门边缘学科，受到来自两个学科的影响。在社会心理学内部一开始就存在着两种理论观点不同的研究方向，即所谓社会学方向的社会心理学和心理学方向的社会心理学。在解释社会心理现象上的不同理论观点，并不妨碍社会心理学作为一门独立学科应具备的基本特点。

3. 心理现象

在我国通常把心理现象分成心理过程和个性心理两大部分（见图 1-3）。

心理过程：分为认知过程、情感过程和意志过程三个方面。认知过程主要是通过人的感觉、知觉、记忆、思维、想象等心理活动来完成的；情感过程是人们对客观事物的一种态度的体验，是对事物好恶的一种倾向，包括情绪、情感和情操；意志过程是人自觉地确定目的并支配其行动以实现预定目的的心理过程。

个性心理：分为个性倾向和个性心理特征。个性倾向指需要、动机、兴趣、价值观等；个性心理特征指气质、性格、能力等。

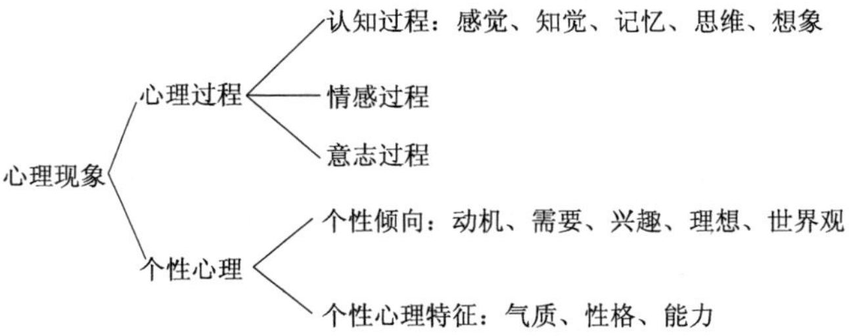

图 1-3 心理现象结构图

（五）人性假设理论

管理学的人性假设，是指人们根据一定社会时期内管理活动赖以成立的特定经济、政治和文化条件，对管理活动中人的需要和人的本性所作出的一种预设。

自 1957 年麦格雷戈首次在管理学研究中提出“人性假设”问题以来，众多的中、西方管理学家对此作了大量的论述。其中，有代表性的包括：“工具人”“经济人”“社会人”“自我实现的人”“复杂人”等。

1.“工具人”与经验管理

近代，亚当·斯密在《国民财富的性质和原因的研究》中阐述了分工理论和利己主义的人性观，对后来西方管理理论和思想的发展产生了深远影响。查尔斯·巴贝奇进一步发展了亚当·斯密关于劳动分工的思想，提出了一种固定工资加利润分享的分配制度，为现代劳动工资制度的发展作出了重要贡献。这一时期的管理思想强调管理者的作用，否定被管理者的作用。不管是从经济、政治环境还是组织的实际需要看，管理者为了实现自己的管理目标，完全可以不顾被管理者的要求，而只是将其视为达到目标的工具。这就是前泰勒时代所遵循的人性假设：“工具人。”

基于“工具人”假设之上的管理模式在一定程度上维护了社会的稳定，并推动社会缓慢向前发展。但“工具人”假设的实质在于取消了管理对象的“人”的资格，认为他们并不具备人的本性，只是管理者实现其目的的手段。这种假设随着社会的发展逐渐失去了合理性。社会关系的新变化以及这种管理模式在实践中的负反馈，要求人们提出新的人性假设以形成新的更符合实际的管理模式。

2.“经济人”与古典科学管理理论

20 世纪初前后，社会关系发生了巨大变化，“经济人”假设就是在这种情况下登上管理思想舞台的。泰勒、法约尔、韦伯等这一时期的代表人物都自发地遵守这一假设。在他们看来，人不是完全被动的，人的活动是有经济动机的；管理者和管理对象也并非完全对立，在经济动机这一点上是共同的。“经济人”假设将人的特点概括为：第一，每个人的行动只受个人利益的驱使，按照自我保存的方式行事；第二，每个人只服从理性，只想以最小牺牲来满足自己的最大需要；第三，自然的社会由一群无组织的个人组成，个人完全是孤立自由的，独立于任何其他人。

人性假设的改变直接导致了管理模式的巨大变化，成功实现了管理创新。之后几十年里，这种以效率为核心的管理模式对于丰富社会物质财富、改善人们生存条件、促进社会发展起到了巨大的推动作用。

3. “社会人”与行为科学管理理论

20 世纪 30 年代后，主要是从人的需要、欲望、情绪、动机等心理因素的角度研究人的行为规律，并借助于这种规律性的认识来预测和控制人的行为，以实现管理的目的。这一时期，西方社会经济环境、政治环境、文化环境发生了一系列重要变化。特别在经济大萧条之后，越来越多的人丧失了安全感，产生了孤独感和对群体的向往。工人为了自己的经济满足，不得不以全部身心去接受技术和理性的考验。所以，工人的积极性得到短暂的激发以后，又开始以各种方式破坏生产。这些变化导致了对人的看法的改变，引起管理理论的变革。管理实践的负反馈要求人们对原有的人性假设和管理模式进行反思。以“社会人”假设为基础的行为科学学派的出现是这一变革的重要标志。

依据“霍桑试验”，梅奥以自己的人性观对“经济人”假设进行了反驳：第一，人都有天生协作的本性，因而对人来说重要的是同他人的协作，而不是进行无组织的相互竞争；第二，所有人都是为保卫自己在团体中的地位而不是为自己的个人利益而行动的；第三，人的思维受感情的指导较受逻辑的指导更多。

梅奥的“霍桑实验”及其众多追随者的研究最终形成了“社会人”假设，从而引起了管理理论以及管理实践模式由科学管理形态向行为科学形态转变。“社会人”假设认为：人的行为并不完全是理性的，而更多的是受非理性的欲望、情绪等因素的支配；人是社会人，社会需要、团体归属感往往是人们更重要的行为动机；建立在非理性因素之上的非正式组织，与正式组织相互作用，共同决定组织的效率。

行为科学理论非常注重对人的感情等社会需求的满足。行为科学理论对人的行为动机、行为规律等开展了大量研究。这些研究成果成为人本主义管理思潮的源头，在实际的操作过程中也收到了较好的效果。

4. “自我实现的人”与现代科学管理理论

第二次世界大战后，随着社会生产力和科学技术的迅猛发展，出现了许多各具特色的现代管理理论，由于这个阶段的管理理论没有一个主流的、较为统一的理论学派，而是呈现出百花齐放、百家争鸣的态势，故孔茨称之为“现代管理理论丛林”。

人们从管理理论和管理实践两方面发现，占统治地位的“社会人”假设不再能够满足提高生产率和利润率的要求，对它的有用性和正确性产生怀疑。20 世纪 50 年代末第一颗人造卫星升空，世界进入宇宙空间时代。此时，面对复杂的信息系统及其决策规则，面对被管理者群体中从事研究和开发的白领队伍的迅速发展，传统的决策模式、管理方法及组织结构都不再适宜，迫切需要一种新的人性预设来匹配。于是，西方工业化国家这一时期的经济发展呈现一个新特点，即总产出的增长率大于资本积累率和劳动力增长率之和，这是传统增长理论无法解释的。经济学家经过深入探讨，提出了“人力资本”理论，揭示了人的潜力开发作为经济增长源泉之一的重要性。

“自我实现的人”的假设，引起了组织理论、激励理论和领导方式理论的变化，为一种全新的管理模式奠定了基础。这种全新的管理模式的明显标志是承认个人尊严，提倡员工在工作中的自觉，通过对权力平均化的追求实现个人和组织的和谐。基于“自我实现的人”，麦格雷戈设计如下管理模式：分权化和授权——使人有一定程度的自由来满足自我实现的需要；扩大工作范围——提供组织成员多方面施展才华的各种机会；参与及咨询管理——使人们在涉及自身事物的范围内有一定决策权；实绩自我评价——鼓励个人在对组织目标作出贡献方面承担更大责任。

5. “复杂人”与权变理论

有关“经济人”“社会人”和“自我实现的人”的假设，是对应于科学管理时期。早期行为科学和后期行为科学时期有关人性的假设虽各有其合理的一面，却并非适用于一切人。因为人是很复杂的，不仅人与人之间不同，而且一个人本身在不同的时间或不同的条件下也会表现出不同的特性。特别是随着人类社会的发展，人的特性也在不断发生着整体性变化。对于许多现象，过去关于人性的假设已难以解释，管理理论和实践迫切需求对人的问题做出新的解释和研究。

现代西方管理理论流派众多，对人性的解释也各不相同。但是，在一些基本区别上，差别却不大。其中有代表性的是关于“复杂人”的假设。这一假设是史克恩等人在 20 世纪 60 年代末、70 年代初提出的一种有关人性的假设，它包括下面几个最基本点：人不仅是复杂的，而且是高度可变的；人们通过他们的组织经验是能够熟悉新的动机的；人们在不同组织或同一组织的不同部门中的动机可能是不同的；人们能够对各种不同的管理策略做出反应。

根据“复杂人”的假设，产生了一种新的管理理论——权变理论。由于该理论既不同于 X 理论，又不同于 Y 理论，有人把它称为超 Y 理论。权变理论是一种新的管理理论，已广泛地应用到西方社会管理实践中。根据工作性质的不同，有的采取较固定的组织形式效果好，有的则采取灵活、变化的形式效果好。另外，企业情况不同，领导方式也应不同。若企业任务不明确，工作混乱，应采取严格的领导方式，使企业走上有秩序的轨道；若企业任务明确，分工清楚，工作也有秩序，应更多采取授权的领导方式，以充分发挥下属的积极性和主动性。要善于发现员工的个体差异，因人而异地采取灵活多变的管理方式。

二、人力资源管理心理学的学科性质

为了更清楚地描述人力资源管理心理学的学科性质，下面分别简要分析和介绍人力资源管理心理学与心理学、管理学、管理心理学、组织行为学等几个邻近学科的关系，以便读者更加明确地把握这门学科的特点和性质。

（一）人力资源管理心理学与心理学

人力资源管理心理学就是将心理学揭示的人的心理活动的一般规律运用到人力资源管理活动中去，在研究对人的管理中，依据人的需要、兴趣、理想、气质、能力、性格等心理特点来作出人事决策。如用心理测验的原则和方法对人员进行选择、聘用及岗位培训；用奖惩激励过程中的心理效应激发人的内在动机，对行为产生强化作用，以达到调动积极性的目的；运用记忆、想象、思维、情感、意志等基本规律，加强对员工的思想教育和管理。

由此可见，心理学是人力资源管理心理学的基础，人力资源管理心理学又是心理学在人力资源管理过程中的具体应用，两者是一般与特殊、主干与分支的关系。心理学是研究人的心理现象及行为规律的一门科学，它研究的内容是人的一般心理过程和个性心理。人力资源管理心理学研究的则是人力资源管理活动中人的行为规律及其潜在的心理机制。心理学似一棵大树，它有许多分支，而人力资源管理心理学是其中的分支之一。通常，人们把人力资源管理心理学归入应用心理学的范畴。人力资源管理心理学与心理学是个别与一般、特殊和普遍的关系，二者密不可分，但又不可互相替代。

（二）人力资源管理心理学与管理学

管理学是研究管理活动过程及其规律的科学。它是由一系列管理理论、职能、原则、方法等组成的科学体系，是社会科学、自然科学和技术科学相互渗透而形成的一门综合性学科。而人力资源管理心理学是研究人力资源管理活动过程中人的行为规律及其潜在心理机制的学科，也就是说，它主要研究人力资源管理过程中的心理问题。如果说管理学比较注重较为宏观的组织层面的问题的话，那么人力资源管理心理学则更注重较为微观的个体层面的问题；如果说管理学比较重视外在的行为层面的问题的话，那么人力资源管理心理学则更注重内在的心理层面的问题。

所以，人力资源管理心理学与管理学的关系可以概括为：人力资源管理心理学是管理学的一个重要组成部分，是管理学的补充和发展。

（三）人力资源管理心理学与管理心理学

管理心理学在国外称之为工业组织心理学，是心理学领域的一个新兴的重要分支。管理心理学研究的是组织管理活动中个体、群体、领导、组织心理和行为规律的发展，即：将心理学原理用于组织管理实践的一门应用性学科。人力资源管理心理学是研究与人力资源管理有关的心理学，即：将心理学原理用于人力资源管理实践的一门应用性学科。这就表现出这两门学科对人类生产和生活管理活动的涵盖性、维度和宽广的应用空间不一样。从形成背景来看，人力资源管理心理学是从管理心理学里面分离出来，形成独立学科。

（四）人力资源管理心理学与组织行为学

人力资源管理心理学与组织行为学这两门学科之间既有十分密切的联系，又有一定的区别，具体分析如下：

1. 人力资源管理心理学与组织行为学的区别

（1）研究的侧重点不同。人力资源管理心理学着重研究行为背后潜在的心理活动规律，侧重于把心理学的原理应用于人力资源管理活动中；而组织行为学则重点探讨行为特点和规律本身，把人的外显行为作为研究对象，以达到预测和控制行为的目的。人力资源管理心理学侧重于本源学的研究，组织行为学则侧重于现象学的研究。

（2）理论基础不同。人力资源管理心理学作为心理学的一个重要分支学科，它的理论源泉主要是心理学和人力资源管理；而组织行为学作为行为科学的一个分支，它的理论来源更加多样化，不仅来自心理学，还来自管理学、社会学、人类学、政治学、经济学等学科。

（3）研究内容和范围不同。在研究内容上，人力资源管理心理学的研究范围是人力资源管理活动中，包括人力资源的战略规划、工作分析、员工的选拔、培训、激励、安置、绩效评价和职业发展等方面人的行为规律及其潜在的心理机制。组织行为学是研究在组织中以及组织与环境相互作用中，人们从事工作的心理活动和行为的反应规律性的科学。研究的基本内容为组织管理活动中个体、群体、领导、组织等方面的心理与行为规律。因此两门学科在研究内容和范围上有所不同。

2. 人力资源管理心理学与组织行为学的联系

（1）心理与行为密切相关。尽管人力资源管理心理学与组织行为学研究的侧重点不同，但事实上人的心理与行为之间是密不可分的。一方面，行为是心理的外在表现，组织行为学在研究人的行为时，必然会涉及行为背后的潜在心理机制；另一方面，心理是一种内隐的活动，人力资源管理心理学在探索人的心理活动规律时，也需要通过观察分析人的外部行为来达到推断内部过程的目的。心理与行为的这种联系就决定了人力资源管理心理学与组织行为学之间的密切关系。

（2）研究目的上的联系。人力资源管理心理学与组织行为学的研究目的基本相同，即通过对组织管理活动中人的行为规律及其潜在心理机制的探索，揭示有关的规律，不断促进管理工作的科学化，持续提高工作绩效与管理效能，最终实现组织和人的全面发展。

三、学习人力资源管理心理学需要思考的几个问题

如上所述，人力资源管理心理学是人力资源管理学的一个分支，也是心理学的一个重要分支，属于应用心理学的范畴。因此，无论在理论研究层面上，还是在管理实践层面上，人力资源管理心理学都应该突出心理学和人力资源管理的学科特色。那么，如何做到这一点呢？我们认为至少应该解决好以下几个问题①：

（一）个体关怀或宏观关心

相对而言，管理学、组织行为学等学科在研究组织管理活动中人的心理与行为规律时，多是从较为宏观的层面上来考虑的。例如，管理学主要从组织层面上来研究，组织行为学主要从外显行为层面来研究等。作为人力资源管理学与心理学交叉而成的人力资源管理心理学，在探索人的心理与行为规律时应该表现出个体关怀的特征。所谓个体关怀，有两层含义：一是人力资源管理心理学应着重从微观层面来选择或理解问题，关心企业管理各个环节上与人有关的具体问题；二是人力资源管理心理学应以人为中心来思考和解决问题，对人身上存在的弱点和不足持较为宽容的态度，表现出人性化关怀的倾向。

具体而言，人力资源管理心理学的个体关怀特征应表现在两个方面：

（1）在理论研究方面，人力资源管理心理学应以研究个体心理状态和特点为出发点，对体现心理学特色的课题，如员工激励、工作压力、工作倦怠、心理契约等，要在吸收借鉴心理学中成熟的研究工具和手段的基础上，不断进行深入研究，力图实现理论研究上的创新。

（2）在实践应用方面，人力资源管理心理学在理解人力资源管理活动中涌现出来的各类实际问题时，应有独特的着眼点和分析框架，提出与管理学、人力资源管理学、组织行为学不同的解决方案，表现出个体关怀的特征。例如，在帮助企业设计薪酬方案

① 刘永芳．心理学：人力资源管理和开发的一条独特途径［J］．心理科学，2005（3）：735~737.

时，人力资源管理心理学应关注这种方案与各阶层员工心理预期的匹配性，以及它对员工心理产生影响的长效性，而不是笼统地仅从组织行为学或人力资源管理学中分配公正这一角度来思考问题。

（二）是什么或为什么

在研究组织管理问题时，管理学、人力资源管理学和组织行为学比较重视回答“是什么”和“怎么做”的问题。例如，在任何一本《管理学》、《人力资源管理学》、《组织行为学》教材中，都可以找到对企业普遍存在问题的描述和对相关应对措施的介绍，甚至还可以找到许多案例和练习性材料，但却缺少对相关原理和措施的深入心理学分析。这样做没有什么不对，但却是不够的。作为研究人的心理与行为规律的人力资源管理心理学，应该发挥心理科学得天独厚的优势（关注“为什么”的问题，能够提供实证资料），不仅要回答“是什么”和“怎么做”的问题，更要弥补组织行为学在回答“为什么”问题方面的不足。让人们既“知其然”，又“知其所以然”。例如，无领导的小组讨论、结构性访谈、评价中心法、360度反馈等都是在企业人员招聘和员工考评方面比较流行的工具或手段。那么，这些工具或手段的理论依据是什么？为什么它们会比传统的方法好？这样做的效果如何？如何测定它们的效果？针对这些问题，人力资源管理心理学应该能够做出深层次的探讨，而不应仅仅谈论“是什么”、“怎么做”的问题。

（三）实务或理论

通常在人力资源管理、管理学、管理心理学等学科的培训班上，学员们急切地想要掌握的是实务和操作方面的知识。这种心情可以理解，毕竟实务方面的知识针对性强，似乎也最有用。但实务和理论是不可分割的。没有深厚理论功底支持的实务训练只能是鹦鹉学舌式的学习，这样获得的知识可迁移性和再生性差，任何人都不可能用在某个课堂上获得的实务技巧去应对管理实践中可能出现的各种局面。因此，我们不应该把人力资源管理心理学看成是一门纯实务的、技术性的学科，而应该认真掌握该学科中涉及管理学、人力资源管理学与心理学的理论，只有这样，才能更好地做好管理工作。也就是说，每一个管理工作者都不应该试图成为管人的“匠人”或“技师”，而应该试图成为管理的“大师”或“设计师”。从这个意义上说，系统地掌握管理学、人力资源管理学与心理学理论或许比掌握实务或案例更加重要。

（四）行为或意识

实现对人的科学化管理是人力资源管理心理学的中心任务。一般说来，对人进行管理就意味着对人的改变。那么，究竟要改变人身上的哪些东西呢？多数人认为应该改变人的行为，而事实上我们更应该改变人的意识。行为是制度和规章的产物，而且具有高度的可模仿性和易获得性，你只要告诉员工应该做什么、怎样做，他就能够按照你的要求将有关的行为实现出来。然而，这样的行为是短效的、被动的，有时还会走样和变形，因为它没有员工意识的参与和支撑。举例来说，迎宾人员和出租车司机们都会按照公司的要求使用规范的礼貌性服务用语，但我们常常能够明显地感觉出他们的行为是机械的、不带感情色彩的，并不代表他们的意识。就连鹦鹉或机器人都能模仿出这样的行为。

只有干预和改变员工的意识，才能最终改变人的行为。而在改变员工意识或觉悟水平方面，人力资源管理心理学无疑扮演着重要的角色，因为人力资源管理心理学是研究组织管理活动中人的心理活动（意识）与行为规律的一门学科，它所提供的知识、原理和方法对于组织管理的柔性化、合理化、有效化、科学化都起着不可替代的作用。人力资源管理工作者有责任和义务将心理学的方法和手段运用、推广到人力资源管理实践中，最终达到干预、提升员工和管理者意识水平的目标。

综上所述，我们可以清楚地认识到，人力资源管理心理学是从人力资源管理的角度出发，将心理学的原理和成果与其他相关的学科成果应用到人力资源管理活动中，分析和研究人的心理活动和行为规律，研究人力资源管理活动中的社会心理现象，以及人力资源开发和管理活动中的规律性。它包括丰富的内容，涉及人力资源管理活动中的各种心理问题，探索激励人的心理和行为的各种途径和技巧，提高对人的行为的预测、引导和控制。它是以调动人的积极性，协调与建立组织良好的人际关系，在实施人力资源管理的过程中注意不断满足人的心理需要，进而发挥组织成员的主动性、创造性，提高工作效率，优化组织效能为目的的交叉性和边缘性学科。

第三节　学习人力资源管理心理学的意义与作用

一、开发人的潜能，调动人的积极性

我们知道，人具有物质和精神双重属性。德裔美籍思想家、著名的精神分析医生弗洛姆曾指出："心理学的进步并不在于把称之为'自然'的领域和称之为'精神'的领域相区分，而是从'物质—精神'的整体上把握人。"人有巨大的潜能，这种潜能需要开发。对于每个人来说，充分挖掘人的潜能，是创造积极人生、走向成功的重要条件。心理学的研究表明，用来进行心理活动的大脑容量有 100 亿个比特，可以装下全世界图书馆的藏书内容。《美国心理学会年度报告》记载，任何一个大脑健康的人与一个伟大的科学家之间，并没有不可逾越的鸿沟，他们的差别是用脑程度和方式的不同，而这个鸿沟不但可以填平，甚至可以超越，因为从理论上讲，人脑的潜能几乎是无限的。美国心理学家威廉·詹姆士在《行为管理学》中得出如下的结论：按时计酬的员工仅能发挥其能力的 20%～30%，而受到充分激励的员工其能力可发挥至 80%～90%。由此可见，调动人的积极性是现代管理中极为重要的课题。在人力资源管理的过程中，应用心理学研究成果，会有效地发现和开发员工的潜能，提升员工的创造力，进而使人力资源管理中人群交往和合作达到 1+1>2 的效能，为提高组织的管理效能提供了必要的理论依据。

我们知道，劳动力是诸生产要素中首要的最活跃的部分，在组织管理中，了解人的心理特征，是实施科学管理的前提和基础。要做到这一点，就要求管理者对人的心理和行为活动规律有充分的了解和认识，并善于运用这些知识来调动员工的积极性。可以

说，如何调动人的积极性，是管理者的首要问题。而如何管好人，用好人，只有通过心理学知识的帮助，才能达到良好的效果。

二、关注人性的需要

人性假设是人力资源管理心理学的理念基础，即人力资源管理心理学理念的建构和方法的设计，都是以对人的一定看法为基础的，这是有历史和现实依据的。纵观人力资源管理的历史发展，我们可以发现，不同的管理模式和管理思想均有赖于管理者或管理思想家对人性的不同假设。“经济人”假设与古典管理理论，“社会人”与人际关系理论，“复杂人”与权变理论，都是很好的例证。人性问题是人力资源管理心理学中不可回避的理论前提，而对人性认识是否合理，直接影响到人力资源管理的效果。

在我们认为：“人是复杂的人，只有将人放到社会生产发展过程中去考察才更有现实意义。”基于此种人性假设前提的管理思路，应是为启示、引导和激发人的内在动力机制提供环境。管理者必须认识到：管理是一种服务，服务于下属，帮助他们认同工作的意义，完成工作动力内置化和自我激励，实现个人与组织的共同发展；管理中的上下级关系只是一种劳动分工形式的表现，不是统治与被统治的关系；人并不仅仅是组织为实现其目标而使用的工具或资源，人的发展应该成为组织的目的之一，是组织作为一个社会机构应尽的责任与义务。

“管理即是处理人的关系”。这是英国著名企业家、经济学家帕金森很久以前说过的一句话，他道出了企业管理的真谛。不管你是一家万人以上的大企业，还是只有几个人的小企业，不管你的企业存在着怎样的管理问题，你首先要思考的是人有没有问题；员工有没有良好的工作意愿；积极性是否被激发；人心是否向着企业；有没有足够的凝聚力。人力资源管理是一项和人打交道的工作，需要我们的管理人员更多地关注人性的、心理的东西，尊重员工的不同个性。从物的管理、人事管理转向人力资源管理和人力资本的国际化管理，这是社会经济不断发展的需要。人力资源管理对整个经济发展所起的巨大推动作用，正逐渐被越来越多的人所认识，人力资源管理心理学也越来越得到企业的重视。

正因为如此，20 世纪二三十年代，心理学家便开始参与工厂管理的研究，其代表人物为美国工业心理学家梅奥，他在霍桑工厂进行了著名的霍桑实验。

三、改变管理理念

人力资源管理由于和人的因素结合在一起，所以企业高层管理人员的管理理念对人力资源管理有着重要的影响，有了好的管理理念固然不一定就会带来理想的结果，但如果没有好的管理理念，那么理想的结果肯定是不能指望的，理念问题是提高人力资源管理水平的基础和起点。

人事管理在我国已有几十年的历史，即成立一个部门专门管理与人有关的事务，其主要任务集中在招聘、培训、调动、升迁以及报酬福利等相关事务上。以前的人事部门除了管理人事档案以外，就是办理诸如接收新职工、老职工退休或内部人事调动等公式化的事务。

人力资源管理则是运用现代化的科学方法，对与一定物力相结合的人力进行合理的培训、组织与调配，使人力、物力经常保持最佳比例，对人的思想、心理和行为进行恰当的诱导、控制和协调，不断发挥人的主观能动性，使人尽其才、事得其人、人事相宜，以实现组织目标与个人目标，其任务就是发现并投入力量开发和利用人力，并调动人的积极性，发挥人的创造力，充分利用现实的和潜在的人力资源。

人力资源管理与人事管理的最重要区别就在于强调员工服务于企业的目标的同时，也同样关注个人目标，保障员工身心的健康发展。员工在服务企业的同时，也有机会实现自己的事业理想。因此，观念的转变也是客观形势促成的一个必然结果。随着现代教育的普及，员工的素质越来越高，在一些大城市中已经大大超过了实际的需要，越来越多的人已感到自己大材小用，如何激励这些自感屈才的员工，已成为了管理者的一个重要课题。而且，人们的价值观念已发生了明显的改变，随着财富的增加和生活水平的提高，越来越多的人要求把工作时间内的生活质量与工作时间外的生活质量进一步统一起来。员工需要的不仅是工作本身，不仅是工作带来的收入，还有各种心理满足和享受。

为此，人力资源管理心理学强调推行“顺乎人性”的管理，强调尊重员工的心理和行为规律，增进与组织员工的感情联系；强调各种激励机制，满足职工的各种合理需要以激发人的积极性、创造性；强调根据人的个性差异有效配置人力资源，人尽其才；强调民主管理，提倡员工参与决策和管理；强调管理是一种服务。

四、提高人力资源素质

当前，经济全球化正在发展，发展中国家通过引进先进技术和经验赶上发达国家的“后发优势”已越来越小，世界各国企业的竞争更主要表现为人力资源素质高低的竞争。因此，人力资源的素质成了我国社会经济转型和适应国际竞争的关键制约因素之一。我国虽然是世界上人力资源数量最多的国家，但是，适应21世纪经济全球化要求的高素质人力资源始终是短缺的。具体表现为：在人力资源的结构方面，人口总量过剩与结构性人才短缺的矛盾尖锐，即在劳动力大量富余的同时，缺乏懂经营善管理的企业家、有创新意识和适应能力的员工；在人力资源的配置方面，亟待建立一套适应市场竞争的、有助于人才选拔、流动、安置、培训、激励和职业发展的管理模式。

那么，提高我国企业管理者和广大职工的素质的关键何在呢？首先，应当揭示出人力资源素质的核心内容是什么。其次，在比较国内外社会文化历史背景差异的基础上，探明我国人力资源开发与国外先进企业的共性和个性的特征。最后，形成一套适合我国社会经济转型要求的人力资源开发模式和管理对策。

每一组织都有其独特的目的，为了确保自身能够有效地运转，每个组织都必须把其总任务细分为各种工作。不过，完成这些工作的必备条件则有所不同。同样的，个体的个性心理在气质、性格和能力及其需要、动机、兴趣、理想、信念和世界观许多维度方面也都存在着差异。面对诸如此类的人与工作的可变性，有效地利用人力资源管理和心理学就显得十分必要。由于人力资源管理心理学是研究人力资源管理过程中不同层面的心理活动规律的学科，它在探索上述理论基础和方法问题上具有自己独特的优势，从心理科学这一独特视角探索人力资源开发与管理的理论依据和对策，正成为我国人力资源开发和管理新的途径和领域，这也是我们为什么要学习人力资源管理心理学的理由之一。

第四节　人力资源管理心理学的研究方法

任何学科的发展和进步都离不开方法的推动，正如苏联生理心理学家巴甫洛夫所说："科学是随着方法学上获得的成就而不断前进的。研究方法每前进一步，我们便仿佛上升了一级阶梯，于是，我们就展开更广阔的眼界，看见从未见过的事物。"人力资源管理心理学的研究对象是人，人的心理和行为的复杂性决定了人力资源管理心理学的研究方法也是多种多样的。下面介绍几种常用的研究方法。

一、观察法

观察法是有目的、有计划地观察研究对象（被观察者）在一定条件下的言语、行为、表情等反应，从而分析其心理活动和行为规律的一种研究方法。观察可以以感官为工具，也可以利用录音、录像、摄影等现代技术设备作为辅助，来提高观察的效果。一般情况下，观察法可以按照以下两种维度进行分类。

第一，按照观察者所处的情境特点，可以把观察法分为自然观察与控制观察两种。自然观察是在完全自然真实的条件下观察他人的行为，而且被观察者一般不知道自己正在被观察。例如，某销售主管若想弄清楚公司一名推销员绩效不佳的原因，就可以和该推销员一起销售产品，在工作过程中有意观察推销员的一言一行，从中发现问题的症结所在。控制观察是在限定条件下所进行的观察，也就是在操纵或控制一些条件情况下所进行的观察，被观察者知道自己处于被观察的状态。

第二，从观察者与被观察者的关系出发，可以把观察法划分为参与观察与非参与观察两类。参与观察是指观察者直接参与被观察者的活动，在共同活动中进行观察。相反，非参与观察是指观察者不参与被观察者的活动，以旁观者身份进行观察。

观察法的优点是目的明确，简易方便，所得资料比较系统真实。其缺点是，研究难以深入，所观察到的多为表面现象，取得的资料也较为肤浅，难以进行数量化的统计分析。鉴于此，在实际研究过程中，应把观察法与其他方法配合使用，以取得更佳的研究效果。

二、实验法

实验法是有目的地严格控制或创设一定条件，来引起某种心理活动或行为表现以进行研究的方法。根据实验场地的性质差异，可以把实验法分为实验室实验与现场实验两类。

实验室实验是在专门的实验室内，运用一定的仪器和设备严格地控制实验条件，以研究某种心理与行为现象的方法。例如，要考察表扬对人行为产生的影响，在控制其他无关变量的前提下，就可以设立表扬组（实验组），对被试良好的工作表现给予表扬，再设立一个对照组，不对该组被试良好的工作表现进行表扬。经过一段时间之后，比较两组后继工作的成绩，若表扬组优于对照组，就可以将其归结为表扬所致。实验室实验的优点是能够严格控制各种无关变量对实验结果的影响，研究结论具有可重复性，且所得数据具有精确性；缺点是人为性强，脱离实际生活情境。

现场实验是指在日常生活和工作的情况下，适当控制条件以研究某种心理与行为现象的方法。近年来，为了提高研究的外部效度，使研究结果更具普遍意义和可推广性，人力资源管理心理学家越来越重视现场实验研究。在人力资源管理心理学的研究中不乏现场实验的例子。例如梅奥在霍桑工厂进行的福利实验，就是通过提供或撤销某些福利措施，来探究其对生产总量的影响，这是典型的现场实验。现场实验的优点是能够结合日常生活和工作进行，避免了实验室研究的局限性，使研究结论更具备可推广性；缺点是不容易严格控制现场的无关变量，研究得出的结论可能会存在偏差。

三、问卷法

问卷法是研究者根据研究目的和任务，编制出内容明确、表达准确的问卷，让被试根据个人情况实事求是地做出回答，从而收集所需资料和数据的研究方法。问卷法是人力资源管理心理学研究常用的一种方法。常用的问卷形式有三种：是非式、选择式和等级排列式。

（1）是非式：采用只有“是”与“非”两种答案的问卷，让被试根据自己的情况对每个题目做出“是”与“非”的回答，不能模棱两可，也不能不回答。

（2）选择式：要求被试从并列的多种（两种以上）答案中按个人的实际情况选取一种或几种答案。

（3）等级排列式：在问卷中列出可供选择的多种答案，要求被试按其重要程度的次序给以排列。

问卷法的优点是可以在较短时间内取得大量的材料，而且对调查结果采用统计方法进行处理分析，因此得出的研究结论更有普遍意义；缺点在于所得到的材料一般较难进行质化分析，不易把结论与被试的实际行为做比较。

四、访谈法

访谈法是研究者通过口头谈话的方式从被研究者那里收集第一手资料，了解被研究者心理与行为规律的一种研究方法。就研究者对访谈结构的控制程度而言，访谈可以分为三类：结构化访谈、无结构化访谈和半结构化访谈。

在结构化访谈中，研究者对访谈的走向和步骤起主导作用，按照自己事先设计好的、具有固定结构的统一问卷进行访谈。在这种访谈中，选择访谈对象的标准和方法、所提的问题、提问的顺序以及记录方式都已经标准化，研究者对所有的受访者都按照同样的程序问同样的问题。

与此相反，无结构化访谈没有固定的访谈问题，研究者鼓励受访者用自己的语言发表自己的看法。这种访谈的目的是了解受访者自身认为重要的问题、他们看待问题的角度及其表述方式等。无结构化访谈中，研究者只是起到一种辅助作用，尽量让受访者根据自己的思路自由联想。访谈的形式不拘一格，研究者可以根据当时的情况随机应变。

在半结构化访谈中，研究者对访谈结构具有一定的控制作用，但同时也允许受访者积极参与。通常，研究者事先备有一个粗线条的访谈提纲，根据自己的研究设计向受访者提出问题。但是，访谈提纲主要作为一种提示，研究者在提问的同时鼓励受访者提出自己的问题，并且根据访谈的具体情况对访谈的程序和内容进行灵活的调整。

访谈法的优点是简单易行，便于迅速取得第一手资料，因而使用范围较为广泛。其缺点是仅凭受访者的口头回答而做出的结论往往缺乏可靠性和真实性，因此，这种方法一般不单独使用，而应把它与其他研究方法结合起来运用。

五、测验法

测验法是指采用标准化的心理量表或精密的测验仪器来测量被试有关心理品质或行为的研究方法。量表是心理测验常用的研究工具，目前流行的测验量表种类繁多，大致有以下几种分类：按测验的内容可分为智力测验、个性测验、态度测验和能力测验等；按测验的方式可分为文字测验与非文字测验；按测验的方法可分为问卷测验、操作测验和投射测验三大类。

在人力资源管理心理学研究中，测验法常常作为人员测评的一种工具。例如，用智力量表测定组织成员的一般和特殊能力状况；用个性量表测定组织成员和领导者的性格特征等。测验法的最大优点是简便易行，测验内容广泛，具有较强的科学性，能够对研究的心理现象进行定量的分析。但测验法也存在一些问题，如心理测验的运用有一定难度，测验者必须经过专门的训练。另外，量表的设计、取样技术等都有较高要求，使用时若有不慎，就会使测验结果产生很大误差。

六、个案法

个案法是指对某一个体、群体或组织在较长时间里连续进行考察，了解、收集系统的资料，以便研究其心理与行为发展变化规律的方法。例如，研究者参与某企业的一个研发团队，通过长时间地体验生活，掌握了整个团队成员的心理与行为特点、团队绩效的状况、团队的人际关系等，并在此基础上进行深入分析，整理出能反映该团队特点的详细材料。

个案法的优点是呈现的内容丰富，有助于人们发现新问题，为研究者发现和提出新的理论假设奠定良好的基础。其缺点在于，这种研究一般都是描述性的，不容易在较短时间内做出有关因果关系的推论。此外，个案研究一般取样比较小，这就大大限制了研究结果的可应用性和普遍意义，而且得出的研究结论很难进行重复验证。

图 1-4 概括了上述几种研究方法。总之，它们都有其各自的应用价值，但也都存在一定的局限性。在具体研究过程中，究竟采用哪种方法较好，应视研究任务的要求和具体情境而定。通常情况下，人力资源管理心理学研究往往以某种方法为主，辅之以其他方法，使之取长补短、相得益彰，这样可以更准确、更客观地反映人的行为和心理活动的规律和特点。

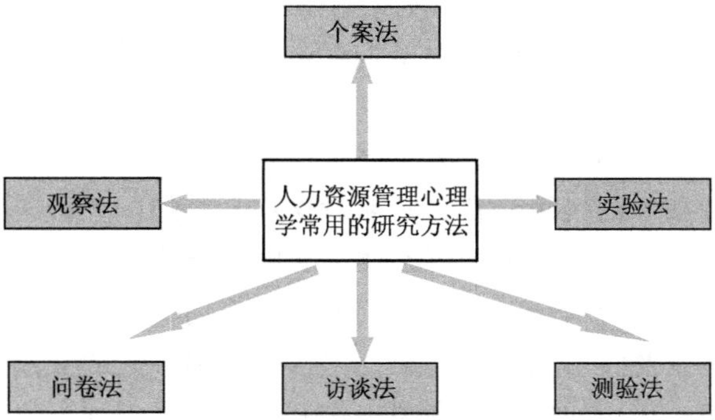

图 1-4 人力资源管理心理学的研究方法

第五节 人力资源管理心理学的形成和发展

一、人事心理学在西方社会的早期发展

在心理学研究发展的早期，心理学家的研究兴趣大多集中于理论领域的探讨。最初对生产活动中的心理学问题加以研究的，并不是出自当时生产力高度发达的欧洲，而是来自相对落后的美国。1887 年，美国的心理学家布赖恩（W. L. Bryan）发表了一篇关于专业报务员技能的研究论文，这被人们认为是心理学在生产作业领域中的第一篇研究论文。在 1904 年，当布赖恩就任美国心理学会主席时，他就倡导人们开展在工业生产领域的心理学研究，还提议将这一领域发展成为专门化的心理学研究分支。但对人事心理学的研究影响最大的力量，应当是 20 世纪初，1910 年前后美国管理学家弗雷德里克·温斯洛·泰勒（Frederick Winslow Taylor，1856～1915）的研究工作。泰勒的研究开创了科学管理时代，引起了人们对合理化劳动的重视，并兴起了对劳动活动中心理学问题的研究。

我们知道，19 世纪末和 20 世纪早期，欧洲爆发了工业革命，并由此导致了大机器生产方式的形成。工业革命所形成的生产劳动活动与以往的生产劳动形式的差异主要表现在：首先，它是机械设备上的快速发展；其次，出现了显著的人与机器的关系的问题；最后，工厂的建立需要雇用大量的工人，这又出现了劳动行为的标准，以及对人的培训问题。泰勒与另一心理学家弗兰克·吉布莱斯在这一时期的一项研究，就是对工作职务的重新设计，制订员工培训的方案，并倡导采用选拔的方法来甄选员工。总的来说，工业革命导致了劳动专业化水平的提高和生产效率的提高，伴随这一发展趋势的变化，就是生产活动的变化，要求人们的劳动行为、劳动的组织方式，必须进行相适应的调整和改变。这方面最明显地表现在劳动的专业化分工决定了劳动者在行为方式、能力素质、培训上的变化。同时，这一专业化分工也提出了在生产过程中建立监督层次的需要，从而决定了生产过程中管理人员的出现。这也是劳动组织的一个变化。

泰勒认为，生产活动应存在一种最合理的完成工作任务的行为方式。这种工作方式应最有效率，速度最快，成本最低。为了找到这一最节约、有效的劳动方式，泰勒开展了一系列的科学实验研究，他希望通过精确地测定人的劳动行为过程，将其工作的无效部分去除，并对生产技术加以改进，来提高生产效率。简单地讲，科学管理的实质内容就是将工作分解为最基本的机械元素，然后对这些元素加以分析，再将它们最有效地加以组合。除此之外，泰勒还强调劳动者在体力和脑力上应与工作要求尽可能地匹配，管理人员也有责任对下级进行训练，以使他们能在操作动作上恰如科学分析所规定的那样精确。同时，他也强调要注重工人的健康，工作不能损害人的健康。而且，他还注意到了工作群体中人的相互作用问题。他发现工作群体会产生一种现象，即个人的工作效率会降低为群体中水平最低的工人的效率。也就是说，工作群体的效率一点也不会比其中生产力最低的成员的效率高。

在人事管理上，早期的典型研究当推罗伯特·欧文（Robert Owen，1771～1858）的实践活动。欧文的思想注重在生产活动中对劳动者的心理需求的满足，并解脱机器对工人的个性压抑，创造条件发挥劳动者的创造力和积极性。他曾在自己创办的工厂中，建立了自己设想的、也是目前看来应是最早的工作绩效评价体系。欧文将一个四方的木块每一面都涂上不同的颜色，其中，白色代表优秀，黄色代表良好，蓝色代表平均，黑色则代表最差。他将这一木块放在机器上，每天将反映员工前一天工作表现的颜色转向通道，及时向劳动者提供了工作业绩的反馈信息。刚开始实行这项制度的时候，工人表现恶劣的很多，而表现良好的却很少。但是，在众人目光的注视中和自尊心理的驱使下，表现恶劣的次数和人数逐渐减少，而表现良好的工人却不断地增多。为了保证这种考核的公正，欧文还规定，无论是谁认为考核不公，都可以直接向他进行申诉。这种无惩罚的人性化管理，在当时几乎是一个奇迹。同时，部门主管考核员工，经理考核部门主管，同时辅之以越级申诉制度，开创了层级管理的先河，也有利于劳资双方的平等沟通和矛盾化解。

欧文认为，好的环境可以使人形成良好的品行，坏的环境则使人形成不好的品行。他对当时很多资本家过分注重机器而轻视人的做法提出了强烈批评，并采用多种办法致力于改善工人的工作环境和生活环境。在工厂里，欧文通过改善工厂设备的摆设和搞好卫生等方法，为工人创造出一个在当时看来尽可能舒适的工作场所。他还主动把工人每天的工作时间从13～14小时缩短到10.5小时。在新拉纳克厂区，人们看到的是一排排整齐的工人宿舍，每个家庭为两居室。欧文很注重绿化环境，在工人住宅的周围，树木成荫，花草成行，这对工人的身心健康有着十分积极的效应。为了使工人的闲暇时间有正当向上的娱乐和学习，消除酗酒斗殴等不良风气，欧文还专门为工人建造了供他们娱乐的地方——晚间文娱中心。这种娱乐中心，就是现在俱乐部、夜总会的雏形。这一做法在他的管理工作中取得了较好的效果。现在，人们公认欧文是人事管理的先驱。

二、人事心理学的研究基础

人事心理学这一名称是德国心理学家斯特恩1903年提出的。最早从事这方面研究并作出重要贡献的，一个是原籍德国，后在美国哈佛大学任教的心理学教授雨果·闵斯特伯格（Hugo Minsterberg，1863～1916），另一个是继闵斯特伯格之后从莱比锡走出的心理学大师沃尔特·迪尔·斯科特（Walter Dill Scott，1869～1955）。他们为人事心理学的创建奠定了坚实的基础。

1. 闵斯特伯格的工业心理学思想的建立

雨果·闵斯特伯格，德籍美国心理学家。1863 年 6 月 1 日出生于德国的但泽，1887 年获得海德堡大学医学博士学位。1892 年应邀到哈佛大学担任心理学实验室主任和心理学教授。在哈佛大学的 19 年间，闵斯特伯格的出色才能得到美国人的普遍承认，他作为当时美国最著名的心理学家之一，备受世人瞩目。1898 年，他当选为美国心理学会主席，1908 年，又当选为美国哲学学会主席。

闵斯特伯格一生著作极其丰富，仅专著就有 20 余种，内容涉及心理学、哲学、社会学等方面，影响力广泛。最能反映其工业心理学思想的著作《心理学与经济生活》用德文发表于 1912 年，1913 年该书被翻译成英文本《心理学与工业效率》，还有 1914 年出版的《应用心理学要点》、《普通心理学和应用心理学》，1918 年他去世后才得以出版的《企业心理学》等。在这些书中，他探讨了人员甄选、职业伦理、工作绩效的心理因素等方面。他在书中强烈呼吁，要加强管理的科学性，必须把心理学成果更好地应用于提高工业效率。他的理论和观点，本质上是对泰罗制的心理学补充。按照闵斯特伯格自己的说法，就是："我们决不要忘记，通过将来的心理上的适应和通过改善心理条件提高工作效率，不仅符合厂主的利益，而且更符合职工的利益：他们的劳动时间可以缩短，工资可以增加，生活水平可以提高。"读者不难从中看出闵斯特伯格与泰罗的一致性。因而在泰罗制广泛推行的年代里，他的工业心理学理论和方法受到了美国工商界的高度支持和响应。

闵斯特伯格的研究，集中在以下问题上：如何鉴别个人的素质和心理特点，并根据个人的素质及其心理特点把他们安置到最适合的工作岗位上？在什么样的心理条件下，可以让工人发挥最大的干劲和积极性，从而能够从每个工人那里得到最大的、最令人满意的产量？如何使人们的头脑中获得工业活动所希望产生的最佳印象，即在心理上如何能够保证实现人们的理想？闵斯特伯格认为，心理学应该对提高工人的适应能力与工作效率做出贡献。他希望能对工业生产中人的行为，作进一步的科学研究。

闵斯特伯格出版的《心理学与经济生活》一书，论述了对人类行为进行科学研究以发现人类行为的一般模式和解释个人之间差异的重要性。该书包括三大部分内容：

（1）最适合的人，即研究工作对人们的要求，识别最适合从事某种工作的人应具备什么样的心理特点，将心理学的实验方法应用在人员选拔、职业指导和工作安排方面。

（2）最适合的工作，即研究和设计适合人们工作的方法、手段与环境，以提高工作效率。他发现，学习和训练是最经济的提高工作效率的方法和手段，物理的和社会的因素对工作效率有较强的影响，特别是创造工作中适宜的"心理条件"极为重要。

（3）最理想的效果，即用合理的方法在商业中可以确保资源的合理利用，他研究了对人的需要施加符合组织利益的影响的必要性。闵斯特伯格指出心理学家在工业中的作用应该是：帮助发现最适合从事某项工作的工人；决定在什么样的心理状态下，每个人才能达到最高产量；在人的思想中形成有利于提高管理效率的影响。

闵斯特伯格的理论，来自于他主持的一系列调查和实验性研究。他从电车司机、电话接线员和高级船员中搜集了大量材料，其中一个著名的例子是研究安全驾驶电车的司机所应具备的特征。他通过系统地调查和研究电车司机工作中的各种因素，进行了模拟实验，最终归纳和推论出一个优秀的司机应该具备的各种素质和技能，并进而确定出担任司机的心理条件。另外，闵斯特伯格在疲劳研究中，不仅注意到引起疲劳的身体因素，而且注意到引起疲劳的心理因素。他同他的学生一道，进行了许多有关工厂的工作曲线的研究，从中发现了日产量和周产量的涨落规律。这些研究，为工业心理学开辟了新的领域。

闵斯特伯格的研究方向和路线，以及所采取的方法对后来的人们有很大启示，在管理学上也有诸多应用。他开创了工业心理学领域——对工作中的个人进行科学研究以使其生产率和心理适应最大化。他认为应该用心理测验来选拔雇员，用学习理论来评价培训方法的开发，要对人类行为进行研究以便搞清什么方法对于激励工人是最有效的。他还指出了科学管理与工业心理学二者都是通过科学的工作分析，以及通过使个人技能和能力更好地适合各种工作的要求，寻求提高生产率。他的研究对于我们今天的甄选技术、员工培训、工作设计和激励仍有重要的影响。

闵斯特伯格的研究被广泛地应用于职业选择、劳动合理化，以及改进工作方法、建立最佳工作条件等方面。选择适应于工人体力、心理特征的工作条件，在当时不仅是生产力增长的重要因素，也是减少工人同企业主矛盾冲突的重要条件。闵斯特伯格指出，在当时的工业中，人们最大的注意力是放在材料和设备的问题上，也有一些人注意到了工人的心理状态对工作效率的影响，如有关疲劳问题、工作单调问题、兴趣和愉快、工作报酬，等等。对于这一类问题，当时都是由一些外行人来处理的，他们对此缺少科学的理解。闵斯特伯格指出，“我们绝不要忘记，通过将来的心理上的适应和通过改善心理条件来提高工作效率，不仅符合工厂主的利益，而且更符合职工的利益，他们的劳动时间可以缩短，工资可以增加，生活水平可以提高”。他的思想明显包含着科学管理的工业伦理：（1）重点放在个人身上；（2）强调效率；（3）应用科学方法得到社会效益。所以，此时的工业心理学，还从属于科学管理。但他对心理学的重视和应用，无疑为后来的行为科学竖起了一个路标。他的努力，使心理学与当时蓬勃发展的科学管理紧密结合，也为后来的霍桑实验铺垫了道路。

闵斯特伯格作为工业心理学的先驱，他的研究和思想对后来的研究工作和工业心理学理论有着深远的影响。早期的工业与组织心理学研究工作主要着重于应用心理学的思想和方法，增加企业的经济收益。这样，企业主从增加自己的经济利益出发，开始在企业中雇佣心理学家，心理学家也得以进入到企业中开展应用性的研究。心理学家对研究人的因素无疑处于最有贡献的地位。20 世纪的许多重要的工业与组织心理学家的理论和研究都可以追溯到闵斯特伯格的思想和研究工作。在闵斯特伯格之后，大量的社会心理学和工业心理学著作相继问世，产生了注重研究人的心理因素，试图通过对人的各种需要的满足来调动人的积极性的“人际关系学说”，这一学说以著名的霍桑工厂实验为基础，在 20 世纪四五十年代之间颇有影响。在此基础上又发展出行为科学理论，自

20 世纪50 年代在西方受人瞩目，很快风靡起来，至今仍在企业管理中有一定的影响。

但是，闵斯特伯格所考虑的面比较狭窄，仅限于个体心理的研究，缺乏社会心理学以及人类学的观点和论据。所以，他的工业心理学在当时未能引起更为广泛的注意，而在其影响下的研究和理论为工业心理学增加了深度和广度，获得了人们更多的重视。

2. 斯科特职业选拔培训的新观点和量化测评方法的形成

作为人事心理学的创始人之一，工商业活动的一位重要影响者，沃尔特·迪尔·斯科特无疑是那个时代的先驱性人物。他是第一位将心理学应用于广告的学者，还是教育行政管理的专家，曾担任美国西北大学校长达 19 年之久。他的职业横跨学术、企业和军队服务各个领域。在美国人事管理和销售业发展史上，斯科特提出的观点和方法一度成为时尚。然而，由于时间的流逝，特别是由于他担任西北大学校长时期的成就，掩盖和淡化了他在心理学研究上的贡献。

斯科特出生于伊利诺斯州一位农场主的家庭，大学毕业后他以全奖进入西北大学，在乔治·A·科尔教授的领导下研究哲学。这段经历，使斯科特对研究人的心灵产生了浓厚兴趣，于是，他又前往声名远扬的莱比锡，在那里师从冯特，获得心理学博士学位，成为继闵斯特伯格之后从莱比锡走出的又一位心理学大师。

斯科特回到西北大学后，开创了那里的实验心理学研究，并获得教授席位，接着又担任了西北大学校长。离开西北大学后，他进入卡内基技术研究所，接着出版了他的几本商业心理学讲义，组建咨询性质的斯科特公司，并为 45 家公司提供管理咨询服务。

斯科特最初从事的是广告心理学的研究，随着研究范围的不断扩大，斯科特的兴趣转向了挑选合适的销售人员，后来又进一步扩大到一般职业人员的挑选。他的杰出成就之一就是发明了用可控的实验方法来进行心理测验，并将其应用于职业选拔和培训。在《量化考评方法选择雇员》一文中，他对不仔细挑选员工，并用强制方式进行管理的工商业组织提出了严厉的批评。他指出，过去曾经有很多工商业组织，在雇用员工时不经过仔细挑选，许多缺乏基本能力和素质的未成年人来从事较低级的工作，又不给他们提供系统的培训，使他们欠缺与职位相关的知识，作为代价，只付给他们很低的工资。随着工作需要，企业不得不提升这些员工，但又没有提升职位所必需的培训。这种对选拔和培训的忽视，在实践中导致了大量提升上来的员工不胜任，在更高职位上充满了这种缺乏基本知识和能力的人，这对企业的发展十分有害。

在人员选择上，斯科特创立了量化测评方法。他认为，人与人之间有天生的差别，心理学要承认这种差别。为了给不同的公司找到合适的人，可以采取实验性的测评方法。量化测评方法的前提，就是事先确定要招募的职位数量和类型，然后基于应聘者受教育期间的成绩和知情人的推荐陈述，对相应职位的申请者进行一个不太充分的能力估计（即初选）。基于这一估计选出面试人员，让他参与一个为期一天或几天的封闭实验，然后通过对封闭实验中采集到的申请者行为样本，进行相应的分析判断，最终做出选择。斯科特在当时首次提出了基于量化实验的科学方法测评和选拔员工，从而解决了过去在员工甄选方面一直存在的难题。基于这一方法创建的人才测评系统，在第一次世界大战期间被美国军方用来进行人员的挑选和分配，大约有两三百万人被测试，斯科特也因此而获得了联邦政府的优异服务奖章。第一次世界大战后，斯科特的方法又被工商业界广泛采用。在霍桑实验前，位于芝加哥的西部电气公司就利用斯科特发明的心理测试，对 15 名工程专业的毕业生进行过测试，以评估他们的“创造潜力”。在这一意义上，斯科特的研究同后来的霍桑实验是紧密衔接的。

由于斯科特发明的实验室人员测评方法要受到较多的条件限制，提取信息也不够完整，而且成本较高，促使人们转而寻找更为便捷的方法，如问卷法。但是，随着人事管理的发展，问卷法虽然便捷，却表现出更明显的偏差。于是，工商界又回到斯科特那里，在斯科特的基础上发掘出了新的改进方法，如模拟情景法、无领导小组讨论法等。这些方法追根溯源，都是从斯科特那里衍生出来的，由于其准确性较高，至今仍为很多大公司选拔中高级人才时所使用。

从人事心理学出发，斯科特的研究向更为广阔的人类行为动机方向扩展，1911 年，他发表了又一代表作《增进人们在企业中的效率》。他也因此成为用心理学理论和知识来研究工作场所中动机的第一人。在这部著作中，他指出人的效率是一个变量，一个根据一定规则可以增加或减少的变量，它取决于许多因素，除了人们都能看到的精神和身体条件以外，还有很多其他因素在发挥作用。一个人对生活采取什么样的基本态度，以及对于每一件具体事情持怎样的观点，与他天生的能力相比具有更加重要的作用。工作效率的提高和产量的增加可以通过外部刺激和意识的作用得以实现。当一位员工做到自认为最好的时候，他完全可以做得更好，当他处于完全疲劳的时候，在正确的激励下，他还可以继续工作。对于如何增进人们的效率，他提出了 12 种有效途径，具体是：模仿，提高效率的直接手段；竞争，提高效率的有效途径；忠诚，提高效率的基本前提；专注，提高效率的可靠保证；工资，提高效率的催化剂；快乐，提高效率的润滑剂；敬业，提高效率的能量之转化；放松，提高效率的艺术方法；兴趣，保持高效的动力之源；经验，提高效率的实践保障；判断，提高效率的智慧积累；习惯，提高效率的经验资本。

在对效率问题的研究中，他还发明过治疗夏季萎靡的方法，并在一个星期之内建立了一个引来了大量追随者的系统。这一系统使接受实验公司的生产运行得到显著改善，那些因为高温影响，已经到了难以控制的冲突边缘的工作团体，那些在闷热中烦躁不安、粗心大意的工人个体，采用这一系统后开始变得稳定而有效率，产出也较之前的夏天提高了 20%，甚至达到相当于情况最好的冬季平均水平，员工对工作的厌烦程度也明显下降了。

斯科特的主要著作，除了上面提到的外，还有 1921 年出版的《广告心理学的理论与实际》，1923 年出版的《影响工商业的人：论证和暗示的心理学》，同克洛西尔合著的《人事管理：理论、实务和观点》。斯科特于 1910 年至 1911 年在《系统》（即当代《商业周刊》的前身）杂志上发表的工商业心理学系列文章，到 1969 年，被德克萨斯大学工商研究所以《人事和管理研究专辑第 21 号》的名称重新印行。

三、人事心理学的形成

第一次世界大战对人事心理学研究产生了巨大的影响。战时士兵的选拔、紧张军工生产的轮班制、工作疲劳和事故分析等，都需要应用心理学的支持。

美国心理学家罗伯特·耶克斯（Robert Yerkes）在这方面进行了卓有成效的研究，他当时从事为美国军队招募、选拔士兵的工作。他与其他心理学家一道编制了一系列智力测验，如非常著名的团体智力测验：α 智力测验（适合于讲英语的士兵）和 β 智力测验（适用于非英语母语士兵）。据统计，大约有 170 多万人接受了这种军队团体智力测验。除了智力测验外，心理学家们还研究士兵的动机、士气、心理健康以及军纪等问题。当时影响较大的有心理学家斯科特为军队进行人员配备方面的研究，他在详细工作分析的基础上为 500 多种军队职务建立了工作（岗位）规范，包括岗位的工作内容、责任、所需要的能力素质等。

1937 年，美国《应用心理学》期刊创刊了，在第一期上就刊登了大量军事及人事心理学方面的文章。

第二次世界大战的爆发，推动了人事选拔、安置方面的研究。美国陆军通过的分类测验（简称 AGCT）是在那一时期建立的较为系统的人事选拔安置测验。该测验成功地使用了团体测验形式，对心理测验的应用起到了推动作用。心理学家还建立了情境应激测验，为高级军事指挥人员的选拔服务。

1946 年以后，在工业生产领域中人事心理学研究已成为专门化的学术领域和职业领域。这表现为，在西方的许多大学中，都开设了与此内容有关的课程，并培养了硕士和博士。像在第二次世界大战期间产生的工程心理学，这时已发展成为一门独立的学科，并出版了像《应用实验心理学》、《人类工程信息手册》这样的专业论著。

1948 年，《人事心理学》杂志在美国出版、发行了，标志着人事心理学成为了一个独立的研究领域。

1955 年，吉塞利和布朗在《人事与工业心理学》一书中，对人事心理学的内容开辟了专门的章节。

四、我国人事心理学的发展

中国的封建社会对劳动的组织与分工问题，既有丰富的经验，又有大量的文字记载。但用近代科学方法和思想指导人们在这一领域中的活动，则开始于 1916 年。当时，清华大学校长周寄梅为指导学生选择职业，曾在学校中开展了职业指导工作。1921 年，中华职业教育社也曾采用自制的职业心理测验器，对入学的人员进行测试。但由于这一时期旧中国在工业上十分落后，加上受各种社会条件的限制，有关工业心理学的研究工作，除在机械、纺织等行业开展过一些有关工作环境的实地调查外，大多只是发表了一些介绍国外有关研究成果的文章和著述。

在这一时期，陈立教授的研究工作应是较为突出的。他于 1935 年出版了《工业心理学概观》一书，尝试把科学心理学原理与中国的企业管理实际联系在一起。在书中，他系统地讨论了环境因素、疲劳、休息、工作方法及事故等与工作效率有关的因素，特别是详细分析了工厂中的组织问题，以及工作激励的问题。可以说，这部著作为中国的管理心理学，乃至整个工业心理学的研究与应用体系，提供了较全面的理论框架。此后，人事管理方面的心理学研究也产生了，如杨时雨在 1941 年进行了人员选择、职务分配、职业测验、人员培训、考核方法和环境因素等一系列的研究。

1949 年以后，随着社会经济的复苏与发展，以及中国心理学研究的新发展，在人事心理学方面的研究也出现了许多新成果，如李家治、徐联仓对生产活动中安全与事故的分析研究，陈立、朱作仁等对细纱工技能培训的研究，徐联仓等对创造性思维与自动化方面的研究。这些早期的研究工作虽然零散、不系统，但却为现在我国工业企业中心理学的应用奠定了重要的基础。

改革开放政策执行以来，中国心理学的研究与应用进入到全面发展时期。一方面，许多学者相继编写了有关组织心理学、人事心理学等方面的著作；另一方面，许多大学和院校也开设了有关这一领域的课程，还在全国各地组织了大量的、多层次的培训班与函授学校。正是在这一广泛开展研究、教学的基础上，企业界的人士也参加到这一领域的研究与应用中来，并在 1985 年正式成立了“中国行为科学学会”。这些活动使心理学的研究成果对中国企业的管理产生了较重要的影响。

从 1978 年开始，我国心理学者开始系统地引入国外人事心理学的理论和方法，相继完成了人事心理学的学科基本建设，缩短了与发达国家的差距，丰富了人事心理学的知识体系，取得了长足的进步。在应用研究方面，根据国家科技进步和社会经济转型的需要，近年来完成了一系列有重要影响的科研课题，产生了较大的社会效益和经济效益。

1. 人员选拔的心理学研究

人员选拔是人力资源管理心理学研究的一个重要领域，心理测验在人力资源管理中的应用已有多年的历史和经验，近年来，我国学者主要把研究的重点集中于解决复杂特殊行业人员选拔中结构化面试、情境评价等方法学问题，并在高层管理者的胜任特征模型评价方面做了一些探索。

2. 员工培训的心理学研究

员工培训是人力资源开发极为重要的问题之一，如果培训需求评价能够突出培训的重点，在就业指导中能够解决心理辅导的方法学问题，在培训中能够根据员工继续教育的特殊性，解决相关的管理问题和培训迁移问题，将有助于培训效率的提高。

3. 组织变革与发展的研究

组织变革是人力资源管理近年来面临的新问题，各类组织要适应竞争，就必须适时地进行结构调整，因此，人力资源管理从个人的层面向组织层面发展，成为我们近年来研究的新热点之一。

4. 对工作动机的研究

对工作动机的研究，产生于中国企业工作责任制和奖励制度的改革，以及如何针对这一变化，在调动职工的工作积极性上作出适当的调整。1980 年，徐联仓、凌文辁首先在国内采用问卷方法，对职工思想状况及其影响因素进行了调查。这一调查结果当时在国内外引起很大反响，国内多家报刊转载了这一报告，美国的报刊也作了摘要介绍。

5. 对领导行为的研究

在政府工作的重点转移到经济建设上以后，如何提高各级领导的素质，即怎样提高领导者的能力，怎样从现代管理科学的角度对领导者进行评价与选拔，怎样认识领导行为与管理情境因素，就成为一个很重要的课题。中国科学院心理研究所的 502 课题组，在徐联仓教授领导下开展的领导行为及其管理情境因素的评价研究，则是在这一领域中影响较大并在国内具有开创性意义的工作。

正是这些新的研究和变化，才能使人事心理学的知识得到发展和丰富。我们知道，要使企业经营得好，其管理必须随变化的环境而变化。同样，我们要想使人事心理学的知识对管理实践更有帮助，也要不断地面对环境的挑战，发展和完善这门学科。

五、我国人力资源管理心理学的未来展望

传统上，人们习惯于将这一领域称为人事心理学，但随着当代心理学研究的发展，特别是实际工作中人事活动的变化和发展，到了21世纪，人们更倾向于用“人力资源”这一概念来代替人事的概念，人事心理学也逐渐被人力资源管理心理学的概念所替代。此外，管理科学本身的发展也迫切要求心理学家不断提供如何适应科技进步和社会变化的新知识，因此，需要我们从新的视角，开展人力资源管理心理学问题的研究。

在21世纪，我国的人力资源管理心理学究竟应当怎样发展？怎样才能既与国际同步发展，又能符合国家现代化的发展目标？有学者认为，21世纪的人力资源管理心理学研究将面向全球竞争的组织结构调整、信息化和跨国公司迅猛发展带来的全球化。在这种新的条件下，人的因素日益突出，如何搞好人力资源开发，已经成为世界各国竞争中必须考虑的首要问题。

因此，我国人力资源管理心理学研究的总体发展趋势和任务是：根据经济全球化和信息化的要求，开展基于中国文化、历史和社会背景、社会经济转型期人力资源管理的心理行为研究。据此建构相应的心理行为解释和预测模型，为我国政府、企业及其他组织的人力资源管理决策和发展提供科学依据和对策。

本章小结

本章从两种取向的人力资源管理心理学概念入手，统一了人力资源管理心理学的定义；并从人力资源管理心理学的相关学科出发，分析和界定人力资源管理心理学与心理学、管理学、管理心理学、组织行为学等几个邻近学科的关系和区别，明确界定了该学科的学科性质；阐明了学习人力资源管理心理学的意义和重要性；重点介绍了人力资源管理心理学的研究方法；概述了人力资源管理心理学的形成和发展以及我国人力资源管理心理学研究的总体发展趋势和任务。

复习思考题

1. 什么是人力资源管理心理学？试比较本书的界定与其他同类著作界定的异同。

2. 试分析人力资源管理心理学的研究内容。你赞同本书的观点吗？为什么？

3. 试分析人力资源管理心理学与心理学、管理学、人力资源管理学、管理心理学、组织行为学等学科之间的关系。

4. 试分析人力资源管理活动中的人及其心理发展的地位和作用。

5. 试述组织发展目标与人的全面发展目标之间的关系。

6. 人力资源管理心理学有哪些研究方法？试比较这些方法的优缺点。

案例分析

人力资源管理心理学视角下的“公务员热”

1994 年 6 月 7 日，国家公务员录用考试制度正式施行。自此，公务员的报考便成为一大热门现象。以国家和中央机关公务员录取为例，2006 年的招考，通过审核的考生接近 40 万人次，平均录取比率接近 1 : 50，一些热门职位的录取比率甚至超过了 1 : 1 000。2007 年公务员报考人数达 60 万人次。2008 年公务员报考人数达 80 万人次，最热职务报名比例居然达到 1 : 2 746。2009 年通过审核的考生接近 100 万人次。2010 年总报考人数达到 146 万余人。

随着“公务员热”愈演愈烈，政府、社会和学者对“公务员热”进行的研究也呈现出多元化趋势。以下我们从人力资源管理心理学的视角对这一问题进行探讨和分析，以便我们从中得到一些启示。

一、从人性观角度分析

人性，是一定社会生产关系的产物，不同阶层的人对人性的看法是不同的。西方管理心理学者认为，从传统管理到人力资源管理心理学，实际上存在五种对人性的假设：工具人、经济人、社会人、自我实现人、复杂人。当前，虽然我国整体上进入了全面建设小康社会，但我国的生产力发展水平还不高，职业还是人们谋生的唯一手段，薪水是人们的主要生活来源，尤其是人们在收入水平不高而且对丰富的物质产品世界充满欲望时，人的行为背后确有经济动机在起作用。此时，把人看作“经济人”也有其合理的成分。

由于每个人都是理性的“经济人”，所以人们在选择职业时，肯定会对每个职位的责任与权利、付出的成本与收入、工作强度与发展前途等因素进行权衡。今天，公务员职业大热，这里面的原因何在？这是因为目前公务员职业好——工作稳定、有发展空间、有社会地位、有“权”等诸多好处。众所周知，这几年有关政策不断向公务员方面倾斜，如涨工资、住房等。此外，公务员相对来说是处于社会的强势地位的，在政府决策过程中发挥着重要作用。可见，作为“经济人”的产物，对公务员职业的“蜂拥而上”，导致出现一年又一年的“公务员热”也就不足为奇了。

二、从群体动力理论角度分析

群体动力理论是由德国心理学家勒温创立的，该理论认为，人的心理和行为决定于内在的需要和周围环境的相互作用。

这些年来，随着市场经济的深入，就业情况发生了巨大变化。企业出现了人才饱和，一些专业也出现了人才过剩，工作开始出现不稳定的因素，根据《南方日报》的报道，粗略估算，公务员的流动率在 1.25% 左右，而企业人才流动率达到 10%，不难看出，公务员阶层是一个稳定的群体。面对企业人才的高流动率和我国近几年劳动力的供给相对过剩。大学扩招、农村剩余劳动力的城市转移、城市下岗潮的出现无疑加剧了就业竞争，就业者纷纷趋向于获得风险较小而职业稳定的公共职位，以逃避失业的压力，寻求暂时的稳定。于是在就业压力日益增大的背景下，考公务员成为人们职业选择的最优考虑。

同时，我们应该看到，随着经济的发展和国家机构的调整，公务员的工作环境与条件大为改善："使得公务员的工资水平应当与国民经济发展相协调、与社会进步相适应。"国家几次实行公务员加薪，使公务员的工资水平对于一个地区的平均工资来说，处于中等偏上的水平。更重要的是公务员的社保体制完善，还可以享受医疗、住房补贴、带薪休假等福利待遇，这些都成为公务员这一职业的诱人"筹码"。在价值取向多元化、成才道路千万条的今天，"官本位"思想仍然在相当一部分人的脑海中根深蒂固并且久治不愈。自古以来受"学而优则仕"以及"光宗耀祖"的影响，使人们形成了以能进入"仕途"为荣的理念。

三、从需要层次理论角度分析

人们的一切活动都是为了满足自己的某种需要，需要成为人的行为的出发点。心理学认为，需要是人对某种目标的渴求或欲望，它是产生行为的原动力。马斯洛的需要层次理论认为，人的基本需要可以归纳为五类：生理需要、安全需要、社交需要、尊重需要以及自我实现需要。

（1）从生理需要层次来看，这是人类最原始的、最基本的需要，它包括人类维持基本生存所需的各种物质上的需要。由此不难看出，"公务员热"有着人类最基本的生理需要在起作用。在激烈的市场竞争中，人们为了求得生存并规避就业压力带来的风险，会选择最能解决其生活的工作。而公务员具有工资有保障、工作比较稳定、社会地位比较突出等方面的优势，自然会成为人们的首选。

（2）从安全需要层次来看，这是人类对劳动安全、职业安全、生活稳定、免于灾难、劳动保护、社会保险、退休金等的需要。我国现有的社会保障体系还不完善，不但覆盖面较小，而且发展很不均衡。此外还存在着地方政府重视程度不够、资金筹措不力、社会化程度偏低等问题，导致人们普遍缺乏安全感。在这种状况下，人们自然会选择风险小、福利好、保障较为完善的公务员职业。

（3）从社交需要层次来看，处于这一层次中的人，希望和同事保持友谊与忠诚的伙伴关系，希望有所归属，成为团体的一员。由于人是复杂社会关系中的一员，会受周围环境的影响而相应地调整自己的行动。公务员这一职业对于"官本位"思想浓厚的中国人来说，它在中国有着强烈的身份认同。因此渴望加入公务员队伍，本身也是对这一特殊群体的社交、归属需要的追求。

（4）从尊重需要层次来说，它是指希望别人对自己的能力和才干给予承认并给予较高的评价，从而得到别人的尊重并发挥一定的影响力。长期的"官本位"思想深深地镌刻在国人的头脑中，即使是今天，从政、当官仍是大中专院校毕业生的职业首选。人们总习惯于把"当官"当做一种荣誉，在这种思维指导下，一切单位不论其性质和大小都有行政级别，好像社会处处皆官场。受社会环境与思维的影响，人们形成了以官为"度量衡"的评判标准。另外，还有许多父母把自己的孩子当"国家干部"看作是一种家族的荣誉，一种社会以及所在群体对其尊重的体现。

（5）自我实现的需要，就是希望工作上有所成就，事业上有所建树，使自己的潜在能力得到充分的发挥，实现自己的理想或抱负，成为所期望的人物。随着中国加入WTO，政府职能与办事方式逐步与世界接轨，政府公务员在这些方面的优势开始显现，一些部门如海关、税务等方面发展空间十分大。这为一些有志于投身公共管理事业的人们提供了实现自身理想的机遇，也为服务型政府提高政府服务水平奠定了基础。因此，随着公务员职业社会地位的逐步上升，许多人开始把政府工作视为实现个人抱负、提升人生价值的舞台。

通过上述理论的逐个分析，可以看出当前的“公务员热”是人们多重需要的综合体现。“公务员热”的出现，符合改革开放环境下人的需要的多样性这个特点。同时，它也在一定程度上反映了人类行为和心理思想共同活动的规律性过程。

（资料来源：卢立昕，朱宗宝．管理心理学视角下对“公务员热”现象的浅析[J]．中国市场，2008（6）：40）

案例问题

1. 你同意案例中对于“公务员热”的现象分析吗？能否谈谈你对这一现象的认识和看法。

2. 对公务员职业的“蜂拥而上”，导致出现一年又一年的“公务员热”。在此状况下，是否有必要对其进行必要的冷思考，以避免“公务员热”带来的消极影响？

3. 为了保证公务员制度的良性运行与“公务员热”所造成的社会影响，你认为应该如何对报考公务员给予理性指导与理念的正确灌输。

“公务员热”回归理性

2015 年中央机关及其直属机构公务员录用考试公共科目笔试 11 月 30 日在全国 31 个省（区市）46 个城市的 900 多个考点同时举行，近 90 万人实际参加考试，报名和参加考试的人数均比去年下降了 10 万人左右。

据了解，今年考试共 141 万人通过招录机关资格审查，105 万人网上缴费确认参加笔试，近 90 万人实际参加考试，参考率约为 85.5%。去年共有 152 万人通过招录机关资格审查，其中，111.9 万人报名确认参加公共科目笔试，实际参加考试人数为 99 万，参考率约为 88.5%。

一度万人共挤独木桥的“公务员热”似乎出现了降温迹象。专家认为，这是公务员考试回归理性的表现，也是社会形势和心理变化的反映。

据国家公务员局统计，实际参加今年中央机关及其直属机构公务员录用考试笔试的人近 90 万人，而去年是 99 万人。本次国考招考有 120 多个中央机关及其直属机构和参照公务员法管理的单位参加，计划招录 2.2 万余人，相比去年增多约 3 000 人，招录人数创历史新高。

1. 报考人数少了，岗位多了

今年报考人员中，有 3 个职位报考比例超过 2 000 : 1，比去年减少了 7 个；报考比例最高为 2 674∶1，比去年有较大幅度下降。

从今年报考情况看，考生报名更趋理性。近几年社会媒体对公务员职业的分析、报道增多，考生对公务员职业有了更进一步了解，跟风报名情况减少。同时，今年招录机关按要求对招考职位的描述更加具体，资格条件设置更加详细，减少了考生的盲目报考。

另外，今年报考人数降低，也与人们对公务员的一些误解消除有关系。过去不少人认为公务员收入和福利不少，近年来，随着“八项规定”执行力度加大等原因，人们对公职人员有了更清醒的认识。同时，基层公务员收入低、工作压力大也是年轻人就业取向变化的重要因素。

2. 国考保持温度属正常

大学生就业形势依然比较严峻，供求关系没有发生大变化。而且预期公务员福利水平不排除有增长趋势，因此长期来看，公务员报考热的局面不会改变。

专家认为，“公务员热”只要不“发烧”，从某种意义上来讲，保持一定温度是正常现象，也是公务员队伍质量的保证。公务员职位稳定，对于喜欢稳定的人来讲，是个理想的选择。即使在世界范围来看，公务员也是社会认同感较高的职业。

目前在我国 700 多万公务员中，通过考试录用的已达 40%。国家公务员考试，经过 20 年的实践与发展，成为党和国家选拔人才的有效手段。

3. 职业选择应该“多元化”

从 1987 年建立国家公务员制度到 1993 年《国家公务员暂行条例》颁布、2005 年国家公务员法颁布，公务员考试报考呈现平淡、热门、回归的曲线。

改革初期，人们对公务员职务并不热衷，那时似乎更多人向往的是经商。新世纪以来，公务员太热不正常。社会上有各种各样的职业，公务员不是越多越好。

十八届三中全会决定对市场和社会组织发展提供了更大空间，对包括年轻人、普通人创业等方面的程序大大简化。如果把公共部门、社会组织和企业视为就业的三大块，其他两块则提供了更多就业空间。

在今后，光看报考总数很难得出好坏的结论，人们更关心报考人员的结构，关注报考趋势变化，只要这样才能了解国家人力资源配置是否合理，为今后的国考以及公务员岗位设置提供更为科学的依据。

（资料来源：新华网）

参考文献

1. 刘永芳．心理学：人力资源管理和开发的一条独特途径［J］．心理科学，2005，28（3）．

2. 卢立昕，朱宗宝．管理心理学视角下对“公务员热”现象的浅析［J］．中国市场，2008（40）．

3. 仁青当智．西方管理心理学人性假设理论的合理内核及其启示［J］．青海师范大学学报，哲学社会科学版，2008（6）．

4. 时勘，等．管理心理学的现状与发展趋势［J］．应用心理学，2001（2）．

5. 夏金华，朱永新．墨家人力资源管理心理思想及其现代意义［J］．心理学报，

2001（4）.

6. 李新霞，王丽佩．论人力资源管理的心理学化［J］. 内蒙古科技与经济，2007（11）.

7. 何玲玲，王燕莉，李颖．浅谈管理心理学在人力资源管理中的应用［J］. 当代经理人，2006（10）.

8. 吕同舟．管理心理学视角下的人力资源管理初探［J］. 管理观察，2009（6）.

9. 时勘．人力资源管理的心理学进展［J］. 沈阳师范大学学报，2004（3）.

10. 朱永新．人力资源管理心理学［M］. 上海：华东师范大学出版社，2003.

11. 全国13所高校社会心理学编写组．社会心理学［M］. 天津：南开大学出版社，2003.

12. 赵忠令．现代领导心理［M］. 北京：中国社会科学出版社，2003.

第二章

个性心理的基础理论

学习目标

- 了解个性心理的基本概念和特点
- 了解和掌握气质的基本概念、气质学说和类型
- 了解和掌握性格的定义、结构成分、形成与发展
- 掌握个体能力的内涵、能力结构和种类
- 掌握智力与能力的关系、能力与知识技能的关系
- 掌握气质、性格、能力在人力资源管理活动中的应用

关键概念

个性心理　个性心理倾向性　个性心理特征　气质　性格　能力　人格　性情　脾气　心理活动　灵活性　指向性　态度　行为　方式　知识技能　能力结构

引导案例

电影《海上钢琴师》讲述了这样的一个故事：1900 年的第一天，邮轮弗吉尼亚号上，工人丹尼在头等处的钢琴旁发现了一个被遗弃的新生儿。丹尼不顾他人的嘲笑，独自抚养该婴儿，并取名为“1900”，随着弗吉尼亚号往返靠泊于各个码头而逐渐长大。然而不久，丹尼在一次意外事件中丧生。奇迹出现了，某天深夜，船上的众人被优美的海上琴声所惊醒，循着琴声，居然是无师自通的 1900 在钢琴前忘我演奏。从此，1900 开始了在海上弹奏钢琴的旅程，吸引了愈来愈多慕名而至的旅客。期间，1900 邂逅了麦克斯和一名清秀动人的女孩，他们的出现，使得 1900 的内心开始波动，他燃起了欲踏足陆地的冲动。然而 1900 顾虑于自己在陆地上没有出生证明，没有生日，没有身份，就好像这个人从来没出生过一样，所以最终他没有离开船。他生于船，长于传，死于船。

这是一个典型的个性心理问题。

根据埃里克森人格发展阶段论的理论，青少年面临的最主要发展障碍是获得自我认同感——一种对于自己是谁，将要去何方，在社会中处于的稳固和连贯的知觉。而自我认同感是在应对许多选择中形成的：我想要什么样的职业，大千世界中我属于什么位置等。埃里克森用认同危机来描述这些青春期个体思考现在的自己是谁，决定“我能

（该）做怎样的自我”时会体验到的那种混乱，甚至焦虑的感受。如果青少年能顺利渡过这次危机，那么他们将走向成熟的人生道路。而片中的1900似乎一生都在思考这个问题，却又一生没能圆满解决这个问题。他不知道自己该何去何从，自己能够或应该成为什么样的人，在偌大的世界中是何位置，所以，他只能留在船上，不断重复颠簸的旅程。

（资料来源：选自百度文库）

人力资源管理的许多问题都是属于人本身的范畴，而任何人力资源管理活动又都要建立在员工个性心理认同的基础之上，离不开个性心理学视角的审视和探讨。在人力资源管理的各个管理职能中，为了有效地发挥各个职能的作用，为了最大限度地激发员工的积极性和主动性，提高人力资源管理的工作效率及工作质量，重视员工个性心理特征的研究就显得尤为重要。同时，对于组织和个体来说，进行恰当的人—职匹配具有非常重要的意义。而进行人—职匹配的前提之一是必须对个体的心理特征有充分的了解和掌握，个性心理特征作为现代心理学的一部分，越来越被人力资源管理领域所重视，其原因还在于个性心理特征这一侧面，提出了许多有关人力资源管理心理学的新观点、新理论和新方法。

第一节　个性心理概述

一、个性的定义

心理学上所谓的个性指的是一个人在生活实践中经常表现出来的本质的、比较稳定的、带有一定倾向性的个体心理特征的总和。

个性心理由两方面组成：

一是个性心理倾向性：个性心理倾向性是人进行活动的基本动力，是个性结构中最活跃的因素。它决定着人对现实的态度，决定着人对认识活动的对象的趋向和选择。个性心理倾向性主要包括需要、动机、兴趣、理想、信念和世界观。它们较少受生理因素的影响。主要是在后天的社会化过程中形成的。个性心理倾向性的各个成分并不是彼此孤立的，而是相互联系、相互影响和相互制约的。其中，需要又是个性倾向性乃至整个个性积极性的源泉。只有在需要的推动下，个性才能形成和发展。动机、兴趣和信念等都是需要的表现形式。世界观居于最高层次，它制约着一个人的思想倾向和整体心理面貌，是人们言论及行动的总动力和总动机。个性倾向性被认为是以人的需要为基础的动机系统。

二是个性心理特征：个性心理特征是指一个人身上经常地、稳定地表现出来的心理特点。它是个性结构中比较稳定的成分。主要包括气质、性格和能力。在个体心理发展过程中，这些心理特征较早地形成，并且不同程度上受生理因素的影响。气质是人典型的、稳定的心理特点，即人的性情或脾气。性格是指个人对现实稳定的态度和稳定行为方式的心理特征。当某些特征稳定地而不是偶然地表现在某人身上时，就可以说这个人具有这种性格特征。能力是成功地完成某种活动的个性心理特征。一个人要能够顺利、成功地完成某种活动，主要的心理前提是要具备某些能力，能力是人完成任何活动不可缺少的一种心理品质。

个性心理倾向性和个性心理特征之间也不是彼此孤立的，而是相互渗透、相互影响、错综复杂地交织在一起。个性心理特征受个性倾向性调节，个性心理特征的变化也会在一定程度上影响个性倾向性。个性是一个统一的整体结构。

心理学中经常运用的还有人格一词。心理学使用的人格和个性同义。但有别于日常生活中对“人格”的习惯用语。

二、个性的基本特点

一般认为，个性具有整体性、稳定性和可塑性、独特性、社会性和生物性。分析这些特性，有助于对个性概念的理解。

1. 个性的整体性

个性是一个统一的整体结构，是人的整个心理面貌。每个人的个性倾向性和个性心理特征并不是孤立的，它们相互联系、相互制约，组成一个完整的个性。在心理学史上，有些心理学家如沃伦（H. C. Warren）和弗林斯（M. H. Prince）等人在个性定义中罗列了许多特征，把个性看作个人许多特征的简单总和。德国心理学家斯腾（W. Stern）强调研究整体的人。他认为，人身体上集中了各种心理机能，心理学研究的对象应该是整体的人，而不是各种新时期的心理机能。美国著名心理学家奥尔波特（G. W. Allport）指出，个性是一种有组织的事例体。在这个事例体中各个成分相互作用、相互影响、相互依存，如果其中一部分发生变化，其他部分也将发生变化。后来，在个性研究中引进了结构的概念和系统的观点，把个性看成完整的构成物，个性具有整体性。

2. 个性的稳定性和可塑性

个性具有稳定性。个性是指一个人的比较稳定的心理倾向和心理特性的总和。人在行为中的偶然表现不能表征他的个性，只有在行为中比较稳定经常表现出来的心理倾向和心理特征才能表征他的个性。例如，一个处事稳重的人，全然表现出轻率的举动，不能由此说他具有轻率的性格特征。个性具有经常性、稳定性。“江山易改，本性难易”，形象地说明了个性的稳定性。然而，个性的稳定性只是相对的，个性并不是一成不变的，个性具有可塑性。个性在主客观条件相互作用过程中发展起来，同时又在主客观条件相互作用过程中发生变化。儿童的个性还不稳定，受环境影响较大；成年人的个性比较稳定，但自我调节对个性的改变起重要作用。例如，逆境可以使人消沉，但通过自我调节人也可以使自己变得坚强。个性是稳定性和可塑性的统一。

3. 个性的独特性

人与人之间没有完全相同的心理面貌。俗话说：“人心不同，各如其面。”许多心理学家也都强调了个性的独特性。每一个人的个性都由独特的个性倾向和独特的个性心理特征所组成。即使是同卵双生子，他们的心理面貌也不会完全相同。因为个性是在遗传、环境、成熟和学习许多因素影响下发展起来的。这些因素和这些因素之间的相互关系都不可能是完全相同的。

个性的独特性并不是说人与人之间在个性上毫无共同之处。个性是指一个人的整个心理面貌，它即包括人与人之间在心理面貌上的相同方面（共同性），也包括人与人之间在心理面貌上的不同方面（差异性）。个性中既包含有人类共同的心理特点、民族共同的心理特点、阶级和集团共同心理特点，又包含每个人与其他人不同的心理特点。

4. 个性的社会性和生物性

人的个性不仅受生物因素的制约，而且受社会因素的制约。在个性形成和发展过程中，既有生物因素的作用，也有社会因素的作用。不能将个性的形成和发展原因归结为一种因素，也不能将这两种因素的作用等量齐观。生物因素只给个性发展提供可能性，社会因素才使这种可能性转化为现实。人在社会交往中，逐渐形成和发展自己的个性。对个性形成和发展起决定作用的是社会生活条件。如果离开了人类的社会生活，人的正常心理就无法形成和发展。

三、个性形成的影响因素

一个人的个性的形成和发展往往受内在和外在的多种因素的影响。

1. 遗传和身体方面的因素

所谓遗传，是指上一代染色体中包含的遗传性状传给下一代的现象。遗传包括种系遗传和个体遗传两种，而在心理学中讨论的问题，主要是个体遗传。在日常生活中，人们会发现，子女与父母之间往往不只是容貌、体形相似，而且性格、智力、兴趣也有某些相似之处。这主要受遗传的影响，遗传不仅在身体外形方面表现出某种相似之处，而且由于子女在父母言传、身教的影响下，他们会经常观察和模仿家长的行为，这样在子女身上会逐步表现出父母身上的某些个性特征。在现实生活中，人们容易看到，一些家庭为音乐世家、文学世家、教师世家；一些家庭几代人在性格、信仰、能力方面有很多相似之处。这很能说明遗传因素、相同的生活环境、政治文化背景对下一代个性形成的影响。

身体因素主要指一个人的外表和身体的机能对人的个性的影响。人的容貌、体形的好坏对人的个性会产生直接影响。身体外部条件比较好的人容易产生愉快、满足之感，这种自豪感容易使人产生积极向上的个性。反之，身体外部条件不好的人，容易形成一种心理压力，产生一种自卑感，这种自卑感时间一长也容易使人产生一种消极的个性。同样，人的身体的某一个或多个机能有障碍，如神经系统、心血管系统、内分泌系统有残疾，也可能引起人的个性的变化，如思想压抑、情绪呆板、行动迟缓等。

无论是遗传还是身体方面的因素，如果对一个人的个性产生了消极影响，个人和师长都应进行积极的努力和引导，以使之个性向积极、健康的方向发展。

2. 环境方面的因素

环境因素主要指家庭、学校和社会对一个人个性形成的影响。

家庭因素对个性的影响，是指家庭的经济与政治地位、父母的文化素养和言行、家庭成员之间的关系等，这些因素对一个人的个性的形成和发展有重大影响。俗话说：

“父母是孩子的第一任老师”、“有其父必有其子”，就形象地说明了家庭因素对人的个性的影响。

学校学习阶段是青少年个性形成的重要时期，学校的文化知识、思想品质、行为规范的教育对学生良好个性的培养都有至关重要的影响，这些影响主要来自课堂教学、课外活动、班集体的风貌、师生关系与同学关系等。一个优秀的教师和一个良好的班集体，对学生良好个性的培养起着直接的和潜移默化的作用，不同的教师和班集体所培养出来的学生的个性往往就会有很大差别，并且对一个学生的一生都会有影响，因此教师和班集体在学校工作中显得尤为重要。

社会和社会实践对一个人的个性培养和发展的作用也不容忽视，而且可以说是最终决定一个人的个性的形成。当一个人从家庭、学校到最终走上社会后，为了适应日益扩大的生活领域和人际交往，在反复学习担当各种新角色、新工作应有的行为方式和对事物的态度的同时，形成和改变着某些个性特征。

职业的种类、劳动报酬、荣誉、与领导和同事的关系都会对个性的变化起着重要作用。如人际关系的协调，领导的信任，事业的得心应手，都会使自己的才能得到充分的发挥，情绪饱满，容易显示出积极、主动、活泼、热情个性。

职业的不同也直接影响人的个性，如教师热情、冷静、有口才、思维敏锐、有条理；文艺工作者活泼、开朗、情感丰富、富于创造性等。

除了上述这些因素以外，年龄也会对一个人的个性产生影响，不同的年龄段，个性都会有明显的区别，这与人的思想发展、知识面扩大、经验的丰富有关。

总之，一个人的个性是在各种内外因素的影响下形成和发展变化的。

第二节　气　　质

一、什么是气质

心理学中的气质概念内涵较窄，它与日常生活中运用的“脾气”、“秉性”、“性情”等意义近似。现代心理学把气质定义为：气质是个体表现在心理活动的强度、速度、灵活性与指向性等方面的一种稳定的心理特征。理解此定义时应注意以下四点：

1. 气质是个体心理活动和行为的动力特征

气质的动力特点主要表现为心理活动的速度、强度、稳定性、指向性方面的特征。如一般把知觉速度、情绪和动作反应的快慢归结为速度方面的特点，把注意持续的时间长短、情绪起伏变化等则归结为稳定性方面的特点，而把心理活动倾向于外部事物还是倾向于自身内部归结为指向性方面的特点。

2. 气质受先天生物因素影响较大

人的气质特点，几乎在初生后不久就能看到。在儿童生命最初几星期内，对刺激的敏感度、对新事物的反应等就有明显的差异，如有的婴儿好哭、好动，有的婴儿安静、很少哭闹。就是同为哭叫，在声音大小、急缓和持续时间上也各有不同。研究表明，年龄越小气质的表现越明显，气质的特征也越清楚。由于气质较多地依赖于先天因素，因此，气质在个性中具有较大的稳定性，人们通常所说的“禀性难移”就是指气质的稳定性与难以改变。有人对20对同卵双生子和异卵双生子进行研究发现，同卵双生子在某些气质特征方面比异卵双生子表现出更大的相似性。

3. 气质具有一定的可塑性

气质虽然具有先天性，但并不意味着它完全不起变化，在生活环境和教育的影响下，在性格的掩盖下，气质可以得到相当程度的改造。例如，生活的坎坷或事业的挫折，可能会使一个活泼好动的青年变成一个沉默寡言、行动拘谨的人。

人的气质不仅随环境、教育、职业、主观努力的变化而变化，而且还会随着年龄的变化而变化。一般来说，少年时期兴奋性较强，抑制性较弱，表现为好动、敏捷、热情、积极、急躁轻浮；壮年时期兴奋与抑制平衡，表现为坚毅、深沉；老年时期兴奋性弱，抑制性强，表现为沉着、冷静、动作缓慢、不灵活。

4. 气质无好坏之分

气质给人们的言行涂上某种色彩，但不能决定人的社会价值，也不直接具有社会道德评价含义。相同的气质类型，既可能成为品德高尚、有益于社会的人，也可能成为道德败坏、有害于社会的人。气质不能决定一个人的成就，任何气质的人，既可能在不同实践领域中取得成就，也可能成为碌碌无为的人。

二、气质学说

关于人的气质及气质类型，不少学者经过探讨提出了不同的见解，因而形成不同的气质理论。主要的气质学说有：

1. 体液说

这是古希腊医生希波克拉底（Hippocrates）提出的，他认为人体内有四种液体，即血液、黏液、黄胆汁、黑胆汁。这四种体液在个体身上的不同组合，就形成四种不同类型的人。后来，古罗马医生盖仑（C. Galen）提出了“气质”概念，进一步确定了气质类型，提出人的四种气质类型是多血质、胆汁质、黏液质和抑郁质。血液占优势的人是多血质，温而润，像春天；黏液占优势的人是黏液质，冷酷无情，像冬天；黄胆汁占优势的人是胆汁质，热而躁，像夏天；黑胆汁占优势的人属抑郁质，冷而躁，像秋天。

虽然这种学说对气质的分类不是很科学的，但他们对气质类型的命名，被后世许多学者所采用，一直沿用至今。

2. 高级神经活动类型说

俄国生理学家巴甫洛夫认为气质的生理基础不在于体液，而在于高级神经活动的类型，提出用高级神经活动类型解释气质。高级神经活动类型是由高级神经活动过程所特有的最重要和最稳定特性的独特结合。他通过研究发现，神经活动过程（兴奋和抑制）有三种基本的特性：强度、平衡性、灵活性。巴甫洛夫根据这三种特性的独特结合，提出最基本的高级神经活动类型有四种：

（1）强而不平衡的类型——不可遏止型。兴奋过程强于抑制过程。这是一种易兴奋、不易安静的类型，也称之为兴奋型。

（2）强而平衡且灵活的类型——活泼型。兴奋和抑制都有较大且基本相等的强度，相互之间转化灵活。表现特点是，反应灵敏、外表活泼、能很快适应迅速变化的外界环境。

（3）强而平衡但不灵活的类型——安静型。兴奋和抑制都较强且程度大体相当，但相互转化不灵活。表现特点是，新的条件反射容易形成，但不容易改造。

（4）兴奋和抑制都比较弱的类型——弱型。兴奋和抑制都很弱，而且弱的抑制过程占优势。表现特点是，无论哪种形式的条件反射的形成都很慢，神经过程的承受能力小，也叫抑制型。

巴甫洛夫的四种神经活动类型与四种气质类型有紧密的联系。高级神经活动类型是气质类型的生理基础，气质类型是高神经活动类型的心理表现，其关系如表 2-1 所示。

表 2-1　　高级神经活动类型与气质类型

神经过程的基本特性			高级神经活动类型	气质类型
强度	平衡性	灵活性		
强	不平衡		兴奋型（不可遏止型）	胆汁质
强	平衡	灵活	活泼型（灵活型）	多血质
强	平衡	不灵活	安静型（不灵活型）	黏液质
弱			弱型（抑制型）	抑郁质

三、气质类型

气质类型是指在某一类人身上共同具有的各种心理特征有规律的组合。也就是依据某些心理特征对人的气质所作的分类。

1. 构成气质类型的心理特征

气质是个体表现在心理活动的速度、强度、灵活性及指向性方面的动力特征，它是由许多心理活动特征有机结合在一起的复杂的心理构成物。根据现有研究，构成气质类型的心理特征主要有：

感受性。指人对内外刺激的感觉能力。人的感受性与感觉阈限成反比例关系。它是神经系统强度特性的表现。

耐受性。人在经受外界刺激作用时表现在时间和强度上的耐受程度。它也是神经系统强度特性的反映。

反应的敏捷性。它包括两类特征：心理反应和心理过程进行的速度（记忆的速度、思考的敏捷程度、注意转移灵活程度）；对刺激的不随意的反应程度。它是神经系统灵活程度的表现。

可塑性。指人随外界事物变化情况而改变自己的行为以适应环境的难易程度。可塑性与神经系统灵活性有关。

情绪兴奋性。指对微弱刺激影响以不同速度产生情绪反映的特性，包括情绪兴奋性强弱和情绪外显的强烈程度。它既和神经过程的强度特性有关，也和神经过程的平衡性有关。

向性。指心理活动、言语和动作反应表现于外部还是内部的特性。表现于外部的称外向性；表现于内部的称为内向性。向性与神经系统强度有关。

2. 四种典型的气质类型及其特征

人的气质特点千差万别。为了便于研究，心理学上比较常见和流行的是根据上述心理特征在具体人身上的不同结合，将人们的气质划分为不同类型。这里仅介绍四种典型的气质类型及其特征。

（1）胆汁质。感受性较弱，耐受性、敏捷性、可塑性均强，兴奋比抑制占优势，外向；行为表现为直率、热情，精力旺盛，情绪易冲动，心境变化剧烈，具有外倾性。兴奋而热烈是其主要特色。

（2）多血质。感受性较弱，有很强的耐受性、兴奋性、敏捷性和可塑性，外向；行为表现为活泼好动、敏捷、反应迅速，热情、喜欢与人交往，兴趣易变换，具有外倾性。敏捷而好动是其主要特色。

（3）黏液质。感受性弱，敏捷性、可塑性、兴奋性也弱，唯有耐受性强，内向；行为表现为安静、稳重，反应缓慢，沉默寡言，情绪不易外露，注意力稳定，但较难转移，善于忍耐，具有内倾性。缄默而沉静是其主要特色。

（4）抑郁质。感受性很强，耐受性、敏捷性、可塑性和兴奋性均较弱，内向；行为表现为孤僻、行动迟缓，情绪体验深刻，善于观察细节，对事物的反应有较高的敏感性，外表温和、常有淡淡的抑郁的面容，多愁善感，具有内倾性。呆板而羞涩是其主要特色。

在现实生活中，只有少数人是上述四种气质类型的典型代表，大多数人是近乎于某种气质，同时又具有其他气质的某些特征，属于混合型或过渡型气质。任何气质类型的人都可以发挥自己特有的才能，在特定的工作领域内对社会作出贡献，气质特征不决定一个人的智力发展水平和活动的社会价值，但人的行为及行为方式要受气质特征的影响。

四、气质与人力资源管理

气质虽然在人的实践活动中不起决定作用，但是有一定的影响。气质不但影响活动进行的性质，而且可能影响活动的效率。因此，气质对于组织生产、教育培训员工、选拔人才、社会分工等都具有重要的意义。在人力资源管理过程中，我们应做到：

1. 根据气质特征，因人而异安排工作、选择职业

不同的职业、工作对人的气质要求不同。管理者在安排工作或我们在选择职业时，须分析人的气质特点，注意将不同气质类型的优势和长处与工作职业本身结合起来，尽力安排和选择有利于个性气质特长的岗位和工种，这有助于扬长避短，取得事半功倍的效果。一般地，多血质的人适合于社交、多交往的工作，如：销售、采购、后勤、公关、谈判；胆汁质的适合于应急性强，冒险大的工作，如：抢救、救护等；黏液质的适合于原则性强的工作，如：人事、调查、保管；抑郁质的人适合于平静、刻板、按部就班的工作，如：会计、统计等。

2. 特殊职业、工种对气质有特殊要求

在一些特殊职业中，例如：飞机驾驶员、宇航员、大型动力系统调度员或运动员

等，要经受高度的身心紧张，要求有极其灵敏的反映，敢于冒险和临危不惧，对人的气质提出了特定的要求。在这种情况下，气质的特性影响着一个人是否适合从事于该职业。因此在选择、培训这类特殊职业工作人员时，应当测定人的气质类型。这是职业选择和淘汰的根据之一。由此可见，气质在特殊职业中的作用是非常重要的。

3. 根据气质类型特点因人制宜、有的放矢地做好教育和培训工作

由于人们的气质各不相同，所以要求在进行人员教育工作中必须采取因材施教、差别对待的方法。对胆汁质的人要注意避免硬碰硬，要晓之以理，动之以情，与之交往可以直来直去；对多血质的人的教育不仅要直，而且要加大刺激，不能和风细雨，否则不能引起他们的重视；对黏液质的人，应注意有耐心，提出问题要给他们有回味的时间；对抑郁质的人，说话要谨慎，多以肯定、积极的语言鼓励，少在大众面前给予批评等，以免刺伤其自尊心。

4. 工作中要注意不同气质人员的适当搭配和互容互补

在组织工作群体时，将不同气质类型的人进行适当搭配，利用不同气质的各种特性之间相容互补的同时，使他们在团体和工作中也可得到相互补偿。如对先进纺织工人所作的研究证明，一些看管多台机床的纺织女工属于黏液质，她们的注意力稳定，工作中很少分心，这在及时发现断头故障方面是一种积极的特性。这种注意稳定性补偿了他们从一台机床到另一台机床转移注意力较为困难的缺陷。另外一些纺织女工属于多血质的，较为活泼，她们的注意力比较容易从一台机床转向另一台机床，这种注意易于转移就补偿了注意易于分散的缺陷。这不仅实现了“以人为本”的管理，而且提高了工作效率和质量。

第三节　性　　格

一、性格的定义

性格是人对现实的稳定态度和习惯化的行为方式中所表达出的具有核心意义的个性心理特征。

性格是人对现实的态度和相应行为方式方面的心理特征。生活于现实中，每个人对周围客观事物的种种影响都会通过认知、情感和意志等活动反映、保存和巩固下来，形成自己独特的、稳定的态度体系，并以一定方式表现于行为活动中，构成个人特有的行为方式。例如：一个人对待工作总是勤勤恳恳，善于克服困难，对能认真完成工作的人给予赞许、支持，由此看出他待人处事表现出坚毅、勇敢、热情，这些心理特征的总和构成他的性格。人的性格是由对现实的态度和与之相应的行为方式这两个要素的独特结合构成的。稳定的态度和习惯化的行为方式在表现性格上是统一的，人对现实的态度决定着他的行为方式，而习惯化的行为方式又体现着他对现实的态度。二者达到统一，个体表现出言行一致，表里如一，这才具有完整的性格。否则，就会导致性格分裂，危及身心健康。

性格是个性中具有核心意义的心理特征。在个性中，性格是最重要、最显著的心理特征。人的性格是现实社会关系在人脑中的反映，人的性格与意识倾向性相联系，受价值观、人生观的支配，性格体现着一个人的本质属性，具有明显的社会道德评价意义，有好坏之分。同时，性格对能力、气质有影响作用。性格不仅能制约能力发展的方向和水平，而且还会掩盖、改造气质，使气质服从社会生活要求。因此，性格最能表征一个人的个性差异，人与人之间的个性差异，最容易看到的就是性格方面的差异。

性格是后天形成的。但一经形成就比较稳定，并贯穿于人的全部行为活动之中。人在生活中一时性的偶然表现出的某种心理特征，不能看成是一个人的性格特征，而只有经常、习惯性的表现才能认为是他的性格特征。例如：一个人在众人面前通常能健谈热情、乐观大方，但偶尔一次或几次显得沉默寡言、拘谨不安，就不能把沉默寡言、拘谨不安视为他的性格特征。正因如此，掌握了一个人性格特点，就能够判断他在怎样的情况下将会怎样行动。性格是稳定的，但不是一成不变的，在社会生活条件和实践活动发生变化时，人的性格也会发生变化。性格具有可塑性。

二、性格与气质的关系

性格与气质都是人脑的活动，也都是在人的实践活动中形成发展起来的。日常生活中，人们往往把性格和气质视为同一概念加以混淆使用，从科学角度分析，性格和气质是个性结构中既有区别又有联系的两个重要因素。

性格与气质的区别表现在：

（1）气质更多的同高级神经活动类型有关，受人的生物因素制约，是先天的，具有天赋性。而性格则主要更多地受社会生活条件的制约，后天形成，具有社会制约性。

（2）气质是从心理活动的速度、强度、稳定性和倾向性来表现个性特征，突出地反映着情绪方面的特征。性格则是从个体对待现实的态度和行为方式方面表现个性特征，涉及人的全部心理活动的一切稳定特点，表现的范围较广，既包括人对现实的态度特征，也有属于情绪、意志和认知方面的特征。

（3）气质所表现的只是心理活动的动力特征，无所谓好坏。而性格是对现实社会关系的反映，具有社会内容和社会意义，有好坏之分。

（4）气质体现着高级神经活动类型的自然表现，可塑性小，变化较慢，虽能改变，但不易改变。性格由现实生活经历与个人实践决定，可塑性较大，虽然相对稳定，但较易改变。

性格和气质又是相互渗透、彼此制约的，表现在：

（1）气质不仅会影响性格特征的表现方式，而且影响某些性格特征形成和发展的速度，使人的性格涂上独特的色彩。例如：同样是勤劳这种性格特征，胆汁质的人常情绪饱满、迫不及待地工作；多血质的人则往往充满热情、灵活机智；黏液质的人则埋头苦干、持之以恒。

（2）性格在一定程度上可以掩盖或改变气质，使之服从生活实践的要求。例如：教师工作必须具有高度的责任心和耐心，应工作实践的要求，这些性格特征的形成可以掩盖或改变易冲动、急躁的气质特征。同时，性格与气质之间不存在简单的对应关系。同一气质类型的人可以形成不同的性格特征；不同气质类型的人也可以形成相同的性格特征。例如：诚实、勤劳的性格特征在不同气质类型的人身上都可以形成。

三、性格结构

1. 性格结构的基本成分

性格结构指性格的基本组成部分及其关系。性格是十分复杂的心理构成物，它是一种由多成分、多侧面的性格特征错综交织在一起构成的统一整体。通常认为，性格结构的成分包括下列四个方面：

（1）性格的态度特征。性格的态度特征指个体在处理各种社会关系方面或在对客观现实的稳定态度方面表现出来的心理特征。人对现实的态度特征直接体现着一个人对事物所特有的稳定倾向，是一个人的本质属性的反映。因而，对现实的态度特征是性格结构的最重要组成部分。人对现实的态度是多种多样的，基本上可以分为对人、对事、对己三个方面。在对社会、集体、他人的态度中表现出来的特征，例如：善交际、正直、诚实、爱集体、虚伪、同情心、损人利己等；在对待工作、学习、劳动的态度中表现出来的特征，例如：勤奋、懒惰、细致、马虎、首创、墨守成规、勤俭等；在对待自己的态度中表现出来的特征，例如：自信、自卑、自尊、自强、律己、放任等。上述三方面的态度特征是相互联系、彼此制约的。

（2）性格的意志特征。性格的意志特征是指一个人在自觉调节自己行为的方式和水平方面表现出来的稳定的心理特征。它是性格结构中的重要组成部分之一。具体包括四个方面：

① 人对自己行为的目的和意义是否明确，能否使自己的行为服从自觉目的方面的意志特征。如有目的性或盲目蛮干；独立性或易受暗示性；纪律性或散漫性等。

② 人对自己行为能否支配和控制方面的特征。如冷静、沉着还是惊慌失措、任性；克制还是放纵等。

③ 人在紧急或困难条件下能否判明情况，做出正确的决策方面表现出来的意志特征。如勇敢或怯懦；果断坚定或优柔寡断等。

④ 人能否长期地坚持预定目的，克服困难与障碍方面的特征。如持之以恒或半途而废；坚持到底或见异思迁等。

（3）性格的情绪特征。性格的情绪特征是指一个人在情绪活动的强度、稳定性、持续性以及主导心境等方面表现出来的稳定特征。人的情绪状态影响着他的全部活动和行为方式，当人对情绪的控制具有某种稳定的、经常的表现的特点时，这些特征就构成一个人的性格情绪特征。有的人情绪反应强烈、难以调节和控制，有的人情绪反应微弱、易于控制；有的人情绪易于波动、起伏程度大，有的人情绪较平静，不受情境左右；有的人情绪维系时间短、来得快去得快等。

（4）性格的认知特征。性格的认知特征是指一个人在感知、记忆、想象和思维等认知活动方面表现出来的稳定的心理特征，也就是一个人的认知特点与风格。在感知方面，有的主动积极，不易受环境干扰，有的被动，极易受环境干扰和暗示，有的观察细致，有的观察粗略。在记忆方面，有的记忆巩固，难以遗忘，有的记忆不牢，遗忘迅速，有的记忆敏捷，有的记忆速度慢。在思维方面，有的善于独立思考，有的喜欢借用现成答案，人云亦云，有的善于分析，有的善于综合。在想象方面，有的想象丰富、奇特，有创造性，有的贫乏，缺乏新颖性，有的想象主动，有的想象被动等。

2. 性格结构的动态分析

人的性格并不是上述四个层面的性格特征的机械凑合和简单堆积。在每个具体的人身上，这四种性格特征是相互联系、相互制约的。性格结构作为一个系统性的组织，具有整体性、多面性、稳定性与可塑性等特点。

（1）性格结构的整体性。各种性格特征之间存在着内在联系，协调地组合成为一个独特的整体。例如：一个对待工作认真负责的人，常常会表现出坚持性和自制力，主动观察分析问题，对工作充满热情。正因为性格特征之间存在着内在联系，所以根据一个人主导性的性格特征，便可推知他其余的性格特征。

（2）性格结构的多样性与复杂性。性格特征在不同情境下有不同的结合，从而表现出性格的不同侧面。例如：有的人在学校表现得积极、有礼貌、谦虚、热情、勇敢，而在家中则懒惰、蛮不讲理、倔强、任性、冷漠。每个人都有自己的性格特征，但这种性格特征并不总是以同一模式一成不变地表现出来。随所处情境的变化，性格的表现也是多种多样的。为此，要分析了解一个人的性格，必须在不同情境下全面、系统地反复观察。

（3）性格的可塑性。性格一旦形成就比较稳定，但也并不是一成不变的。性格既然是在环境影响下形成的，那么环境的变化也必然影响性格的变化。例如：独生子女在家长娇生惯养下可能形成怯懦、孤独的性格特征，但进学校以后，经集体的熏陶，能发展起勇敢、善交往的性格特征。此外，个人的主观能动性对性格的改变也起着重要作用。环境的影响要通过人的主观因素才能实现。通常，年龄越小，性格受环境影响越大；年龄越大，性格受自我调节的作用越突出。成年人的性格改造很大程度上取决于个人的主观努力。

3. 性格类型

性格类型指某一类人身上所共有的或相似的性格特征的独特结合。研究性格类型，对于分析具体人的性格，了解人的性格，因材施教具有积极意义。然而性格是一种极为复杂的心理构成物，心理学家们试图按一定标准和原则对性格进行分类，但迄今还没有一个公认的观点。下面简要介绍几种常见的有代表性的分类观点。

（1）以个体心理机能为划分标准，可将性格分为理智型、情感型和意志型。这是英国心理学家培因（A. Bain）和法国心理学家李波（T. A. Ribot）提出的分类观点。他们认为，依据智力、情绪和意志这三种心理机能在具体人身上何者占优势，可将性格划分为理智型、情绪型和意志型。理智型的人常以理智衡量一切，并支配自己的行为，做事能三思而后行，很少受情绪影响；情绪型的人不善于思考，行为易受情绪左右，常感情用事；意志型的人行动目标明确，富有主动性和自制力，行为不易受外界因素干扰。

（2）以心理活动的倾向性为划分标准，将性格分为内倾型和外倾型。这是一种最有影响力的、最著名的观点，起初是由瑞士心理学家荣格（C. G. Jung）提出来的。按照个人心理活动倾向于内心世界还是倾向于外部世界，可把性格分为内倾型和外倾型。外倾型的人活泼开朗，情感外露，热情大方，不拘小节，善于交际，独立性强，领导能力强，易适应环境的变化，不介意别人的评价，有时易轻率、散漫、感情用事；内倾型的人深沉稳重，办事谨慎，三思而后行，不善于交往，反应缓慢，较难适应环境的变化，很注重别人的评价，有时显得拘谨、冷漠和孤僻。

（3）以个体独立性程度为划分标准，将性格分为独立型和顺从型。这种观点源于美国心理学家威特金（H. A. Witkin）场理论。独立型的人具有坚定的个人信念，善于独立思考，自信心强，不易受暗示和干扰，喜欢将自己的意见强加于人。顺从型的人遇事缺乏主见，易受暗示和干扰，不加分析地执行一切指示，屈服于他人的权势，不能适应紧急情况。

（4）以人际关系、情绪稳定性、社会适应性和心理活动向性为划分标准，将性格分为A、B、C、D、E五种类型。这种观点是日本学者矢田部达朗等提出来的，是目前国际上采用的典型性格类型。

A型又称行为型或注意人物型，其特征是急躁，情绪不稳定，好胜心强，直爽坦率，社会适应性比较差，人际关系不甚融洽，行为常引起人们的注意或议论。

B型又称平衡型，其特征是情绪和社会适应性较均衡，乐观，与他人关系协调，生活有节奏，遇事不耿耿于怀，但主观能动性不够，交际能力弱。

C型又称平衡型、安定消极型，其特征是情绪稳定，感情内向，反应慢，较孤僻，社会适应性好，但常处于被动状态。

D型又称安定积极型、管理者型，其特征是情绪稳定，感情外向，活跃开朗，善于交际，社会适应性平均，人际关系较好，积极主动，有组织领导能力。

E型又称反常型、不安定消极型、逃避现实型，其特征是情绪低沉，多愁善感，社会适应性较差，常为琐事烦恼，不善交际，与世无争，有自己独特爱好兴趣，善于独立思考，有钻研精神。

现实生活中，大多数人都不是单纯的某一类型，往往主要侧重一种类型，但同时又兼有其他类型的某些特征，属于中间型或混合型。

四、性格的形成

人的性格并非与生俱来，是在一定生物因素基础上，通过主体和环境相互作用形成、发展起来的，正如恩格斯所说："人的性格是先天组织和人在自己的一生中，特别是在发育时期所处的环境这两方面的产物。"性格是复杂的心理构成物，影响性格形成的因素也十分复杂，除生物因素、环境因素外，自我意识也是重要因素。下面对这些因素作些简要分析。

1. 生物因素

生物因素是性格形成发展的自然前提，为性格形成与发展提供可能性和遗传潜势。这可从家谱分析、血缘关系和双生子对比研究中找到证据。人的性格是高级神经类型特征和生活环境影响的"合金"，即是在先天基础上建立起来的受后天生活影响的暂时神经联系。尽管高级神经活动类型不是性格的直接生理基础，而以高级神经活动类型为基础建立起来的暂时神经联系更具有直接意义，但高级神经活动类型对人的性格表现和性格特征的形成都具有重要意义，使人对现实的态度和行为方式带有个体特点。体型、身高、体重、外貌、性别等生理特征和生理成熟的早晚，对个体性格形成与发展也有影响。例如：长相可爱的儿童，因常得到周围人的喜爱和亲近，容易形成自信、乐观、活泼开朗的性格特征；而有生理缺陷、面貌丑陋的儿童，不免会受到周围人的讥笑，容易形成自卑、内倾的性格特征。

2. 环境因素

性格反映着一个人的生活历程。环境因素对性格形成与发展有着重要影响作用。按其性质，可分为自然环境和社会环境，其中社会环境的含义非常广泛，包括家庭、学校、同伴及社会文化等，这些因素对性格形成与发展的影响作用特别明显和突出。

（1）家庭环境。家庭是个体最早接触的社会环境，社会对个体性格形成、发展的影响首先是通过家庭实现的。个体是在家庭中开始和后天环境相互作用，逐步顺应、认同外界影响，然后得到内化，并在自我反映中保存固定下来，形成自身的性格。人称家庭是“制造人类性格的加工厂”。许多心理学家认为，从出生到5、6岁是人的性格形成最主要的阶段。家庭对个体性格形成与发展起着奠基作用。在诸多家庭因素中，父母的教养方式和态度对个体性格形成和发展有着深刻影响。研究表明，父母若对儿童采取关心、信任、合理、民主的养育态度和方式，儿童容易表现出积极、独立性强、态度友好、情绪稳定等性格特征；若对儿童强行干涉、溺爱或者拒绝、专制、支配，儿童容易表现出消极、缺乏主动性、适应性差、情绪不稳定等特征。儿童的性格受父母整个教养行为的影响，因此父母管教子女的较为理想的方式是控制、期望、沟通、关爱。

（2）学校教育。学校教育中的许多因素，诸如班级气氛、教师教育态度、师生关系、同伴关系等都对学生性格形成与发展有重大影响。学校是师生共同组成的集体，班集体是基本组织形式，集体的风气、特点和个人在班集体中所处的地位和扮演的角色，都对学生性格形成与发展有很大影响。学生活动多半是集体活动，集体舆论、规范和要求，利于学生发展合群、组织性、纪律性、自制、勇敢、顽强等优良性格特征，克服孤独、自私等不良性格特征。

（3）教师是学生学习的直接楷模，是学生的指导者、领导者和教育者。教师通过各科课堂教学对学生性格施加有意识的影响，教师的性格特征对学生的性格有着潜移默化的作用。教师与学生之间的关系影响着学生的性格发展。

此外，同伴关系以及体育锻炼、劳动、科技等活动对学生性格的形成与发展也有重要促进作用。

（4）文化与社会风气。人是社会的人。每个人都生活在一定的文化和社会制度中。社会特定的制度、风俗习惯、道德规范、生活方式等都对个体的性格有着潜移默化的作用。不同时代、不同民族、不同社会生活条件的人，往往具有各自不同的典型的性格特征。不过，社会风气的影响主要是借助于大众传媒这个渠道实现的。

（5）个体主观因素。人是活生生的、有思想、有感情的能动体。环境因素对性格形成起着重要影响，但任何环境因素的影响，必须通过个体已有的心理发展水平、心理活动、自我意识才能发生作用。社会环境各种影响只有为个人接受、理解，然后与已有的个性体系相比，才能推动人对环境刺激作出反应和行为。社会学习论者班杜拉（Albert. Bandura）认为，人是主动的，有选择和自我调整的能力。在性格形成、发展中，自我意识的作用随年龄的增长越来越重要。自我意识是人对自己的认识和态度，包括自我认识、自我体验与自我控制等心理成分。通过自我意识，个体塑造自己的性格。

五、塑造良好的性格的途径

1. 确立积极向上的人生观

人的性格归根到底是受世界观和人生观的制约与调节。有了坚定的人生目标与生活信念，性格就会自然受到熏陶，表现出乐观、坦荡、自信等良好的性格特征。反之，如果失去了人生目标和生活勇气，性格也会变得孤僻和古怪。

2. 正确认识自己，不断完善自我

人只有在对自己的性格进行科学分析和评价的基础上，才能使自己不断地影响性格的磨炼，不断形成良好的性格。首先了解自己的优点与缺点，并接受和承认自己的长处与不足，既不狂妄自大也不过分自卑，以平衡的心态接受现实的自我，然后创造理想的自我。其次要坦诚布公，让别人了解自己。自己对自己最了解，但最易产生偏见。只有通过一定的人际交往，从他人的评价和反应中认识自我，了解和接受自己，才可以获得客观的自我，也有益于在群体活动中进一步促进自我调节和自我完善，获得信任和友谊，建立良好的人际关系。最后要努力完善自我。即依据对自己的认识，通过学习和锻炼，不断提高自己的能力，丰富自己的感情，磨炼自己的意志，提高自己的思想修养，勇于奉献于社会，获得自我实现。

3. 重视在实践中磨炼性格

性格体现在行动中，也要通过实践和行动来塑造。实践应具有广泛性，无论学习实践，还是生产实践都可以磨炼自己的性格。特别要注重在艰苦生活中，培养乐观向上的精神，培养不怕困难、勇于斗争的生活品格，从而适应社会的需要。

4. 重视环境对性格的影响

群体是环境中最重要的载体，群体生活具有一种类化的作用，对人的性格会有深刻的影响。在群体活动中，人们能够进行沟通思想、相互关心、尊重和帮助，有助于人的良好性格的形成与发展，加快性格的强化与改造。

六、性格优化在人力资源管理中的意义

每个人都希望自己有个好的性格，但是良好性格并非随心所欲的，而是有一定标准的。社会心理学家的研究表明，良好而成熟的性格，应该是能够最大限度地发挥自己的潜力，并与环境建立和谐的关系。良好性格特征的主要内容有：在对现实的客观知觉方面，能明确区分已知和未知事实及对这些事实的意见，能明确区分事物的本质与表面现象。能正确对待自己、别人和组织及社会。非利己主义，追求崇高目标，不搞内部摩擦，能忍受孤单和寂寞，有创新力，有广阔的视野与远见。塑造良好的性格在人力资源管理中有着非常重要的意义。

1. 性格优化有助于协调人际关系

人际关系是个性心理研究的一个重要课题，是影响人力资源管理绩效的重要因素。科学研究与人力资源管理实践表明：良好的性格特征，如谅解、支持、友谊、团结、诚实、谦虚、热情等是使企业和单位人际关系和谐、有凝聚力的重要心理品质；相反，对人冷淡、刻薄、嫉妒、高傲易导致人际紧张，出现扯皮拆台、凝聚力差与士气低落的局面。

2. 性格优化有助于发挥人的创造力，提高竞争力

员工的创造力和竞争力属于能力范畴，这是关系到一个企业能否生存、发展，是否有生命力的心理品质。而人的创造力和竞争力又同某些性格特征有密切关系。一般来说，独立性格的人抱负水准高，适应能力强，有开拓精神，有时候难免武断；而依赖性强的人自信心弱，易受传统束缚，创造力和竞争力差。

3. 性格优化有助于提高工作效率和人力资源管理效率

俗话说“勤能补拙”、“笨鸟先飞”。有的人智力水平不高，能力也不强，但非智力因素优异，有良好的性格品质，如有事业心、责任心、恒心、勤奋好学，可以弥补能力的不足，同样能够在学习、工作方面取得成就。相反，如果单凭小聪明，没有好的性格品质，为人懒惰、浮躁、对知识不求甚解、浅尝辄止，那么学习和工作的效率就不会很高。

4. 性格优化有助于领导者实施有效管理

勒温（Kurt Lewin）等人提出，领导类型有专制、民主、放任三种，不同类型的领导在管理中起的作用是不一样的。通常，专制型治乱效果好，民主型是成熟的领导，放任型领导最差。领导类型属于哪种，受多种因素的制约，其中领导者的作风和性格品质是最主要的因素。领导类型对被领导者的性格形成也有影响。专制型领导与教养方式会使人产生冷淡、攻击、依赖、服从、情绪不稳定等性格特征；民主型领导与教养方式会使人产生积极、友好、合作、独立、直爽、社交情绪稳定等性格；放任型领导与教养方式会产生无组织、无纪律、放任自流的性格。性格优化可使领导者有针对性地培养自己的自信、自强、乐观、进取、百折不挠的性格，使自己的性格更趋近于民主型，这同样是提高经济效益的有效途径。

5. 性格优化有助于组建合理的领导班子

每个人的性格在其成长过程中已经形成，对管理者来说，个人性格也不太容易改变。性格因人而异，因此管理层组合领导班子时最好进行性格搭配。不仅有火爆性格的，也应有温和谦虚性格的，不仅有内向型的也应有外向型的，既有急性子的也应有慢性子的，既有冲锋陷阵的，也有出谋划策的。出问题时有的唱白脸有的唱红脸，工作就会做得有声有色。

6. 性格优化有助于提高性格类型与职业的适应度

人的性格是多种多样的，不同职业工作对性格的要求也不完全一致。美国心理学家和职业指导专家霍兰德（John L. Holland）经过十几年的跨国研究，提出了职业人格理论。他认为人的性格大致可以划分为六种类型，这六种类型分别与六类职业相对应，如果一个人具有某一种性格类型，便易于对这一类职业发生兴趣，从而也适合于从事这种职业。

人力资源管理者不仅要了解和掌握人的性格差异，也要了解职业工作对性格的要求，根据职业工作要求，科学选拔使用培养人才，千方百计使员工的性格爱好与所从事的职业相适应，就会使人在工作中充满愉悦感，从而激发人的创造力，提高工作效率。

七、性格与人力资源管理

在人力资源的开发与管理中了解人的性格特征，不仅对选人用人有重要的意义，而且对培养教育人也是很重要的。要想使教育与培养工作取得更大的效果，就要针对员工的不同性格特点采取灵活的方式方法，做到因人施治，因势利导。

性格是长期习惯所形成的一种稳定的心理特征。所以，了解员工的性格，根据性格的优缺点合理安排工作；根据性格特点合理配制团队构成；根据性格特点选择良好的合作者，这些都会使个体及组织绩效得到较好的发展。

1. 在人员选拔过程中遵循性格顺应原则

不同的工作需要不同性格的人员去做，如销售行业就需要性格外向的员工，性格外向的人活泼开朗、善于交际，做销售比较适合。而内向的员工比较适合档案管理、记录和研究，因为内向的人做事比较认真，喜欢深思熟虑。所以不同的工作岗位需要与之相应性格的人去做，这样工作效率才能大大提高，也才能充分发挥他们的优势。

2. 在行为预测方面要遵循性格培养原则

由于工作性质的需要或者将要晋升的员工的性格，没有与岗位或晋升后的职位相适应的时候，我们要对员工的性格进行培训，达到改变性格实现岗位需要的未来行为。

3. 岗位安置时要遵循性格互补原则

在组织工作群体时，我们可将不同性格类型的人进行适当搭配，性格的各种特性之间相容互补的同时，不仅有利于协调人际关系，也有利于员工之间互相学习，即使有性格缺陷的员工在团体和工作中也可得到补偿，优化性格。

第四节　能　　力

一、能力的定义

能力是人成功地完成某种活动所必备的直接影响活动效率的个性心理特征。现代心理学上所指的能力的内涵有两种：一种是指个人已经具备并在行为上表现出来的实际能力，又称之为成就。例如：某人会说英语，能操作电脑等。另一种是个人将来可能发展并表现的潜在能力，又称之为能力倾向。如人们常说，某人是“可造之材”或某人具有文学、音乐等“天赋”，就是这种意义。潜在能力是实际能力形成的基础和条件，实际能力是潜在能力的展现。二者有着密切联系。

能力和活动是紧密联系的。个体的能力是在活动中形成、发展起来的，并在活动中得以表现。因此，只有在分析特定的实际活动的基础上，才能揭示一个人的能力。人与人之间能力的高低、强弱，也只能在活动中才能加以比较。同时，能力是保证活动得以顺利完成的基本条件，是影响活动效率的基本因素。在知识、技能、时间及健康等条件基本相同的情况下，能力强的人比能力弱的人更能快速、有效地完成活动，并取得成功。不过，并非个体在活动中表现出来的所有心理特征都是能力。如认真、急躁等对活动任务的完成可能会产生一定的影响，但它们却不是完成活动最必需的心理特征。而观察敏锐、记忆准确、思维灵活等特征对于完成活动才是最必需的心理特征。若缺乏这些心理特征，个体就难以顺利完成活动任务。可见，能力是直接影响活动效率、完成活动最必需的心理特征。

个体要成功地完成某种活动，单凭一种能力是不够的，必须依靠多种能力的有机结合。比如教师要很好地完成教学活动，仅有良好的口头语言表达能力是不够的，还需要有准确的记忆能力、敏锐的观察能力、严谨的逻辑思维能力、整洁的板书能力以及课堂监控能力等。只有这些能力密切结合，才能保证教学活动得以顺利完成。为成功地完成某种活动，多种能力的完备结合称为才能。

二、智力与能力的关系

智力问题是心理学中备受重视的问题。日常生活中，智力概念有着明确的指向，聪明者被称为智商高，愚笨者被称为智商低，人们可以从直接接触中判断人的智力水平。但对于什么是智力，至今还没有比较一致的看法。国外心理学家曾从各自的理论出发，提出了对智力的种种定义。比如，智力是一个人的抽象思维能力；智力是认知能力的总和；智力是一个人的学习能力；智力是推理和解决问题的能力；智力是智力测验所测量的能力。凡此种种表明，给智力下一个明确的定义是非常困难的。目前国内心理学者倾向于认为：智力是保证人们有效地进行认识活动的那些稳定心理特点的有机结合。

现代教育越来越强调发展智力、培养能力。关于智力和能力的关系问题，历来众说纷纭。西方心理学家倾向于把智力看作是一个总概念，能力包括在内，把智力理解为各种能力的综合。前苏联心理学家倾向于把能力看作是一个总概念，智力包括在内。而我国学者则认为智力与能力是两个相对独立而又密切联系的概念，主张从“区别”与“联系”的统一中考察智力和能力的关系。

智力与能力的明显区别在于：

（1）智力属于认识活动的范畴，是保证人们有效地进行认识活动的稳定心理特点的综合；能力属于实际活动的范畴，是保证人们成功地进行实际活动的稳定心理特点的综合。二者的发展并非完全一致。

（2）智力和能力的构成因素及其结构各不相同。

（3）智力解决知与不知、懂与不懂的问题，与知识相联系，能力则解决会与不会、能与不能的问题，与技能相联系。

（4）智力受先天因素影响大，能力更多的是受后天因素的影响。

但智力与能力又是密切联系、不可分割的。二者彼此渗透，互为条件。进一步地讲，智力是能力的基础，能力是智力的现实表现。我国心理学界长期以来比较偏重于能力研究，随着人们对能力与智力关系的认识，现在更关注智力问题的讨论。

三、能力与知识技能

为了正确地理解能力概念，有必要弄清能力与知识技能的关系。能力与知识技能既有区别又有联系。

1. 能力与知识技能有区别，不能等同

首先，能力与知识技能属于不同范畴。能力是完成活动必备的个性心理特征，是心理活动的可能性；知识是个体与环境相互作用而获得的信息，是信息在人脑中的储存；技能是个体通过练习而获得的动作方式。例如：解答算术题时，所应用的公式、定理、定义等属于知识范畴；而解题过程中思维的敏捷性、记忆的准确性等属于能力范畴；解题的基本思路和方式方法等属于技能的范畴。其次，能力的发展与知识技能的掌握并不同步。具有同等知识技能的人，却不一定具有同等的能力；有相同能力的人，知识技能有差异。能力的发展比较慢，而知识技能的获得速度较快。在人的一生中，知识可随年龄的增长不断积累、增多，而能力则随年龄的增长呈现出发展、停滞、衰退的变化过程。

2. 能力与知识技能有密切联系

一方面，能力是在掌握知识技能的过程中形成发展起来的。俗话说："无知必然无能。"任何能力的发展都要以知识技能为基础。缺乏必要知识技能是发展能力的障碍。实践也证明，组织得当，方法合理的教学，不仅能让学生获得知识技能，同时也发展着学生的能力。另一方面，能力是掌握知识技能的前提和内在条件。人的能力发展水平直接制约着掌握知识技能的难易、快慢、深浅和巩固程度。同一个班的学生对老师所讲知识的领会、理解程度的差异，很大程度上与个体能力差异状况有关。

四、能力结构理论

能力结构理论是心理学家对能力的构成要素所作的系统性和理论性的解释。关于能力的结构究竟是由哪些因素组成？这些因素如何结合？不同的学者有着不同看法，并因此形成了多种不同的能力结构理论。这里仅就几种影响较大的理论作简要介绍。

1. 二因素论

二因素论是英国心理学家斯皮尔曼（C. E. Spearman）运用因素分析法对能力结构进行探讨，并于 1904 年提出的能力结构理论。他认为人的能力包括两种因素：普通因素（简称 G 因素）和特殊因素（简称 S 因素）。普通因素代表个人的基本能力，是一切智力活动的基础，显示个人能力的高低。特殊因素代表个人的特殊能力，是个人完成各种特殊活动所必须具备的能力。人要成功地完成任何一项作业都是需要 G 因素和 S 因素的共同参与。能力结构中最重要和第一位的因素是普通因素。这一理论简单明确，为智力测验提供了理论依据。

2. 多元能力理论

多元能力理论是由美国心理学家加德纳（Gardner）提出的。他认为，能力的内涵是多元的，由 7 种相对独立的能力成分构成。这 7 种成分为：（1）言语能力，包括阅读、写文章或小说以及日常会话的能力；（2）逻辑—数学能力，包括数学运算与逻辑思考的能力；（3）空间能力，包括认识环境、辨别方向的能力；（4）音乐能力，包括对声音的辨别与韵律表达的能力；（5）身体运动能力，包括支配肢体完成精密作业的能力；（6）社交能力，包括与人交往且能和睦相处的能力；（7）自知能力，包括认识自己并选择自己生活方向的能力。

每种能力都是一个单独的功能系统，这些系统相互作用，产生外显的智力行为。

3. 能力三维结构

能力三维结构理论是美国心理学家吉尔福特（J. P. Guilford）于 1959 年提出的一种能力结构理论。他认为能力是由内容、操作和产品三个心理向度构成的一个立体结构。能力的内容向度，代表自变量，即能力活动的信息对象和材料，包括视觉的、听觉的、符号的、语义的、行为的 5 个成分。能力的操作向度，代表中介变量，即能力的加工活动，包括记忆、认知、发散思维、辐合思维、评价 5 个成分。能力的产品向度，代表因变量，即能力对信息材料加工的结果，包括单元、门类、关系、系统、转换、应用 6 种成分。如图 2-1 所示，能力活动就是人在头脑里加工（即操作过程）客观对象（即内容）产生知识（既产品）的过程。

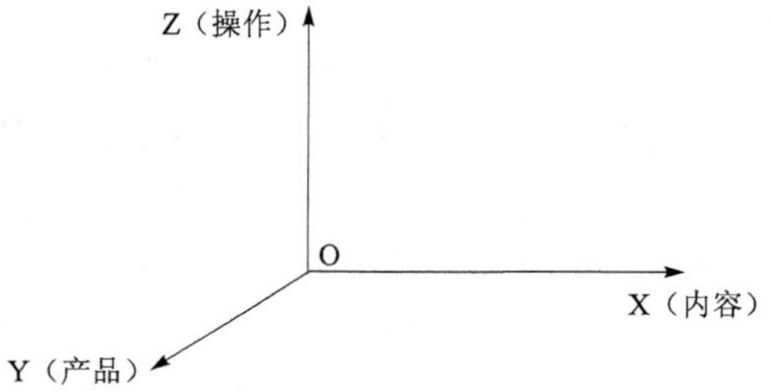

图 2-1 能力三维结构

五、能力的种类

1. 按适用范围，可将能力分为一般能力和特殊能力

一般能力是个体完成多种活动所必备的基本能力。如观察力、记忆力、思维力、注意力、想象力等。一般能力的适用范围广，符合多种活动要求，是工作、学习、生活、创造发明等活动顺利完成不可缺少的最基本能力。一般能力和认识活动有密切联系，保证人们容易和有效地掌握知识。在心理学中，一般能力往往指的是智力。智力是各种一般能力的综合体。特殊能力又称专门能力，指个体完成某种专门活动所必备的能力。如数学能力、音乐能力、教育能力等。它只在特殊活动领域内发挥作用，是完成有关活动必不可少的能力。

人要顺利地完成某项活动，既要具备一般能力，也要依靠特殊能力。一般能力和特殊能力是不可分割的统一体，存在有机联系。一般能力的发展能为特殊能力发展创造条件，而特殊能力的发展，也会促进一般能力的提高。但有研究表明，一般能力和特殊能力之间的这种联系也有例外。

2. 按创造性成分，可把能力分为模仿能力和创造能力

模仿能力又称再造能力，是仿效他人的言行举止，并用与之相似的行为方式进行活

动的能力。例如学画、习字时的临摹。美国心理学家班杜拉认为，模仿是人们彼此之间相互影响的重要方式，是学习必备的一种能力。模仿能力是个体早期获得知识技能的重要方式。创造能力是能创造出具有社会价值的独特的、新颖的产品的能力。例如文学创作、技术革新、方法改进等都富含创造能力。创造能力是成功完成某种创造性活动所必需的条件。模仿能力与创造能力有着密切的联系。

3. 按功能，可将能力分为认识能力、操作能力和社交能力

认识能力是个体用于学习、理解、分析和概括的能力。它是掌握知识、完成各种活动所必备的最基本、最重要的心理条件。操作能力是个体用于操纵、制作和运动的能力。如劳动能力、体育能力、实验能力、制作能力等。社交能力是参加社会生活、与他人相互交往、保持协调的能力。如组织能力、管理能力、领导能力、言语感染力等。

4. 按指向，可将能力分为认知能力与元认知能力

认知能力是个体接受、加工和运用信息的能力。如观察能力、记忆能力、注意能力、思维能力等，它表现于人对客观世界的认识活动之中。元认知能力是个体对自己的认识活动的评价和监控能力。它表现为人对自己内心正在进行的认知活动的认识、体验和监控。认知能力指向的是认知信息，元认知能力指向的是个体的认知活动本身。

六、能力的发展

（一）能力发展的一般趋势

心理学研究表明，在人的一生中，能力的发展趋势如下：

1. 总体趋势上，能力随着年龄的增长而变化

美国心理学家桑代克（Edward Lee Thorndike）曾绘制过学习能力与年龄的关系曲线，指出学习能力到23岁左右达到最高峰，一直到45岁，学习能力并不低于17～18岁的学生。但45岁以后，学习能力就显著下降。

2. 能力发展速度不均衡

众多研究表明，能力发展速度有时快有时慢。通常，从3、4岁到13、14岁之间呈等速发展，之后改为负加速（即随年龄增加而渐减）发展。

3. 能力结构中不同成分的发展不一致

能力的某些成分发展较早，某些成分发展较迟。通常感知能力达到高峰和下降的时间比较早，而推理能力发展较慢，下降也较迟。心理学家塞斯顿（L. Thurstone）在考察了7种基本能力基础上发现，知觉速度、空间知觉、推理能力、计算能力和记忆能力发展较早，语词理解和语词流畅发展较迟。个体能力结构的变化，从儿童到成人，是从一般能力到特殊能力逐渐发展的。

（二）能力发展的个体差异

人与人之间在能力发展上存在着明显的个体差异。一般认为，能力发展的个体差异主要表现在类型、发展水平和表现早晚三个方面。

1. 能力发展类型的差异

能力发展类型的差异是指个体的能力结构差异，表明每个人的能力各有所长。能力是由多种不同因素构成的，各种因素发展的不平衡性，导致人的能力发展存在质的差

异。一般能力发展的类型差异是较为明显的，特殊能力的发展也存在类型差异。此外，能力类型差异在性别上表现明显。研究发现，女性在知觉速度、语言理解、机械记忆能力、形象思维和模仿能力等方面占有优势，而男性在空间想象力、理解记忆能力、抽象逻辑思维能力和创造能力等方面占有优势。

2. 能力发展水平的差异

能力发展水平的差异是指个体之间同种能力的发展在量上存在着差异，表明每个人的能力有高低之别。能力发展的水平差异主要指智力发展差异（即一般能力差异）。

3. 能力表现早晚的差异

我国汉代哲学家、教育家王充曾说："人才早成，亦有晚就。"个体能力发展有早有晚。有些人在童年期就表现出某方面的优异能力，称能力的早期表现，也称人才早熟。能力的早期表现在音乐和美术领域中最常见。有些人的才能表现较晚，常被称为"大器晚成"。人的能力表现虽有早晚差异，但就多数人来说，中年时期则是成才或出成果的最佳年龄。

（三）影响能力发展的因素

1. 遗传素质

遗传素质是个体从上辈继承下来的某些生理解剖特点。据厄伦迈耶—金林（Erlenmeyer-Kim-ling）和贾维克（Jarvik）研究发现，遗传关系越密切，个体之间的智力越相似。遗传素质对能力发展有极为重要的影响，是能力发展的物质前提。生来失明者难以发展绘画能力；生而失聪者难以发展音乐能力。但素质本身不是能力，也不能决定一个人的能力，仅为能力发展提供某种可能性，把遗传视为制约能力发展的决定因素是不科学的。要使遗传为能力发展提供的可能性变为现实性，需要环境、教育和实践活动等因素的共同作用。

2. 环境因素

环境是存在于人的周围，不依赖人的意识的客观现实。大多数人的遗传素质相差不大，能力发展的差异主要是受后天环境影响造成的。营养是影响能力发展的重要因素，胎儿及婴幼儿期的营养状况直接关系到能力发展。个体早期经验对能力发展起着重要作用。研究发现，1~7 岁是脑急剧增长的时期，也是智力发展的关键时期，丰富多样的环境刺激可使儿童获得相当的早期经验。这些经验既影响智力发展，也影响将来发展。而早期经验贫乏，就会造成儿童智力落后。而有目的、有计划、有组织的学校教育则对能力发展起主导作用。一对双生姐妹从 18 个月时分开抚养，一个住在边远地区，仅仅受过两年正式的学校教育。她的妹妹在繁荣的农村里长大，并且读完了专科学校。在这两个双生姐妹 35 岁接受测验的时候，曾读过专科学校的妹妹比她的姐姐多得 24 分 IQ 分数。很显然，这对双生姐妹的 24 分 IQ 分数差异与她们所受学校教育的时间长短不无关系。学校教育可为能力发展创造极为有利的外部条件。

3. 实践活动

大量资料表明，绘画能力只有在绘画实践活动中才能得以发展。个体不参加实践活动，就谈不上能力发展。实践活动是能力发展的重要基础。人的能力是在主体的实践活动中得到发展的。实践活动的性质不同、广度和深度不同，就使人形成各种不同的能力。高尔基的聪明才智得益于实践活动，他自豪地把实践称为“我的大学”。

4. 自我效能感和个性品质

自我效能感是个人对自己从事某项工作所具有的能力的主观评价和确信。它是深刻影响能力发展的一个重要的主观因素。自我效能感强者坚信只要努力，能力就能发展；自我效能感差者，常错误地估计自己的能力，只注意自己的不足，过分焦虑，觉得自己无力改变现实，其能力难以得到发挥。优良的个性品质是能力发展的重要心理因素。许多研究表明，高尚动机、浓厚兴趣、顽强意志和坚强性格等是促进能力发展的重要条件。古希腊政治家迪莫西尼斯幼时说话声音微弱、口吃而不能演讲，他坚持把小卵石放在嘴里练习说话，经常对着海滨的激浪高声演说，后来终于成为一位大演说家。事实证明，没有坚强的毅力，没有勤学苦练，能力就难以提高和发展。

七、能力在人力资源管理中的运用

1. 因材施教培训员工

从能力的量上看，能力水平有高低，而水平中等的人居多。所以培养人才时要注意培训教材的难易、教学方法应面向大多数人，切不可只重视少数尖子，忽视中间，轻视水平低者。只是对能力水平高的人，可将传授的知识引申，适当增加知识的难度和广度，充分挖掘潜能，使之有所创新。对能力水平暂时表现低的人可适度降低难度和要求，鼓励并引导他们刻苦学习，争取及早提高自己的水平。

从能力的发展上看，人的能力发展有早晚，能力表现有早晚差异。所以，培训、使用、评价人才不能凭一时的测评结果妄下结论。根据能力发展的年龄差异规律，应重视青年骨干的培养，重用正值年富力强，已趋成熟的中年人，加强其知识更新和能力的进一步提高。老年人，虽说他们的各种能力开始衰退，但是他们阅历资深，经验丰富，处世老到，所以不能小视，也要让他们发挥余热，做到老有所学，老有所用。

从能力的质来看，不同人可能采取不同途径或不同能力的结合来完成同样的任务，存在能力类型差异。培养训练在职员工时，要根据他们知识基础的差异，注重从实际出发，因人而异，遵循缺什么补什么的原则。通过培训既能提高个体知识、技能水平，又起到改进工作成效的作用。

2. 全面科学考察和测评员工

在考察和测评员工时，除心理测试法外，还可以通过下述四个方面加以考察：

(1) 考察分析问题的能力。能力高的人能准确迅速地、全面客观地、多角度地分析和解决问题。而能力低的人常常孤立片面地、就事论事地分析和解决问题。

(2) 考察解决问题的能力。能力高的人解决问题时有一定的原则，并在实际行动中自始至终贯彻这个原则。能力低的人办事往往缺乏原则，或不能坚持原则。缺少解决问题的方法和技巧。

(3) 考察办事的组织能力。能力强的人不但能把自己的工作做好，而且还能配合上级、同事、下属协调开展工作，工作顺序合理。而能力低的人常“眉毛胡子一把抓”，只管干自己的，不懂怎么同上下左右配合。

(4) 考察工作绩效。一个能力强的人善于考虑工作效率和效果，工作中有创新精神。而能力低的人不太考虑工作的实效，往往事倍功半，达不到预期的指标。

只有综合考察以上四个方面，才能对一个人的能力有大体的了解。

3. 因人而异用好人

人力资源管理者研究员工能力的差异，目的是掌握员工各自的能力特点，在合理选拔和使用人才时做到量才录用、量才使用，使人尽其才，才尽其能。

一个优秀的人力资源管理者，并不谋求把能力最优秀者招聘录用来，而是把最适合该岗位的人录用过来。因为不同的工作要求具有与之相当能力水平的人来承担。所以选人用人要做到工作与人的文化、技术水平相匹配，能力水平与工作要求相适应。如果大材小用，使所用人不满现状，感到工作乏味，不能维持起码的兴趣，更谈不上调动积极性了。如果小材大用，就会使人感到力不从心，难以胜任，既表现自己很无能，也影响工作的效率。所以大材小用和小材大用都会影响工作效率。只有适才用人，注意职能相称，能级相应，才能保证把工作做好的同时，使被用者得到自我的充分表现。

4. 能力适当搭配互补互容

将不同能力的员工按照工作的要求进行适当搭配，这样不仅可以高效率地完成工作，也有利于能力低的员工向能力高的员工学习，进而提高能力。

总之，用人问题从来就是国家和企业成败的关键。所以人力资源管理者一定要在实际工作中掌握科学的方法，知人善任，合理用人，不断提高自己的管理水平。领导者能否发觉和合理使用人才，使下属各得其所，充分发挥其积极性、主动性，提高工作效率，关系到一个国家和企业的成败。

本章小结

心理学所谈的个性，是指一个人在社会生活和工作实践中形成的各种带有倾向性、本质的、比较稳定的心理特征的总和。个性特征主要指人在气质、性格、能力等方面存在的个体差异。人由于先天素质、后天社会生活及所受教育的不同，他们的个性心理特征也各有特点。人力资源管理的对象是人，人的心理是复杂的，又是多变的，而且还具有锁闭性的特征，即心灵深处的东西往往不愿意轻易地暴露。因此，人力资源管理工作者只有了解和掌握了人的个性心理特征，才能真正体现以人为本的管理理念，才能做到合理配置人力资源，也才能真正做到人职匹配。

复习思考题

1. 什么是气质？它在人的实践活动中有什么作用？
2. 气质的类型有哪些？各有什么不同的表现？
3. 性格与气质有何区别与联系？
4. 试述影响性格形成、发展的因素及其作用。
5. 简述性格结构的基本成分。
6. 简述智力与能力的关系。
7. 简述能力与知识、技能的关系。
8. 能力发展的个体差异表现在哪些方面？

9. 联系实际，谈谈影响能力发展的因素。

10. 谈谈你的个性特征。

案例分析

案例1：看电影迟到的人

前苏联的心理学家以一个人去电影院看电影迟到为例，对人的几种典型的气质作了说明。假如电影已经放映了，门卫又不让迟到的人过去，不同气质类型的人会有不同的表现：

1. 第一种人匆匆赶来之后，对门卫十分热情，又是问好又是感谢，急中生智会想出许多令人同情的理由，如果门卫坚持不让他进门，他也会笑哈哈地离开。

2. 第二种人赶来之后，对于自己的迟到带着怒气，想要进去看电影的心情十分迫切，向门卫解释迟到的原因时，让人感到有些生硬，如果门卫坚持不让他进门，也会带着怒气而去。

3. 第三种人来了之后，犹犹豫豫地想进去又怕门卫不让，微笑而又平和地向门卫解释迟到的原因，好像不在乎这电影早看一会儿或迟看一会儿，门卫一定不让他进去的话，也很平静地走开。

4. 第四种人来到的时候，首先可能看一看迟到的人能不能进去，如果看到别人能够进去，也跟进去，如果门卫不让他进，也不愿意解释迟到的原因，默默地走开，最多只是责怪自己为什么不早一点来。

（资料来源：选自豆丁网《消费心理学》案例集2010版）

案例2：

于小姐与魏先生相识多年，结婚两年。周围的朋友们都说他们是天造地设的一对。起初，于小姐也是这么认为的，可现在她开始怀疑。婚前，魏先生对于小姐百般照顾，把生活上的一切都打理好，还在节假日带着于小姐到处游玩。可是结婚后，两人矛盾越来越多。尤其是最近，于小姐发现自己开朗上进的性格和魏先生越来越合不来。魏先生和于小姐正相反，是内向沉稳的，虽然给了于小姐安全感但却不能像于小姐喜欢的那样与其他人社交。因为性格的不合和工作上魏先生不如于小姐升职快、收入高，于小姐现在动了离开魏先生的心。可是她不忍心和对自己百般爱护的人分开，所以她想请教，他们的婚姻可以幸福长久吗？

每个人的婚姻都与众不同，但却又可以遵循相似的轨迹。长久的婚姻一般都会一步一步地解决每个阶段所遇到的不同问题，而于小姐和魏先生需要的就恰恰是这一点。

一段成熟称得上真爱的恋情会经过四个阶段：

第一个阶段：共存。这个阶段可以称得上是两个人的热恋时期，彼此之间充满了吸引力，他们几乎想要每时每刻都待在一起，到了着迷的境界。

第二个阶段：反依赖。这个时候那种想要天天黏在一起的激情已经过去，两个人的感情慢慢稳定了，至少会有一方想要给自己的时间多一些，留出时间做自己想要做的事情，而此时另一方就会感到被冷落，而且会把曾经喜欢的优点都变成不可饶恕的缺点。

处于这个阶段的恋人需要冷静处理两个人的关系，千万不可一时冲动做出一些错误的决定，而断送了自己的爱情。

第三个阶段：独立。这个阶段要求给彼此更多的自主空间，可以说是第二阶段的延续，也是考验两个人爱情至关重要的时期，需要双方都去认真对待。

第四个阶段：共生。如果你已经到了这个阶段，那么恭喜你，你们的爱情最终会有美满的结果。你的那个她（他）已经成为你生命中最亲最重要的人，你们将会互相扶持，开创属于你们自己的人生。

于小姐和魏先生的感情处于第二个阶段：磨合期。这段时期，两个人看清了彼此的"真面目"，失望和冲突变成了婚姻的主旋律。当于小姐发现魏先生并不完美，而魏先生看出于小姐不能认识真实的自己的缺点和不足时，两人就开始为某件小事争吵，甚至开始怀疑自己的选择。这时，两人一定要重视换位思考：打破对对方不实际的幻想，不要费尽心思改变对方而应该尊重伴侣和自己的选择。只有在磨合期把关系处理好，才能为将来长久的婚姻打下基础。

如果能成功携手度过磨合期，恭喜你们，你们学会了尊重对方。但是夫妻相处中，尊重不是一时的。在婚姻的3-7年，两方很可能产生更多的争吵，甚至对彼此的忠诚做出怀疑，也就是我们所说的"七年之痒"。这时，轻言放弃、自暴自弃是千万要避免的，两人沟通与理解才能度过困难时期。

（资料来源：选自豆丁网《消费心理学》案例集2010版）

案例3：

参加×××信息中心的面试现场：在×××信息中心的一个小型会议室里正在进行着该单位对前来应聘并通过初选的考生进行的面试。以下是一考生与主考官的对话实录：

考生：我想，计算机技术的广泛使用、发展趋势将对我们的生活起到重要作用。计算机专业的课程设置几乎涵盖了硬件和软件技术的全部主要内容，为此我打下了坚实的理论基础，也使我有较强的适应能力，前面我已说过我对软件开发更有兴趣，我想这方面的知识和能力也许在将来的工作中是用得着的。

主考官：你喜欢你们学校吗？你们学校的老师怎么样？

考生：我非常喜爱我的母校，也非常尊敬我的老师，因为我在母校学到了知识，我从老师身上学会了做人。

主考官：你还有哪些特长和爱好？

考生：除了专业外，我还具有一定的组织、管理能力，喜欢美术和流行音乐，也喜欢背起行囊去游历名山大川。

主考官：你有哪些缺点？

考生：我得承认我还缺乏实际工作经验，这方面的不足还需要在今后的工作实践中不断学习和弥补。再就是外语学得不够好，主要是口语，还需要继续努力学习。

主考官：你对加班、出差怎么看？

考生：我近几年内不会考虑结婚，没有家庭负担和拖累，加班应该没有问题。至于出差更是我所喜欢的。

主考官：你是否打算将来继续深造？

考生：我想先工作几年，积累一些经验，发现自身的一些不足，然后再进一步“充电”。

主考官：你有什么问题要问吗？

（资料来源：选自豆丁网）

案例问题

1. 招聘单位通过面试重点想了解什么情况？
2. 从考生回答问题的过程中分析该考生的个性心理特征。
3. 假如你作为一名考生，你会如何回答这些问题？

心理测验

简明“大五”人格测验

下面列出了一些描述您的日常生活行为和态度的说法，请认真阅读每一句话，并表明您对该说法的赞同或不赞同的程度。请尽可能根据您的实际情况对它们做出诚实、客观的回答。使用下面的量表，并在相应的数字上画圈。

	1 完全不同意	2 不太同意	3 有些同意	4 同意	5 完全同意
1. 我无忧无虑	1	2	3	4	5
2. 我喜欢周围人多	1	2	3	4	5
3. 我不喜欢想入非非	1	2	3	4	5
4. 我尽量对我所遇到的任何人以礼相待	1	2	3	4	5
5. 我将自己的物品保持得干干净净且井井有条	1	2	3	4	5
6. 我常常感到不如别人	1	2	3	4	5
7. 我很容易大笑	1	2	3	4	5
8. 我发现哲学争论很无聊	1	2	3	4	5
9. 我经常同我的家人和同事争吵	1	2	3	4	5
10. 我比较善于安排将事情按时做完	1	2	3	4	5
11. 当我压力重重时，有时就会感到要身心崩溃	1	2	3	4	5
12. 我并不认为自己的心情非常愉快	1	2	3	4	5
13. 艺术和自然界的各种状态常激起我的好奇心	1	2	3	4	5
14. 有人认为我自私且以自我为中心	1	2	3	4	5
15. 我并不是一个做事很有条理的人	1	2	3	4	5
16. 我很少感到孤独或愁闷	1	2	3	4	5

续表

	1 完全 不同意	2 不太 同意	3 有些 同意	4 同意	5 完全 同意
17. 我的确喜欢与人交谈	1	2	3	4	5
18. 我认为，让学生听一些有争议的演讲只会使他们迷惑不解或产生误导	1	2	3	4	5
19. 我宁愿与他人合作，也不与他们竞争	1	2	3	4	5
20. 我努力把分给我的任务尽心尽职地去做好	1	2	3	4	5
21. 我经常感到紧张而且神经过敏	1	2	3	4	5
22. 我喜欢付诸行动的过程	1	2	3	4	5
23. 诗歌对我的影响很少或者根本没有什么影响	1	2	3	4	5
24. 我常会怀疑别人的用意	1	2	3	4	5
25. 我有明确的目标，并且按部就班地朝着它们努力	1	2	3	4	5
26. 我有时感到自己毫无价值	1	2	3	4	5
27. 我往往喜欢单独做事情	1	2	3	4	5
28. 我经常品尝一些新的外来食品	1	2	3	4	5
29. 我认为，如果你不防备，大多数人就会利用你	1	2	3	4	5
30. 在静下来工作之前，我会浪费很多时间	1	2	3	4	5
31. 我很少感到惧怕或焦虑不安	1	2	3	4	5
32. 我常常感到自己精力充沛无比	1	2	3	4	5
33. 我极少注意到不同的环境所引起的情绪或感觉上的变化	1	2	3	4	5
34. 我认识的大多数人都喜欢我	1	2	3	4	5
35. 我为达到自己的目标做不懈的努力	1	2	3	4	5
36. 我常常为人们对待我的方式而感到气愤	1	2	3	4	5
37. 我是一个快活、充满激情的人	1	2	3	4	5
38. 某些音乐能够引发我无限的想象	1	2	3	4	5
39. 有些人认为我冷漠无情且斤斤计较	1	2	3	4	5
40. 一旦我开始从事某件事，我一定坚持把这件事情做完	1	2	3	4	5
41. 一旦事情变糟，我常常会失去信心并且想放弃	1	2	3	4	5
42. 我并不是一个乐观派人物	1	2	3	4	5
43. 有时候当我在阅读诗歌或欣赏文艺作品时，我会激动不已	1	2	3	4	5

续表

	1 完全 不同意	2 不太 同意	3 有些 同意	4 同意	5 完全 同意
44. 我这人任性，不轻易改变自己的态度	1	2	3	4	5
45. 有时候，我不能做一个像我应该做到的那样可靠的人	1	2	3	4	5
46. 我很少感到悲伤或沮丧	1	2	3	4	5
47. 我的生活节奏很快	1	2	3	4	5
48. 我对探索宇宙或人类的本质根本没有多大的兴趣	1	2	3	4	5
49. 我一般情况下会周密思考并为他人着想	1	2	3	4	5
50. 我是一个办事效率高并且总把自己的工作完成的人	1	2	3	4	5
51. 我常常感到孤立无援，并且希望有其他人来解决我面临的问题	1	2	3	4	5
52. 我是一个很活跃的人	1	2	3	4	5
53. 我的求知欲望十分强烈	1	2	3	4	5
54. 如果我不喜欢别人，我就会让他们知道	1	2	3	4	5
55. 我从不感到自己做事有头绪	1	2	3	4	5
56. 有时我感到难为情，以致于自己想躲起来	1	2	3	4	5
57. 与其领导别人，不如走我自己的路	1	2	3	4	5
58. 我很喜欢理论或抽象的概念	1	2	3	4	5
59. 如果需要的话，我会利用别人来达到自己的目的	1	2	3	4	5
60. 我力求使自己做的每一件事情精益求精	1	2	3	4	5

资料来源：Costa and McCrae（1992）。

记分：

情绪稳定性（12 题）：1＊，6，11，16＊，21，26，31t，36，41，46＊，51，56。分数越高，情绪越不稳定。

外向（12 题）：2，7，12＊，17，22，27＊，32，37，42＊，47，52，57＊。分数越高，性格越外向。

开明性（12 题）：3＊，8＊，13，18＊，23＊，28，33＊，38，43，48＊，53，58。分数越高，性格越开明，态度越开放，越容易接受新事物。

随和（12 题）：4，9＊，14＊，19，24＊，29＊，34，39＊，44＊，49，54＊，59＊。分数越高，性格越随和。

责任心（12 题）：5，10，15＊，20，25，30＊，35，40，45＊，50，55＊，60。分数越高，责任心越强。

（其中带“＊”号的题为反向记分题，即6减去所圈到的数字。将各子量表相应题目的得分相加即为该子量表的得分）

五大个性因素解释如下：

（1）外向。该因素既包括个体爱交际、合群、武断这一极端到安静、保守、谦恭、退让的另一极端，也包括友善、社会化、支配、权力欲、社会能力。

（2）情绪稳定性。该因素既包括个体的坚定、稳健、冷静这一极端到焦虑不安、担心、情绪化的另一极端，也包括神经过敏。

（3）随和。该因素既包括同情、合作、好脾气、热情这一极端到坏脾气、不高兴、不愉快、冷淡的另一极端，也包括信任、攻击性、喜欢、友好的顺从。

（4）责任心。该因素既包括努力工作、勤劳、负责这一极端到任性、不负责和懒惰的另一极端。也包括可信赖、成就欲、自我控制与冲动、野心与慎重、约束和工作。

（5）开明性。该因素的最显著的特征是创造力、想象力、广泛的兴趣和勇敢。

参考文献

1. 刘益民，张旭东. 心理学概论［M］. 北京：科学出版社，2006.

2. 石森. 管理心理学［M］. 北京：机械工业出版社，2004.

3. 王雁飞. 管理心理学［M］. 广州：华南理工大学出版社，2005.

4. 董操，等. 新编心理学［M］. 北京：教育科学出版社，2000.

5. 全国十二所重点师范大学联合编写. 心理学基础［M］. 北京：教育科学出版社，2002.

6. 彭聃龄. 普通心理学［M］. 北京：北京师范大学出版社，2001.

7. 陈国海. 组织行为学［M］. 北京：清华大学出版社，2006.

第二篇　人力资源管理心理学的实践

随着社会的发展和人们需求的不断提高，关注员工的心理管理将成为现代企业不可回避的问题，这也是人力资源管理发展的必然趋势。本篇从改善员工心理管理的视角，对人力资源管理心理学的基础理论和方法进行了全面介绍，以使该领域的研究成果被更广泛地运用于指导人力资源管理的实践，从而使人力资源管理更具科学性、人文性和有效性。本篇也希望能够帮助管理者建立先进的人力资源管理心理学理念，更好地运用心理学的工具去了解员工的真实状态和解决企业人力资源管理中的具体问题。

本篇以问题和管理为导向，突出人力资源管理与心理学的联系。本篇以认识员工和工作的差异，解决人力资源管理中的实践问题为导向，以人力资源管理的各项职能活动为主线，从了解工作分析，认识员工招聘心理、学习与培训心理、工作动机与员工激励、绩效考评与员工情绪管理、员工沟通与人际关系等方面对人力资管理及员工的工作生活中所面临的现实问题和心理状态进行了系统而深入的研究。

第三章

人—职匹配的基础——工作分析

学习目标

- 人—职匹配理论的基本内容
- 工作设计中的人性假设理论
- 工作分析的内容与应用领域
- 工作分析中常见的心理问题

关键概念

特质—因素论　人格类型论　工作设计　经济人　X 理论　社会人
自我实现人　Y 理论　工作分析　工作说明　心理图示法　反馈效应
霍桑效应

引导案例

某国有商业银行即将上市。为了推行全面的人力资源管理改革方案，该银行决定对管理人员实施竞聘上岗，也就是在全行公开岗位信息，符合基本条件的人员均可报名参加竞聘。

现在的主要问题是，首先，原有的岗位职责说明书有很多含糊的地方，出现职能重叠和空档，急需更新和修正。其次，行长刚上任 3 个月，对于每个管理部门的职能要求并不能全面把握，对中层管理干部不够熟悉，无法准确判断每个人的才能。如果只是采用竞聘演说加上提几个问题的方式，就作出人事调整决策的风险太大。最后，部分职工对传统的竞聘上岗工作存在偏激认识，认为竞聘就是一个领导“说你行你就行，不行也行；说你不行就不行，行也不行”的过场，如果不能在竞聘过程中建立公平的用人机制，人力资源管理改革方案将流于形式，形同虚设。因此，为了推行全面的人力资源管理改革方案，必须首先进行工作分析①。

那么，企业应如何实施工作分析？针对员工存在的心理偏见，人力资源管理部门在

① 张杉杉，罗震雷，徐晓峰．人力资源管理心理学［M］．北京：首都经济贸易大学出版社，2009：72.

工作分析时应注意哪些问题？相信大家学完本章内容后，会对这些问题有一个清晰的认识。

（资料来源：选自百度学术网）

人与事（工作）的配合要经过工作的分析和人员的分类，谋求人与事的适当配合，使人与事互相发展，才能达到事得其人、人尽其才、才适其职、人事相宜的目的。因此，“因事择人”成为人力资源管理的第一准则。如果企业不能科学分析和详尽描述各种职务的工作规范和任职资格，那么企业就不清楚未来员工应该具备什么样的能力，什么样的员工具有更大的发展潜力，员工也不知道应如何有效工作才能达到组织的要求。了解工作，全面分析和研究工作（职务）的特性及所需的技能，就可以了解工作对人的不同要求，掌握工作规范和评价标准。

第一节　人—职匹配的心理学基础

一、人—职匹配理论概述

人—职匹配理论认为，个别差异现象普遍地存在于个人心理与行为中，每个人都具有自己独特的能力模式和人格特质，而不同职业对个体有不同的要求，人们在寻找工作或进行职业决策（如选拔、安置、职业指导）时，应根据一个人的个性特征选择与之相适应的职业种类，以达到人与职业之间的匹配。这一理论强调人的个性差异，其心理学依据是人格特性论，匹配过程包括个性分析与测验、职业因素分析、个性与职业因素相匹配三步骤，即通过个人分析与工作分析并使二者结合，使职业决策取得较好的效果，使个人能够选择较为合适的职业，进而达到“人”与“事”（工作）之间的合理配置，使个体在充分发挥潜能的同时最大限度地提高工作效率。其中，具有代表性的理论有如下两种。

（一）特质—因素论

特质—因素论（Trait-Factor Theory）的渊源可追溯到 18 世纪的官能心理学研究，直接建立在帕森斯（F. Parsons）关于职业指导三要素思想之上，由美国职业心理学家威廉斯（E. G. Willianson）发展而形成。该理论认为每个人都有自己独特的人格特征与能力模式，并与社会的某些特定职业要求相关。每种人格模式的个人都有其相适应的职业，人人都有选择职业的机会。帕森斯提出的职业指导过程由三步（要素）组成。

第一步是评价求职者的生理和心理特点。通过心理测量及其他测评手段，获得有关求职者的身体状况、能力倾向、兴趣爱好、气质与性格等方面的个人资料，并通过会谈、调查等方法获得有关求职者的家庭背景、学业成绩、工作经历等全面资料，作出综合评价。

第二步是分析各种职业对人的要求，并向求职者提供有关的职业信息。这些信息包括：（1）职业的性质、工资待遇、工作条件以及晋升的可能性；（2）求职的最低条件，诸如学历要求、所需的专业训练、身体要求、年龄、各种能力以及其他心理特点的要求；（3）为准备就业而设置的教育课程计划，以及提供这种训练的教育机构、学习年限、入学资格和费用等；（4）就业机会。

第三步是人—职匹配。指导人员在了解求职者的特性和职业的各项指标的基础上，帮助求职者进行比较分析，以便选择一种适合其个人特点又有可能得到并能在职业上取得成功的职业。

特质—因素论强调个人所具有的特性与职业所需要的素质与技能之间的协调和匹配。为了对个体的特性进行深入详细的了解，特质—因素论十分重视人才测评的作用，可以说，特质—因素论是以个性测评为前提，并结合科学的工作分析进行职业指导的。它提出了职业决策中进行人—职匹配的基本思想，因而推动了人才测评在职业选拔与指导领域的应用和发展。

（二）霍兰德人格类型理论

美国职业心理学家霍兰德（J. Holland）于20世纪60年代创立的“人格类型论”是在特质—因素论的基础上发展起来的。此理论一方面源自人格心理学中人格类型的概念，认为职业选择是个人人格的延伸和表现，个人行为是人格与环境交互作用的结果。另一方面源自霍兰德本人的职业咨询经验，他经过大量实践研究和探索，形成了一套系统的职业指导模式。霍兰德的人格类型理论是一种人格—职业匹配理论，其核心内容在于对人格与职业类型的划分以及对两者关系的阐述。

有关人格与职业的关系，霍兰德提出了四项核心假设：（1）大多数人的人格可以被归纳为六种类型：现实型、研究型、艺术型、社会型、企业型和传统型，这六种类型按照一个固定的顺序可排成一个六边型。每个特定类型的人会对相应职业类型感兴趣。（2）在我们的社会环境中，有六类职业：现实型、研究型、艺术型、社会型、企业型和传统型，同样，这六大职业类型也可排成一个六边型。（3）人总是在寻找适合个人人格类型的环境，锻炼相应的技巧与能力，从而表现出各自的态度及价值观，扮演类似的角色，并寻找能充分施展能力与价值观的职业环境。（4）一个人的行为表现，是由他的人格与其所处环境交互作用的结果。个人的行为取决于人格和所处的环境特征之间的相互作用。

在上述假设基础上，霍兰德提出人格类型与职业类型模式，不同的人格类型需要不同的生活和工作环境。人格类型与职业类型的匹配程度及适应性的高低，可以预测个人的职业满意度、稳定性及职业成就。

霍兰德在《职业决策》一书中描述了六种人格类型的特征及相应职业：

1. 现实型（Realistic）

现实型又称实际型。其基本人格倾向是喜欢与物（如工具、器械、仪表等）打交道，不爱与人打交道，擅长需要基本操作技能的工作，缺乏社交能力。具有这种类型人格的人其典型的职业包括技能性职业（如一般劳工、技工、修理工等）和技术性职业（如制图员、机械装配工等）。

2. 研究型（Investigative）

研究型又称调查型。具有聪慧、理性、好奇、精确、批评等人格特征，喜欢解决抽象理论问题、独立定向的研究任务等职业，但缺乏领导才能。其典型的职业包括科学研究、教师、工程师等。

3. 艺术型（Artistic）

艺术型其基本的人格倾向是具有想象、冲动、直觉、无秩序、情绪化、理想化、有创意、不重实际等人格特征。喜欢艺术性质的职业和环境，不善于事务工作。典型的职业包括艺术方面的（如演员、导演、艺术设计师、雕刻家等）、音乐方面的（如歌唱家、作曲家、乐队指挥等）与文学方面的（如诗人、小说家、剧作家等）。

4. 社会型（Social）

社会型具有合作、友善、助人、负责、圆滑、善社交、善言谈、洞察力强等人格特征。喜欢社会交往、关心社会问题、有教导别人的能力。其典型的职业包括教育工作者（如教师、教育行政工作人员）与社会工作者（如咨询人员、公关人员等）。

5. 企业型（Enterprising）

企业型又称事业型。具有冒险、有野心的人格特征。喜欢从事领导及企业性质的职业，独断、自信、精力充沛、善社交等，其典型的职业包括政府官员、企业领导、销售人员等。

6. 传统型（Conventional）

传统型又称常规型。具有顺从、谨慎、保守、实际、稳重、有效率等人格特征。喜欢有系统、有条理的工作任务，其典型的职业包括秘书、办公室人员、办事员、会计、行政助理、图书馆员、出纳员、打字员、税务员、统计员、交通管理员等。

根据霍兰德的人格类型理论，在职业决策中最理想的状况是个人能够找到与其人格类型重合的职业环境。一个人在与其人格类型相一致的环境中工作，容易得到乐趣和内在满足，最有可能充分发挥自己的才能。由此霍兰德提出人格类型关系图，如图 3-1 所示。一个人选择了与个人的人格类型相一致的职业，即协调；若选择与个人人格类型相近或中性关系的职业类型，可以经过努力适应该类职业，即次协调；若选择与个人人格类型相斥的职业，则难于热爱工作、适应工作，即不协调。例如“实际型”的人需要现实型的环境或职业，因为这种环境或职业才能给予他所需要的机会与奖励，这种情况称为“和谐”；人格类型与环境不和谐，则该环境或职业无法提供个人的能力与兴趣所需的机会和奖励。

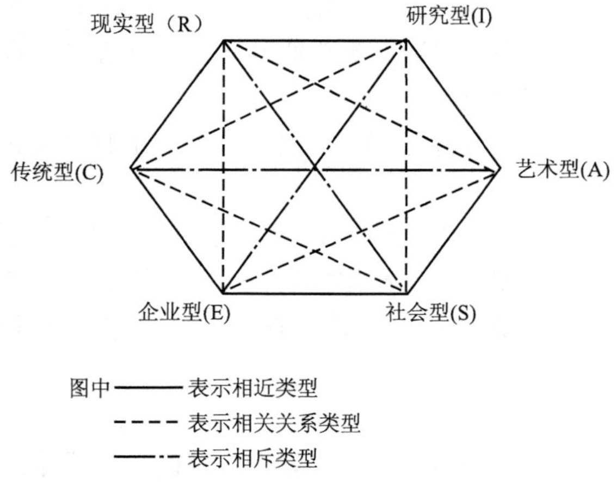

图 3-1　霍兰德个性—职业匹配图

每个人根据自己的人格倾向，都有其特定的职业兴趣与学习方向。通过对个人人格倾向的鉴定，就能确定个人的职业选择方向。为了确定个体的人格类型，霍兰德本人也编制了一套职业适应性测验（The Self-Directed Search，简称 SDS）来配合其理论的应用。他创立的人格类型理论对人才测评的发展产生了重要的影响。

二、有关工作设计的人性假设

（一）工作设计的理论与模型

工作设计就是根据组织需要并兼顾个人需要，规定某工作的任务、责任、权力以及在组织中与其他职务关系的过程。工作设计的结果就是形成工作规范和任职资格，其实质是对现有工作规范的认定、修改或对新工作的完整描述。这种设计的好坏，对于工作绩效有直接影响。

1. 工作设计的内容

工作设计的主要内容包含以下五个方面：

一是工作内容。包括确定工作一般性质的几个维度，主要有多样性、自主性、复杂性、难度与整体性（即做一件工作的全部过程）。

二是工作职能。指做每件工作的基本要求与方法，包括工作责任、工作权限、信息沟通方式、工作方法以及协作要求。

三是工作关系。指个人在工作中发生的人与人的关系，包括在工作中与他人相互联系及交往的范围、建立友谊的机会以及工作班组集体工作中的相互协作和配合要求。

四是工作结果。指工作的绩效与效果的高低，包括工作任务完成所要达到的具体标准（如产品的产量、质量和效益等），以及工作者对工作的感受与反应（如工作满意度、出勤率、缺勤率和离职率等）。

五是结果反馈。包括两个方面：一是对工作本身的直接反馈；二是来自别人对工作的间接反馈，如同事、上级和下级对工作的评价。

2. 工作设计的作用

传统管理者把重点放在工作的人上，职务被看作是不可改变的固定物。而工作设计打破了这个传统，它是建立在这样的假设基础上，即工作本身对员工的激励、满意感和生产率有强烈的影响，从而改变了员工和职务之间的关系，使科学管理进入了新的领域。工作设计不是试图首先改变态度，而是假定在工作得到适当的设计后，积极的态度就会随之而来。因而，工作设计有利于推进工作的积极态度，重新赋予工作以乐趣，有助于改善人际关系，发挥个人的才能，提高组织效率，并符合组织的总体目标。

尽管人们在设计工作时要充分考虑工作的内容、职能、关系以及工作结果的反馈等要素，但也有学者注重研究工作任务的特性，并试图找出这些任务特性与员工激励、员工满意度、员工绩效之间的关系。他们提出了一套研究方法以评价不同种类的工作对员工满意度和缺勤情况的影响。在这些研究的基础上，哈克曼（Hackman）与欧德哈姆（Oldham）以技能多样性、任务完整性和重要性、工作自主性、工作反馈五个核心任务为维度，建立了工作特性模型（见图 3-2）。从该模型可以看出，前三个维度即技能多样性、任务完整性和重要性三者之间是如何相互结合，产生出有意义的工作的。同时也表明，当员工了解到工作活动的结果、体验到工作责任，并在其喜欢（工作有意义）的工作方面干得很好时，员工就能得到内在激励。这三种心理状态出现的机会越多，员工的积极性、工作绩效、满意度就越高，其缺勤率、离职率就越低。

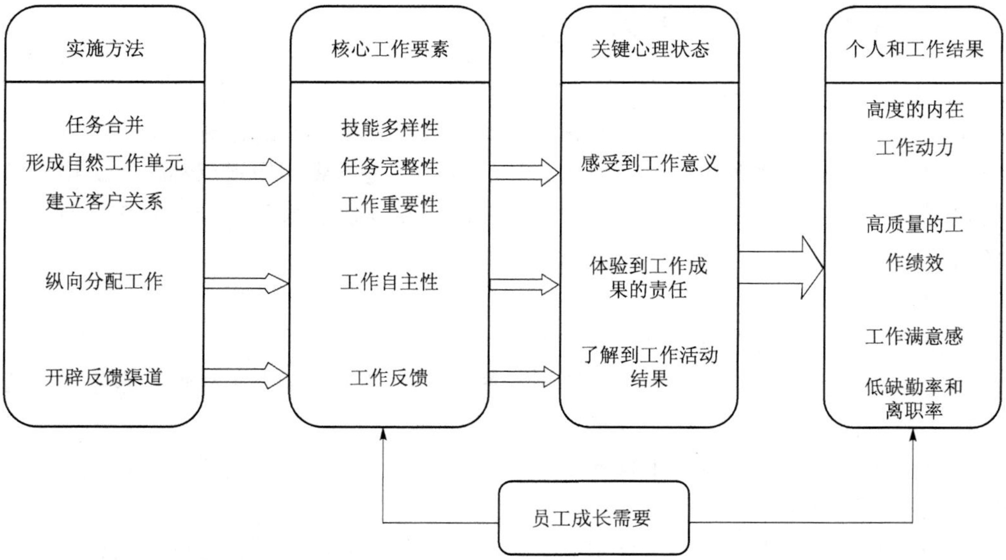

图 3-2 工作特征模型

3. 现代工作设计方法

回顾工作设计的发展过程，从泰勒（F. W. Taylor）提出的工作专业化方法，到管理者采取的工作轮换和工作扩大化等方式，都只是暂时缓解员工对简单重复工作的单调感和厌烦情绪，并没有从根本上改变员工对工作的感受。要想真正解决员工的不满和厌烦，还需要借助现代的工作设计方法。

（1）工作丰富化。其理论基础是赫兹伯格（Herzberg）的双因素理论，即通过增加工作内容本身的挑战性、自觉性、责任和成就感等激励因素，提高人们对工作的积极性，获得更高的工作成绩和效果。工作丰富化是从纵向扩大工作范围，即向工作的深度扩展的工作设计方法。这种方法比向工作的广度拓展的工作扩大化设计方法更深刻，它主要集中于改造工作本身的内容。

（2）工作特征的再设计。从需求的角度看，工作特征的再设计分为两大类：即包括自尊、地位和自我实现在内的高级需求的工作设计；包括安全、有保障及社交需求在内的低级需求的工作设计。一些工作者可能要求满足低级要求，他们就会积极地寻找常规性的工作；另一些工作者却以获得挑战性工作、能更多地提供个人成长和进步机会的工作而满足。所以，工作特征的再设计是针对工作者的不同需求进行不向层次的工作设计。一般来说，当一个工作者的工作具有下列情况和心理状态：感受到他在负责一件有意义的工作，并有一定的工作自主权；感到工作很有价值，能独立完成工作，并发挥他的多种技能；能了解工作的结果，使本组织或社会看到这种价值，他就会得到高层次的满足。

其次，工作设计的范围直接影响工作者需求的满足程度和工作成果。一般激励潜力最高的工作，上述三种心理状态一定也是最高的。如果工作中有一个或多个心理状态处于低潮，则可以预料到个人工作成果也必然是低水平的。因此工作特征再设计的范围包括：① 组合工作。把高度专业化的各项工作结合在一个大的工作单元中。比如，银行里的出纳员工作实行组合措施后，就不仅仅是办理一项或几项业务，而是对众多顾客都负责任。这样可以增加工作的多样化和完整性。② 组成自然的工作单位。工作者连续地对工作的整体负责，如企业的销售人员，不只是销售一种产品，而是负责把企业全部产品销售给特定的顾客。这样可以加强工作的完整感和重要感。③ 与顾客建立联系。这样就可以进一步提高工作的满意感和组织工作成效。④ 纵向扩充。在执行任务时授予工作者更大的自主权和责任。如制定工作计划的自主权，决定工作方法，检查工作质量，制订合理的工作进度，培训工人等。这个措施对加强核心工作特征各方面都有积极意义。⑤ 开放反馈渠道。就是给工作者以更多的机会，使其了解自己的工作结果。

（二）人性假设及理论

所谓人性假设，就是指管理者对被管理者的需要、劳动态度和工作目的的基本估计，即对劳动者追求什么的基本看法。在管理活动中，只有了解人性才能以人为本，也只有意识到人的作用，才有可能真正开始人性管理。为了理解人的复杂性，西方管理学界出现了四种不同的人性假设：经济人假设、社会人假设、自我实现人的假设和复杂人的假设。由于对人性的假设不同，相应的管理措施不同，也出现了 X 理论、人际关系理论、Y 理论和权变理论等。

1.“经济人”假设和 X 理论

这是西方管理思想形成初期的一种人性假设。它认为人的一切行为都是为了最大限度地满足自己的私利，人都要争取最大的经济利益。人由于经济诱因而引发工作动机，因而人在组织中是被动地受组织操纵、激发和控制的。

美国工业心理学家麦格雷戈在《企业的人性面》一书中，基于比较的需要，对以“经济人”假设为基础的传统观点进行了概括，称之为 X 理论。其主要内容为：（1）一般人天生懒惰，厌恶工作，总是尽可能少干工作；（2）多数人都没有雄心大志，无进取心，不愿负责任，而宁愿接受他人指挥和管理；（3）人生以自我为中心，对组织的要求与目标不关心；（4）人是缺乏理性的，本质上不能自律，但又容易受他人影响。因此，对大多数人必须实行强制、控制和指挥，并以惩罚相威胁，才能使之为实现组织目标作出充分的贡献。

由这种人性假设所导出的管理方式为：

（1）以经济报酬取得员工的效率和服从，对消极怠工的行为采取严厉的惩罚，以权力或控制体系来保护组织本身和引导员工；

（2）管理的重点是提高劳动生产率，完成工作任务；

（3）制订严格的工作规范，加强规章制度管理；

（4）组织目标的实现程度取决于管理人员对员工的控制。

在20世纪初的相当一段时间，以“经济人”假设为基础的科学管理理论的运用极大地提高了劳动生产率。据估算，仅实行计件工资制一项，就至少使当时的劳动生产率提高了25%。科学管理思想在西方企业管理和人事管理的发展中，具有极为重要的指导意义。尽管其对人性分析失之偏颇，忽视人的情感需求，受到过人们激烈的批评，但是，其中的一些原则和方法仍作为公认的科学，在现代企业管理和组织的人事活动中得以沿用和发展。

2. “社会人”假设与人际关系理论

“社会人”的假设认为人不只为经济利益而生存，而且也有社会方面的需求。人在工作中得到的物质利益对于调动其积极性，只具有次要意义。人最重视的是在工作中与周围人的友好相处。良好的人际关系是调动人的工作积极性的决定因素。

20世纪二三十年代，大量研究结果证实，组织成员的动机、需要与期望并不符合理性经济人的假设。由哈佛大学的埃尔顿·梅奥教授等人主持的霍桑实验进行了一系列人际关系方面的试验性研究。这些试验使人们注意到：社会性需求的满足往往比经济报酬更能激励员工；员工们为解决因竞争失败带来的威胁，会联合起来共同抵抗，并拒绝被安排与他人竞争。根据试验结果，梅奥提出了“社会人”假设及其“人际关系理论”，其要点是：（1）人是社会的人，影响人生产积极性的因素，除物质条件以外，还有社会和心理因素；（2）生产率的提高和降低主要取决于员工的“士气”，而士气则取决于家庭和社会生活，以及企业中人与人之间的关系；（3）组织中存在着某种“非正式群体”，这种无形的组织具有特殊的规范，影响着群体成员的行为；（4）领导者在了解合乎逻辑的行为的同时，还必须了解不合乎逻辑的行为，要善于倾听员工意见，沟通看法，使正式组织的经济需求与非正式组织的社会需求取得平衡。

该理论主张采取的管理方式为：

（1）管理人员将注意的重点放在关心员工、满足员工的需求上；

（2）管理人员不能只注重指挥、监督、计划和控制，而更应重视与员工之间的关系，培养和形成员工的归属感及整体感；

（3）提倡集体奖励制度，而不主张个人奖励制度；

（4）增加管理人员的联络沟通职能。

在“社会人”假设及相关理论基础上，20世纪50年代形成了现代管理支柱之一的组织行为学。在人的管理方面，组织行为学强调，不仅要依靠一定的规章制度和一定的组织形式，而且要保持组织对其成员的吸引力，激励并保持组织成员的责任感、成就感、事业心及其集体精神和高涨的士气。

3. “自我实现人”假设与Y理论

“自我实现人”也称“自动人”，是美国心理学家马斯洛首先提出的一种人性假设。所谓自我实现是指个人才能得以充分展示和发挥、个人理想与抱负的实现以及人格趋于完善。这种假设认为自我实现是人的最高层次的需求，只有使每个人都有机会将自己的才能发挥出来，才能最大限度地调动人的积极性。

麦格雷戈总结并深化了“自动人”假设，他结合管理问题提出了Y理论，认为：（1）一般人都是勤奋的，只要环境条件合适，人是乐于工作的；（2）人对工作的态度取决于对工作的理解和感觉；（3）人在工作中具有自我指导和自我控制的愿望和能力，外来的控制和惩罚不是驱使人们工作的唯一手段；（4）大多数人都具有相当程度的想象力、独创性和创造力，只要不为外界因素所指使和控制，这种想象力、独创性和创造力就会得到正常发挥；（5）在现代工业条件下，一般人的潜力只利用了一部分，在适当条件下，一般人都能主动承担责任。

根据Y理论，现代组织应采取的管理方式为：

（1）尽量使工作富有意义和挑战性，使人们从工作中得到满足和自尊；

（2）管理者的主要职责就是要创造一个允许和鼓励每位员工都能从工作中得到内在奖励的工作环境，让员工自我激励，使个人需要与组织目标自然和谐地统一起来。

与“经济人”假设及其理论过分强调金钱刺激、物质激励，重视“外在激励”不同，“自动人”假设提倡“内在激励”，其关注的焦点不是工作的外部条件，而是工作本身，是工作本身能否使工作人员产生兴趣爱好，使其在工作中取得成就，以发挥个人潜力，满足其求知、自尊和自我实现的需要。显然，内在激励比外在激励更深刻，更持久。近年来，在发达国家中方兴未艾的“工作再设计”、“工作丰富化”以及企业内的民主参与制度、自我培训计划等措施，都是通过满足员工的高层次需要，以调动其工作积极性的具体体现。

4.“复杂人”假设与权变理论

“复杂人”假设是针对经济人、社会人、自动人假设的局限性而提出的一种人性假设。它认为人是复杂的。人的差别不仅因人而异，而且同一个人在不同年龄、不同的地位、不同时间、不同地点会有不同的行为、动机和需求。根据这一假设形成了超Y理论，即权变理论。

这种理论认为：（1）人们是怀着多种不同的需要参加工作组织的，一个人在不同单位、不同部门工作时，其工作动机和个人需要也可能不同。不同的人对管理方式有不同的要求，企业管理方式要根据企业所处的内外条件而随机应变；（2）不存在也没有一套能适合于任何人、任何情境的普遍而行之有效的管理模式；（3）一个人的需要能否得以满足，取决于自身的动机结构及其与组织的关系。

针对人的这种复杂性，管理对策为：

（1）采用不同的组织形式提高管理效率；

（2）了解组织成员的能力、动机及其差异，及时发现问题，根据差异解决问题，并采取弹性、应变的领导方式；

（3）为适应不同人的不同情况，管理者行为应作相应改变和调整，采取灵活多变的管理方式及奖励方式。

了解这些有关的人性理论，在怎样看待人的本质和如何看待企业中的员工等问题上启示我们，管理的方法应因人而异、因任务而异。由于人的成熟程度、需要层次和能力随着生产的发展、思想文化教育以及生活水平的提高在不断发展，管理方式也要相应变化。管理者应当努力创造条件，合理地安排分工，使更多的人能在工作中充分发挥聪明才智，以获得内在满足。

第二节　工作分析的内容与作用

一、工作分析的基本含义

工作分析又称职务分析，是通过观察和研究，全面收集、分析与工作岗位有关的信息，以此确定工作的职责、内容以及具备什么素质的人可以胜任该工作的过程。工作分析是一项通过全面、系统和有组织的描述或记载，以区别本工作与其他工作差异的活动，其结果是形成工作说明书，目的是达到人—岗匹配。

为了达到这一目标，国外心理学家从人力资源管理的角度，提出了工作分析的公式，即“6W1H”模式：

（1）Who：谁来完成这项工作（用什么样的人）；

（2）What：这项工作具体做什么事情；

（3）When：工作时间的安排；

（4）Where：工作地点在哪里；

（5）Why：为什么进行工作（工作的意义是什么）；

（6）Whom：为谁进行工作；

（7）How：如何开展工作。

二、工作分析的作用

工作分析是一种应用广泛的通用性方法，可用于解决不同领域的很多实际问题及学术问题。目前主要应用于以下领域：

1. 工作分类

进行工作分析的最初目的是对工作进行分类，即依据工作的经济价值、工作的特殊性及不同工作层次人员的健康状况，按不同要求进行工作分类，这些将为组织结构设计和人事管理等工作提供基础。

2. 工作设计与劳动管理

工作效率不理想时，要通过工作设计来提高工作效率，就必须获得与现有工作相关的信息。通过工作分析可以发现工作或劳动中存在的问题，并设法加以改进。如减轻劳动负荷，改善工作设施及环境，防止职业病的发生或减轻其不良影响，加强劳动保护与安全，以保持和提高工作效率。工作分析还可以应用于劳动管理方面，为组织结构、工作程序设计、工作事故研究、工作安全分析、工作设备选择提供必要的信息，如劳动时间、轮换制度、休息时间的安排及休假的规定等。

3. 人力资源管理领域

工作分析对工作时间、工作行为方式进行分析，将决定工作中完成任务的时间分配和工作内容；决定采用何种有效的激励方式和怎样提高生产线上工人之间的配合及协调。工作分析所提供的有关工作岗位、人员的技能水平要求的信息，可以使人力资源规划更加科学，以做好人员补充与人员发展计划；可以为有效招聘、绩效考核提供客观依据和具体标准；为科学设计员工培训方案提供指导信息；为制定员工薪资待遇等提供客观依据。

4. 职业卫生研究与员工心理保健领域

近年来，工作分析已开始应用于职业卫生研究领域，为展开职业分类，评价工作中的压力因素、劳动者的紧张反应与工作能力的关系提供了帮助，为进行职业评价、职业咨询和指导、职业培训与开发等工作提供了依据和措施，并对加强员工心理保健研究具有重要的指导意义。

总之，工作分析是提高人力资源管理工作质量的一项基础工作。只有进行科学的工作分析，合理进行人与事（工作）的匹配，做到以“事”为中心、因“事”择人，才可能达到人尽其才、才适其职、人事相宜，否则，组织在职权分配、人员升迁、培训等方面就可能出现问题和隐患。西方国家在 20 世纪 20 年代已开始并重视此项工作，20 在 40 年代已经有 75% 的大公司采用了工作分析①。现在，工作分析已作为一项重要的人力资源管理职能工作，并成为组织和人力资源管理科学化、现代化的标志之一。

三、工作分析的内容

工作分析的内容取决于工作分析的目的与用途。不同阶段、不同组织的工作分析的内容和侧重点是不一样的。一般来说，工作分析包括两个方面的内容：确定工作的具体特征；找出工作对任职人员的各种要求。前者称为工作描述，后者称为工作规范。

（一）工作描述

工作描述具体说明了工作的物质特点和环境特点，主要包括职务名称、工作活动和工作程序、工作条件和物理环境以及社会环境、聘用条件等方面。其中：职务名称，指组织对从事一定工作活动所规定的职务名称或职务代号，以便于对各种工作进行识别、登记、分类以及确定组织内外的各种工作关系。工作活动和工作程序，包括所要完成的工作任务、工作责任、使用的原材料和机器设备、工艺流程、与其他人的正式工作关系、接受监督以及进行监督的性质和内容。工作条件和物理环境，包括工作地点的温度、光线、湿度、噪声、毒物、安全条件、地理位置、室内或室外等。社会环境，包括工作群体中的人数，完成工作所要求的人际交往的数量和程度、各部门之间的关系、工作点内外的文化设施、社会习俗等。聘用条件，包括工作时数、工资结构、支付工资的方法、福利待遇、该工作在组织中的正式位置、晋升的机会、工作的季节性、进修的机会等。

（二）工作规范

工作规范又称职务要求，要求说明从事某项工作的人员必须具备的一般要求、生理要求和心理要求。其中：一般要求，包括年龄、性别、学历、工作经验。生理要求，包括健康状况、力量与体力、运动的灵活性、感觉器官的灵敏度。心理要求，包括观察能力、集中能力、记忆能力、理解能力、学习能力、解决问题能力、创造性、语言表达能力、数学能力、决策能力、气质、性格及兴趣爱好等。

---

① 郑晓明，吴志明．工作分析实务手册［M］．北京：机械工业出版社，2002.

第三节 工作分析的实施与员工心理

一、工作分析的程序

工作分析是一项技术性很强的工作，需要做周密的准备，同时还需配合全面而细致的评价过程。工作分析一般分为三个阶段：准备阶段、调查阶段和分析汇总阶段。

（一）准备阶段

准备阶段的任务是熟悉情况、建立联系和确定工作分析的样本。在这一阶段主要应完成以下一些工作：

（1）根据工作分析的目的以及各种限定条件，制订一份行之有效的工作分析计划。

（2）了解情况，确定工作分析对象的样本，同时考查样本的代表性。

（3）深入现场，通过参与活动、调查研究等途径熟悉环境和工作过程，并向有关人员宣传、解释。特别要熟悉被试者工作状况，与其建立友好和谐的关系，使其做好心理准备。

（4）把劳动者的整个生产过程分解成若干工作元素和环节，确定工作的基本难度。工作元素总体分为机器控制元素和人工控制元素两大类，每一类又可依活动的性质和连续性分解为若干个元素。如车工的操作活动可分解为“定料”、“看图”、“上料”、“检查”等若干个工作元素。

（二）调查阶段

这是对整个工作过程和工作环境等方面进行正式的研究和调查。在调查阶段，应灵活地运用访谈、问卷、观察和关键事件法等工作分析方法，广泛深入地收集有关工作职务特征和要求的数据资料，包括该职务的工作条件、应用设备、工具、操作特点、训练时间、判断难度、安全条件、体力消耗、身体姿势（坐、站、弯腰）等方面的特性。其中，尤其应注重工作特征和人员特征方面的情况。

例如，通过查阅类似“工作分析汇编”、“职业名称词典”以及相关工作分析资料，了解工作的性质与能力要求。通过访谈和问卷的方法，广泛询问目前直接从事该项工作的工人、工长、技术人员等人，了解其操作过程、困难程度、工作负荷、疲劳与紧张状态、感知运动、记忆、注意和思维能力的要求等信息，整理出系统的材料。通过直接观察工人的工作，掌握反映工作性质的第一手资料。为了消除直接观察给劳动者造成的心理压力，企业也可采取拍摄电影、录像等手段来获取资料。运用关键事件法，记录完成该项生产活动的关键环节，通过分析和研究关键活动来探讨工作的性质。

对担任该职务的人员所需基本特征的调查，应从以下几方面考虑，如任职者所负责任、知识水平、技术水平、创造性、灵活性，以及体力消耗（劳动强度及身体条件）、训练条件（在独立操作前，需要多少时间的学习和训练？达到熟练或合格水平的标志是什么？）、基本经历（需要哪些必要的工作经验？）等情况。

（三）分析汇总阶段

分析中十分重要的一环，是对有关工作性质、人员特征与要求的调查结果进行深入分析和全面总结。工作分析并不是简单机械地收集和积累某些工作标准信息，而是需要对工作的各方面特征和要求做出全面考察，以创造性地发现、分析和总结工作职务中的关键要素，并在分析和总结的基础上，提出工作分析报告。工作分析报告根据工作分析目的的不同，可以用工作说明书、工作规范和心理图示三种方式表示。

工作说明书是对某一工作的性质、任务、责任、工作内容、工作方法，以及工作人员的资格条件等所做的书面记录。具体见专栏。

专栏 3-1

销售部经理工作说明书

职务名称：销售部经理　　职务别名：销售部主任、销售部总管

职务代码：1135-118　　制定时间：2000-06-15

（一）工作任务与权利

（1）通过对下级的管理与监督，实施企业的销售计划，组织、指导和控制销售部的各种活动，全面、及时地向上级管理部门报告销售事务。根据对销售区域、销售渠道、销售定额、销售目标的批准认可，协调销售配给功能。批准对推销员销售区域的分派。评估销售业务报告。批准各种有助于扩大销售的计划，如培训计划、促销计划等。

（2）审查市场分析，以确定顾客需求、潜在的消费量、价格一览表、折扣率、竞争活动以实现企业的目标；亲自与大客户保持联系；可与其他管理部门合作，建议和批准用于研究和开发工作的预算支出和拨款；可与广告机构就制作销售广告事宜进行谈判，并在广告发布之前对广告素材予以认可；可根据销售需要在本部门内成立相应的正式群体；可根据有关规定建议或实施对本部门员工的奖励或惩罚；可调用小汽车 2 辆、送货车 10 辆、摩托车 10 辆。

（二）工作条件与物理环境

75%以上的时间在室内工作，一般不受气候影响，但可能受气温影响；湿度适中，无严重噪声，无个人生命或严重受伤危害，无有毒气体；有外出工作要求，1 年中约有 10%～20%的工作日出差在外；常年工作地点在本市。

（三）社会环境

有 1 名副手，销售部工作人员有 25～30 人；直接上级是主管销售的副总经理；需要经常交往的部门是生产部、财务部；可以参加企业家俱乐部、员工乐园各项活动。

（四）聘用条件

每周工作 40 小时，法定节假日放假；基本工资每月 500 元，职务津贴每月 200 元，

每年完成全年销售指标奖金2 000元，超额完成部分再以10%提取奖金；本岗位是企业中层岗位，可晋升为销售副总经理或分厂总经理。每年工作以4~10月为忙季，其他时间为闲季；每3年有1次出国进修机会；每5年有1次为期1个月的公休假期，可报销5 000元的旅游费用；公司免费提供市区2房1厅（35平方米以上）住宅1套。

销售部经理工作规范

职务名称：销售部经理　　　　年龄：26~40岁

性别：男女不限　　　　学历：大学本科以上

工作经历：从事销售工作4年以上

（一）生理要求

无严重疾病；无传染病；能胜任办公室工作，举重5公斤，有时需要走动和站立。平时以说、听、看、写为主。

生理要求标准：

A—全体员工中最优秀的10%以内，总经理为100分，其余即90分以上；

B—70~89分；

C—30~69分；

D—10~29分；

E—9分以下。

（二）心理要求

一般智力：A	观察能力：B	集中能力：B
记忆能力：A	理解能力：A	学习能力：A
解决问题能力：A	创造力：A	知识域：A
数学计算能力：A	语言表达能力：A	决策能力：A
团队精神：A	性格：外向	气质：多血质或胆汁质
态度：积极、乐观	兴趣爱好：喜欢与人交往，爱好广泛	
事业心：十分强烈	领导能力：卓越	

工作规范是根据工作说明书规定某一部门和某项工作的基本职能、工作范围、目标、责任、控制方法、权限以及与组织中其他部门的关系等，并提出对从事该项工作的人员在知识、技能和能力方面应具备的特定要求。具体见专栏。

心理图示法是用图表或文字描述来反映某职务的任职者必须具备的心理特征的一种通俗方法。它是根据工作职务要求的得分水平，画出工作要求的轮廓线，表示从事某一工作的人员所应具备的能力模式。心理图示法中常用的度量方法是五点量表法，即用五点量表表示工作职务的不同心理能力要求，构成“能力模式图”。表3-1是某企业的质量检验工作的心理图示表。图中五个等级表示质量检验工作中各种能力的重要程度：“1”表示工作中几乎不必具备这一能力或品质；“2”表示对该能力的需要程度比较低；“3”为中等需要程度；“4”表示该能力比较重要，比“3”更为需要；“5”表示该能力相当重要，如果缺乏该能力则无法担任该项工作。

表 3-1　　质量检验工作的心理图示表

五点量表					心理能力
1	2	3	4	5	
☆	☆	★	☆	☆	控制能力
☆	☆	★	☆	☆	机械能力
☆	☆	☆	☆	★	手指灵巧
☆	☆	☆	★	☆	手臂灵巧
☆	☆	☆	☆	★	手眼协调
☆	☆	☆	★	☆	触摸能力
☆	☆	★	☆	☆	记忆能力
☆	☆	☆	★	☆	注意分配
☆	☆	☆	☆	★	判断能力
☆	☆	☆	☆	★	目测能力

心理图示法又分成个体心理图示法和工作心理图示法。前者运用个案分析法，对员工的工作表现打分，确定干好一定工作所应具备的各种品质和能力；后者则以工作本身所应具备的心理品质作为标准。

二、工作分析中的常见问题

在进行一项工作分析以前，工作分析人员要靠检查组织的图表，与熟悉研究对象的人进行沟通，建立相互信任，才能了解该工作尽可能多的信息。如果不能做到这一点，将会对工作分析的科学性产生损害。在进行工作分析及工作说明书编写活动中，经常会出现下列问题，从而阻碍了此项工作的顺利进行。

（一）没有得到高层管理者的支持

工作分析及工作说明书的编写如果没有最高管理层的认同和支持，将无法有效地完成。这主要表现在大多数员工不清楚工作分析的目的，从而以各种理由不予合作，轻者以“手头太忙，没时间”等理由推三阻四，态度冷淡，进行消极抵抗；重者在工作中表现出明显的戒备、恐惧甚至作假、排斥等行为，极大影响了此项工作的效率。

组织的人事部门应协助管理层规划相应政策和明确方向，充分发挥领导者的模范带头作用及影响力，消除组织在建立新的工作目标及奖惩标准时，给员工心理上所造成的压力、紧张和上下级之间的冲突，并通过必要的解释和说明，减少员工在工作中的压抑与不满，使他们获得心理满足和公平感，以保持平衡的心态和行为，顺利实现工作分析的各项任务。为此，人力资源部门在工作分析之前，应积极获得高层管理者的支持，并将以下信息传递给整个组织，包括：（1）此项活动的目的及完成时间表；（2）负责此项活动的领导及组织成员；（3）执行中遇到争执或疑难，高层管理者（通常由总经理）将会负责解释及作最终裁决，以获得全体成员的一致支持。

（二）缺乏主管人员与下属的合作

组织不同层次的主管应与下属一起参与工作说明书的编写活动。因为主管需要策划及分配每一直接下属的岗位职权和任务，并与人力资源部门合作完成各岗位的说明书。三者往往需反复磋商，才能敲定一份说明书，否则将失之偏颇。主管的具体工作就是将描写工作说明书的工作任务告之下属，并详细说明编写的目的、方法、程序及说明书对个人、机构的影响。

组织应鼓励主管与下属进行沟通，达成彼此理解并愿意接受说明书，因为以后个人工作表现的评估也会在很大程度上以工作说明书为依据。主管可选择以下途径完成描写职位说明书的工作：A. 给予下属指导后（必要时有人力资源部门负责人参与）由下属自己描写工作说明书。其后由管理者收集、与下属讨论、分析、修订，再由人事部门确认后呈交高层领导审核。B. 主管自己负责描述所有直接下属的岗位，完成后与下属讨论，经修订同意后再由人事部门确认并提交高层领导审核。其中，采用 A 方法可以让下属有被尊重的感觉，会产生较大的工作投入感及积极性。但主管则需要有极大的耐心，容忍他们的错误及花时间多次沟通予以指导，这种具有民主性及相互沟通的从属关系会令下属有完成自己所定工作目标的强烈责任感，对工作的开展有意想不到的好处。B 方法的好处是节省时间，但主管必须充分了解下属的工作性质、范畴及应有的表现，还要获得下属对所分派工作的认同，才可以在日后顺利开展工作。

（三）缺乏反馈与评价

反馈原来是物理学中的一个概念，是指把放大器的输出电路中的一部分能量送回输入电路中，以增强或减弱输入讯号的效应。心理学借用这一概念，以说明学习者对自己学习结果的了解，而这种对结果的了解又起到了强化作用，促进了学习者更加努力学习，从而提高了学习效率。这一心理现象称作“反馈效应”。

专栏 3-2

赫洛克的反馈效应心理实验

赫洛克把被试者分成 4 个等组，在 4 个不同诱因的情况下完成任务。第一组为激励组，每次工作后予以鼓励和表扬；第二组为受训组，每次工作后对存在的第一点问题都要严加批语和训斥；第三组为被忽视组，每次工作后不给予任何评价，只让其静静地听其他两组受表扬和挨批评；第四组为控制组，让他们与前三组隔离，且每次工作后也不给予任何评价。

实验结果：成绩最差者为第四组（控制组），激励组和受训组的成绩则明显优于被忽视组，而激励组的成绩不断上升，学习积极性高于受训组，受训组的成绩有一定波动。

结果表明：及时对学习和活动结果进行评价，能强化学习和活动动机，对工作起促进作用。适当激励的效果明显优于批评，而批评的效果比不闻不问的效果好。

这个效应提示我们，有效的反馈机制是活动目标达成的必要条件，对于别人的活动必须及时地反馈。无论是在管理还是在指导活动中，要通过多种途径搜集和评定活动效果，如观察交谈、现场提问、效果评价等，然后及时反馈信息，随时调节活动过程。对存在的问题，不一定要实施惩罚性的方式，而是要有针对性地答疑解惑，不使问题延续或积累。

很多企业在工作分析的实施中存在虎头蛇尾现象，相关部门和领导对工作分析的结果不进行及时反馈和评价，大多数员工不知道此项活动与自己工作的关系，也没有对具体工作发挥其应有的指导、参考和调控作用，这使得工作分析的效果大打折扣，并影响了其他相关工作的效率和质量，也加剧了员工和领导之间的不配合与不支持状况。

（四）“霍桑效应”的干扰

“霍桑效应”是指员工基于被关注而发生的行为改变现象。20世纪初，哈佛大学心理学家梅奥所主持的霍桑实验中，试图通过改善工作条件和环境等外在因素，找到提高劳动生产率的途径。研究小组随意挑了一批工人作为观察对象，可是无论外在因素变得好一些还是差一些，实验组的生产效率都在上升。这说明，这批工人由于受到额外的关注而引起了工作绩效的上升。

工作分析的调查过程也可能影响到被观察者的工作。有研究证明，有旁人在场时虽然分散注意力，但当事人一般却会更加努力工作。这是因为旁观者激发了当事人的工作动机而加强了他们熟练而正确的反应。当然，并不是所有的人都会出现这种被称之为“集体助长”的现象。一般来说，如果员工承担的是他们非常熟练的工作，那么有人在场将使他们表现得更好。而在员工工作尚处于生疏阶段而操作笨拙的情况下，或者在操作者知道正在被旁观者所评价，且评价对自己又有比较重要的意义时，许多人总是会心存恐惧或焦虑，从而大大降低操作水平，这时又会导致“集体遏制”现象。

因此，开展工作分析必须是全方位的，应对不同层次和不同性质的工作状况进行综合分析和比较，而不是进行抽查或只对部分人的工作进行观察。其次，对工作的特征和内容进行调研时应尽量不影响工作的正常操作。当然，这并不是说工作分析人员要隐藏起来开展工作，而是最好能够与操作者熟悉或征得他们的同意，在其心情舒畅、心态平和的情况下才能取得较好的调查效果。

三、工作分析中的员工恐惧心理及其应对

（一）员工恐惧的表现形式及原因分析

员工恐惧是工作分析实践过程中经常遇到的一类问题。它是指由于员工害怕工作分析会使自己熟悉的工作环境发生变化或者引起自身利益的损失，而对工作分析人员及其工作采取的不合作甚至敌视的态度①。

一般而言，如果在工作分析过程中，员工表现出冷淡和抵触的情绪，以及提供给工作分析小组的信息资料准确性差，与实际工作情况有较大出入时，就可以断定存在着员工恐惧。具体表现如：工作分析人员在访谈、收集资料而与员工接触的过程中，明显感觉到员工对其态度冷淡、言语讥讽；或者对其工作的抵触情绪严重，故意找借口不予提供工作分析的相关资料，不支持其访谈或调查工作，而这些问题通常不是由于工作分析

---

① 康锐，萧鸣政，王保亮．工作分析中员工的恐惧及其处理［J］．中国人才热线，2003.

人员没有按照规范的流程操作或者态度不专业所致。再有，员工故意夸大所在岗位的实际工作责任、工作内容，而对其他岗位的工作予以贬低，提供虚假的信息资料等。

纵观工作分析的历史与现状，员工恐惧产生的原因可以概括为以下几个方面：

1. 工作分析的减员降薪功能是产生员工恐惧的先天性原因

这通常也是引发劳资矛盾的根源。长期以来，工作分析一直是企业减员降薪时经常采用的一种措施。在过去，企业由于外部经济环境恶化、内部战略变革、组织结构调整等原因，需要对员工工作结构、工作内容等进行调整，甚至减少员工数量，对员工工资作出相应调整。由于管理者和员工之间缺乏沟通，员工通常认为这是企业毫无道理的行为，采取此措施没有科学的基础，根本不可信，它只是管理者为辞退员工或降低薪水所找的一个貌似合理的借口。因此，辞退员工或降低薪水就会引起有关员工的愤慨甚至控告，并引起在职者的不满和恐惧，最终影响员工的工作绩效，甚至造成劳资纠纷、诉讼或罢工等冲突。但是，如果企业的这些决定是建立在科学的工作分析基础之上，就有了科学的理由，由此产生的辞退和减薪也就有了法律的依据。因此员工对工作分析存在着一种天生的恐惧之情。

2. 测量工作负荷和强度是员工恐惧产生的现实原因

为了考察员工的工作负荷，企业也经常使用工作分析。例如，在著名的霍桑实验中，实验者发现员工在工作中一般不会用最高的效率从事工作，而只是追求团队中的中等效率。这是因为员工通常认为，管理者始终存在“经济人”假设，即员工总是喜好偷懒的，不采取监督和强制的措施，他们就不会努力工作。因此，如果自己的工作效率太高，上级还会增加工作强度，那么自己有可能达不到管理者所要求的水平，这就会给管理者造成自己工作不努力的印象。而在实际情况中，企业为确定某项工作实际所需要的工作时间，而不是员工在工作中实际耗费的时间，也常采用工作分析的方法。员工由于担心自己的工作将会太辛苦，从而对工作分析产生恐惧之情，也属情理之中。

员工恐惧心理将对工作分析的实施、工作分析结果的可靠性及其应用都会产生不良影响。因此，各级管理者必须采取有效措施加以预防。

（二）应对策略

企业或者工作分析专家想要更成功地实施工作分析，并使工作分析的结果有效应用于各个领域，就必须克服员工的恐惧心理，帮助员工平衡心态，使其提供真实的信息。较为有效的方法是在工作分析的前期、中期和后期加强对员工的解释说明、沟通与反馈等工作，并尽可能使员工及其代表参与到工作分析的过程中来。具体包括：

（1）在工作分析开始之前，管理者应该向员工解释工作分析的目的，介绍负责工作分析的领导及小组成员。虽然工作分析者无法控制员工的态度，但是应尽量与被分析对象之间建立互相信任的关系，例如，向员工解释清楚工作分析不会对员工的就业、工作内容、权责、薪酬水平等产生任何负面影响，并在适当的时候做出书面承诺，以获得全体成员的一致认同和支持。

（2）在工作分析实施过程中，应尽量争取员工参与到整个工作分析过程中，如要求工作操作者对自己的一切活动进行系统记录，或让下属展开讨论并自行编写工作说明书等，以激发员工的自尊心、投入感和积极性，而只有员工了解到工作分析的实际情况，才会忠于工作分析，才可能提供真实可靠的信息。

（3）在工作分析完成之后，应及时向员工反馈工作分析的阶段性成果和最终结果。这样员工才会有参与感和内在满足，才会对自己参与的工作分析过程和未来工作分析结果的执行投以支持态度。

本章小结

人与事（工作）的配合要经过工作的分析和人员的分类，谋求人与事的适当配合，使人与事互相发展，才能达到事得其人、人适其职、人事相宜的目的。本章全面分析和研究了人—职匹配的基本理论、人性假设及其相应的管理措施。为了实现人—职匹配，必须了解需要由人来承担的工作是怎样的，以及什么样的人才适合完成这样的工作。工作分析是联系两者的桥梁，通过工作分析人们能全面获取和了解与工作有关的详细信息。科学的工作分析需要高层管理者的大力支持，以及主管人员与下属的相互合作。

复习思考题

1. 简述霍兰德人格类型理论的基本内容。
2. 有关工作设计的人性假设及有代表性的管理理论有哪些？
3. 什么是工作分析？其基本模式是什么？
4. 工作分析对人力资源管理活动而言，具有哪些作用？
5. 面对工作分析中的员工恐惧心理，应如何避免其不良影响？

案例分析

案例：越工作越不自信怎么办？

吕某某，38岁，女，家庭幸福。只是工作上越来越不自信，在公司财务工作14年了，最近几年被连续晋升，可是我感觉自己不能胜任，总担心公司不满意我的工作。越来越敏感，因为自认业务能力不如下属所以不敢管别人，也不敢跟其他部门主管据理力争，总是做好人。但总是怀疑别人在说我坏话，担心别人对我不满意。一上班心情就低落，也没心情工作，总是逃避，找借口上网，不想面对工作上的难题，我该怎么办呢？

从描写中可以感受到吕某某在新岗位上适应不良，压力很大。也许由于这几年连续晋升，所以吕某某没有充分的时间和精力来让自己充电以应对新的岗位，所以当再次升级到另一个新高度时，吕某某对自己的能力开始产生了怀疑。因为对自己工作能力的不自信，所以，就采取了通过做老好人的方式来获得大家的认可和避免麻烦。

看得出吕某某的新工作任务繁重，尤其是财务工作，马虎不得，或许一方面想过让下面有资历的员工来分担部分你相对不熟练的工作，另一方面也担心过多的要求会使她和员工的关系变差，她很担忧自己的表现不能得到大家的认同与肯定，也希望自己在业务技能上可以提升到让所有人满意的水平。但是，由于她还没找到合适的方式来改善现有的工作状况，因而在重重压力下，采取了回避的方式来面对困难。这让吕某某内心充满矛盾，焦虑的情绪更重了。

晋升到一个更高的新岗位，随之而言的肯定是压力的增加。面对这种工作压力，认识到自身能力存在不足是一件好事情。而由此产生的焦虑我们也不必如临大敌。这时候的焦虑情绪会让我们更加冷静理性的分析自己的情况，而不是盲目自大沾沾自喜。

对吕某某而言，最重要的事情是要如何应对这个由新岗位造成的压力和焦虑。从描写中我们可以看到吕某某采取的是通过“讨好”他人的方式来减少自己与下属以及其他部门的摩擦；而面对自身能力不足的问题吕某某更是采取了逃避的方式。可越逃避越焦虑。逃避，解决不了任何现实问题。最好的方式是直面问题，解决问题。应该摆正心态，冷静地去看待工作中的种种问题，找到其关键点。以积极的态度去面对工作。

（资料来源：选自心灵咖啡网）

做好“工作再设计”，延长员工兴奋期①

工作设计是根据组织需要并兼顾个人需要，规定某项工作的任务、责任、权力以及在组织中与其他职务关系的过程。对于大部分企业来说，工作已经被设计好了，不可能放弃生产经营活动再来一次全新的设计。所以，只能选择在不影响正常生产经营活动的前提下，对工作程序进行阶段性的调整和再设计，以期通过这种方式来简化业务流程、丰富工作内涵、激发员工的全新热情。工作再设计时需要注意以下几个方面的细节：

细节一：工资报酬

在进行工作再设计的时候，企业会重点考虑业务流程的运作模式和职能管理等主要因素的优化和深化，而其他方面的因素考虑得就会少一些，因为它们对工作再设计的影响并不是显性的，而这其中最应引起关注的就是工资报酬因素。

工资报酬是企业得以吸引优秀劳动力和人才的首要因素，工资报酬也是企业经营运作成本的一个主要方面，所以，企业需要将人工成本控制和工作岗位吸引力二者结合起来考虑，争取能够将二者完美结合。

细节二：价值观倾向

员工越来越重视个人的精神需求。员工不仅仅希望通过工作来解决温饱问题，还希望通过工作能够发挥个人专长，通过工作能够实现个人价值，更希望自己所从事工作带来的主观感受与自己的价值观系统相吻合，希望自己能够在一种平和、快乐的氛围中安心工作。这种需求往往是企业最难发现、最难把握的，也往往是员工疏于向企业表达的。所以，企业应该根据员工的价值观取向进行工作再设计，尤其是对高中层管理职位。

细节三：设计的连续性

同企业的生命周期理论相类似，员工在一个企业的工作状态也有一定的规律变化，即“员工工作周期理论”。员工从进入企业开始，其工作状态会经历由最初的迷茫期——对工作的模糊，到兴奋期——对工作的接受、兴奋，到发挥期——对工作的熟悉、能力发挥，到挑战期——对更大挑战的期待、准备，到厌倦期——最终对工作产生厌倦情绪。这个变化过程，不同的员工有长有短，但其基本规律不变。

① 王凯．做好“工作再设计”延长员工兴奋期．http：//www.chinamining.com.cn.

面对这样的工作周期变动，企业也要做好对工作进行连续再设计的思想准备，一旦员工的工作状态发生了变动，公司就必须采取相应的对策，以延长员工的工作热情，使员工的工作状态尽可能地在兴奋期、发挥期和挑战期之间循环。

细节四：引导自主发挥

员工被动激励起来的积极性，其持续周期是很短暂的。因此，在进行工作再设计时，企业的管理者应该尽可能多地了解员工的意愿，结合企业的实际情况进行规划与设计，尽可能地使员工的个人意愿与公司的发展目标相吻合，以达到让其主动积极参与工作的目的。

当然，企业由于业务流程的限制、岗位定额的限制等，不可能完全按照员工的意志设计工作变动轨迹，这个时候企业的管理者就要注意，不能强制性地要求员工接受公司的安排，而是应当很有技巧地引导员工使其接受。当员工不能接受时，企业的管理者也要有意识和决心拒绝员工的不合理要求，确保公司的企业文化氛围不被破坏。也就是说，作为企业的管理主体，各级管理人员要能够做到正确引导员工，既要使员工的主观能动性得以发挥，又要使员工主观意志的张扬限制在公司文化价值观的范围内。

（资料来源：选自豆丁网）

案例问题

1. 结合工作设计的内容，探讨工作设计对员工管理的重要作用。

2. 结合泰勒的“科学管理”与马斯洛的“自我实现”需求，试分析其对工作再设计的深远影响。

心理测验

霍兰德职业兴趣测验

本测验量表将帮助您发现和确定自己的职业兴趣和能力特长，从而更好地做出求职决策。如果您已经考虑好或选择好了自己的职业，本测验将使您的这种考虑或选择具有理论基础，或向您展示其他合适的职业；如果您至今尚未确定职业方向，本测验将帮助您根据自己的情况选择一个适当的职业目标。

本测验共有八个部分，每部分测验都没有时间限制，但你应当尽快去完成。

第一部分　您心目中的理想职业（或专业）

对于未来的职业（或升学进修的专业），你也许早有考虑，它可能很抽象、很朦胧，也可能很具体、很清晰。不论是哪种情况，现在都请你把自己最想干的 3 种工作（或最想读的 3 种专业），按顺序写下来。

1. ______________

2. ______________

3. ______________

第二部分　您所感兴趣的活动

下面列举了若干种活动，请就这些活动判断你的喜恶。喜欢的，请在“是”栏里打“√”；不喜欢的则在“否”栏里打“√”。如果某些活动你没有经历过，请凭你对该活动的认识和感觉来判断，务必按顺序回答全部问题。

R：实际型活动 ……………………………………………………是　　否

1. 装配修理电器或玩具
2. 修理自行车
3. 用木头做东西
4. 开汽车或摩托车
5. 用机器做东西
6. 参加木工技术学习班
7. 参加制图描图学习班
8. 驾驶卡车或拖拉机
9. 参加机械和电气学习班
10. 装配修理机器

统计“是”一栏次数________

A：艺术型活动……………………………………………………是　　否

1. 素描/制图或绘画
2. 参加话剧/戏剧
3. 设计家具/布置室内
4. 练习乐器/参加乐队
5. 欣赏音乐或戏剧
6. 看小说/读剧本
7. 从事摄影创作
8. 写诗或吟诗
9. 进艺术（美术/音乐）培训班
10. 练习书法

统计“是”一栏次数________

I：研究型活动……………………………………………………是　　否

1. 读科技图书和杂志
2. 在实验室工作
3. 改良水果品种，培育新的水果
4. 调查了解土和金属等物质的成分
5. 研究自己选择的特殊问题
6. 解算术或玩数学游戏
7. 物理课
8. 化学课
9. 几何课
10. 生物课

统计“是”一栏次数________

S：社会型活动……………………………………………………是　　否

1. 学校或单位组织的正式活动
2. 参加某个社会团体或俱乐部活动
3. 帮助别人解决困难
4. 照顾儿童
5. 出席晚会、联欢会、茶话会
6. 和大家一起出去郊游
7. 想获得关于心理方面的知识
8. 参加讲座或辩论会
9. 观看或参加体育比赛和运动会
10. 结交新朋友

统计“是”一栏次数________

E：企业型活动……………………………………………………是　　否

1. 说服鼓动他人
2. 卖东西
3. 谈论政治
4. 制订计划、参加会议
5. 以自己的意志影响别人的行为
6. 在社会团体中担任职务
7. 检查与评价别人的工作
8. 结交名流
9. 指导有某种目标的团体
10. 参与政治活动

统计“是”一栏次数________

C：常规型活动……………………………………………………是　　否

1. 整理好桌面和房间
2. 抄写文件和信件
3. 为领导写报告或公务信函
4. 检查个人收支情况
5. 打字培训班
6. 参加算盘、文秘等实务培训
7. 参加商业会计培训班
8. 参加情报处理培训班
9. 整理信件、报告、记录等
10. 写商业贸易信

统计“是”一栏次数________

第三部分　您所擅长的活动

下面列举了若干种活动，其中你能做或大概能做的事，请在“是”栏里打

“√”；反之，在“否”栏里打“√”。请按顺序回答全部问题。统计“是”一栏次数为得分。

R：实际型活动……………………………………………………是　　　否

1. 能使用电锯、电钻和锉刀等木工工具
2. 知道万用表的使用方法
3. 能够修理自行车或其他机械
4. 能够使用电钻床、磨床或缝纫机
5. 能给家具和木制品刷漆
6. 能看建筑设计图
7. 能够修理简单的电器用品
8. 能修理家具
9. 能修理收录机
10. 能简单地修理水管

统计“是”一栏次数________

A：艺术型活动……………………………………………………是　　　否

1. 能演奏乐器
2. 能参加二部或四部合唱
3. 独唱或独奏
4. 扮演剧中角色
5. 能创作简单的乐曲
6. 会跳舞
7. 能绘画、素描或书法
8. 能雕刻、剪纸或泥塑
9. 能设计板报、服装或家具
10. 写得一手好文章

统计“是”一栏次数________

I：研究型活动……………………………………………………是　　　否

1. 懂得真空管或晶体管的作用
2. 能够列举三种含蛋白质多的食品
3. 理解铀的裂变
4. 能用计算尺、计算器、对数表
5. 会使用显微镜
6. 能找到三个星座
7. 能独立进行调查研究
8. 能解释简单的化学
9. 理解人造卫星为什么不落地
10. 经常参加学术会议

统计“是”一栏次数________

S：社会型活动……………………………………………………是　　　否

1. 有向各种人说明解释的能力
2. 常参加社会福利活动
3. 能和大家一起友好相处和工作
4. 善于与年长者相处
5. 会邀请人、招待人
6. 能简单易懂地教育儿童
7. 能安排会议等活动顺序
8. 善于体察人心和帮助他人
9. 帮助护理病人和伤员
10. 安排社团组织的各种事务

统计“是”一栏次数________

E：企业型活动……………………………………………………是　　　否

1. 担任过学生干部并且干得不错
2. 工作上能指导和监督他人
3. 做事充满活力和热情
4. 有效利用自身的做法调动他人
5. 销售能力强
6. 曾作为俱乐部或社团的负责人
7. 向领导提出建议或反映意见
8. 有开创事业的能力
9. 知道怎样做能成为一个优秀的领导者
10. 能言善辩

统计“是”一栏次数________

C：常规型活动………………………………………………………是　　　否

1. 会熟练地打印中文
2. 会用外文打字机或复印机
3. 能快速记笔记和抄写文章
4. 善于整理保管文件和资料
5. 善于从事事务性的工作
6. 会用算盘
7. 能在短时间内分类和处理大量文件
8. 能使用计算机
9. 能搜集数据
10. 善于为自己或集体做财务预算表

统计“是”一栏次数________

第四部分　您所喜欢的职业

下面列举了多种职业，请逐一认真地看，如果是你有兴趣的工作，请在“是”栏里打“√”；如果是你不太喜欢、不关心的工作，请在“否”栏里打“√”。请全部回答。

R：实际型活动……………………………………………………是　　否

1. 飞机机械师
2. 野生动物专家
3. 汽车维修工
4. 木匠
5. 测量工程师
6. 无线电报务员
7. 园艺师
8. 长途公共汽车司机
9. 火车司机
10. 电工

统计“是”一栏次数________

S：社会型职业……………………………………………………是　　否

1. 街道、工会或妇联干部
2. 小学、中学教师
3. 精神病医生
4. 婚姻介绍所工作人员
5. 体育教练
6. 福利机构负责人
7. 心理咨询员
8. 共青团干部
9. 导游
10. 政府工作人员

统计“是”一栏次数________

I：研究型职业……………………………………………………是　　否

1. 气象学或天文学者
2. 生物学者
3. 医学实验室的技术人员
4. 人类学者
5. 动物学者
6. 化学者
7. 数学者
8. 科学杂志的编辑或作家
9. 地质学者
10. 物理学者

统计“是”一栏次数________

E：企业型职业……………………………………………………是　　否

1. 厂长
2. 电视片编制人
3. 公司经理
4. 销售员
5. 不动产推销员
6. 广告部长
7. 体育活动主办者
8. 销售部长
9. 个体工商业者
10. 企业管理咨询人员

统计“是”一栏次数________

A：艺术型职业……………………………………………………是　　否

1. 乐队指挥
2. 演奏家
3. 作家
4. 摄影家
5. 记者
6. 画家、书法家
7. 歌唱家
8. 作曲家
9. 电影电视演员
10. 节目主持人

统计“是”一栏次数________

C：常规型职业……………………………………………………是　　否

1. 会计师
2. 银行出纳员
3. 税收管理员
4. 计算机操作员
5. 簿记人员
6. 成本核算员
7. 文书档案管理员
8. 打字员
9. 法庭书记员
10. 人口普查登记员

统计“是”一栏次数________

第五部分　您的能力类型自评

下面两张表是您在6个职业能力方面的自我评定表。您可以针对自己在每一方面的能力，先与同龄者比较，经斟酌后再在下表中对自己的能力逐一评价。评分请在表中适当的数字上画圈。4分代表中等水平，数字越大，表示你该项的能力越强，数字越小表示你该项的能力越弱。

注意，请勿全部划同样的数字，因为你的每项能力不可能完全一样。

表A

R型	I型	A型	S型	E型	C型
机械操作能力	科学研究能力	艺术创作能力	解释表达能力	商业洽谈能力	事务执行能力
7	7	7	7	7	7
6	6	6	6	6	6
5	5	5	5	5	5
4	4	4	4	4	4
3	3	3	3	3	3
2	2	2	2	2	2
1	1	1	1	1	1

表B

R型	I型	A型	S型	E型	C型
体育技能	数学技能	音乐技能	交际技能	领导技能	办公技能
7	7	7	7	7	7
6	6	6	6	6	6
5	5	5	5	5	5
4	4	4	4	4	4
3	3	3	3	3	3
2	2	2	2	2	2
1	1	1	1	1	1

第六部分　您的职业兴趣类型

请将第二部分至第五部分的全部测验分数按前面已统计好的6种职业倾向（R型、I型、A型、S型、E型和C型）得分填入下表，并作纵向累加。

测试	R型	I型	A型	S型	E型	C型
第二部分						
第三部分						
第四部分						
第五部分A						
第五部分B						
总分						

请将上表中的6种职业倾向总分按大小顺序依次从左到右排列：

______型、______型、______型、______型、______型、______型

您的职业倾向性得分：

最高分__________最低分__________

第七部分　您所看重的东西——职业价值观

这一部分测验列出了人们在选择工作时通常会考虑的9种因素（见所附工作价值标准）。现在请你在其中选出最重要的两项因素，以及最不重要的两项因素，并将序号填入下边相应空格上。

最重要：______________　次重要：______________

最不重要：______________　次不重要：______________

附：工作价值标准

1. 工资高、福利好
2. 工作环境（物质方面）舒适
3. 人际关系良好
4. 工作稳定有保障
5. 能提供较好的受教育机会
6. 有较高的社会地位
7. 工作不太紧张、外部压力少
8. 能充分发挥自己的能力特长
9. 社会需要与社会贡献较大

好，全部测验完毕。

现在，将你测验得分居第一位的职业兴趣类型找出，对照下面的职业索引，判断一下自己适合的职业种类。然后可与你前面所填的3个最感兴趣的职业相对照。

职业索引——职业兴趣代号与其相应的职业对照表

R（实际型）：木匠、农民、操作X光的技师、工程师、飞机机械师、鱼类和野生动物专家、自动化技师、机械工（车工、钳工等）、电工、无线电报务员、火车司机、长途公共汽车司机、机械制图员、机器修理师、电器师。

I（研究型）：气象学者、生物学者、天文学家、药剂师、动物学者、化学家、科学报刊编辑、地质学者、植物学者、物理学者、数学家、实验员、科研人员、科技作者。

A（艺术型）；室内装饰专家、图书管理专家、摄影师、音乐教师、作家、演员、记者、诗人、作曲家、编剧、雕刻家、漫画家。

S（社会型）：社会学者、导游、福利机构工作者、咨询人员、社会工作者、社会科学教师、学校领导、精神病工作者、公共保健护士。

E（企业型）：推销员、进货员、商品批发员、旅馆经理、饭店经理、广告宣传员、调度员、律师、政治家、零售商。

C（常规型）：记账员、会计、银行出纳、法庭速记员、成本估算员、税务员、核

算员、打字员、办公室职员、统计员、计算机操作员、秘书。

下面介绍与你3个代号的职业兴趣类型一致的职业表，对照的方法如下：首先根据你的职业兴趣代号，在下表中找出相应的职业。例如你的职业兴趣代号是RIA，那么牙科医生、陶工等是适合你兴趣的职业。然后寻找与你的职业兴趣代号相近的职业，如你的职业兴趣代号是RIA，那么，其他由这三个字母组合成的编号（如IRA、IAR、ARI、ARI等）对应的职业，也较适合你的兴趣。

RIA：牙科医生、陶工、建筑设计员、模型工、细木工、制作链条人员。

RIS：厨师、林务员、跳水员、潜水员、染色员、电器修理工、眼镜制作工、电工、纺织机器装配工、报务员、玻璃工、发电工、焊接工。

RIE：建筑工程师、环保工程师、航空工程师、公路工程师、电力工程师、信号工程师、电话工程师、机械工程师、自动化工程师、海洋工程师、交通工程师、制图员、农业经济人员、打捞员、计量员、矿工、农民、农场工人、农业机器操作员、清洁工、无线电修理、汽车修理、手表修理、管子工、线路维修、盖（修）房子、电子技术员、伐木工、机械师、锻压操作工、造船装配工、工具仓库管理员。

R1C：海员、接待员、图书管理员、牙医助手、制帽工、磨坊工、石匠、机器制造工、机车（火车头）制造工、农机装配工、汽车装配工、缝纫机装配工、钟表装配工、电动器具装配工、鞋匠、锁匠、货物检验员、电梯机修工、托儿所所长、钢琴调音员、装配工、印刷工、建筑钢铁工人、卡车司机。

RAI：雕刻工、模型制作员、木匠、皮革品制作工、手工绣花、编织工、排字工、印刷工、装订工。

RSE：消防员、交通巡警、警官、门卫、理发师、房间清洁工、屠夫、锻工、开凿工人、管理安装工、司机、货物搬运工、送报员、勘探员、娱乐场所的服务员、起卸机操作工、电梯操作工。

RSI：纺织工、编织工、农业学校教师、某些职业课程教师（诸如艺术、商业、技术、工艺课程）、雨衣上胶工人。

REC：抄水表员、保姆、实验室动物饲养员、动物管理员。

REJ：轮船船长、航海领航员、大副、试管实验员。

RES：旅馆服务员、家畜饲养员、渔民、渔网修补工、水手、收割机操作工、行李搬运工、公园服务员、救生员、登山导游、火车工程技术员、建筑工、铺轨工。

RCI：测量员、勘测员、仪器操作者、农业工程技术员、化学工程技师、民用工程技师、石油工程技师、资料室管理员、探矿工、燃烧工、烧窑工、矿工、保养工、磨床工、取样工、样品检验员、纺纱工、炮手、绕筒子工、漂洗工、电焊工、锯木工、刨床工、制帽工、手工缝纫工、油漆工、染色工、按摩工、木匠、农民建筑工人、电影放映员、勘测员助手。

RCS：公共汽车驾驶员、一等水手、游泳池服务员、裁缝、建筑工人、石匠、烟囱修建工、电话修理工、爆炸手、邮递员、矿工、裱糊工、纺纱工。

RCE：打井工、吊车驾驶员、农场工人、邮件分类员、铲车司机、拖拉机司机。

LAS：普通经济学家、农场经济学家、财政经济学家、国际贸易经济学家、实验心理学家、工程心理学家、心理学家、哲学家、内科医生、数学家。

LAR：人类学家、天文学家、化学家、物理学家、医学病理学家、动物标本制作者、化石修复者、艺术品管理员。

ISE：营养学家、饮食顾问、火灾检查员、邮政服务检查员。

ISC：侦察员、电视播音室修理员、电视修理服务员、验尸室人员、目录编制人员、医学实验室技师、调查研究者。

ISR：水生生物学家、昆虫学家、微生物学家、配镜师、矫正视力者、细菌学家、牙科医生、骨科医生。

ISA：实验心理学家、普通心理学家、发展心理学家、教育心理学家、社会心理学家、临床心理学家、目录学家、皮肤病学家、精神病学家、妇产科医生、眼科医生、五官科医生、医学实验室技术专家、民航医务人员、护士。

IES：细菌学家、生理学家、化学专家、地质专家、地理学专家、纺织技术专家、医院药剂师、工业药剂师、药房营业员。

IEC：档案保管员、保险统计员。

ICR：质量检查技术员、地质学技师、工程师、法官、图书馆技术辅助员、计算机操作员、医务人员、家禽检查员。

IRA：地理学家、地质学家、水文学家、矿物学家、古生物学家、石油学家、地震学家、声学物理学家、原子和分子物理学家、电学和磁学物理学家、气象学家、设计审核员、人口统计学家、统计学家、外科医生、城市规划家、气象员。

IRS：流体物理学家、物理海洋学家、等离子体物理学家、农业科学家、动物学家、仪器科学家、园艺学家、植物学家、细菌学家、解剖学家、动物病理学家、作物病理学家、药物学家、生物化学家、生物物理学家、细胞生物学家、临床化学家、遗传学家、分子生物学家、质量控制工程师、地理学家、兽医、放射治疗技师。

IRE：化验员、化学工程师、纺织工程师、食品技师、渔业技术专家、材料和测试工程师、电气工程师、土木工程师、航空工程师、行政官员、冶金专家、原子核工程师、陶瓷工程师、地质工程师、电力工程师、口腔科医生、牙科医生。

IRC：飞机领航员、飞行员、物理实验室技师、文献检查员、农业技术专家、植物技术专家、生物技师、油管检查员、工商业规划者、矿藏安全检查员、纺织品检验员、照相机修理者、工程技术员、程序员、工具设计者、仪器维修工。

CRI：记录员、会计、记时员、铸造机器操作工、打字员、复印机操作工。

CRS：仓库保管员、档案管理员、缝纫工、收款员。

CRE：标价员、实验室工作者、广告管理员、自动打字机操作员、电动机装配工、缝纫机操作工。

CIS：记账员、顾客服务员、报刊发行员、土地测量员、保险公司职员、会计师、估价员、邮政检查员、外贸检查员。

CIE：打字员、统计员、登记员、订货员、校对员、办公室工作人员。

CIR：校对员、工程职员、海底电报员、检修计划员、发报员。

CSE：接待员、通讯员、电话接线员、售票员、旅馆服务员、商学教师旅游办事员。

CSR：运货代理商、铁路职员、交通检查员。

CSI：书记员、出纳员、银行财务职员。

CSA：秘书、图书管理员、办公室文员、办公室通信员。

CER：邮递员、数字处理员、航空邮件检查员。

CEI：推销员、经济分析家。

CES：银行会计、记账员、法人秘书、速记员、法院报告人。

ECI：银行行长、审记员、信用管理员、地产管理员、商业管理员。

ECS：信用办事员、保险人员、各类进货员、海关服务经理、售货员、购买员、会计。

ERI：建筑物管理员、工业工程师、农场管理员、护士长、农业经营管理人员。

ERS：仓库管理员、房屋管理员、货栈监督管理员。

ERC：邮政局长、渔船船长、机械操作领班、木工领班、瓦工领班、驾驶员领班。

EIR：科学、技术和期刊工作人员。

EIC：专利代理人、鉴定人、运输服务检查员、安全检查员、废品收购人员。

EIS：警官、侦察员、交通检查员、安全咨询员、合同管理者、商人。

EAS：法官、律师、公证人。

EAR：展览室管理员、舞台管理员、播音员、驯兽员。

ESC：理发师、裁判员、政府行政人员、财务人员、职业病防治员、售货员、商业经理、办公室主任、人事负责人、调度员。

ESR：家具售货员、书店售货员、公共汽车驾驶员、日用商品售货员、护士长、自然科学和工程的行政领导。

ESI：博物馆管理员、图书馆管理员、古迹管理员、饮食业经理、地区安全服务管理员、技术服务咨询者、超级市场管理员、零售商店店员、批发商、出租车服务调度员。

ESA：博物馆馆长、期刊工作人员、音乐器材售货员、广告商、营业员、导游、（轮船或班机上的）事务长、飞机上的服务员、船员、法官、律师。

ASE：戏剧导演、舞蹈教师、广告撰稿人、报刊专栏作者、记者、演员、英语翻译。

ASI：音乐教师、乐器教师、美术教师、管弦乐指挥、合唱队指挥、演奏家、哲学家、作家、广告经理、时装模特。

AER：新闻摄影师、电视摄像师、艺术指导、录音指导、丑角演员、魔术师、木偶戏演员、骑手、跳水员。

AEI：音乐指挥、舞台指导、电影导演。

AES：流行歌手、舞蹈演员、电影导演、广播节目主持人、舞蹈教师、口技表演者、喜剧演员、模特。

AIS：画家、剧作家、编辑、评论家、时装艺术大师、新闻摄影师、男演员、文学作者。

AIE：花匠、皮衣设计师、工业产品设计师、剪影艺术家、复制雕刻品大师。

AIR：建筑师、画家、摄影师、绘图员、环境美化工、雕刻家、包装设计师、陶器设计师、绣花工。

SEC：社会活动家、退伍军人服务官员、工商会事务代表、教育咨询者、宿舍管理员、旅馆经理、饮食服务管理员。

SER：体育教练、旅游指导。

SEI：大学校长、学院院长、医院行政管理员、历史学家、家政经济学家、职业学校教师、资料员。

SEA：娱乐活动管理员、国外服务办事员、社会服务助理、一般咨询者、宗教教育工作者。

SCE：部长助理、福利机构职员、生产协调人、环境卫生管理人员、戏院经理、餐馆经理、售票员。

SRI：外科医师助手、医院服务员。

SRE：体育教师、职业病治疗者、体育教练、专业运动员、房管员、儿童家庭教师、警察、引座员、传达员、保姆。

SRC：护理员、护理助理、医院勤杂工、理发师、学校工勤人员。

SIA：社会学家、心理咨询者、校园心理学家、政治学家、大学或学院的系主任、大学或学院的教育学教师、大学农业教师、大学工程和建筑课程教师、大学法律教师、大学数学、医学、物理、社会科学和生命科学教师、研究生助教、成人教育教师。

SIE：营养学家、饮食学家、海关检查员、安全检查员、税务稽查员、校长。

SIC：描图员、兽医助手、诊所助理、体检检查员、警务人员、娱乐指导者、咨询人员、社会科学教师。

SIR：理疗员、救护队工作人员、专业医师、职业病治疗助手。

SAC：理发师、指甲修剪师、包装艺术家、美容师、整容专家、发式设计师。

SAE：听觉病治疗者、演讲矫正者。

SAI：图书馆管理员、小学教师、幼儿园教师、学前儿童教师、中学教师、师范学院教师、盲人教师、智力障碍人教师、聋哑人教师、学校护士、牙科助理、飞行指导员。

参考文献

1. 黄希庭，朱永新．人力资源管理心理学［M］. 上海：华东师范大学出版社，2003.

2. 詹承烈，梁友信，胡冰霜．实用劳动人事心理学［M］. 北京：人民卫生出版社，2002.

3. 时勘．人力资源管理——心理学研究新进展［J］. 北京：中国科学院心理研究所，1999.

4. 刘如军，王义芳，等．实用人事管理心理学［M］．北京：中国经济出版社，2003.

5. Andrew J. DuBrin. 心理学与工作［M］．王佳艺，译．北京：中国人民大学出版社，2007.

6. Duane P. Schultz，Sydney Ellen Schultz. 工业与组织心理学——心理学与现代社会的工作．时勘，等，译．北京：中国轻工业出版社，2004.

7. 郑晓明，吴志明．工作分析实务手册［M］．北京：机械工业出版社，2002.

8. 赵西萍，宋合义，梁磊．组织与人力资源管理［M］．西安：西安交通大学出版社，2003.

9. 孙成志，孙天隽．组织行为学［M］．北京：中国金融出版社，2004.

第四章

人员招聘心理

学习目标

- 人员招聘的重要性和基本程序
- 人员选拔的过程和方法
- 个性测评原理与心理测验的基本方法
- 胜任力模型的建立
- 招聘方与应聘者的心理误差

关键概念

招募　甄选　心理测验　常模　胜任力　人际认知　晕轮效应　首因效应　社会刻板印象　投射作用　印象管理

引导案例

微软对应聘者的创造力测评独具一格。对于刚毕业的大学生，微软会问“为什么下水道的井盖是圆的”，或者“在没有天平的情况下，你如何称出一架飞机的重量”等诸如此类的问题。对于这些问题，最糟糕的回答莫过于：“我不知道，我也不知道如何计算。”但是不管应聘者如何回答，他必须说明这样回答的理由，如果解释得当，还可以为自己创造极为有利的机会。其实微软并不是想得到正确的答案，它只是想看看应聘者能否创造性地思考问题。

由于注重创造性和可塑性，微软对西方大公司普遍采用的心理测试不感兴趣。因为在大多数心理测试中，应聘者只能在列举的选项中做出选择，公司也只能选出正确回答问题的人，但这并不是微软所需要的。在微软看来，一个多项选择题怎么能够说明一个人是否具有创造性呢？

最能体现微软对人才创造性要求的问题是一道智力测验题。题目是：有 4 个人需要通过一个桥，该桥最多只能承受两个人的重量，而且每次过桥的过程中必须持手电筒(假定当时漆黑无比，而这座桥又没有栏杆，如果没有手电筒根本无法通行)，手电筒只有一只，这 4 个人过桥的最快速度分别为 1 分钟、2 分钟、5 分钟和 10 分钟，问他们全部通过这座桥至少需要多长时间？解决这道题目需要高度的逻辑性和创造性，据说难倒了很多应聘者。该问题的答案是 17 分钟，想一想应该如何安排这 4 个人过桥，看看你的创造力强弱。

（资料来源：管理营销资源中心．寻找最优秀的人才——英特尔和微软的用人机制．http：//www. mmrc. net）

通过上一章的学习，我们知道为了达到人—职匹配的目的，首先要进行工作分析，明确工作岗位的任务和要求，明确什么素质的人可以胜任该岗位。紧接着要考虑的问题是，如何找到合适的人选。在实际工作中，要想找到合适的人选，首先遇到的一个问题是怎样才能保质保量地吸引到合格的应征者？这需要通过招募来实现。其次是通过科学的选拔和测试方法，筛选出符合企业条件的优秀人才，并将其安排到合适的岗位上，这要通过甄选来实现。成功的招聘使人的能力和工作岗位相互协调、相互匹配，它最终决定着组织中人力资源的整体质量。本章将介绍有关人员招募与甄选的基本原理，并阐述心理学的知识与理论在招聘过程中的应用。

第一节　人员招聘概述

人员招聘工作是组织发展和运用人力资源的首要环节，它影响着组织发展战略目标的实现，决定着组织的兴衰和事业的成败，也关系到员工个人的发展前途。

一、人员招聘的重要性

人员招聘是企业获取合格人才的渠道，是一个复杂、连续和程序化的操作过程，实际上包括招募和甄选两个相互独立又相互联系的环节。招募（Recruitment）是企业为了吸引更多更好的应聘者而进行的若干活动，包括招聘计划的制订、招聘信息的发布、收集应聘者申请等。甄选，即选拔（Selection），是指采用各种选拔测评技术，挑选出合格员工的过程。

人员招聘活动对于企业十分重要，这是因为：

（1）企业招聘的目的是要获得合格的员工，为其提高核心竞争力做好准备，而能否获得合格的员工是由招聘过程确定的。有效的招聘工作，可以确保录用人员的质量，避免日后的离职或解聘，并为人力资源管理与开发活动打好基础。

（2）员工的聘用成本是很高的，它通常要包括劳动力市场的搜索费用、面谈费用、体检费用、测评费用等直接费用，还包括因人员离职所造成的重置成本和因员工不能胜任工作所造成的间接费用。花费这么大的成本如果招聘到不合格的员工，将使企业遭受巨大的损失。所以做好人员招聘工作，使企业获得合格的员工，提高招聘工作的质量和效率对于企业具有重要意义。

（3）成功的人员招聘依赖于有效的人员测评技术。人员测评既能够帮助企业制定员工录用决策，又能够帮助企业制定晋升决策。要做好员工选拔工作，必须采用有效的、标准化的程序进行筛选，而这将会推动企业员工录用、晋升决策的科学化进程。

二、人员招聘的基本程序

现在，企业通行的招聘过程，主要包括招聘准备、实施和录用等一系列活动。

招聘准备工作主要是明确招聘岗位特征和进行招聘需求分析，制定出招聘计划。这里除了进行详尽的工作分析之外，还需要全面分析影响人力资源需求变化的因素，如企业发展目标、组织规模的扩大、新产品的开发，以及企业内部的晋升、调动和各类员工人数的减少等。

招聘实施工作主要包括招募、选拔等活动，例如利用报纸、杂志、广播、电视、网络等媒体发布招聘信息。确定具体的招聘渠道和方法：是通过学校、人才交流中心、猎头公司，还是运用中介公司、熟人推荐等渠道。并制定出与工作说明书相符合的选拔标准，采用经验法、心理测验法、考试法等多种方法对申请者进行甄选。

录用工作主要是结合体检结果，作出录用决策。这其中需要综合考虑候选人的体能素质、工作能力、工作动机，选择最合适的而非最优秀的人，并给其安排合适的岗位，包括发出录用通知、签订劳动合同、给录用者安排适当的上岗培训等。

人员招聘的程序

招聘需求分析——确定招聘渠道和方法——发布招聘信息——对申请者进行甄选——体检——录用与安置

第二节 人员选拔的程序与方法

人力资源管理心理学的首要任务，在于了解人与事的个别差异，差异经过鉴别与分析以后，才能谋求人与事的密切配合，以求达到“人适其职，职得其人”的理想状态。这有赖于周密的选拔程序与科学的心理测量技术的配合，力求识别人与事的多种差异因素并取得最佳配合。

一、人员选拔的一般过程

人员选拔的一般过程可分为初选和精选两个阶段。在通过招募环节吸引到申请者之后就要进行初选。

初选是一种快速而粗略的对申请人进行挑选的过程，可以根据工作需要的某一个关键性特征进行选择。初选通常包括背景调查或资格审查、笔试和初次面试等步骤。其中：（1）背景调查或资格审查是指审查应聘申请表或求职简历，或向有关证明人进行核实和调查的活动。（2）笔试是让应聘者在试卷上笔答事先拟好的试题，然后根据应聘者解答的正确程度予以评定成绩的一种测试方法。这种方法可以有效地测量应聘者的基础知识和素质能力的差异。其优点是可以对应聘者进行大规模的筛选，效率高，成绩评定较为客观；其缺点是不能全面考查应聘者的工作态度、品德修养以及组织管理能力、口头表达能力和操作技能等。（3）初次面试则一般由企业组织中的人力资源管理部门负责招聘的人员主持，主要是了解求职者的受教育状况、工作经历、能力、个性等，以及向求职者介绍用人单位的基本情况和所聘职位的职责及要求等，是用人单位和求职者双方相互沟通和增进了解的过程。

精选通常包括测试、再次面试、体格检查、试用期考查。其中：（1）测试主要包括各种心理测试、操作和身体技能测试等。（2）再次面试是由企业的主管部门的负责人、人力资源负责人协同进行，通过更充分地了解应聘者的各方面情况，补充前几轮筛选中没有得到的或遗漏的信息，从而进一步确定求职者是否适合应聘岗位的要求。（3）试用期考查是人—岗匹配的“试金石”，它通过对初步录用人员的适应性安置、岗前培训和考核等手段，对其职业素养、处理工作关系、人际关系能力展开广泛而深入的观测和最后的筛选。

二、人员选拔的基本方法

要保证招收人员的素质，企业必须采用客观、可靠、公平、有效的人员甄选技术。一般来说，常用甄选技术大体可分为笔试、面试、心理测验、评价中心技术四种类型。下面我们重点介绍后三种常用的方法。

（一）面试

面试是一种通过精心设计，以交流和观察为主要手段，以了解应聘者素质及相关信息为目的的测试方式。面试是企业最常用的，也是必不可少的甄选手段。调查表明，99%的企业在招聘中都采用这种方法。面试之所以为人们所重视，是因为它提供了一个真实的双向沟通、相互深入了解的机会。一方面，对于用人单位来说，通过面试可以在一定程度上反映出应聘者的气质风度、知识面、工作经验、求职动机、待人处事的应变能力等信息，从而初步判断应聘者能否胜任未来的工作，是否适应企业的组织文化，并与未来的同事友好相处。它是用人单位最后确定是否聘用一个人的重要依据之一。另一方面，对于应聘者来说，也可以进一步了解企业组织是否符合自己的专业特长、兴趣与爱好，是否下决心选择到该企业供职，并谋求与企业的共同发展。

1. 面试的程序

面试的程序主要包括面试前的准备、面试实施及面试结果的评估三个步骤。

（1）面试前的准备。首先，应确定面试的主考官。主考官对于面试的成败有着至关重要的作用，因此对于主考官应进行必要的选拔与培训，要求他（她）有良好的道德修养、熟悉相关的专业知识，同时又要熟悉面试技术，能够公正客观地评价申请人，对于企业状况和工作要求十分了解，能对面试进行合理设计。其次，注意设计问题时尽量采用开口型问题（即对方不能用简单的“是”或“不是”来回答，而须加以解释的问题），同时注意用非导引式的谈话，使对方畅所欲言，从而可以得到更多的有关申请人的信息。同时，在设计谈话时应确定各种回答的评分标准，以便面试结束后可以进行量化打分和比较。

（2）面试实施。在面试开始时，首先要注意营造一个轻松的气氛，以消除被面试者的紧张，让他们感到轻松自如。这种和谐的面谈气氛有利于了解信息的准确性，使工作申请人表现出真实的心理素质和实际能力。根据面试中所提的问题，面试大体可分为结构化面试、非结构化面试和半结构化面试。

结构化面试是指在面试前预先设定所提问题，在面试中有准备地系统提问的一种面试办法。结构化面试有利于提高面试的效率，了解的情况较为全面。

在非结构化面试中面试考官可以随时发问，无固定的提问程序。针对每位被评估者的不同情况，考官可以了解到不同的特定情况，但缺乏全面性、效率较低。

半结构化面试将结构化面试与非结构化面试结合起来，面试前大体设定面试中所要了解的几个方面的问题及提问的程序，但面试执行的过程中考官可以灵活掌握，根据考生的特殊情况加入预期外的问题。

正式面试中要注意掌握面试的技巧，面试中多采用开放式提问，让被评估者充分阐明自己的观点和看法。由于面试的目的是评估应试者，所以在面试中考官要避免过分展现自己的观点和负性情绪。面试中，考官可以提一些用于澄清或结束无关话语的提问，但不要随便打断对方的谈话，也不要随声附和。

在面试结束前，主考官应留出时间允许申请人提问，这样做的好处是可以引起申请人对企业的好感，提升企业的形象。

（3）面试结果的评估。这是面试结果最重要的一环。在面试结束后，主考官应该仔细检查面试记录的所有要点，以避免过早下结论和强调应聘者的负面信息，应根据每位主考官的评价结果对应聘者的面试表现进行综合分析和评价，对应聘者形成整体印象，作出客观、准确的评价，以决定是否录用。

2. 面试的发展

自 20 世纪 90 年代以来，国际上发展了一种新的面试方法，即能力面试。与注重应聘者以往所取得的成就不同，这种方法关注的是他们如何去实现所追求的目标。在能力面试中，面试主考官要试图找到应聘者过去的成就中所反映出来的特点和优势，预测其未来的能力。为确认这些优点，主考官需通过 STAR 类提问（也称行为性面试）来达到目的。这种提问是由一个描述情节的问题和一系列追踪性问题组成，即通过收集早期行为的信息，进而预测未来的行为。其构成要素包括：

➢ S——情境（Situation）：试说明一情境，你必须动员你的同事或下属做某事。

➢ T——任务（Task）：你当时的角色和任务是什么？

➢ A——行动（Action）：你是怎么完成的？怎样动员他们的？

➢ R——结果（Result）：效果呢，你成功了吗？别人对此事怎么评价？

具体操作步骤如下：首先，检查职位说明，明确需要。例如，一个管理职位需要有领导才能，或是向下属作出明确表述的能力，促进团队成员相互协作的能力。明确相对地位（作用）以后，候选人要被问及他们是否担当过这种角色，或在过去的岗位中是否处于类似的情景。一旦主考官发现候选人过去有过类似的经历，下一步就是确定他们过去负责的“任务”，然后了解一旦出现问题他们通常所采取的“行动”，以及行动的“结果”究竟如何。

（二）心理测验

所谓心理测验是一种标准化的，根据一定规则对人的心理特征与行为进行数量化表示的一种方法。作为一种测量手段或标尺，心理测验可以把人的心理的某些特征数量化，使之具有客观性、确定性和可比性。在人员选拔上，心理测验的应用范围极其广泛，从学徒工的选用到公司经理的选择都常常要用到心理测验。心理测验与评价中心一起被用来进行人员选拔，并用来进行人事提升①。

虽然面试可以使主考官有机会直观地了解申请人的仪表风度、言谈举止、口头表达与社交能力等，却很难了解申请人的个性特征和实际工作能力。而测验却在一定程度上弥补了面试的缺点，在挑选员工时起到辅助作用。测验的类型很多，常用的有能力测验、人格测验、兴趣测验及其他一些测验方法，具体内容详见下节。

（三）评价中心技术

评价中心技术是用于评价、考核和选拔管理人员的方法。该方法的核心手段是情景模拟测验，即把应试者置于模拟的工作情景中，让他们进行某些规定的工作或活动，考官对他们的行为表现作出观察和评价，以此作为鉴定、选拔管理人员的依据。评价中心技术具有很高的信度、效度，有很大的预测价值。评价中心最重要的方法是情景模拟测验，其中又包括公文筐测验、角色扮演、小组互动测验。

1. 公文筐测验

公文筐测验又称为处理公文测验。测验时发给应试者一包公文（事先均有各类专家共同鉴定、标准化），包括该级管理人员应处理的、来自组织内外、上下级的各种日常文件，要求应试者在规定的时间内处理完所有文件。评价人员对应试者的工作进行集体评价。评价的主要依据为应试者是否能按主次、轻重、缓急有条不紊地着手工作，并对各种公文作出恰当的处理，由此鉴定应试者的管理才能。公文筐测验尤其适用于测试应试者的工作独立性、计划、预测、分析能力、判断力、决策能力以及书面沟通能力等维度。

2. 角色扮演

许多工作要求人在困难的情况下与顾客、同事或下属和善相处，如推销员与顾客、上司与下属、服务人员与客户等。这些情况可以被模拟，而组织者在观察求职者如何处理模拟活动过程中，可以评价其规划与组织能力、领导能力、敏感性、倾听技能、行为的灵活性、口头交流能力、坚韧性、分析能力、控制能力、记忆力、承受压力的能力等维度。在人员选拔中，可以模拟上下级对话的形式，请应聘者扮演某级管理者，安排同“模拟下级”谈话，针对下级的各种问题做工作。考官对谈话的全部内容进行记录、分析，对应聘者的表达力、说服力、解决问题的能力和效果作出评价。

3. 小组互动测验

小组互动测验也称为无领导小组讨论测验。测验中，通常把应试者分成6~8人一组，不指定小组的领导人，由主试（即测验主持人员）说明要求、给出要讨论的问题（一般是一个实际业务问题），请应试者小组自由讨论，并最终给出统一的讨论结果。评价者观察讨论中谁最擅长根据现有材料集中正确意见，最擅长说服他人，把讨论引向一致或作出大家公认的结论，从而对每位应试者的领导能力、说服力、民主意识、言语表达等作出评价。

---

① 赵西萍，宋合义，梁磊．组织与人力资源管理［M］．西安：西安交通大学出版社，2003：176.

第三节　个性测评的原理与方法

由于各种心理因素和环境因素的影响，面试、评价中心等技术都带有一定局限性，并且很难了解申请人的诚实、可靠、坚强等内在个性，也难以了解申请人的实际工作能力。而以个性测评理论为基础的心理测验技术在一定程度上弥补了这些缺点，增强了人员选拔的科学性和客观性。

一、个性测评的理论基础

（一）个体心理差异是个性测评的前提条件

人与人之间是存在差异的，这种差异不仅表现在生理上、性别上与外貌上，而且更多的是体现在心理上。这种心理差异主要归结为两个方面：其一是个性倾向差异，包括兴趣、爱好、需要、动机、信念、理想、世界观等方面的差异；其二是个性心理特征差异，包括气质、性格和能力。这些共同构成了每个人独特的精神风貌和具有一定倾向性的各种心理特征，即个性。人们由于生长与工作的环境不同，所具有的生理特点与遗传因素不同，接受的教育程度不同，每个人所形成的个性也就不同。正是由于个体间存在心理差异，才使选拔工作变得十分必要，个性测评显得十分有价值和有意义。

（二）工作差异对个性测评提出了客观要求

工作差异即工作分类的结果，是通过工作分析和评价，对企业组织各种职位按照工作性质、责任轻重、难易程度、所需资格条件等因素综合划分所形成的序列等级。不同类别与级别的职位所承担的工作内容、责任、难易及其资格要求是不相同的，它们对任职者有着不同的个性和能力要求。当任职者的个性和能力水平合乎任职要求时，则人事相宜，工作绩效高；否则，即使任职者非常努力，其工作绩效也很低。因此，工作分类使人与事的匹配得以实现，并对人才测评提出了客观要求。

（三）个性的稳定性和可测性使测评成为可能

每个人身上所独具的个性，不是偶然表现出来的暂时特点，而是一种稳定的，经常表现出来的个人特点，这种特点一旦形成，就不容易改变。同时，个性的突出特点之一是抽象性。个性是隐蔽在个体身上的一种内在抽象的东西，是看不见，摸不着乃至说不清的。但个性并不神秘，它有一定的表现性，即个性可以通过人的行为表现出来，个性和行为之间存在一系列相关性。我们不能对个性本身进行直接测量，但可以通过个体表现出的行为特征进行间接的推测和判断。因此，个性测评就是运用各种测验工具和手段，使纷繁复杂的行为特征经过量化和数学处理，成为一个简单的分数或等级，从而使不同被试的个性心理差异反映在数量差异上。这大大简化了测评者对个体能力水平与个性差异的比较与评定，使选拔录用中的测评标准落到了实处，并与定性化的测评互相结合、互相补充①。

---

① 张志红，朱洌烈．人才测评实务［M］．北京：机械工业出版社，2005：3-5.

二、个性测评的作用

个性测评的作用主要表现在评定、诊断与反馈、预测三个方面，现实应用中可能有所交叉，也可能相互影响。

1. 评定

在个性测评活动中，最常用的就是把被测评者的行为特征与某种标准进行比较，以确定其个性心理素质。用来比较的标准有两种：一种是存在于测评对象之外的客观标准，即“效标”，如任职资格标准。它是统一规定的，不会因测评对象群体性质的改变而变化。例如一般的百分制考试，对任何人而言，60 分就是通过，那么 60 分就是效标。另一种是根据测评对象制定的“常模”，它是存在于测评对象之中的标准，是特定群体的“效标”，如同样的百分制考试，在某个群体中分数都偏低，那么对于这个群体而言，55 分可能就定为通过分，这个 55 分就是该群体的成绩参照“常模”。常模的作用就是提供一种科学可信的参照标准，来说明某一测验成绩在同类被测试者中所处的水平。

无论是采用常模还是其他的什么标准，通过直接或间接比较，任何人的个性及能力水平都被确定在一个相应的位置上，以表明个体素质的优劣与水平高低。如果个性测评缺乏评定功能，那么就纯属一般的调查与了解。

2. 诊断与反馈

个性测评可以向组织的人力资源管理活动提供咨询和参考。一般来说，进行测评之后，组织可以明确以下问题：人力资源的配置是否合理科学？人力资源开发方式的选择是否得当等。由于测评系统而全面地掌握了个体素质形成的过程，找到了一些问题的原因所在，明确了每个被测评者的优劣，就能针对人员个性与素质发展的关键点进行优化开发，以促进其培训与提高。

如果测评者把所有这些予以整理、记录、转达给被试、上级领导或其他第三者，那就是反馈了。它可以让被试、上级领导或其他有关人员了解个体具有什么样的优势，并掌握人力资源开发的进程。

3. 预测

个性测评的结果，是在通过对个体现在及过去的一些极具代表性行为的全面了解与概括的基础上，来判断个体心理、行为的特点和倾向的。行为特征与个体的特性存在一定的相关性，因此可以依据这些表征行为发展的轨迹及其趋向，对被测者的心理及行为的发展进行某种预测。预测的有效性取决于所测特征的稳定性程度。个性测评有助于企业组织在人员选拔过程中确认和鉴定个体差异，并依据个体心理差异的延续性和稳定性，有效预测被试在将来工作中成功的可能性及其与工作的适应性，也即通过被测评者目前的素质差异来了解他将来的发展差异。

三、心理测验的科学使用

心理测验是通过一系列手段，将人的某些心理特征数量化，以此来衡量人的智力水平和个性方面差异的一种科学方法。心理测验作为个性测评的具体方法，广泛应用于人员选拔与测评工作，可用于对应聘者能力、个性、工作动机、价值取向、工作态度等心理特征的诊断。

在国外，许多组织都将心理测验作为一种十分重要的选拔职员的方法。在人员选拔上，心理测验的应用范围极其广泛，从政府公务员考试到企事业机关的人员选聘，从基层员工的选用到高层经理的选择都常常要用到心理测验。不仅如此，心理测验还被用来进行人事提升。今天，许多机构花费大量金钱和时间来编制心理测验。商业与工业心理学所做的工作中，有很大一部分与测验问题有关。近年来，我国公务员考试及工商企业，也非常重视并大量使用心理测验进行人员选拔。

心理测验之所以普遍使用，原因有两方面：第一，由于近代各国军事、政府和工商机构需要大量的人力资源。欲谋求事与人的密切配合，必须使用经济而又有效的科学方法选拔人才，以提高工作效率。第二，由于心理学的发展，已经能够相当有效地测定个体若干心理特质（如性格、智力与能力倾向等）与工作效率之间的相关性。

（一）心理测验的科学原理

心理测验不同与一般的人员选拔技术，而是经过科学研究精心设计的产物。要保证心理测验的科学性，必须保证心理测验的质量。科学的心理测验具有以下五个特点：

1. 客观性

心理测验的方法要有客观的评分系统，只要有标准答案，任何人都能给测验打分。其测验方法可以重复，测验的实施、计分和解释均客观，不受主观人为影响。

2. 标准化

心理测验质量的好坏，不仅取决于测验工具的编制者，也取决于测验的实施者。所以在心理测验的编制、施测、评分和解释等方面应依据一套科学系统的程序进行，从而更好地减少和避免许多误差因素的影响（如主试的个人倾向和爱好、被试不同的情绪动机及外界干扰等），这就是测验的标准化问题，具体包括：统一指导语、统一时限、统一评分和建立常模四个方面。对于所有应聘者来说，心理测试都要有统一的要求，每个被测者要在相同的情况下接受测验，每次进行某一测验时都必须严格按照标准程序进行，这意味着受测者要听或读到相同的测试指示，经历相同的测验时间，并防止任何非标准化因素的干扰。

3. 有稳定的常模

心理测验的直接结果是对被测验者的一个原始评分，不具备充分的可比性，不能依此而判定其心理素质处于何种水平。为了解释一个心理测验的结果，必须有一个参照系，这个参照系就是测验常模。每项心理测验都有自己稳定的常模，将应试者的测验结果在这个参照系中进行比较，就可以判定应试者的心理素质水平或等级。假设一个公司向所有欲到该公司工作的中专生施测了一个机械能力测验，如果其中一个求职者得了82分，那么这家公司对此该做何解释呢？这个分数本身并不具有任何意义。但是如果把这个分数与常模——从600名中专生中所得到的一套分数相比较，就有了解释这个分数的依据。如果600名中专生的平均分数为80分，那么我们可以判断，这个求职者所得的分基本上是平均分，既不特别好，也不特别差。好的心理测验应根据被试者的年龄水平、性别和受教育程度的不同而有几套不同的常模。如果一个测验没有常模资料，就无法对测验进行解释，这种测验就不应该使用。

4. 测验信度

信度也称可靠性，是指测验分数的一致性和稳定性。心理测验中将测验成绩的稳定性程度、多次测验所得成绩的一致性程度作为衡量测验质量高低的重要指标。如果有一组人参加了智力测验，平均分为105分，但一个月以后，同样是这一组人，所得的平均分只有85分，那么这个测验就不可信。这个测验要么本身有一些错误的地方，要么其中的某些问题或记分方法不对。这种测验对于预测人们在以后工作中的表现没有什么用处。一些统计方法可以用来确定测验的可信性或一致性高低。

5. 测验效度

测验效度是指所测内容与预期成绩的符合程度，既一个测验确实测试了预期想要测试的东西。效度就是指一个测验在测量某项心理特征时所具有的正确程度。效度越高，表明它所获得的结果越能反应预测心理的真正特征。对于一个测量人们在驾驶员培训中能否成功的测验来说，如果那些测验中得高分的人在驾驶员培训中表现得也较好，而得低分的人，在训练中表现得较差，那么就可以认为这个测验是有效的。要确定一个测验的效度，必须求出测验分数与对工作成功的测量之间的相关性。一个效度不高的测验不能用来作为选人的工具。

（二）正确认识心理测验的作用

心理测验是一种量化程度很高的测评技术，测验的编制十分严谨，要经过严格的质量评估，并且整个实施过程和评分也遵循标准化的原则。与其他的人员选拔技术相比，心理测验能从各个方面对个体做出迅速有效的测评，能提供准确可靠、科学客观的测验结果，便于对不同求职者进行比较，并在一定程度上避免招聘中的不公平竞争倾向，因而成为现代人员选拔的主要工具。

但是我们也应该看到，心理测验不是万能的方法，心理测验无论在理论上还是在方法上都有其不完善的地方，尤其是测验过程中一些无关因素的干扰很难完全排除，从而影响到测验结果的稳定性和准确性。因此，在人员选拔中，通常是将心理测验结果作为辅助决策的依据之一，并结合面谈及其他测评技术进行全面的分析。同时测验的结果须由受过心理学训练的专家来解释和应用，否则容易产生不良效果。

四、心理测验的类型与方法

（一）心理测验的类型

心理测验是判定个体差异的工具，个体差异包括很多方面，并可在不同的目的与不同的情境下研究，这就使测验具有了不同的类别。心理测验的分类按采用的标准不同而有所不同。如：（1）按测验的功能分类，可以把测验分为能力测验、能力倾向测验、人格测验、兴趣测验等。对于这些测验，我们将在后面详细介绍。（2）按照测验时施测的方式，可以把测验分为个别测验和团体测验。（3）按测验的材料分类，可以把测验分为文字测验和非文字测验。（4）按测验的对象分类，可以把测验分成儿童心理测验和成人心理测验。儿童心理测验的使用对象是儿童，而成人心理测验的使用对象是成人。

（二）能力测验

能力的含义较为广泛，从心理测验的观点看，可将其分为实际能力与潜在能力。实际能力是指个人当前“所能为者”，即代表个人已有的知识、经验与技能，是正式与非正式学习或训练的结果。潜在能力是指个人将来“可能为者”，是指给予一定的学习机会时，某种行为可能达到的水平。有人把测量实际能力的测验称作能力测验，而把测量潜在能力的测验称作能力倾向测验。实际上二者很难分清。能力测验又可进一步分为一般能力测验与特殊能力测验。前者即通常说的智力测验，后者多用于测量个人在音乐、美术、体育、机械、飞行等方面的特殊才能。

1. 智力测验

智力测验注重于测量一般能力，主要包括注意力、观察力、记忆能力、思维能力、想象能力等。智力是完成任何一项工作的前提和保证。因此，在人员选拔过程中，往往首先确定所需的最低能力分数线，用智力测验做最初的筛选。

在人员选拔过程中常用的智力测验有以下几种：

（1）奥蒂斯独立管理心理能力测验。这种测验是人员选拔中最常用的一种测验。测验以集体形式进行，所花时间很短，适用于筛选不需要很高智力的、级别较低的工作的求职者，如职员、流水线操作工、计算机操作员、低层管理人员等。这一测验对筛选级别较高的工作的求职者作用不大。

（2）翁德里克人员测验。这种测验是奥蒂斯测验的简缩形式。这一简缩形式的测验，在工业企业选拔员工中使用特别普遍，因为这种测验只需 15 分钟，是一种非常经济的筛选手段。尽管测验很短，但是该测验对预测求职者能否胜任某些低级工作，特别是文书类工作，还是很有用的。

（3）韦斯曼人员分类测验。这也是一种集体测验，大约需要 30 分钟做完。测验有语言部分分数、数字部分分数和总分，并且提供推销员、生产监工和行政培训生的常模。该测验的语言部分是一种类比形式，例如，对夜晚的关系就像光亮对的关系一样。每题中有若干选择答案供被试者选择后填入空格。数字部分由计算项目和理解数字关系项目组成。与上述两种测验相比，韦斯曼测验更适用于较高级一些的人员选拔。

（4）韦克斯勒成人智力量表。这是一种很长的个别测验，在工业企业雇员选拔中应用不十分广泛，主要用于高级经理人员的挑选工作。韦克斯勒成人智力量表测验由两部分组成——语言部分和操作部分。这两部分包括 11 个分测验。语言部分有如下几个分测验：资料、理解、算术、类同、数字广度和词汇。操作部分包括：数字符号、填图、分组设计、拼图和实物装配。这样可以得到两种智力量度和总分。由于该测验费时费力，因此多用于高级人员的甄选。

2. 能力倾向测验

能力倾向测验是测量一个人从事某一种职业的潜能或能力。在工业企业选人中常用的能力倾向测验有三种：一种是测量办事员能力倾向的；一种是测量机械能力倾向的；还有一种是多重能力倾向测验。

（1）办事员能力倾向测验。办事员能力倾向测验通常是速度测验，这是因为操作的速度是这种工作的一个必要条件。在办事员的工作中，精确性是很重要的，那些参加办事员能力倾向测验的人应尽可能快地工作，同时犯的错误尽可能少。

一种用于测量办事员操作速度和精确性的测验题目是数字的比较。求职者必须对成对数字进行比较，以便说出它们是否相同。例如，很快地进行比较，看下列三对数字中哪几对是相同的。

729810274	728910274
690743219	690743219
240759139	240759139

在两个最常用的办事员能力倾向测验——明尼苏达文书测验和办事员能力倾向测验中就有这类题目（样例见图 4-1）。其他题目包括名称比较、词汇、算术和一般推理能力等。

例题：当两个成对的名称或数字完全一样时，在连接它们的直线上划个√。

66273894——66273984

527384578——527384578

New York World——New York World

Cargill Grain Co.——Cargil Grain Co.

图 4-1　明尼苏达文书测验的题目样例

（2）机械能力倾向测验。机械能力倾向测验注重于机械理解技能和空间视觉的能力。例如，让求职者看一个图形的几个部分，并让他说明如果把这几个部分放在一起，完整的图形是什么。另一种类型的题目是把图形的呈现与有关这些图形所描述的机械原理的问题结合起来。例如，画一辆公共汽车以及代表在公共汽车上不同部分的三个旅客座位的线条，求职者必须说出哪个座位坐着最舒服。两个最有名的机械能力测验是明尼苏达纸片拼图测验的修订本和贝纳特机械理解测验。

（3）多重能力倾向测验。多重能力倾向测验强调的是对能力不同方面的测量，测量的结果不是得到单一的智商，而是产生一组不同的能力倾向分数，从而提供表示个体特有长处和短处的能力轮廓。多重能力倾向测验在近几十年得到较快发展，主要有以下几个原因：① 许多心理学家认识到，用智商来描述智力过于简单，因为即使单项智力测验所测得的也不止一种能力；② 心理咨询工作以及工业和军队部门选择与安置人员，均要求了解人的不同能力；③ 因素分析理论的发展和应用，使多能力倾向测验的编制成为可能。

要了解人的多种能力，一种方法是为每种特殊能力编制单独的测验，另一种方法是编制一套测验同时测量几种能力，这种成套测验就是我们要讨论的多重能力倾向测验。一般说来，在这种成套测验中，每个测验应该是独立的，并只测一种能力，因此，各分测验之间的相关性要尽可能低。为了使测验中得到的资料能够在不同个人之间进行比较，各分测验必须使用相同的常模样本。

3. 动作能力测验

工业企业中，有许多工作需要有高度的动作技能，如肌肉的协调、手指的灵活性以及精确的手—眼协调能力。所以，在人员选拔中，往往也需要对求职者的动作能力进行测量，这就需要动作能力测验。下面我们介绍几种有名的动作测验。

（1）麦夸里机械能力测验。该测验分 7 个部分，是少数几个书面运动能力测验之一，仅需要笔试，无需其他特殊工具。

① 描绘：被试者须在两直线之间从头到尾划一连续线。

② 轻敲：在一纸上尽快打点。

③ 打点：尽快在圆圈内打点。

④ 摹写：摹写简单的图样。

⑤ 定位：在一个刺激图形的缩小形中定出具体的点。

⑥ 定块：在一个图样中确定有多少块。

⑦ 追随：在一个迷津中以视觉选择追随各种线条。

在本测验中表现良好者，适宜从事航空或海员的工作。

（2）协调测量。最典型的协调测量是追随一回转轮，用笔尖在回转轮的一定位置上打点。最好的测量法是用电子记录在旋转点中的尖笔数。其优点是测量特别心理动作较准确，缺点是费时、费力、费资金。第二次世界大战时，用此法让被试者依不同指示光的出现，拉杆或推杆，视其正确性的情况，以选拔飞行员。

（3）艺徒机械能力测验。本测验共分机械能力测验、关节感觉能力测验、手部运动能力测验、形式知觉能力测验等四个分测验。欧美各国工业心理学界根据相关法对这些测验研究的结果表明，这些测验具有相当的效度和信度，值得普遍推行。

（4）视觉测验。视觉差不多对每一种行业都有一定的重要性，只是程度上不同而已。例如，针织工和纺织工必须具有敏锐的近距离视觉，且需保持长久的注意。汽车司机必须具有远距离及辨认方位的视觉。辨色力对无线电装配工尤其重要，因其必须用不同颜色的电线装配线路。此外，彩色印刷工及化验人员，其工作的条件无不依赖良好的辨色力。

视觉技巧并非天生的或永久的，有赖于训练及医学诊断而获得改进，通常视觉能力随年龄的增加而衰退，但是也可借助专业的眼科治疗而获得改善。

根据工业心理学家的研究，视觉技巧含有下列几种特性：

① 适当距离的视觉敏锐度：通常测验距离为米，辨认黑白符号。此项测验既可以适用于识字者，又可适用于文盲，不过周围的灯光需按一定标准控制。

② 距离远近的辨认，即深度知觉：通常人可以借助于双眼对某一物体的差距而辨认物体的远近。

③ 颜色的辨认：不仅要辨认不同的颜色，同时要正确地说出其深浅及名称。

④ 视野的特性，即站在 5 米的距离，可以看到上下左右的视野。

一般的视力测验是采用斯奈伦（Snellen）挂图量表，正常人视力分数为 1.0，即站在 5 米处，可以看到倒数第二行符号。

视觉测量的效果与工作绩效之间究竟存在着何种相关性？据美国近数十年的研究，发现视觉要素对工作的影响，随工作性质不同而不同，视觉技巧与工作绩效的相关性并不高。换言之，一个视觉能力好的人并不能保证工作效率高。不过相反地，视觉若有重大缺陷则可能影响工作效率与安全。

（5）奥康纳手指灵巧测验。这个测验是用一块上面有100个洞的木板，每10个洞呈一行排列，另有放置数枚大头针或小木栓的浅凹，被试者需用手指或镊子将小木栓插入小洞中。测验的得分是按完成工作的时间计算。这种测验用于选拔裁缝、牙科医生等。

（三）人格测验

个体行为的差异主要表现在能力与人格两方面。有关能力差异的情形主要靠能力测验来测量。人格测验则是测量一个人行为适应的多种特质，即其独特的个性。在人员选拔中，人格测验用以辨明一个人的人格特质，以便根据其气质、性格、态度等合理安排工作，充分发挥其主观能动性。从人力资源管理部门的立场上看，他们往往认为人格测验比能力测验更为重要。因为一个人尽管能力上表现优异，但如果性格异常，他仍然难以适应工作。一个人人格若有重大缺陷，势必难以有效地与他人合作，势必难以适应组织的生活。人格测验有两大类：一类是自陈法测验，另一类是投射法测验。

1. 自陈法测验

自陈法测验就是自我陈述法，它是一种自我评述问卷。这种问卷向受测者呈现一些涉及具体情境及个人情感等方面的题目，要求受测者回答每个题目所描述的情况与他们自己的情况是否相符。受测者通过对这些问题的回答从而表现出他们自己的人格特点。

（1）明尼苏达多项人格测验（MMPI）。明尼苏达多项人格测验是一种个性倾向调查表，其中含有566道题目。该调查表测量了诸如健康状况、精神症状以及对家庭、婚姻、宗教、政治、法律、社会等的态度，其中包括精神分裂、癔症、男性化（或女性化）、抑郁症、妄想狂、精神衰弱、精神病态、社会内向—外向等。每个问题以“是”或“否”回答，然后按被试者回答的结果，运用计算机或“套板”统计，获得原始分，经过换算转变为量表分，然后绘出曲线图形，即是被试者特有的个性剖面图。

（2）卡特尔16PF人格测验。这是一种久负盛名的人格测验，它是由美国伊利诺伊州立大学的心理学教授卡特尔（R. B. Cattell）经过数十年的系统研究，用因素分析统计后而形成的。该项测验从16个相对独立的性格维度对人进行评价，能够较全面地反映人的性格特点，测验共由187道题组成。该测验所测的16种人格特质分别是：A乐群性、B智慧性、C稳定性、E恃强性、F兴奋性、G有恒性、H敢为性、I敏感性、L怀疑性、M幻想性、N世故性、O忧虑性、Q1实验性、Q2独立性、Q3自律性、Q4紧张性。根据测试者在测验中各个要素得分的高低，可以参照结果说明查出其相应的行为特征（通常称为高分特征和低分特征）。由于该测验能给出系统的评价，在职业指导及人员选拔领域被广泛运用。但是该测验是面对普通人的人格测验，故而只适用于普通工作者的选拔，一般很少用于高级管理人员的选拔。

值得肯定的是16PF各项问卷都尽量采用中性即不含褒贬的题目，且题目的表面效度都不是很高，许多题目表面上看起来与某一人格特质有关，实际上与另一人格特质有关。在得到各量表的原始分数后，还需通过常模表将原始分数化成标准分，并按标准分在剖析图上找到相应圆点，最后将各点连成曲线，即可得到一个人的人格轮廓图（见

图 4-2）。以下为卡特尔 16 种性格因素测验的部分测试题及评分标准。

本测验包括一些人生活情形的问题。对问题如何回答，不存在“对”与“不对”之分，只是表明您对这些问题的态度。请您尽量表达您个人的意见，不要有所顾忌。

每一个问题都有 3 个选项，但您对每个问题只能选择一个项目。标准答题纸上相应的小方块用铅笔涂黑。请尽量少选中性答案。

- 每个问题都要回答，不要有遗漏。
- 务必请您根据自己的实际情况回答。对每个问题不要过多考虑，请尽快回答。

1. 我很明了本测验的说明：

A. 是的　　B. 不一定　　C. 不是的

2. 我对本测验的每一个问题，都能做到诚实地回答。

A. 是的　　B. 不一定　　C. 不同意

3. 如果我有机会的话，我愿意：

A. 到一个繁华的城市去旅行　　B. 介于 A、C 之间　　C. 游览清静的山区

4. 我有能力应付各种困难：

A. 是的　　B. 不一定　　C. 不是的

……

《16PF 个性测验报告》（摘录）

报告编号：00026　　编号：00000123　　测试时间：2000. 11. 14

姓名：　　性别：男　　年龄：27　　文化程度：本科　　职称：中级

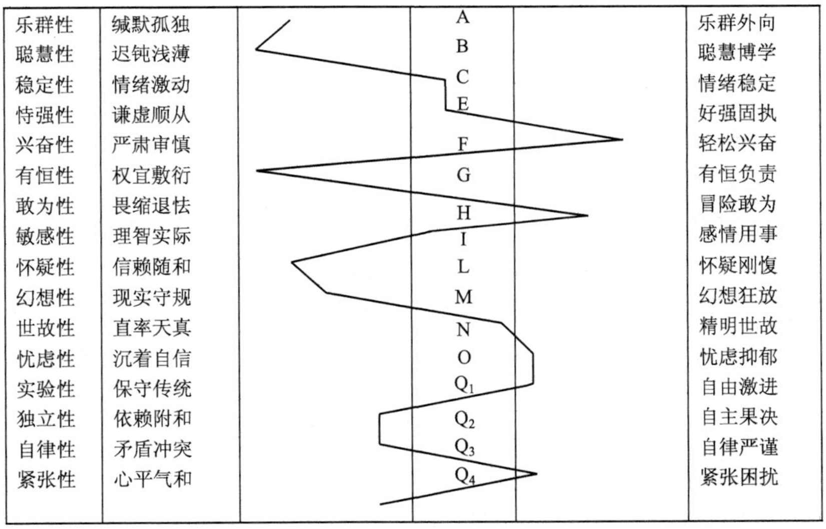

图 4-2　16PF 测验结果剖析图样例

（3）五大因素人格问卷。20 世纪 80 年代以来，一些心理学家一致认为存在五个主要的人格因素，尽管这五个因素很难加以统一命名。他们改进了卡特尔的特质评定量表，获得了五个人格因素，认为它们是：外倾性（如善于交际）、接纳度（如合作性）、

责任感（如负责任）、情绪稳定性（如平静）和文化（如富有想象力），并发展出了NEO人格量表。其中：N——神经质，E——外倾性，O——开放性。但更多人认为人格的五大因素是：神经质性（Neuroticism）、外向性（Extraversion）、开放性（Openness）、随和性（Agreeableness）、尽责性（Conscientiousness）。修订后的五因素人格问卷加上了另外两个特质（NEO PI-R）。更多证据表明，人格的特质是可以依据五个基本的人格维度加以组织的。我国也有类似的研究成果。

工业和其他组织机构的人员选拔中，人格测量一直是录用和晋升员工的依据。比较而言，“大五”研究对于人格和工作绩效之间的相关远高于以往的研究。对一个应聘者的“大五”的得分应当全面衡量，并综合其他测评分数做出录用或晋升的决策。

（4）麦尔斯—布里吉斯人格类型测验（MBTI）。MBTI是以瑞士心理学家荣格（Cail. G. Jung）的心理类型理论为基础的，测验用四个独立的等级来分解人格维度：即外向型（E）—内向型（I）、感觉型（S）—直觉型（N）、思考型（T）—情感型（F）、判断型（J）—感知型（P）。上述四种类型共组合为16种性格类型。每种类型都对应有相应的行为特征和价值取向，为个人指导和自我发展提供了参考。MBTI主要应用于测量并描述人们在信息获取、决策制定、生活取向等方面的偏好，了解受测者的个人特点、潜在特质、待人处事风格、职业适应性以及发展前景等。目前已广泛应用于人们的自身成长与发展、职业的发展与开拓、人际关系评估、组织发展、团队建设、管理人员和领导人员素质培训等。由于MBTI信息量大，信度与效度好，因而成为世界上应用范围最广泛的识别个体差异的测评工具之一。在美国每年有300多万人参加该测验使用的培训。在世界500强企业中有80%以上的高层管理者、高级人事主管使用这一测试工具。

2. 投射法测验

投射法测验是给被试者呈现某种模棱两可的情景、图片或陈述，要求其尽快作出解释反应，被试者在回答或解释的反应过程往往会投入自己的思想、愿望、态度和情感，测试者据此分析了解被试者的个性特质。

投射法测验较自陈法测验发生偏差的可能性较小。投射法的结构使得被试者不知道测验到底在测量些什么，也不知道自己透露了些什么。故无法故意地制造偏差。在投射法测验中，被试者不能刻意地去描述自己，因而在回答中即显示了其真正的个性特质。这种测验的问题在于难以建立评价答案的标准。主要的投射测验有以下几种：

（1）罗夏墨迹测验。罗夏墨迹测验是由瑞士精神病学家罗夏于1921年提出的。这是一种个体测验，测验中让被试者看分别涂在十张卡片上10滴标准化的“墨迹”，10滴墨迹中有彩色的，也有黑色和灰色的。通过让被试者解释说明一套墨迹组成的图形，并且对被试者的反应提出一些具体问题，进而推论被试者的个性特质，如图4-3（a）所示。因测验的分析和打分受主观影响，完全取决于测试者的训练、技能和人格。这种测验用于选拔一般工作人员效度是很低的。

（2）主题统觉（TAT）测验。该测验是美国哈佛大学的莫瑞和摩根于1935年创制的。TAT是一种窥视被试的主要需要、动机、情绪和人格特征的方法。该测验包含30

张内容模棱两可的黑白图片，主要以人物内容为主，附带一些景物。测验时对被试一次一张，共出示20张图片。要求被试以图片内容为主题，凭想象编故事，故事内容不加限制，但必须符合以下四点：图中发生了什么事情，为什么出现这种情境，图中的人在想些什么，故事结局怎样。主试者则在每种需要变量和情绪变量上以及每一种压力分数上打分。

TAT测验的理论依据是人在根据图片编造故事时，个人的表述往往与个人的感受和生活经验有关系，其中会不自觉地透露出个人动机、内心冲突、愿望等潜意识里的内容，通过对故事的分析，就可以大致了解被试的人格，如图4-3（b）所示。

（a）

（b）

图4-3 罗夏墨迹测验与主题统觉测验例图

（3）句子完成测验。这种测验是以未完成的句子作为刺激，让受测者自由发挥完成未完成的部分，依据受测者的反应内容来推断受测者的情感、态度和内心冲突。虽然此测验用了自我陈述的形式，但它的结构能使被试者在完成句子中表达其人格特质。该测验使用比较方便，易于掌握，既可施测个人，也可施测团体。这种测验较其他投射测验用于人员选拔更有价值。

句子完成法实例：

在下列空格处填上自己认为适合的文字，使句子完整。

1. 我喜欢________________人。
2. 我从来不________________。
3. 吃饭后，我会做________________。
4. 情绪不好的时候，我会通过________________来解除。
5. 我会帮助________________人，当我很有钱的时候。

投射测验的方法能够有效地防止自陈测验方式中被试者易于产生的掩饰、撒谎、社会赞许性等防卫心理的影响。但投射测验结果的客观性却受到了影响，同时，投射测验的实施对主试的素质、经验和技术都有很高的要求。投射测验一般只用于高级管理人员的选拔。

人格测验用于人员选拔的效度是很低的，不如能力测验。但在工作行为方面，人格测验的效度还是好的。如对销售员、服务性职业及非技巧性工作，人格测验的效度较一般能力测验为优。

（四）兴趣测验

兴趣测验对职业指导和咨询比对人员选拔更有价值。但是，在人员选拔中兴趣测验也常常是有用的。此种测验是将个人兴趣与工作进行匹配，以期从业者在工作中保持主动性、积极性，并获得最大的满足。目前最为流行的兴趣测验有三种：

1. 霍兰德职业兴趣量表

美国学者霍兰德提出人格—职业匹配理论，他认为人的人格类型、兴趣与职业密切相关，兴趣是人们活动的巨大动力，凡是具有职业兴趣的职业，都可以提高人们的积极性，促使人们积极地、愉快地从事该职业，而且职业兴趣与人格之间存在很高的相关度。他把人的人格划分为六种类型：现实型（R）、研究型（I）、艺术型（A）、社会型（S）、企业型（E）和常规型（C），简称 RIASEC。每一个人都可以划为一种人格类型，并对应于一种职业兴趣。而每一种职业兴趣都有两种相近的职业兴趣和一种相互排斥的职业兴趣。

基于这种理论，霍兰德先后编制了职业偏好量表（Vacational Preference Inventory, VPI）和自我导向搜寻表（Self-directed Search, SDS）两种职业兴趣量表。

2. 斯特朗—坎贝尔兴趣调查表（SCII）

这是一种团体测验，由 300 多个问题组成。这些问题都是关于职业、学校科目、活动和兴趣的。有些问题要求说明“喜欢”还是“不喜欢”，“关心”还是“不关心”。斯特朗—坎贝尔兴趣调查表把职业分成如下六类：实际的、调查的、艺术的、社会的、筹划的和事务的。

3. 库德职业兴趣测验

这一测验包括许多项目，其中每三项为一组，被试者必须在每组中选出一项自己最喜欢的和一项自己最不喜欢的。每组均要作出选择，不得跳过任何一组，也不可在一组中选出两项自己最喜欢的。这里举测验中的两组为例：

参观美术馆	收集签名
在图书馆浏览书刊	收藏硬币
参观博物馆	采集蝴蝶

库德职业兴趣测验共分四套，其中第三套专门用于测量个人的职业兴趣，可以鉴别个人不同的职业兴趣，即户外、机械、计算、说服、服装、文字、音乐、社会服务与文书等。

（五）成就测验

成就测验的目的在于测量一个人对某项工作实际上能完成到什么程度。成就测验在人力资源管理上的应用主要有三个功能：（1）挑选有经验、有专长的新员工；（2）考核现职员工工作绩效，以便调职或升迁；（3）评估训练计划。

成就测验的内容不外乎考察受测者对某项工作所具有的技能与知识。一个良好的成就测验同样需要具有相当的效度、信度与常模，不过成就测验的效度着重于内容效度（由专家评鉴其内容是否妥当）及当前效度（比较测验结果能否辨别差异）。成就测验能分辨出哪些人较有能力去执行某项工作，不管他从前的职业是木匠、机械工、工程师或非技巧性的工作人员，也无论他想升迁或调动，成就测验均能有效地给予帮助。成就测验不只限于简短的口头问答测验，目前心理学家也已编制出了许多纸笔测验。此外，除了测量工作知识的成就测验之外，心理学家还编制出了包含计算知识、政治观点、人际关系、商业法、经济知识等在内的成就测验。

一般的成就测验都是为适合某公司的需要才在使用时进行修订的。但美国普度大学的职业研究中心编制了许多现成的用于技巧性工作的成就测验，如：电工、车床操作工、木匠、焊工等，甚至编制了有关工业数学、辨识蓝图、辨识量表等特殊的成就测验。

第四节　胜任力理论及其应用

胜任力理论与模型对人员选拔及测评工作发挥着基础性作用，它为人员选拔提供了一个更为深层次的标准依据，它关注于对人的内在素质，包括知识、技能、行为、个性趋向、内驱力等因素与工作绩效之间的联系的研究，它通过对人的分析，以及对工作的分析，找出了导致员工高绩效的内在驱动因素，这使得人员选拔及其相关工作的效度更高。

一、胜任力理论

（一）胜任力的基本概念

胜任力（Competency）的概念最先是由美国心理学家戴维·麦克利兰（David McClelland）于 1973 年在《测试胜任力而非智力》一文中提出的。他认为，在针对组织在人员的选拔和甄选中采用传统的智力测验、性向测验、学校的学术测验及等级分数等测试手段，不能预测其从事复杂工作和高层次职位工作的绩效，或在生活中是否能取得成功，同时对某些特定人群也不尽公平。他和同事们将胜任力定义为个人的一些潜在的特点，它们包括动机、个性特点、自我形象、价值观、知识和技能，这些潜在的特点导致了个人有效或卓越的工作绩效。

1981 年，麦克利兰的同事理查德·博亚特兹（Richad Boyatzis）将胜任力定义为："在一项工作或一定条件下参照标准与优秀的业绩具有因果关系的个体潜在特点，它可以是动机、特性、技能、自我形象或社会角色的方面，或是他所运用的知识体。"

另外一些学者从可操作性的角度来定义胜任力，认为胜任力是那些可以用来明确地区分高绩效和一般绩效，或者区分有效绩效者和无效绩效者的个体特点，如知识、技能、能力或其他一些特性。

（二）胜任力模型

为了进一步说明导致个人产生优秀绩效的潜在特点，麦克利兰等人将胜任力用一个冰山模型表示出来（参见图 4-4）。

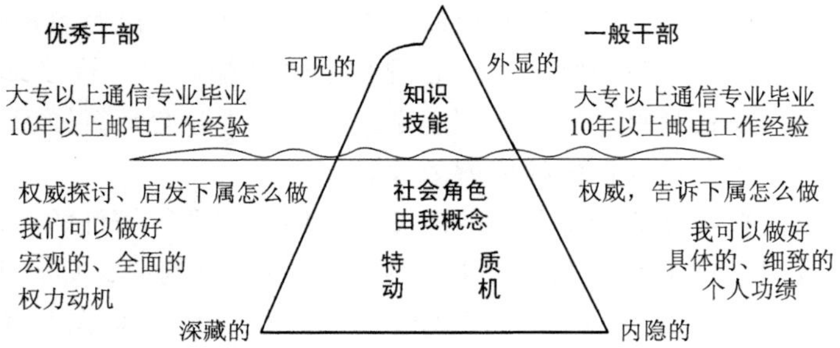

图 4-4 胜任特征的冰山模型①

从这个冰山模型中我们可以看出胜任力的构成是有层次的，胜任力这座“冰山”是由知识、技术能等水面以上的部分和水面以下的社会角色、自我概念或自我形象、个性、内驱力等情感智力部分构成的。知识和技能等明显、突出，且易于衡量，很容易通过培训来获得；但真正决定一个人的成功机会的，是隐藏在水面以下的因素，它们难以捕捉，不易测量。这些深层特征是决定人们行为及表现的关键因素。其中：

（1）知识，指对某一职业领域有用信息的组织和利用。

（2）技能，指将事情做好的能力。如编程的技巧或者某一专业技能等。

（3）社会角色，指一个人在他人面前（或公开场合）所表现出来的形象，反映了他的价值观，即他认为什么是重要的、什么是不重要的。

（4）自我概念（自我形象），是个体如何看待自身或个人对自己身份的认识或知觉，也包括个人价值观。相对技能和知识来说，这些因素是非智力因素，是隐藏在冰山底下，看不见却非常活跃的个体特征。

（5）个性或人格特质，是个体持久的生理、认识和心理的特点。如自信、自控、对压力的反抗或顽强。个性特点需要相当的努力和时间才能发生改变，但人们还是能够在内外条件的相互作用下通过自我修炼得到改变。

（6）动机与需要，指决定一个人外显行为的自然而稳定的思想。是驱动、指导和选择个体行为的潜在需要或思维方式。麦克利兰提出，人类具有三种社会动机，如成就动机、亲和动机和权力动机。

如图 4-4 所示，在通常的测评中，人们一般比较重视考察知识、技能，比如，双方都是大专以上通信专业毕业，10 年以上邮电工作经验，很难区别优劣。然而进入“水下冰山部分”就可以从社会角色、自我认知、特质和动机等方面，较好地区分优秀者和表现一般者。表层的知识和技能，相对易于改进和发展，培训是最经济和有效的获取方式。核心的动机和特质处于人格冰山的最底层，难于评估和改进，所以，对其进行选拔是最有经济价值的。自我概念位于其间，态度和价值观，如自信（自己能作“管理者”还是“技术人员”）等，虽然难以速成，但可以通过培训、心理辅导或曾经有过的成功经历来改善。

① 时勘．人力资源管理——心理学研究新进展［M］．北京：中国科学院心理研究所，1999：30.

时勘等学者认为，许多组织的选拔标准往往基于表层的知识和技能（如“我们招的大学生都来自名校”），并且认为具有一定的知识和技能的新录用人员，必然具有所需要的动机和特质，或认为这些可以通过好的管理手段逐渐灌输，而实际并非如此。在复杂的职业中，胜任力在预测优秀绩效方面比完成任务相关的技能、智力或学业成绩显得更为重要。比如一般都要求大学（及以上）文凭的技术、市场、专业和管理等高层次岗位，能胜任工作并产生优秀绩效的应当是动机、人际技能和政治才能等因素。因此，我们在评价应聘者的个体素质时，应该从胜任力入手，尤其应重点考察人选者的自我概念、人格特质和动机。只有这样，才能真正把高素质人才挑选出来。

（三）胜任力的特点

现在，以胜任力模型来选拔高绩效者和优秀员工的方法在西方人力资源管理领域日益流行。那些能把优秀者和成绩平平者区分开的特性（即胜任力）正在招聘、选拔和培训等人力资源管理活动中发挥着积极作用。以胜任力为基础的工作分析和人事甄选方法与传统方法相比有许多特色和优势，这也是胜任力模型在当今工商业领域被普遍采用的原因。关于胜任力，麦克利兰总结了以下五个特点：

（1）了解绩效的最好途径是观察人们实际上做了什么而取得成功（即胜任力），而不是依靠基于智力之类的潜在特质和特性的测定。

（2）测量和预测绩效的最好方法是让人们表现出你想要测量的胜任力的关键方面、关键行为，而不是进行全面的测验和评估。

（3）胜任力是可以学习和发展的，而特质和特性是遗传获得的，且难以改变。

（4）胜任力是可见的、可理解的，人们可以理解并发展出达到绩效所必需的胜任力水平。

（5）胜任力与有意义的生活实践和生活结果相联系。这些有意义的生活实践或结果描述了人们在现实世界里一定会表现的方式，而非深奥的心理特质或构造。

二、胜任力的通用模型与建立

（一）胜任力的种类及通用模型

1. 胜任力的种类

根据所预测的绩效标准，胜任力可以分为两类：

（1）合格性胜任力。指最基本的素质（常识或基本技能，如阅读能力），每个人在工作中必须具备的，但不能区分优秀者与普通者绩效的特征。比如，对于售货员来说，有关产品的知识或填写发货单据的技能。

（2）区分性胜任力。指能够将优秀绩效与普通绩效区分开的胜任力。已有的应用研究发现，在不同职位、不同行业、不同文化环境中的胜任力模型是不同的。Spencer（1993）列出了能预测大部分行业工作成功的最常用的20个胜任特征，主要分为六大类[①]。

① 成就特征：成就欲，主动性，关注秩序和质量。

---

① 时勘．人力资源管理——心理学研究新进展［M］．北京：中国科学院心理研究所，1999：32.

② 助人/服务特征：人际洞察力，客户服务意识。

③ 影响特征：个人影响力，权限意识，公关能力。

④ 管理特征：指挥，团队协作，培养下属、团队领导。

⑤ 认知特征：技术专长，综合分析能力，判断推理能力，信息寻求。

⑥ 个人特征：自信，自我控制，灵活性，组织承诺。

2. 胜任力的通用模型

根据多年的研究和比较，目前，已获得五类胜任特征的通用模型，这些通用行业指：专业技术人员、销售人员、社区服务人员、经理人员和企业家。这些通用模型在我国的适用性需要验证，但具有一定的参考价值。下表为企业家通用胜任力模型。

表 4-1 企业家通用胜任力模型

权重	胜　任　特　征
6	成就欲、主动性、捕捉机遇、坚持性、信息寻求、质量与信誉意识
5	系统性计划、分析性思维
4	自信、专业经验、自我教育
3	影响力
2	指挥
1	发展下属、公关

（二）建立胜任力模型的流程

具体到某一职位来说，该如何为每一职位建立特定的胜任力模型，是选拔与测评的难点与关键。一般来说要经过确认企业战略、数据收集、数据集成、有效性分析几个环节。

第一步，确认企业战略，需要对组织面临的竞争挑战和组织文化进行研究。同时明确胜任力模型将主要运用在何处，是侧重于绩效考评、选拔，还是职业发展或培训。只有了解企业的远景，才能了解组织与员工的目标与共同利益，发展出符合企业文化和员工可接受的有效胜任力模型。

第二步，数据收集，需要选择合适的方法来收集模型构建中必要的数据信息，这将是构建过程中的主要工作。通过数据收集了解胜任力的主要项目和指标体系。方法主要包括：

（1）行为事件访谈。这是构建胜任力模型时最为常见的方法。主要是与高绩效者面谈，有时也会找一些普通绩效的员工作为对比，引发他们讲述自己的成功故事。面谈的目的是为了识别导致高绩效的行为。通过与一批成功者的面谈，并比较他们的成功故事，对照成功者中的细微绩效差距，我们可以找出关键的支持高绩效的行为主题。

（2）个人访谈。有时高绩效的行为事件难以归纳。而且随着组织的变化，过去的成功并不意味着现在的成绩以及预知未来的成功。在这种时候，往往需要与关键岗位的员工和主管进行面谈，以了解成功者的行为。

（3）焦点小组。让一些来自于同一层次的员工组成小组，让他们历数出高绩效者普遍具备的胜任力项目，或者提供足够的事例。这种方法比访谈拥有更广的信息来源，而且更加有效地集中于未来导向的成功因素。

（4）问卷调查。将一系列行为用书面列出，加以描述，要求被调查者指出哪些行为是组织中高绩效者才有的，这对于修正适合于组织的模型十分有效。

（5）专家数据库。从已有的胜任力模型中汇总专家意见，在类似的模型环境中识别出重要的资质信息。

在数据收集过程中，不可能只选择一种方法，一般都会寻求一个方法的组合，保证其有效性、可靠性和广泛性的平衡。在以上五种方法中，问卷调查的可靠性、有效性和广泛性都较高，行为事件访谈的可靠性和广泛性较高，但有效性较低。

第三步，数据集成，需要将已收集的数据进行归纳，经常会采用一些统计方法，得出上文所示的成组的资质模型，也即形成胜任力指标体系。

第四步，有效性分析，模型初具规模之后，构建过程并没有结束，还需要通过绩效考评进行效度验证。只有经过一定时间后，员工的绩效符合资质模型中的预测，才能证明此模型是有效的。而这一步往往被很多企业所忽视，构建出的模型就失去了其区分绩效的效用了。

第五节 人际认知与选拔误差心理

人员招聘与选拔活动中，需要对他人的个性心理及行为表现作出鉴别、判断和预测，这其中蕴含着人际认知的一般过程及其规律。在社会和组织活动中，人们通过人际认知过程来判断自己或他人的行为，人际认知对个体判断和决策具有至关重要的作用。

一、人际认知

（一）人际认知的定义

人际认知也称为社会认知、社会知觉，是指在社会情境中以人为对象的知觉。具体来说，个体在人际交往中，通过观察了解他人的外在特征和外显行为，形成印象，并推测、判断和评价其心理状态、个性特征、行为动机和意向的过程就叫做人际认知①。

人际认知的过程，是依据认知者过去的经验及有关线索的分析进行的，人际认知还必须依赖认知者的思维活动，包括某种程度上的信息加工、推理、分类及归纳。例如，甲对于乙在许多场合下的行为作了相同的推断之后，就有可能把某些相对稳定的印象归结到乙的身上，并推测乙在以后相似的场合中，也将会产生相似的行为。人们就是通过人际认知过程来判断自己和他人的行为的。

---

① 全国十二所重点师范大学联合编写．心理学基础［M］．北京：教育科学出版社，2008：350.

（二）人际认知的内容

人的社会认知所涉及的范围很广，主要包括四方面：对他人表情的认知；对他人个性的认知；对人际关系的认知；对行为原因的认知。

1. 对他人表情的认知

人的表情是一种十分重要的社会刺激。在生活中人们常根据他人的表情来判断其心理状态，判断的正确性是取决于判断者对他人表情的认知与解释。例如，愁眉苦脸、眉开眼笑、怒目横眉、咬牙切齿所描述的表情分别表达了哀、乐、怒、恨的情绪状态，而人的情绪、情感状态又可以大体反映出其心理活动的基本状态。按照表达情绪的身体部位来区分，对表情的认知可以划分为面部表情认知、身段表情认知和言语表情认知三类。

2. 对他人个性的认知

在对人的认知中，对个性的认知占有重要的地位。对个性的认知，是指对他人形成一定的印象。所谓印象形成，是指把一个人的若干有意义的特性进行综合、概括，形成一个具有结论意义的特性。人们对他人个性的认知，具有较大的主观性，存在着很大的个体差异，对于同一个人，不同的评价者可能会做出完全不同的评价。在人际接触中，人们又总是期望着更多、更快地了解他人的个性特点，以便能够确定或调整自己的行为策略。这时人们就会利用自己所能够收集到的有限的信息来推测他人的个性，比如看到一个人说话嗓门大，速度快，就推测他是一个性情比较急躁、直爽的人，即所谓“快人快语”。

3. 对人际关系的认知

也即对人与人之间关系的认知，包括认识自己与他人的关系和他人与他人的关系两个方面。个体与他人形成友好的关系，有利于相互沟通，相互理解，形成良性的行为互动，取得双方都满意的交往结果。因此，在人际交往中，必须根据双方的感受与看法，来认识评价相互的人际关系状况，以及时调整自己的行为。

他人与他人的关系也是我们行动时必须考虑的因素。每个人都处在一个特定的人际关系网络之中，自己与他人的关系常常与他人与他人的关系交织在一起，相互影响，相互牵制。

对人际关系的认知应当受到管理者的关注。因为组织内员工之间的关系融洽与否，对员工的工作具有很大影响。人际关系密切，会产生协调和谐的气氛，在这种气氛下，组织能够较容易地促成员工之间的相互帮助、支持与激励；人际关系疏远甚至紧张，那么组织就很难培养员工之间的合作。

4. 对行为原因的认知

在现实生活中，人们往往要对自己或他人的行为的原因加以解释和推测，这涉及归因的问题，我们将在人员考核的误差心理中进行详细的阐述。

（三）影响人际认知的因素

影响人际认知的因素很多，这些因素可以归为三个方面：认知者、认知对象和认知情境。

1. 认知者

认知者本身具有的许多特点都会影响或反映到人际认知之中，这些特点包括：认知者本身的生理条件；性格、兴趣、动机、需要与价值；认知者过去的经验等。比如，一个情绪欢快的人，活动领域也比较开阔，对周围事物容易持积极乐观的看法；而一个情绪低落的人，则更容易把周围事物看得灰暗一片。对认知对象持有好感的人，容易看到对方身上很多和自己相似的或自己欣赏的个性特点；反之就更容易看到对方身上令人厌恶的缺点。

2. 认知对象

认知对象的特征是影响认知的主要因素，这体现在以下方面：

（1）人们在认知事物时，会根据认知对象的特征进行组织、整合。这种组织具有如下的规则：① 接近律，即空间或时间上较接近的对象易被认知为一组；② 相似律，即具有相似性的对象易被认知为一组；③ 连续性，即具有连续性、封闭性或共同运动特征的对象易被认知为一组。

（2）认知对象的颜色、形状、大小、运动、新奇性、声音等，决定着对认知者的吸引程度。在现实生活中，认知对象的外表会影响人际认知，例如，美丽的外表会首先被人感知，从而导致认知主体“以貌取人”的现象。很多心理学的实验也证明，在几乎所有的特性方面（如个性、婚姻、职业状况、幸福等），外表有魅力的人得到的评价最高，而缺乏魅力的人得到的评价最低（见后表 4-2）。

3. 认知情境

人际认知离不开一定的社会背景，认识、判断他人在社会中的心理和行为，总是离不开对当时情境的分析。当认知对象、活动出现在并非寻常出现的时间、地点、环境时，就会影响人的认知，进而影响人的心理和行为。许多实验研究表明，背景对于我们对一个人做出什么样的判断非常重要。心理学家科尔曼等人认为，人的面孔和身体所传达的一致情况是不多的，所以背景可以为认知提供最强有力的线索。例如，一个人在哭，如果没有情境的提示，我们无论如何都无法判断他究竟是因为激动而哭，还是因为伤心而哭。

二、人员选拔的误差心理

由于各种心理因素和环境因素的影响，在人员选拔与测试过程中，招聘双方不可避免要受到人际认知过程中一些心理效应的影响，从而导致人员选拔中的误差，并给招聘方和应聘者带来一些问题和困扰。

（一）招聘方心理分析

在招聘过程中，招聘者处于主动、支配的地位，对应聘者的评价和判断很大程度上取决于招聘者当时的心理活动和心理反应，因而会造成评分中的主观随意性，具体原因如下：

1. 首因效应

首因效应是指个体在信息加工过程中，第一次获得的信息对印象的形成起着很强的固着作用，一旦形成，很难消退，并影响着以后对相应个人的看法。也即最初的接触或第一印象对人的认知具有强烈的影响。例如，如果一个人第一次见经理时衣着不整，经理就很可能认为该人是个不拘礼节、过于随便、目无上司的人，从而产生不好的印象，并且可能会一直左右经理对该人的判断。

人与人见面大约 5 分钟（或更短）就会产生第一印象。一般人往往通过他人的外表、服饰、表情、姿态及年龄等，获得对其动机、情感、意愿等方面的认识，最终形成对此人的总体看法。因此，招聘人员对求职者第一印象的好坏，是其应聘成功与否的关键。

专栏 4-1

求职面试中的第一印象

在求职面试时，很多应聘者就是因为给主考官的第一印象不符合考官们的“先入之见”而被无情淘汰了。一位日本企业的人事部长从事人力资源管理工作多年，他说只要跟求职者聊上一句话，他就可以判断这个人的诚实程度。每次面试他都会问求职者一个问题：你进公司后要从基层开始工作，一直做三年，你能接受吗？许多求职者说，能！他一听到这个答案就会说，谢谢，那我们不要你。他觉得此答案也许没出息，也许不真实。如果对方解释说，我就是要从基层做起，然后一步步往上走。他说这是一个故意讨人喜欢的答案，但还不够真实。他每次都是在最短的时间内作出一个基本的判断。

（资料来源：陈国海．组织行为学［M］．北京：清华大学出版社，2006：22）

2. 晕轮效应

晕轮效应又称为月晕效应或光环效应。当人们了解一个人时，可能被该人的某种突出特点所吸引，以至忽视了该人的其他特点或品质，这种突出的特征就好像光环一样笼罩了这个人的一切，这也即通常所说的“一好百好，一坏百坏”。在人际认知中一旦产生晕轮效应，一个人的优点或缺点就会被夸大，而其他的特点也就被视而不见了。晕轮效应的最大缺点在于以偏概全，以个别特质掩盖了其他特质，并左右了对整体的判断。人们获取的某些个别属性并不一定代表事物的本质，却习惯于以个别推及一般，由部分推及整体，因而得出的印象也必然是片面的。例如，组织在招聘、选拔员工时，很容易让相貌、仪表支配着整个判断。漂亮的女士、英俊的男士会赢得很高的印象分，而其他特质往往易被忽视。所以，组织在制定招聘决策时，应当尽力避免晕轮效应的影响。

研究表明，当某种特质在行为上的涵义模糊不清、模棱两可、具有道德寓意，或认知者面对陌生人时，最容易出现晕轮效应。表 4-2 列出了人们根据一个人的相貌美丑对其相应特性的评价，说明人们受晕轮效应的影响，一般认为“漂亮的就是好的”，“丑的就是不好的”。

表 4-2　美貌的晕轮效应　　单位：%

被试具备的特性 / 特性的评定	相貌丑者	相貌一般	相貌漂亮
个性的社会合意性	56.31	62.42	65.30
婚姻能力	0.37	0.71	1.70
职业地位	1.70	2.02	2.25

续表

被试具备的特性 / 特性的评定	相貌丑者	相貌一般	相貌漂亮
做父母的能力	3.91	4.55	3.54
社会和职业上的幸福	5.28	6.34	6.37
总的幸福程度	8.83	11.60	11.60
结婚的可能性	1.52	1.82	2.17

注：表中数值越高，被试就越具备表中的特性。

资料来源：Dion and Walster（1972）。

美国心理学家阿希所做的一个实验证明，人们所具有的一些中心特性（或核心品质）会对整个印象的形成产生很大影响。他给被试者一张列有五种品质的表格（如聪明、灵巧、勤奋、坚定、热情）要求被试者想象一个具有这五种品质的人，结果被试者普遍把具有这五种品质的人想象为一个友善的、慷慨的、幽默的人。然后，他把这张表格中的"热情"换为"冷酷"，再要求被试者根据这五种品质（聪明、灵巧、勤奋、坚定、冷酷），想象出一个合适的人，却发现被试者普遍推翻了原来的形象，塑造出一个毫无同情心、斤斤计较、势利十足的人，形成了一个完全不同的否定的形象。

3. 社会刻板印象

社会刻板印象也称定型效应，是指人们对某类社会客体形成的概括而笼统的固定看法。当他人出现在我们面前时，我们会不自觉地按年龄、性别、职业、民族等对他进行归类，并根据已有的关于这类人的固定形象作为判断其个性的依据。

人们头脑中存在的定型效应是多种多样的，通常情况下按年龄、性别、职业、国籍等划分成不同的定型效应。如按年龄分，认为年轻人总是举止轻浮、"嘴上没毛，办事不牢"，而老年人则是墨守成规，缺乏进取心；按性别分，男人通常被认为是理智的、勇敢的、独立的、坚强的，而女性则是非理性的、依赖性强、细心的、软弱的。按国籍归类，认为日本人总是尚武的、爱国的、进取的、有野心的；德国人是有科学精神的、进取的、严谨的；美国人是民主的、自由的、乐观的、热情的；英国人是保守的、善于外交的、有教养的等。

在某些条件下，社会刻板印象有助于人们对他人做出概括的了解，简化认识过程。俗语说"物以类聚，人以群分"，生活在同一环境下的人们确实可以产生相同的特点，但定型效应是一种过度概括和笼统的归类，具体到某个人则有较大差异，因此，社会刻板印象往往与事物的本来面貌不相符。而且社会刻板印象具有较高的稳定性，一旦形成就难以改变。在招聘中，有些主考官习惯用"有色眼镜"去看待具体的应聘者，如外来工、国企干部、白领、名校生等，其结果就容易形成主观推断和人为偏见。

4. 相似效应

招聘者在与应聘者面谈时，往往会特别体谅、关注应聘者与自己相类似的某些行为、思想或经历。如看到与自己是校友、老乡，就会产生"像我"的心态，自然会对其产生一种亲切感，从而给予较高评价；对于与自己意见或经历完全不同的应聘者则容易产生刁难心理，以设法难倒应聘者为快，而不是正确客观地认识应聘者。这在一定程度上也影响了招聘的公平性和客观性。

5. 投射作用

投射作用是精神分析术语，是指个体认知他人时把自己的特性归属到他人身上，即认知者把认知对象假想成和自己一样，认为自己有的特质别人也有。当自己的年龄、民族、社会经验、地位等特征与别人相同时，个体总是倾向于认为他人和自己是相同的。例如，认知者喜欢有挑战性的工作，在投射作用下，他可能会无形中把别人也当作和自己一样喜欢挑战性工作，给别人加大任务难度，或是鼓励别人承担风险。投射作用也是一种认知他人的简单作法。然而投射作用和晕轮效应的不同之处在于：晕轮效应是因认知对象的个别特质左右了判断；而投射作用是认知者的主观特征支配了判断。但是两者的结果都一样，即它们都歪曲了事实。

一个人在认知他人时如受到投射作用的干扰，其认识、判断和看法往往会从"是这样"、"一定会这样"等心理倾向出发。在招聘过程中，招聘者会不自觉地按照自己是怎样的来感觉应聘者，而不是根据客观情况产生认识，从而导致主观臆断和认知失真。

（二）应聘者心理分析

在招聘活动中，应聘者受各种社会环境与心理因素的影响，常会产生以下表现①：

1. 期望值过高

期望值过高就是主观上对自己能力和水平的过高评价。学历高、能力强的人在应聘时往往对报酬、工作条件和职位有过高的期望。之所以产生此种心理，一是因为他们把高期望值等同于充满自信，认为自己提出高期望，用人单位就认为你是有自信的人，就会给你机会。二是因为他们对自己的评价过于自负。大多数求职者年轻气盛，盲目攀高，认为高薪高职才能体现自己的价值。产生这种现象的原因，主要是现在很多大学毕业生涉世未深，缺乏社会阅历，对未来充满幻想，同时又缺乏对自己的清醒认识和明确定位。他们在择业时不知天高地厚，只考虑大城市、高报酬和条件好的单位，却没有经过广泛的社会调查和了解，因而不知道企业需要什么样的人，自己适合干什么样的工作，也不知道自己能为招聘企业作出什么样的贡献，因而容易错失良机或求职失败。

2. 羞怯心理

羞怯是人际交往的一大障碍，主要是由于没必要的担心和心理焦虑引起的。具有羞怯心理的人害怕别人的目光，以为别人是在审视自己，从而使自己在心理和行为上表现出紧张、退缩和回避，产生不正常的表情或动作。过分羞怯往往会阻碍人们彼此接近和了解。如有的人面对不熟悉或重要的人讲话、在别人注视下行动时，总是面红耳赤，语无伦次，使正常的交往气氛变得尴尬。还有人总是担心在别人面前出丑，不习惯在大庭广众之前讲话，因而对这样的环境一般采取回避态度，即使坚持下来也会变得局促不安，很不自然。在招聘过程中，羞怯的人容易高度紧张，导致敏感性

① 黄希庭，朱永新．人力资源管理心理学［M］．上海：华东师范大学出版社，2003：120.

下降，注意力不集中，主动性、表达能力受限制，因而影响正常发挥，使自己在招聘中处于不利的境地。

每个人都有害羞的时候，偶然的羞怯在所难免，但若是在人际接触与交往中经常为羞怯的心理笼罩，就需要有意地锻炼加以克服了。

3. 自卑心理

自卑是一种主观上过低评价自我的不良心理。自卑的实质是对自己和自己所处的外界环境产生了不正确的认识，只是凭自己的主观判断来确定自己对未来事件的胜任力，从而形成自己看不起自己的被动心态。在应聘工作时，自卑的人总是贬低自己而抬高他人，认为自己没有实力与他人竞争，在与别人比较时，只看到别人的长处与自己的短处，而看不到自己的优势所在，因而以偏概全地扩大了自己的劣势，下意识地毁灭了自己的自信心。这多见于学历低和能力较低的人身上，也在一些学校“名声不响、专业不热门、表现一般、交往能力不强的”大学生中出现。而过于争强好胜的人，对优越感有着过分追求，往往在顺利时觉得自己高高在上，一旦遇到挫折也容易自我怀疑和自我贬低。

自卑是成功的绊脚石，虽然很多成功的人曾经自卑过，但如果你一直自卑着，那么你就更难以取得成功。

专栏 4-2

阿德勒的“超越自卑”个体心理

个体心理学的创始人阿德勒以其“一生不断超越自卑，走向成功的一生”的人生经历对自卑提出了新的见解。阿德勒年幼时身体虚弱，4 岁才会走路，5 岁患严重肺炎，后来却战胜生理和心理的众多障碍，成为一代心理学大师。他的心理学思想与他的经历紧密相连。

阿德勒认为，自卑感是人们从幼年开始就具有的一种普遍的情感。人对优越性的渴望与追求起源于自卑感，也即人的自卑感恰恰是他最终取得成功的起点。他认为，人们对抗自卑的主要方法就是补偿。具有自卑感的儿童一方面看到成人事事都能做，处处比自己优越，就愧不如人，感到自己比别人低一等，另一方面又力图补偿自己的不足，力图克服缺陷以求达到优越的目标。例如，德奥司尼斯从小患口吃，他竭力补偿这个缺陷，面对大海，口含石子，勤学苦练，终于成为希腊的一位大演说家。阿德勒认为，自卑激发人们去补偿，而补偿正是人们的向上意志的表现，是推动人去追求优越目标的基本动力。“愤怒和眼泪和道歉一样，都可能是自卑情结的表现”。

由于自卑总是造成紧张，所以争取优越感的补偿动作必然会同时出现。他认为，儿童乃至所有成年人的心理差不多完全受补偿作用的支配，一方面感到自卑，另一方面又被他那天生的为争取优越而奋斗的补偿心理所驱使，这一推一拉的过程，存在于人的整个一生中。

（资料来源：北京师大辅仁应用心理发展中心．身边的心理学［M］. 北京：机械工业出版社，2008：225）

可见，自卑也是个体可以利用的资源，是我们可能走向成功的起点。通过恰当分析自身的长短处，不断地学习，提高自身内在的心理品质，是克服自卑、发展自信的根本途径。

4. 从众心理

从众就是人云亦云、随大流，是一种普遍存在的社会心理现象。从众是指个体的思想或行为因受到确实存在的或想象存在的社会群体压力的影响，而采取与大多数人一致的行为或变化的现象。心理学家发现，在人群中至少有三分之一的成员存在从众心理意识。这使得一些人在抉择时会放弃自己的意见，转变原有的态度，而与他人保持一致的认识或行为。从众心理是个体在群体一致性压力影响下，寻求解除自己与群体之间冲突，增强安全感的一种手段。比如在找工作时，前两年大家普遍认为外资企业工资高、福利好，那时找工作的人就蜂拥而至。这两年大家又往政府机构跑这也如同大多数学生选择专业时对所谓“热门”与“冷门”行业的看法一样。反映出求职者找工作时的动机比较盲目，根本不考虑自身的实际情况和兴趣，因此很难说他们找到的工作就是适合自己发展的工作。

三、应对策略

（一）应聘者的策略

针对人员选拔过程中容易产生的心理效应和认知误差，应聘者应从以下几方面予以避免和应对。

1. 加强印象管理，建立良好的第一印象

如前所述，第一印象在招聘面试中具有非常重要的作用，应聘者必须在重要的招聘面试前做好准备，包括精心选择自己的衣着服饰、斟酌自己的言谈表达，以展现自己的最佳形象。在日常生活中，这种试图控制自己在别人心目中印象的过程和现象，叫做印象管理（Impression Management），又称印象整饰，简称 IM。

印象管理的范围很广泛，不仅指正式的场合（如求职应征），还包括人际交往过程中行为者的着装、言辞举止、得体的表情或态度，以致使认知者对自己产生某种特定的看法，这些都是所谓的印象管理。美国社会学家戈夫曼（I. Goffman）于 1959 年在《日常生活中的自我呈现》一书中指出，社会交往就像戏剧舞台，每个人都在扮演某个角色，当个人在别人面前出现时，他总是企图控制别人对自己形成的印象及交往的性质。社会赞许的需要以及控制交往结果的愿望促进人们进行印象管理。

印象管理在日常生活中有重要的作用，良好的印象管理是人际关系的润滑剂。在组织中，得到他人的积极评价会给自己带来许多好处，如求职应聘时，可以使自己被录用的机会更大；在人员测评时，可以增进你的评估等级，进而获得更好的职务和发展。但是，不同的情境有不同的印象管理方式。为了给人留下一个良好的印象，印象管理必须恰当，要根据具体的环境和场合，灵活运用一些有效的策略。在招聘中可以借鉴的印象管理策略有以下几种：

（1）取悦他人。这是一种能使别人喜欢自己的重要策略。取悦他人的行为之所以能达到效果，也是由人类的本性使然。社会心理学家艾根（G. Egan）在 1977 年提出的

SOLER 模式，可以明显增加别人的接纳性。其中：S（SIT）表示“坐（或站）要面对别人”；O（OPEN）表示“姿势要自然开放”；L（LEAN）表示“身体微微前倾”；E（EYES）表示“目光接触”；R（RELAX）表示“放松”。这样会给人留下“我很尊重你；对你很有兴趣；我内心是接纳你的；请随便”等轻松愉快的印象。

卡耐基（Carnegie）《如何赢得朋友并影响人们》一书中也提出了 6 条取悦他人的方法：① 真诚地对别人感兴趣；② 微笑；③ 要记住名字是一个人所有语言中最美、最重要的声音；④ 做一个好听众，鼓励别人谈论他们自己；⑤ 谈论别人感兴趣的事；⑥ 真诚地使别人感到他是重要的。

不过，这种策略也并非是无往而不利的。要注意掌握时机和限度，避免盲目恭维、凡事不做了解就阿谀奉承，应该在适当时候对别人加以真诚的赞美，对人尊重的同时也提出善意建议，才能收到良好的效果。

（2）自我推销和宣传。即个体表现出一种令人称道、受人赞许的形象。自我宣传者要想方设法展示自己某方面的才能（比如精通一种乐器），并使人认为自己是出类拔萃的。使用这一策略时要防止过犹不及。谦虚是中国文化中的美德，因此，如何恰当地宣传和展示自己是一门学问也是一门艺术。适当的谦虚很有必要，过度的自我表现很容易使别人感到威胁和压力，会对相互间的沟通与交往造成负面影响。

有时，上述两种策略可能会导致相反的后果。讨好者谦恭地遵从别人的意见，也许会被认为是不够聪明、缺乏主见和能力欠缺的表现；而富有进取心和成功者的自我宣传行为则有遭到别人嫉妒和怨恨的风险，其潜在的原因值得深思。

（3）言行一致，以身作则。印象管理常常给人以负面的联想，认为印象是在别人面前“做出来的”，其实不然，它应该是以客观事实作为基础，加以修饰改善而来的。在印象管理的众多策略中，言行一致、表里如一最为重要。反复无常、言不由衷、出尔反尔的人会令人觉得难以捉摸和预料，从而影响别人与他的深入交往。同时，言行一致也表明言语表达要与非言语表达一致，否则，前两项策略也是徒劳的。可见，保持一致的形象是给人留下良好印象的前提和保证。应该说，这种策略是印象管理中最有效、最持久的一种手段①。

2. 了解社会形势和职业特点，做好知识准备

为了预防上述求职者在招聘面试中的紧张、恐惧心理，一个有效的方法就是在正式招聘面试前做好大量的资料收集和知识准备，从知识中获取信心和力量。通过丰富的社会实习和实践，主动了解社会形势和企业需求，从盲目攀高转向积极适应社会需求，并结合自身情况理性分析自己的优缺点和求职方向。尤其大学生有必要了解社会所急需的人才种类以及新世纪对人才素质的要求，以便根据社会需要确立正确的职业观和职业目标。

3. 认清自我，合理定位，做好心理准备

正确认识和分析自身的优劣势，并结合社会职业发展状况，明确自身的角色定位，在应聘前是非常必要的。具体可以通过自我评价、他人评价及心理测验等手段进行科学的个性与职业评价。古语云：人贵有自知之明；知彼知己，百战不殆。青年人应根据社

① 孙健敏．组织行为学［M］．上海：复旦大学出版社，2005：165-166.

会的需要，选择适合自己的职业，以最大限度地发挥自己的才能，而不是一味追求高薪高职。对大学生应聘者而言，随着我国高等教育从“精英教育”到“大众教育”的转变，大学生不应该是有优越感的特殊群体，而是就业劳动大军中的普通一员。大学生应主动适应就业制度的改革，积极参与人才市场的竞争，提早进行职业生涯规划，不断提高自身素质，并结合社会经济的发展变化，及时调整和完善规划，以树立自信，增强对环境的应对能力。

（二）招聘者的策略

针对招聘、甄选过程中的主观人为因素，要提高人员选拔的客观性、公正性和有效性，应从以下几方面着手改善：

1. 规范对招聘实施者的遴选与培训

招聘选拔者的各方面素质、性格特征、工作能力直接影响着面试等测评的质量，因此，必须加强对评定者的选拔、教育和训练。应挑选具备一定条件及素质的人力资源管理者和任职者担任该项工作，使之明确相关的专业知识，提高评定技术水平。具体包括：（1）理解和掌握职位要求及人员测评技术，使之对评定工作建立信心，能对岗位与能力的匹配度作出准确的判断和估计。（2）明确掌握每一项评定要素的含义和内容，并能根据事实进行客观地评定。（3）认识和了解人际认知的一般规律，克服和避免人员选拔中的误差心理。（4）在评分时，应要求选拔者逐一思考，不要用笼统的概念以偏概全，应冷静评分，做好过程记录，不要操之过急。

2. 做好招聘准备，统一评价标准及其认识

要想客观公正地进行面试考评，必须努力减少和消除测评中的主观人为因素和评分的随意性。具体可采取以下措施：（1）在评定前进行试测评，以统一对标准的理解和掌握，这是消除定型效应的有效方法之一。（2）在选择评定要素时，不要选那种不易观察的、不便于单独设立或不能明确加以定义的要素，以克服晕轮效应、首因效应等误差。（3）要求评定者按照统一程序和方法进行测评，注意根据事实并排除顾虑，独立地进行评定。

3. 创造轻松的招聘氛围

作为招聘的实施者和企业的代表，评定者要行使企业赋予他们的测评与挑选任务，应尽力缓解应试者的紧张心情，保证选拔过程顺利进行。这需要注意以下环节：（1）选择合适的招聘环境和场地，努力创造一个轻松、自然、融洽的会谈气氛，使应聘者能够充分展示和发挥自己的真实水平。（2）用友好和平常心开始初期的对话，并就应聘者关心的与职位有关的问题进行讨论，努力实现测评中的公平对待和良好交流。（3）让应聘者清楚了解求职单位的发展状况、岗位信息及相应的人力资源政策，介绍中要实事求是，据实相告，避免给应聘者夸大其辞的承诺。（4）充分理解、尊重应聘者对薪酬福利方面的要求，并给予恰当回答。只有做好以上各环节的工作，才能使优秀人才通过公平竞争脱颖而出、充分展示自身才华并满怀信心地来企业工作。

本章小结

人员招聘是企业获取合格人才的渠道，是一个复杂、连续和程序化的操作过程，包括招募和甄选两个相互独立而联系的环节。人员选拔的基本方法可分为笔试、面试、心

理测验、评价中心技术四种类型。以个性测评理论为基础的心理测验技术在一定程度上弥补了传统选拔与测试方法的缺点，增强了人员选拔的科学性和客观性。胜任力理论与模型为人员选拔提供了一个更为深层次的标准依据，它关注于导致员工产生高绩效的内在驱动因素，这使得人员选拔工作的效度更高。人员招聘活动中要鉴别、预测人的心理和行为，必须了解人际认知过程的一般规律。由于各种心理因素和环境因素的影响，在人员选拔与测试过程中，招聘双方不可避免要受到一些心理效应的影响，从而导致人员选拔中的误差，给招聘方和应聘者带来一些困扰，为此，招聘双方应采取相应措施予以改善。

复习思考题

1. 简述人员招聘的基本程序和方法。
2. 你做过心理测验吗？试评价心理测验的效果和作用。
3. 简述胜任力的深层特征因素。
4. 你如何看待应聘过程中的自卑和恐惧心理？结合所学内容与自身实践，谈谈你是如何应对和克服这些障碍的。

案例分析

××联合公司的人才选拔

××联合公司的销售经理杜某某正在审阅肖某的档案材料。他申请担任地区销售代表的职务。××公司是本地同行业的最大厂家，经营印刷初级教育直至大学教育的教材用书，系列、完整的商贸性出版物，以及其他非教育类的出版物。

该公司目前正考虑能否让肖某负责一批人与大学教授们打交道。肖某是赵某介绍过来的，而赵某是眼下公司负责西部地区的销售商中工作非常成功的一个，在他到公司的短短时期内，就将自己负责区域内的销售额增加了三倍。虽然他到公司仅两年，但其工作表现已明确表明他将前途无量。他和肖某从少年时代就是好朋友，后来又一起就读于北大。

从档案上看，这个肖某似乎是一个能折腾的人。很明显的一点是在其大学毕业后的10年里，他没有一项固定的工作。在其工作历程中，持续时间最长的是在南京的一家公司里做了8个月销售部经理，其他时间还做过许多其他的工作比如做记者、做导游、卖保险、拍广告、包括酒店领班，所做的一切都有些出人意料。

由于没有足够的钱，所以不管在哪里，他都先想办法谋生。针对他以往的这种情况，在多数情况下公司会自动取消考虑他的资格。但杜某某还是决定对肖某的申请给予进一步考虑。这主要是因为赵某的推荐，因为赵某的工作是那么出色，而赵某对肖某又是那么熟悉，那么了解他的过去。

杜某某和赵某及其另外一位朋友（作为顾问）一道会见了肖某。三人一致认为问题的关键在于：肖某能否安顿下来，为生活而认真地工作。肖某对这个问题持诚恳的态度，并承认没料到会有这种答复，他清楚自己以前的工作情况，可他似乎又觉得会得到这份预想的工作。肖某看去有着优越的素质来胜任这份工作。他的父母是名校的大学教授，他自己是在学术氛围中成长起来的，因而充分了解向教授们推销教材过程中所需解决的各种问题。他是一个有修养、有能力、知进退的人。

在会见后，杜某某和顾问都认为，如果他能安顿下来投入工作，他会成为一名杰出的销售主管。但他们也意识到还有危险存在：那就是肖某有可能再次变得不耐烦而离开去某个更好的地方。不过杜某某还是决定暂时雇佣肖某。按照公司挑选程序的一部分，最后雇佣之前需对每一位应聘者进行一系列心理测试。一些测试表明：肖海充满智慧且具有相当熟练的社会技能。

但是，其余几项关于个性和兴趣的测试，却呈现了令公司难以接受的一个侧面。测试报告说：肖某有高度的个人创造力，这将使他不可能接受权威，不可能安顿下来投入一个大的部门所要求的工作中去。关于他的个性评估了许多，但所有一切都归于一个事实：他不是公司想雇佣的那种人。看了测试结果，杜某某又拿不定主意是否向总裁建议雇佣肖某。

（资料来源：选自中华考试网）

案例问题

1. 企业外部招聘的渠道主要有哪些？本案例属于哪一种？
2. 面试的目的是什么？面试的提问技巧有哪些，分别举例说明。
3. 影响面试有效性的因素。
4. 你认为公司是否应录用肖海？假如你是杜一鸣，你会如何处理这件事情？

16PF 和兴趣测验

下面是一个16PF和一个职业兴趣测验的测验结果报告样例，请仔细阅读。

16PF 人格测验结果

姓名：＊＊＊　　性别：女　　年龄：28岁

性格开朗活泼，待人热情友善，属外向型；为人处世直爽、自然，不会刻意揣摩和计算利弊得失；对于自己无把握的事显得优柔寡断，容易随群附众，缺乏主见，但在自己熟悉的领域则十分自信、坚持己见。决策不果断、缺乏闯劲，对目标的专注程度和责任心有待提高。

心理健康状况良好，对竞争和压力有一定的心理适应性，能保持平和稳定的心态；在新的环境中成长能力较低，在新环境中需要注意保持坚强应变的灵活性、注意观察和分析在新旧角色之间的差别，应根据环境变化和角色要求的不同及时调整自己的情绪状态和立场观点，尽快进入新角色。

有一定创造能力，可以从事需要发挥个人自主性的工作，比如研究工作、设计策划工作；事务管理能力一般，不善于处理琐碎繁杂的事务或关系，难以做有条不紊的、细致的安排；不苛求于做出卓越的成就，对职业的专注程度不够，容易满足，应培养进取、负责精神，不断提高对自我的要求。

职业兴趣测验结果

姓名：＊＊＊　　　性别：男　　　年龄：33 岁

各类职业兴趣强度排序：

经营	69	研究	68
社交	65	技能	61
艺术	46	事务	30

各类兴趣强度测验为百分制，平均分为 50 分，70 分以上为很高，30 分以下为很低。

主要职业兴趣类型的解释："兴趣分散"。

测验结果表明，您对很多方面的指标都有几乎相同程度的兴趣水平，呈现天花板似的结果，也就是说，您的兴趣分布比较广泛，同时对许多方面都很投入，这样就可能会分散您的心理资源，如果调解不当，有可能会妨碍您在这些方面的潜在成就。

造成这样的结果，可能的确是出于心理能量丰富、资源充沛、精力旺盛；或者也可能出于资质聪颖，对许多不同方面的学习、技能、活动都能驾轻就熟而并不感到任何困难；或者也可能是出于热情，缺乏理性的思考和抉择。一般说来，最理想还是将不同方面的兴趣区分出不同水平的层次，形成有主有次、有轻有重的格局，这样能更好地、更经济而科学地分配有限的心理资源，从而确保在工作、生活最重要方面的心理投入。

（资料来源：王垒，姚宏．实用人事测量［M］．北京：经济科学出版社，1999：160-162）

案例问题

1. 根据上述两种测验结果，你认为他们两人适合什么样的岗位？
2. 根据本章学习内容，你对两人的职业发展有什么建议？

心理测验

职业能力倾向测验

本测验把人的职业能力倾向分为 9 种，每种能力由一组 5 个题目反映。测验时，请您仔细阅读每一题，采用"五等评分法"自己进行评定，然后分别计算出自评等级。

（一）一般学习能力倾向（G）	强 1	较强 2	一般 3	较弱 4	弱 5
1. 快而容易地学习新内容					
2. 快而正确地解数学题					
3. 你的学习成绩					
4. 对课文的字、词、段落篇章的理解、分析和综合能力					
5. 对学习过的知识的记忆能力					

续表

(二) 言语能力倾向 (V)	强 1	较强 2	一般 3	较弱 4	弱 5
1. 善于表达自己的观点					
2. 阅读速度和理解能力					
3. 掌握词汇量的程度					
4. 你的语文成绩					
5. 你的文学创作能力					
(三) 算术能力倾向 (N)	强 1	较强 2	一般 3	较弱 4	弱 5
1. 做出精确的测量					
2. 笔算能力					
3. 口算能力					
4. 打算盘					
5. 你的数学成绩					
(四) 空间判断能力倾向 (S)	强 1	较强 2	一般 3	较弱 4	弱 5
1. 解决立体几何方面的习题					
2. 画三维度的立体图形					
3. 看几何图形的立体感					
4. 想象盒子展开后的平面图					
5. 想象三维度的物体					
(五) 形态认知能力倾向 (P)	强 1	较强 2	一般 3	较弱 4	弱 5
1. 发现相同图形中的细微差别					
2. 识别物体的形状差异					
3. 注意物体的细节部分					
4. 观察物体的图案是否正确					
5. 对物体的细微描述					
(六) 书写认知能力倾向 (Q)	强 1	较强 2	一般 3	较弱 4	弱 5
1. 快而准地抄写资料（如姓名、日期、电话号码等）					
2. 发现错别字					

续表

（六）书写认知能力倾向（Q）	强 1	较强 2	一般 3	较弱 4	弱 5
3. 发现计算错误					
4. 能很快查找编码卡片					
5. 自我控制能力（如较长时间抄写资料）					
（七）眼手运动协调能力倾向（K）	强 1	较强 2	一般 3	较弱 4	弱 5
1. 玩电子游戏					
2. 打篮球、排球、足球一类活动					
3. 打乒乓球、羽毛球运动					
4. 打算盘能力					
5. 打字能力					
（八）手指灵巧度（F）	强 1	较强 2	一般 3	较弱 4	弱 5
1. 灵巧地使用很小的工具					
2. 穿针眼、编制等使用手指的活动					
3. 用手指做一件小工艺品					
4. 使用计算器的灵巧程度					
5. 弹琴					
（九）手腕灵巧度（M）	强 1	较强 2	一般 3	较弱 4	弱 5
1. 用手把东西分类					
2. 在推拉东西时手的灵活度					
3. 很快地削水果					
4. 灵活地使用手工工具					
5. 在绘画、雕刻等手工活动中的灵活性					

统计分数的方法：

1. 对每一类能力倾向计算总分数。对每一道题目，我们采取“强”、“较强”、“一般”、“较弱”、“弱”五个等级，供您自评。每组5道题完成后，分别统计各等级选择的次数总和，然后用下面公式计算出该类的总计次数（把“强”定为第一项，以此类推，“弱”定为第五项；第一项之和就是选“强”的次数和）。

总计次数=（第一项之和×1）+（第二项之和×2）+（第三项之和×3）
+（第四项之和×4）+（第五项之和×5）。

2. 计算每一类能力倾向的自评等级。自评等级=总计次数/5

3. 将自评等级填入下表：

职业能力倾向	自评等级	职业能力倾向	自评等级
G		Q	
V		K	
N		F	
S		MP	

根据结果对照下表，可找到你适合的职业。

	职业能力倾向								
职业类型	G	V	N	S	P	Q	K	F	M
生物学家	1	1	1	2	2	3	3	2	3
建筑师	1	1	1	1	2	3	3	3	3
测量员	2	2	2	2	2	3	3	3	3
测量辅导员	4	4	4	4	4	4	3	4	3
制图员	2	3	2	2	2	3	2	2	3
建筑和工程技术员	2	2	2	2	2	3	3	3	3
建筑和工程技术专家	2	3	3	3	3	3	3	3	3
物理学家	2	2	2	2	3	3	3	3	3
物理学技术员	2	3	3	3	2	3	3	3	3
农业、生物、动物、植物学的技术专家	2	2	2	2	3	3	3	3	3
农业、生物、动物、植物学的技术员	2	3	3	3	2	3	3	3	3
数学家和统计学家	1	1	1	3	3	2	4	4	4
系统分析和计算机程序编制者	2	2	2	2	3	3	4	4	4
经济学家	1	1	1	4	4	2	4	4	4
社会学家、人类学者	1	1	2	2	2	3	4	4	4
心理学家	1	1	3	4	4	3	4	4	4
历史学家	1	1	4	3	3	3	4	4	4
哲学家	1	1	3	2	2	3	4	4	4
政治学家	1	1	3	4	4	3	4	4	4
政治经济学家	2	2	2	3	3	3	3	3	5
社会工作者	2	2	3	4	4	3	4	4	4
社会服务助理人员	3	3	3	4	4	3	4	4	4

续表

职业类型	G	V	N	S	P	Q	K	F	M
法官	1	1	3	4	3	3	4	4	4
律师	1	1	3	4	3	4	4	4	4
公证人	2	2	3	4	4	3	4	4	4
图书管理学专家	2	2	3	3	4	2	3	4	4
图书馆、博物馆和档案管理员	3	3	3	2	2	4	3	2	3
职业指导者	2	2	3	4	4	3	4	4	4
大学教师	1	1	3	3	2	3	4	4	4
中学教师	2	2	3	4	3	3	4	4	4
小学和幼儿园教师	2	2	3	3	3	3	3	3	3
职业学校教师（职业课）	2	2	2	3	3	3	3	3	3
职业学校教师（普通课）2	2	3	4	3	3	4	4	4	
内、外、牙科医生	1	1	2	1	2	3	2	2	2
兽医	1	1	2	1	2	3	2	2	2
护士	2	2	3	3	3	3	3	3	3
工业药剂师	2	1	2	3	2	2	3	2	3
医院药剂师	2	2	2	4	9	2	3	2	3
营养学家	2	2	2	3	3	3	4	4	4
配镜师（医）	2	2	2	2	2	3	3	3	3
配眼镜商	3	3	3	3	3	4	3	2	3
放射科技术人员	3	3	3	3	3	3	3	3	3
药物实验室技术专家	2	2	2	3	2	3	3	2	3
药物实验室技术员	2	3	3	3	3	3	3	3	3
画家、雕刻家	2	3	4	2	2	5	2	1	2
产品设计和内部装饰者	2	2	3	2	2	4	2	2	3
舞蹈家	2	2	4	3	4	4	4	4	4
演员	2	2	3	4	4	3	4	4	4
电台播音员	2	2	3	2	2	4	2	2	3
作家和编辑	2	1	3	3	3	3	4	4	4
翻译人员	2	1	4	4	4	3	4	4	4
体育教练	2	2	2	4	4	3	4	4	4
运动员	3	3	4	2	3	4	2	2	2

续表

职业类型	G	V	N	S	P	Q	K	F	M
秘书	3	3	3	4	3	2	3	3	3
打字员	3	3	4	4	4	3	3	3	3
会计	3	3	3	4	4	2	3	3	4
出纳	3	3	3	4	4	2	3	3	4
统计员	3	3	2	4	3	2	3	3	4
电话接线员	3	3	4	4	4	3	3	3	3
办公室职员	3	4	3	4	4	3	3	4	4
商业经营管理者	2	2	3	4	4	3	4	4	4
售货员	3	3	3	4	4	3	4	4	4
警察	3	3	3	4	3	3	3	4	3
门卫	4	4	5	4	4	4	4	4	4
厨师	4	4	4	4	3	4	3	3	3
招待员	3	3	4	4	4	4	3	4	3
理发员	3	3	4	4	9	4	2	2	2
导游	3	3	4	3	3	5	3	3	3
驾驶员	3	3	3	3	3	3	3	4	3
农民	3	4	4	4	4	4	4	4	4
动物饲养员	3	4	4	4	4	4	4	4	4
渔民	4	4	4	4	4	5	3	4	3
矿工	3	4	4	3	4	5	3	4	3
纺织工人	4	4	4	4	3	5	3	3	3
机床操作工	3	4	4	3	3	4	3	4	3
锻工	3	4	4	4	3	4	3	4	3
无线电修理工	3	3	3	3	2	4	3	3	3
细木工	3	3	3	3	3	4	3	4	4
家具木工	3	3	3	3	3	4	3	4	3
一般木工	3	4	4	3	4	43	4	3	
电工	3	3	3	3	3	4	3	3	3
裁缝	3	3	4	3	3	4	3	2	3

网站推荐

◇ http：// www. mbti. com

◇ http：// www. psych-test. com（英文版心理测验网）

◇ http：// www. psy-test. net（中文版网上心理测验）

参考文献

1.（美）舒尔茨．工业与组织心理学：心理学与现代社会的工作（第八版）［M］．时勘，等，译．北京：中国轻工业出版社，2004：105.

2. 萧鸣政．人员测评与选拔［M］．上海：复旦大学出版社，2005：72，321.

3. Dion，K. B & Walster，E.（1972）. What is beautiful is good［J］. Journal of Personality and Social Psychology，24（3）：285.

4. Costa，P. T.，Jr，& McCrae，R. R.（1992）. The NEO－PI－R：Professional manual. Odessa，FL：Psychological Assessment Resources.

5. 全国十二所重点师范大学联合编写．心理学基础［M］．北京：教育科学出版社，2008.

6. 秦永良．组织行为学［M］．北京：石油工业出版社，1999.

7. 詹承烈，梁友信，胡冰霜．实用劳动人事心理学［M］．北京：人民卫生出版社，2002.

8. 北京师大辅仁应用心理发展中心．身边的心理学［M］．北京：机械工业出版社，2008.

9. 赵西萍，宋合义，梁磊．组织与人力资源管理［M］．西安：西安交通大学出版社．2003.

10. 黄希庭，朱永新．人力资源管理心理学［M］．上海：华东师范大学出版社，2003.

11. 陈国海．组织行为学［M］．北京：清华大学出版社，2006.

12. 张志红，朱冽烈．人才测评实务［M］．北京：机械工业出版社，2005.

13. 孙健敏．组织行为学［M］．上海：复旦大学出版社，2005.

第五章

学习心理与员工培训

学习目标

- 了解学习的基本概念
- 了解和掌握人类学习的特点和学习的类型
- 了解和掌握学习理论及其应用
- 掌握员工培训的概念和基本内容
- 掌握学习与培训的关系
- 掌握员工培训的心理学理论及其应用
- 掌握成人学习理论在员工培训的应用

关键概念

学习　学习理论　行为主义学习理论　试误学习理论　条件反射理论　行为矫正理论　认知学习理论　学习的信息加工　人本主义学习理论　建构主义学习理论　成人学习理论　培训的需要理论　培训强化理论　培训目标设定理论　培训期望理论

引导案例

瑞士雀巢公司是驰名世界的食品工业巨头，其足迹遍布全球，在世界各地共拥有万名员工。雀巢公司为实现其各地子公司人员“本土化”的目标，特别重视开发人力资源，尤其重视对公司在职人员的培训。公司总部设有培训中心，为公司各类员工提供培训。为适应职业培训与人力资源的新形势，该中心开设了电子学习远程网络教育课程。雀巢公司请一家软件公司专门设计了特别课程，通过网络迅速向世界各地的员工传授食品工业的知识、了解发展动向、交流经验、提高效率和业务能力，尤其是财务监督方面的课程已作为这种网络教育的特别项目。全球的雀巢公司员工通过上网，听老师授课，并可下载授课内容备空闲时学习。每期网上课程都有考核，成绩合格者方可获得该期学习的结业证书。雀巢公司电子学习远程网络教育课程已在25个地区推出，利用网络参加学习的员工人数增加很快，有30%的雀巢公司员工通过电子学习网络接受职业培训和知识更新。根据形式发展，雀巢公司将继续发展网络教育，增设网上辅导课程，扩大网上授课范围，以满足广大员工参加职业培训的需要。

（资料来源：选自豆丁网）

随着知识经济时代的到来和现代科学技术的迅猛发展，在市场经济下，一个企业要想在市场上求生存，求发展，要在市场竞争中立于不败之地，保持长期的竞争优势，关键的因素是人才素质。因此就必须重视企业的人才资源，重视人才的培养。人力资源培训作为人力资源管理中的核心分支，已经成为企业领导人和人力资源工作者很重要的一个战略研究课题。企业的员工培训则是提供信息、知识及相关技能的重要途径，在当今激烈竞争的市场上，立于不败之地的企业必定是那些能帮助其员工充分发挥自己全部潜能的企业，提高员工培训的有效性成为企业极为关注的重要工作。由于企业员工都是在职成人，具有成人学习的一般特征，故研究掌握学习理论，从心理学角度了解员工培训的特性。进行合理的培训组织，对提高员工培训效果是大有裨益的。

第一节　学习概述

一、学习的含义

学习是由经验所引起的行为或心理的变化。这种变化，有的是可以从学习者行为的变化中直接观察到的；有些是内部心理结构（知识、技能、态度等）的变化，会在以后的行为中表现出来。

我们可以从多种角度对学习进行不同的解释。

首先，从学习的涵盖面来看，把学习分为以下三个层面。

一是广义的学习。广义的学习是指人类和一般动物在生活过程中获得个体行为经验的过程。按照前苏联生理学家、心理学家巴甫洛夫的学说，以无条件反射为基础建立起条件反射的过程就是学习。这种学习是人类和一般动物共有的现象。

二是狭义的学习。狭义的学习是指人类的学习。它相对于一般动物来说，具有三个显著特点：其一，人类的学习除了获得个体的经验以外，还要掌握人类有史以来所积累的社会历史经验，即科学文化知识；其二，人类的学习总是在改造客观世界的实践过程中，在人们相互交往的过程中进行的，是通过语言的中介作用掌握历史经验的过程；其三，人类的学习是一种自觉、主动、积极的学习过程。

三是更狭义的学习。更狭义的学习是指学生的学习，它是学生在教师指导下有目的、有计划、有组织的学习，是一种教与学的互相作用过程。

其次，从学习的水平来看，学习可以分为以下三个层次。

一是模仿学习。模仿学习主要是针对尚未形成理论体系的经验、方法、技巧等的学习。学习的内容一般离不开直观的感觉，如写大楷时运笔的经验、做化学实验时操作的方法、敲击键盘时的用指技巧，等等。这种学习从小开始，相伴终身。模仿学习可以是自觉的，也可以是非主动的。所谓“潜移默化”，其中有很大的成分就是模仿学习。

二是记忆学习。记忆学习是指对比较固定化或意义相对稳定的内容的学习。如记忆外语单词、背诵数学公式、记忆化学元素符号等。在传统学习中，记忆被看成是学习的核心，可见记忆学习对于掌握知识技能具有十分重要的作用。不过，尽管记忆学习使我们增长了知识，有助于对事物的认识，但学习效果仅仅停留在记忆阶段，是远远不够的。

三是理解学习。理解学习主要是指运用自己的思维能力，面对大量的学习内容，进行比较、概括、抽象，把握事物规律的学习。解答数学习题、理解自然科学的基本定义、认识事物发展规律中的因果关系等，都需要理解学习。

最后，从学习的内容来看，学习包含以下三个方面。

一是技能学习。技能学习以主要依靠肌肉活动为特征。运动技巧、乐器演奏、习书打字、实验操作等，都属于技能学习。这种学习活动往往需要视觉和知觉的协调，需要反复练习，才能准确、连贯、迅速。

二是概念学习。概念学习以凭借语言中介为特征。概念是人们用语言表达的事物本质属性，概念与概念的组合构成了人的思维活动。

三是情感学习。情感学习主要以学习者的内心体验为特征，旨在调节内在的爱与憎、褒与贬、扬与抑等情感。情感与人的认知、技能等共同作用，综合地反映主体的感知、需要、态度、评价，并通过主体自身的言、行、意等表露出来，构成主体的是非理念、审美理念、价值理念。

在这三类学习活动中，概念学习是人类学习的最高级形式，也是我们掌握人类历史认识成果、吸取人类共同认识养分的主要途径。

无论哪一种学习类型，都离不开人的认知活动，如感知、记忆、思维、想象等。

二、人类学习的特点

人类的学习与动物的学习有本质的区别。人的学习的实质表现在以下几个方面：

1. 人的学习是在社会生活实践中通过思维活动产生和实现

人一出生，就生活在一个特定的社会中，并逐渐从一个自然人转变成一个社会人，即所谓的个体社会化。在这个过程中，人逐步掌握和运用语言进行思维，从而认识自然界和社会现象及其规律，并根据这些规律对自然和社会进行改造。个体的社会化，既是人的社会实践活动过程，也是人的学习过程。

2. 人的学习是掌握社会历史经验和个体经验的过程

在人的社会化过程中，一方面要学习人类几千年来所积累的社会历史经验，同时也在自身的实践中积累个体的经验。其中，人对社会历史经验的学习，在人的学习中占据着重要地位，个体的知识经验与社会经验相比，只占很小的一部分。

3. 人的学习是以语言为中介

人对语言的掌握，扩大了个体学习和掌握社会历史经验的可能性。借助于语言这一工具，能使人通过学习把别人的经验转化为自己的经验，把人类的社会历史经验转化为个体的精神财富。

4. 人的学习是自觉地、有目的和有计划地

人的意识在人的学习中起着支配和调节作用。能动性是意识的基本特征，表现在人的学习活动中就是自觉地、有目的、有计划地去学习各种知识经验，并使之成为认识世界和改造世界的一种内在力量。

总之，人的学习是人在社会实践活动中，以语言为中介，通过思维自觉地、有目的、有计划地掌握社会历史经验和个体经验的过程。

三、学习的类型

学习是一种相当复杂的现象，因而学习的类型也是多种多样的。根据不同的标准，从不同的角度，心理学家对学习进行了各种划分。

1. 根据学习目标的不同进行的分类

美国心理学家布卢姆（B. B loom）将教育目标分为认知领域的目标、情感领域的目标和动作技能领域的目标三大部分，每一领域的目标又从低到高分为若干等级。其中认知领域的目标可以分为知识、理解、运用、分析、综合、评价六类。

2. 根据学习结果的不同进行的分类

美国心理学家加涅（R. Gagne）认为学习者学习之后要获得五种习得的能力即五种学习结果，它们是：（1）言语信息；（2）智力技能；（3）认知策略；（4）态度；（5）动作技能。

3. 根据学习方式的不同进行的分类

美国心理学家奥苏伯尔（D. P. Ausubel）根据学习方式以及学习内容与学习者原有知识的关系不同对学习进行了分类。

根据学习方式的不同，奥苏伯尔将学习分为接受学习和发现学习两种。接受学习是将学习者要学习的概念、原理等内容以结论的方式呈现在学习者面前，教师传授，学习者接受。发现学习是指学习者要学习的概念、原理等内容不直接呈现，需要学习者通过独立思考、探索、发现而获得。

根据学习内容与学习者原有知识的关系不同，奥苏伯尔将学习分为机械学习和有意义学习两种。机械学习是指当前的学习没有与已有知识建立某种有意义的联系；有意义学习是指当前的学习与已有知识建立起实质性的、有意义的联系。

4. 根据学习内容的不同进行的划分

在我国心理学家潘菽主编的《教育心理学》中根据学习内容的不同，将学习分为四种：

（1）知识的学习；

（2）智力的学习；

（3）运动和动作技能的学习；

（4）道德品质与行为习惯的学习。

第二节 学习理论

学习理论是探究人类学习的本质及其形成机制的心理学理论，它着重说明学习是怎样产生的；它经历怎样的过程，有哪些规律；学习的结果使学习者发生了怎样的变化，是外部的行为操作还是内部的心理结构；如何才能进行有效的学习等问题。

多年来，描述如何学习的理论流派很多，心理学家在探讨学习理论的过程中，由于各自的哲学基础、理论背景、研究手段的不同，自然形成了各种不同的理论观点，并形成了各种不同的理论派别。根据目前使用相对广泛的分类方式，一般将学习理论概括为四大流派：即行为主义、认知主义、人本主义和建构主义。由于篇幅有限，本节只做简单的论述。

一、行为主义学习理论

行为主义的学习理论主要是以动物实验为基础的，以可观察的行为作为研究对象，这也是它研究学习问题所选择的视角。它的研究思路是以行为主义心理学的基本假设为依据，即：学习者的行为是其对环境刺激的反应，所有行为都是习得的。所以，行为主义学派又被称为“刺激—反应”学派。该学派声称“心”是无法成为科学的观察对象，是一个不值得科学研究探讨的问题，因此，又被称为不研究心理的心理学。我们仅就比较有影响的理论作一介绍和评价。

（一）桑代克的试误学习理论

爱德华·桑代克（Edward L. Thorndike，1874～1949），是心理学史上第一位用动物实验来研究学习的人，也是第一个系统地论述教育心理学的心理学家。桑代克研究的领域很广泛，包括动物和人类的学习、教育过程、教学原理以及英语学习的性质。桑代克对学习理论的最大贡献是：他从动物和人类学习的实验中总结出了一系列学习规律，提出了试误说。他认为，动物的基本学习方式是试误学习，在试误过程中形成刺激—反应之间的联结。所以，他的试误论又称为学习联结论。

桑代克根据人类学习形式的复杂程度，由浅入深，将学习分为四类：

（1）形成动物学习中发生的那种联结；

（2）形成含有观念的联结；

（3）分析或抽象；

（4）选择性思维或推理。

桑代克提出许多学习律，其中有三条学习律影响最大，并且一直是学习心理学研究的主要课题和争论的焦点。

（1）准备律。在进入某种学习活动之前，如果学习者做好了与相应的学习活动相关的预备性反应（包括生理和心理的），学习者就能比较自如地掌握学习的内容。

（2）效果律。这是桑代克学习律中最主要的一条。用桑代克自己的话来表达，效果律就是：“满意或不舒适的程度越高，刺激—反应联结就越加强或减弱。”也就是说，只有当反应对环境产生某种效果时，学习才会发生。如果反应的结果是令人愉快的，那么学习就会发生和加强，这是正强化律；如果反应的结果是令人烦恼的，则行为反应就会削弱，这是负强化律。当前行为的后果对决定未来的行为起关键的作用。

（3）练习律。对于学习者已形成的某种联结，在实践中正确地重复这种反应会有效地增强这种联结。

另外，桑代克也非常重视练习中的反馈，他认为简单机械的重复不会造成学习的进步，告诉学习者练习正确或错误的信息有利于学习者在学习中不断纠正自己的学习内容。

（二）条件反射理论

主要有巴甫洛夫（Ivan P. pavlov）的经典条件反射理论、华生（John. B. Waston）的行为主义学习论和斯金纳（B. F. Skinner）的操作性条件反射理论。

1. 巴甫洛夫经典条件反射理论的几个要素

（1）条件反射习得，即建立条件反射，使条件刺激获得信号意义。

（2）条件反射消退，条件反射会因得不到无条件刺激强化而消退。这是一种消退性抑制，这种抑制解除后，条件反射会恢复。

（3）条件反射泛化，条件反射可以由与条件刺激相似的刺激引起，越相似，越能引起条件反射。

（4）条件反射分化，分化与泛化是条件反射建立过程中的两个阶段，在条件反射建立的初期，相似刺激能引起条件反射，出现泛化现象，但随着用无条件刺激对不同刺激进行的强化或消退，就建立分化条件反射。

（5）多级条件反射，在条件刺激的基础上，再赋予它以信号意义，形成二级条件反射，依此类推，可以建立多级条件反射。

巴甫洛夫认为，条件反射的形成是在中枢神经系统内建立了“暂时性神经联系”。前苏联的心理学家并不把条件反射看成是一种学习现象，而是试图用条件反射和条件反射理论来解释一切心理现象，把巴甫洛夫理论神化，认为只有巴甫洛夫学说才能使我们揭示心理活动的大脑机制，等等。而美国的心理学家普遍认为条件反射现象是一种普遍的学习现象。但条件反射理论几乎成了20世纪上半叶学习理论的基础，这一点是公认的事实。

2. 华生行为主义学习论

华生采用了巴甫洛夫的条件反射方法，并在抨击桑代克的效果律基础上建立了行为主义学习论，提出用频因律和近因律来代替效果律。

（1）频因律。在其他条件相等的条件下，某种行为练习得越多，习惯形成就越迅速。在形成习惯的过程中，有效动作之所以保持下来，无效动作之所以消失，是因为有效动作比任何一种无效动作出现的次数都多，而每一次练习都是以有效动作的发生而告终。华生把反应出现的次数作为解释反应的保留或淘汰的原则。

（2）近因律。华生认为，当反应频繁发生时，最新近的反应比较早的反应更容易得到加强。因为在每一次练习中，有效的反应总是最后一个反应，所以这种反应在下一次练习中必定更容易出现。由此他把反应离成功时机的远近作为解释反应保留或淘汰的原则。在他看来，习惯反应必然是离成功时机最近出现的反应。

他强调，要用刺激—反应来分析所有的行为，包括情绪反应。华生的影响在于把行为主义与刺激—反应心理学联结在一体，他使心理学家相信，对行为的真正解释在于神经系统，一旦对大脑有了了解，一切神秘都可以揭开。他还使心理学家相信，学习是一个最重要的决定因素，人的行为、个性和情绪都是习得的。

3. 斯金纳的操作性条件反射理论

斯金纳提出，人和动物有两种习得性行为，一种是应答性行为，通过建立经典条件反射习得；另一种是操作性行为，通过操作性条件反射习得。斯金纳进一步提出，有两种学习，一种是经典条件反射式学习，另一种是操作性条件反射式学习。两种学习同样重要，而操作式学习更能代表现实生活中人的学习情况。斯金纳认为学习过程就是分别形成两种条件反射的过程。斯金纳还提出，强化是增加操作反应概率的手段，强化在塑造行为和保持行为中是不可缺少的。这就是斯金纳的强化理论，他还以强化理论为依据，设计了教学机器和程序教学，为教育技术学奠定了基础，对促进计算机辅助教学发挥了巨大作用。

（三）行为矫正

将知觉、思维、期望和自我陈述等多种认知过程纳入行为主义框架之中，是行为主义心理学的最新发展。这些理论认为，学习者存在的一些有缺陷的认知过程，会引导或控制他们的行为，出现不当的行为方式；如果纠正这些认知缺陷，不当的行为方式就可以得到矫正。在此理论的指导下，一些“认知行为矫正”方法被发展起来作为治疗行为、情绪和学习问题的依据。认知行为矫正方法主要有：

1. 自我管理

也就是应用行为分析方法，以积极地强化改进学习者的行为，一旦达到了所期望的行为矫正，则矫正过程转为学习者自我控制过程，包括自我评估和自我行为监视。

2. 自我言语

自我言语训练的理论基础是，个体的内在言语影响认知（思维）并引导行为。因此，引进比较适当的自我言语，不当行为就可以得到矫正。

二、认知学习理论

20 世纪 60 年代以后，随着现代科学技术的发展，特别是现代科学方法论，诸如系统论、控制论和信息论等被引入心理学研究，在心理学中出现了“认知革命”，现代认知学习理论也发展起来，出现了各种学说。其中布鲁纳（J. S. Bruner）的认知结构学习理论是最有影响的理论之一。

（一）布鲁纳的认知结构学习理论

布鲁纳认为，学习一门学科包括三个几乎同时发生的过程：一是新知识的获得，这种新知识通常是与个人已有知识相违背或者是替代或者是先前知识的重新提炼。二是知识转换，对知识进行处理，以适应新任务。通过外推、内插或变换等方法把知识整理成各种形式，以超越所给的信息，从而获得更多的知识。三是评价，检查处理知识的方法是否合适，外推、运演和概括是否恰当等。他认为，学习者不是被动的知识接受者，而是积极的信息加工者。他关注的焦点是学习的过程，既学习者头脑中认知结构重建的过程，因此称他的理论为认知结构学习理论。他的学习理论是以学习者的知识学习为研究对象的。主要内容包括：知觉与归类；概念获得；编码系统；认知生长和表征系统；发现学习等。

1. 知觉与归类

在布鲁纳研究知觉和认知之时，正是美国行为主义在心理学中占统治地位之际。长期以来，人们认为客体的物理特性和观察的情境条件是人类知觉物体的决定因素，但布鲁纳强调人类思维的策略性和目的驱动性。布鲁纳提出了知觉研究的新看法，他认为人类是有系统地对环境信息加以选择和抽象概括。因此，在知觉物体的特征时，会受个体因素的影响，产生差异。他认为知觉有两个特征：一是知觉具有归类和推理的性质。人们根据刺激输入的某些确定的或关键属性，有选择地进行归类，然后根据已有的知识进行推论。二是知觉有不同的真实性。布鲁纳提出，在学习知觉时，实际上是在学习我们所遇到物体和事件的各种特征之间的关系，学习适当的类别与类别系统，学习预测和检索什么东西与什么东西是合拍的。

为此，他认为知觉过程有四个步骤：

（1）初步归类。环境事件在知觉上是孤立的，只注意到某些特征，事件本身还没有意义，在复杂推理之前完成。

（2）线索搜索。为归类正确，对刺激采取开放态度，全面寻找用以辨别事件的属性。

（3）证实检索。只搜寻可以证实事件的线索，以检索原来归类是否正确。

（4）结束证实。完成归类，结束检索。布鲁纳强调对刺激归类的精确性主要取决于知觉准备状态。所谓知觉准备状态是指某一类别的可接受程度，而这取决于个体的期待和需要。在布鲁纳看来，知觉过程就是对客体加以归类的过程。

2. 概念获得

布鲁纳认为，人们是通过类别来对刺激输入进行加工的。类别，实际上就是概念。因此，概念是思维过程的核心。所以，帮助学习者有效地习得概念，是教育的目的之一。布鲁纳对概念的形成和获得作了区分，它认为概念形成是指学习者知道某些事物属于这一类别，而其他事物不属于这一类别；概念获得是指学习者能够发现用以区别不同类别事物的各种属性。学校学习不只是形成概念，还要获得概念。布鲁纳设计了研究人工概念形成过程的实验，提出了“假设—检验学说”，提出了概念的分类和概念获得的策略。

3. 编码系统

布鲁纳认为，人们的学习要超越所给的信息，不仅仅涉及对输入信息进行归类和推理，而且涉及相关的类别和推理。这些相关的类别在认知结构中是按由具体到抽象的原则由低级到高级排列的，布鲁纳称其为“编码系统”。人的编码系统是在学习过程中形成的。在学习过程中，人们通过类别化思维活动，把同类事物联系起来，并把它们联结起来，赋予意义，形成概念化的结构，这个结构就是编码系统。所以，编码系统就是通过对外界输入信息进行类型化或概念化的思维活动而形成的。学习过程就是编码系统的概念（或类别）不断概括、分化和完善的过程。

4. 认知生长和表征系统

布鲁纳把认知生长与智慧生长视作同义词，他认为探讨知觉和思维的目的是为了帮助和促进学习者的智慧生长，并把它们看作是形成表征系统的过程。布鲁纳认为，智慧生长的主要目的，是为学习者提供一个可以解决生活中一切问题的认识现实世界的模式，这个模式涉及储存信息的内部系统。表征系统是人们知觉和认识世界的一套规则。

5. 发现学习

布鲁纳认为，学习的实质在于主动地形成认知结构。他讲的认知是指一个人进行“了解他的世界时所经历的几个过程的一个总称。它包括感知、领悟和推理几个比较独特的过程。这个术语常含有意识到的意思”。人们通过这个认知过程把获得的信息和以前构成的编码系统联系起来，并用不同方式进行表征，构成他的知识框架。这个框架是形成认知结构的基础，是学习新知识的重要内部因素。布鲁纳强调学习者的学习是主动发现的过程，而不是被动接受知识。布鲁纳告诫人们，不要把学习者当成被动的知识接受者。他非常重视人的学习主动性。他提倡发现学习，因此有人称其为“认知-发现说”。所谓发现学习，就是让学习者独立思考，提出假设，进行验证，自己发现要学习的概念、规则等知识。布鲁纳强调，学习应注重掌握学科的结构，而不是现成的答案，注重学习的过程，而不是学习的结果。

（二）学习的信息加工论

随着信息论被引进心理学研究领域，学习的信息加工论也应运而生。所有的信息加工论者都认为，学习实质上是由习得和使用信息构成的，他们的一个基本假设是：行为是由体内信息流程决定的。但这种信息流只是一种猜想，无法直接观察到。所以，心理学家们构建不同模式，对信息流进行推导。认知心理学家常常用计算机处理信息的过程来比拟和解释人类学习和大脑加工信息的过程。这是学习的信息加工论研究学习过程的思路，他们把研究焦点放在追溯和描述心理运演的顺序和产品上。就一般而言，信息加工论者主要关注的问题是：人类记忆系统的性质和记忆系统中知识表征和贮存的方式。

1974 年，加涅利用计算机模拟的思想，坚持利用当代认知心理学的信息加工的观点来解释学习过程，展示了学习过程中的信息流程。图 5-1 是加涅所阐述的学习和记忆的信息加工流程图。

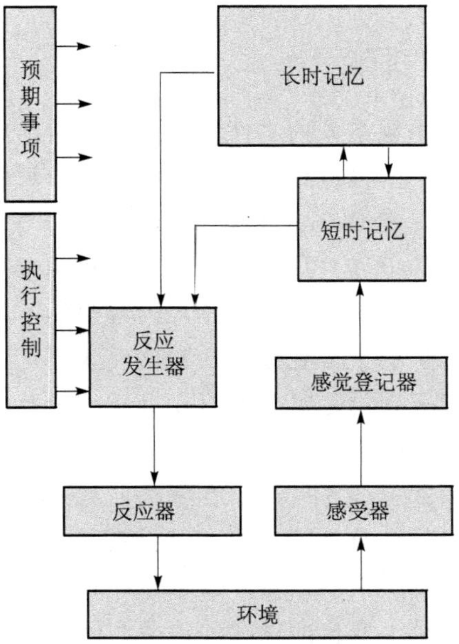

图 5-1　学习和记忆的信息加工模型

加涅的学习模式是吸收了各家各派之长而建立起来的，他注意到了人类的学习特点，是当前比较有代表性的学习模式。

加涅认为，任何一个教学传播系统都是由“信源”发布“消息”，编码处理后通过“信道”进行传递，再经过译码处理，还原为“消息”，被“信宿”接收。该模型呈现了人类学习的内部结构及每一结构所完成的加工过程，是对影响学习效果的教学资源重新合理配置、调整的一种序列化结构。在这个信息流程中，加涅主要强调了以下几点。

（1）学习是学习者摄取信息的一种程式。学习者从环境中接受刺激从而激活感受器，这是学习的第一步。

（2）学习者自发的控制和积极的预期是制约课堂教学有效性的决定因素。执行控制和预期虽然没有呈现在信息的流变程式中，但它们与信息流动同步，直接参与了完整信息加工的每一步，事实上这两个学习者内部加工的机制能影响所有的信息流阶段。因此，为了高效率地学习，学习者必须对一些刺激作出反应，这意味着在学习初期学习者的感觉器官就应该朝向于刺激源，做好接受刺激的心理准备；另外，选择性知觉会直接影响到感觉登记器中的内容进入短时记忆的特征及编码方式的选择，它作为一种特殊因素在学习一开始就决定了学习者概括和解决问题的能力及学习者思维质量的高低。还有，作为一种定向性的执行过程，预期的内容能使学习者产生一种连续的学习定势，使他们的心向在指向于目标完成的过程中选择每一加工阶段的信息输出，完成对学习者“头脑中已有”目标的应答。

（3）反馈是检验教学效果的手段。教学是一个封闭的环形流程，有起点，也有终点，这里的起点和终点都指向于与学习者紧密相关的课堂情境（环境），在这样一种情境中需要对教学结果作出一定的评价，以过程效果检测的评定性标准作为提升教学质量的中介，使教学过程在一种动态的流程中不断地创新、超越。而反馈就是通过对学习者行为的效果提供结果性评定，来检测、描述学习的性能、意义。

三、人本主义学习理论

人本主义心理学研究的主题是人的本性及其与社会生活的关系，强调人的价值和尊严。他们一方面反对行为主义的机械化倾向和精神分析学派的性本能倾向，另一方面又指出认知学派忽视人的情感、价值和态度对学习的影响。他们认为，要理解人类的行为，必须理解行为者所知觉的世界，从行为者的观点来观察事物。他们关注的是个人的感情、知觉、信念和意图。他们认为，如果学习内容对学习者没有个人意义的话，学习就不大可能发生。他们感兴趣的是自我概念的发展、人际关系的训练和其他情感方面的内容。人本主义学习观的代表人物是罗杰斯（C. R. Rogers）。下面主要介绍他的观点。

罗杰斯主张有意义学习。他认为可以把学习分成两类：一类学习类似于无意义音节学习。这类学习不易获得，并且容易遗忘。在罗杰斯看来，学习者学习的内容，有许多是无个人意义的。这类学习只涉及心智，它不涉及感情或个人意义，与完整的人无关。另一类学习是意义学习，但罗杰斯的意义学习是指一种使个体的行为、态度、个性以及在未来选择行动方针时发生重大变化的学习。他关注学习内容与个人之间的关系，与完整的人有关，要求整个人全身心地投入这种学习。

罗杰斯指出，在学习史上，人们往往把学习看成是一种有序的认知活动，是一种左半脑的活动。在罗杰斯看来，要使整个人都参与学习，就要充分利用右半脑。他认为，要使左右半脑共同发挥功能，最好的办法就是意义学习。他认为，意义学习包括四个要素：第一，学习具有个人参与的性质，即整个人（包括情感和认知两方面）都投入学习活动；第二，学习是自我发起的；第三，学习是渗透性的，它会使学习者的行为、态度乃至个性都会发生变化；第四，学习是由学习者自我评价的，因为学习者最清楚这种学习是否满足自己的需要。在罗杰斯看来，自我评价是使自我发起的学习成为一种有效学习的重要手段。

罗杰斯认为，人类生来就具有学习的倾向或者说具有学习的潜能。在合适的条件下，这种潜能就能释放出来，所以，学习就是这种潜能的激发而形成的一种自发的、有目的和有选择的心理过程。这就是罗杰斯人本主义对学习的起因和学习动机的看法。人本主义对教育的全部探讨，都是建立在学习者的这种渴望学习的天性上。

对于学习的内容，罗杰斯认为学习内容应该是学习者认为是有价值，有个人意义的知识或经验。由于罗杰斯把学习者看作是一个有目的、能选择和塑造并从中得到满足的人。所以，他强调，学习是一个愉快的过程，而在教学中强调要以学习者为中心，教学的任务就是创造一种有利于学习者的学习潜能发挥的情境，使学习者的潜能得以充分的发挥，理解所学内容的价值和个人意义时才能成为最有效的学习。反之，学习就会困难。如果需要学习者改变自己的看法学习，就会遭到学习者的抵制。罗杰斯认为，最有用的知识是学会如何进行学习。罗杰斯曾明确指出，只有学会如何学习和如何适应变化的人，只有意识到没有任何可靠的知识，唯有寻求知识的过程才是可靠的人，才是有教养的人。现代世界中，变化是唯一可以作为确立教育目标的依据，这种变化取决于过程而不取决于静止的知识。他认为，有意义的知识是在做的过程中获得的。他认为，更重要的是通过做，获得了如何进行学习的方法，这些方法可以应用到以后的学习中去。所以，最有用的学习是学会学习，它导致对各种经验的不断感受，提高了对变化的耐受性。这就是人本主义的以个人为中心，以过程为定向的“学习是形成”的学习方式。

四、建构主义学习理论

随着计算机和互联网络教育应用的飞速发展，在心理学中正在发生着一场革命，人们对它叫法不一，但更多地把它称为建构主义的学习理论。客观地说，到目前为止，建构主义的理论体系还处在发展过程中，尚未成熟，因此，我们只能试着对它的主要观点作一些简要的梳理、概括。

建构主义学习理论是认知学习理论的进一步发展。它主张，世界是客观存在的，但对于世界的理解和赋予意义却是因人而异。每一个人都是以自己的经验为基础来建构现实，或者说解释现实。每个人的经验以及对经验的信念不同，从而对外部世界的理解各不相同。所以，建构主义理论更关注如何以原有的经验、心理结构和信念为基础来建构知识。强调学习的主动性、社会性和情境性，对学习和教学提出了许多新的解释。其中主要的概念有：知识结构的网络概念；知识结构的社会性；情境性学习与真实性任务；

建立支架（包括认知模型，提示或给予线索）并将管理学习的责任向学习者转移等。建构主义对学习的基本解释主要包括以下观点：

（1）学习是学习者主动建构内部心理表征的过程，这个建构过程是通过已有的认知结构（包括原有知识经验和认知策略）对新信息进行加工来实现的。

（2）学习过程同时包含：对新信息的理解是通过自己的已有经验，超越所提供的信息而建构成的，即对新信息意义的建构；同时又包含对从记忆系统提取的信息本身，按具体情况进行建构，即对原有经验的改造和重组，这是一种灵活的建构。

（3）学习者以自己的方式建构对事物的理解，由于不同人看到的是不同方面，所以，不存在唯一的标准的理解，但通过合作学习可以使理解更加丰富和全面。建构主义提倡随机通达教学、自上而下的教学设计和知识结构的网络概念、情境性教学和支架式教学，重视教学中的社会性相互作用。

第三节　员工培训与开发

一、培训与开发的含义

员工培训与开发是一个组织为员工灌输组织文化、道德标准，提供思路、理念、信息和技能，帮助他们提高素质和能力、提高工作效率，发挥内在潜力的过程。从管理角度看，培训主要是使员工学习掌握如何干好所承担工作的相关信息和技能，开发则是指通过教育活动使员工掌握目前和未来工作所需要的思路、知识及技巧，充分发挥自身的潜能（积极性、创造性），不断适应新情况、新环境的需要，卓有成效地完成组织任务和目标，所以开发又称之为发展。其实，员工培训与开发就是组织正式员工的综合发展工作，从教育和管理角度来看，是一种在组织目标和岗位任务规定下的，对员工实施继续教育、终身教育，促使人的素质提高，开发人力资源的活动。

二、员工培训的意义与特点

（一）培训的意义

组织在面临全球化、高质量、高效率的工作系统挑战中，培训显得更为重要。培训使员工的知识、技能与态度明显提高与改善，由此提高组织效益，获得竞争优势。具体体现在以下方面：

1. 能提高员工的职业能力

员工培训的直接目的就是要发展员工的职业能力，使其更好地胜任现在的日常工作及未来的工作任务。在能力培训方面，传统上的培训重点一般放在基本技能与高级技能两个层次上，但是未来的工作需要员工更广博的知识，培训员工学会知识共享，创造性地运用知识来调整产品或服务的能力变得尤为重要。同时，培训使员工的工作能力提高，为其取得好的工作绩效提供了可能，也为员工提供更多晋升和较高收入的机会。

2. 有利于组织获得竞争优势

面对激烈的国际竞争，一方面，组织需要越来越多的跨国经营人才，为进军国际市场做好人才培训工作。另一方面，员工培训可提高组织新产品研发能力，员工培训就是要不断培训与开发高素质的人才，以获得竞争优势。尤其是人类社会步入以知识经济资源和信息资源为重要依托的新时代，智力资本已成为获取生产力、竞争力和经济成就的关键因素。组织的竞争不再依靠自然资源、廉价的劳动力、精良的机器和雄厚的财力，而主要依靠知识密集型的人力资本。员工培训是创造智力资本的途径。智力资本包括基本技能（完成本职工作的技术）、高级技能（如怎样运用科技与其他员工共享信息、对客户和生产系统了解）以及自我激发创造力。因此，这要求建立一种新的适合未来发展与竞争的培训观念，提高企业员工的整体素质。

3. 有利于改善组织的工作质量

工作质量包括生产过程质量、产品质量与客户服务质量等。毫无疑问，培训使员工素质、职业能力提高并增强，将直接提高和改善组织工作质量。培训能改进员工的工作表现，降低成本；培训可增加员工的安全操作知识；提高员工的劳动技能水平；增强员工的岗位意识，增加员工的责任感，规范生产安全规程；增强安全管理意识，提高管理者的管理水平。因此，组织应加强对员工敬业精神、安全意识和知识的培训。

4. 有利于组织工作绩效系统的构建

在21世纪，科学技术的发展导致员工技能和工作角色的变化，组织需要对组织结构进行重新设计（如工作团队的建立）。今天的员工已不是简单接受工作任务，提供辅助性工作，而是参与提高产品与服务的团队活动。在团队工作系统中，员工扮演许多管理性质的工作角色。他们不仅具备运用新技术获得提高客户服务与产品质量的信息、与其他员工共享信息的能力，还具备人际交往技能和解决问题的能力、集体活动能力、沟通协调能力等。尤其是培训员工学习使用互联网及其他用于交流和收集信息工具的能力，可使组织工作绩效系统高效运转。

5. 满足员工实现自我价值的需要

在现代组织中，员工的工作目的更重要的是为了“高级”需求——自我价值实现。培训不断教给员工新的知识与技能，使其能适应或能接受具有挑战性的工作与任务，实现自我成长和自我价值，这不仅使员工在物质上得到满足，而且使员工得到精神上的成就感。

（二）员工培训的特性

员工培训的对象是在职人员，其性质属于继续教育的范畴，具有鲜明的特征。

1. 广泛性

员工培训涉及的面广，不仅决策层管理者需要培训，一般员工也需要受训。员工培训的内容涉及企业经营活动或将来需要的知识、技能以及其他问题，员工培训的方式与方法也有更大的广泛性。

2. 层次性

员工培训的深度，也是培训现实性的具体表现，不仅组织战略不同，培训的内容及重点不同，而且不同知识水平和不同需要的员工，所承担的工作任务不同，知识和技能需要也各异。

3. 协调性

员工培训是一个系统工程，它要求培训的各环节、各培训项目相互协调。要使培训运转正常，首先要从组织经营战略出发，确定培训的模式、培训内容、培训对象；其次应适时地根据组织发展的规模、速度和方向，合理确定受训者的总量与结构；最后还要准确地根据员工的培训人数，合理设计培训方案、培训时间、地点等。

4. 实用性

员工的培训投资应产生一定的回报。员工培训系统要发挥其功能，即培训成果转移或转化成生产力，并能迅速促进组织竞争优势的发挥与保持。首先，企业应设计好的培训项目，使员工所掌握的技术、技能、更新的知识结构能适应新的工作。其次，应让受训者获得实践机会，为受训者提供或其主动抓住机会来应用培训中所学的知识、技能和行为方式。最后，为培训成果转化创造有利的工作环境，构建学习型组织。它是一种具有促进学习能力、适应能力和变革能力的组织。

5. 长期性和速成性

随着科学技术的日益发展，人们必须不断接受新的知识，不断学习，任何组织对其员工的培训都将是长期的。员工学习的主要目的是为组织工作，所以，培训一般针对性强，周期短，具有速成的特点。许多培训是随经营的变化而设置的，如为改善经济技术指标急需掌握的知识和技能以及为掌握已决定进行的攻关课题、革新项目急需的知识和技能，为强化企业内部管理急需掌握的管理基本技能等。

6. 实践性

培训应根据员工的生理、心理以及一定工作经验等特点，在教学方法上应注重实践教学方法。应针对工作实际，多采用启发式、讨论式、研究式以及案例式的教学，使员工培训有效果。

三、员工培训的内容与形式

（一）培训的内容

员工培训的内容与形式必须与组织的战略目标、员工的职位特点相适应，同时考虑适应内外部经营环境变化。一般地，任何培训都是为了提供员工在知识、技能和态度三方面的学习与进步。

1. 知识的学习

知识学习是员工培训的主要方面，包括事实知识与程序知识学习。员工应通过培训掌握完成本职工作所需要的基本知识，组织应根据经营发展战略要求和技术变化的预测，以及将来对人力资源的数量、质量、结构的要求与需要，有计划、有组织地培训员工，使员工了解企业的发展战略、经营方针、经营状况、规章制度、文化基础、市场及竞争等。依据培训对象的不同，知识内容还应结合岗位目标来进行。如对管理人员则要培训计划、组织、领导和控制等管理知识，要他们掌握心理学、激励理论等有关人力资源的知识，以及经营环境如社会、政治、文化、伦理等方面的知识。

2. 技能的提高

知识的运用必须具备一定技能。培训首先对不同层次的员工进行岗位所需的技术能力培训，即认知能力与阅读、写作能力的培训。认知能力包括语言理解能力、定量分析能力和推理能力三方面。有研究表明，员工的认知能力与其工作的成功有相关关系。随着工作变得越来越复杂，认知能力对完成工作显得越来越重要。阅读能力不够会阻碍员工良好业绩的取得。随着信息技术的发展，不仅要开发员工的书面文字阅读能力，而且要培养员工的电子阅读能力。此外，组织应更多培养员工的人际交往能力。尤其是管理者，更应注重判断与决策能力、改革创新能力、灵活应变能力、人际交往能力的培训。

3. 态度的转变

态度是影响能力与工作绩效的重要因素。员工的态度与培训效果和工作表现是直接相关的。管理者重视员工态度的转变会使培训成功的可能性增加。受训员工的工作态度怎样？如何形成？怎样受影响？是一个复杂的理论问题，又是一个实践技巧。通过培训可以改变员工的工作态度，但不是绝对的。关键的是管理者工作本身。管理者要在员工中树立并保持积极的态度，根据不同的特点找到适合每个人的最有效的影响与控制方式，规范员工的行为，促进员工态度的转变。

（二）培训的组织形式

为适应不同的培训目的、培训内容和受训者等，员工培训的组织形式也多种多样。

（1）从培训职能部门的组建看，培训有学院模式、客户模式、矩阵模式、企业办学模式和虚拟培训组织模式等五种模式。

（2）从培训的对象看，培训有管理人员培训、专业技术人员培训、基层员工培训及新员工培训。

（3）从员工培训的时间看，培训有全脱产培训、半脱产培训与业余培训等。

四、员工培训系统模式

有效的培训系统是员工培训的重要保障。精心设计员工培训系统是非常重要的。员工的培训系统包括培训需求分析、培训目标的确定及培训的评价阶段和培训的反馈阶段。

（一）培训需求分析

培训需求分析对是否需要进行培训来说是非常重要的。它包括组织分析、任务分析与个人分析三项内容。培训需求分析是确定是否需要培训的一个过程。

1. 组织分析

组织分析主要是通过对组织的目标、资源、特质、环境等因素的分析，准确地找出组织存在的问题与问题产生的根源，以确定培训是否是解决这类问题的最有效的方法。组织分析涉及能够影响培训规划的组织的各个组成部分，包括对组织目标的检查、组织资源的评估、组织特质的分析以及环境的影响等方面。组织分析的目的是在收集与分析组织绩效和组织特质的基础上，确认绩效问题及其病因，寻找可能解决的办法，为培训部门提供参考。

2. 任务分析

任务分析包括任务确定及对需要在培训中加以强调的知识、技能和行为进行的分析。任务分析用以帮助员工准确、按时地完成任务。任务分析的结果是有关工作活动的详细描述，包括员工执行任务和完成任务所需的知识、技术和能力的描述。这里对工作任务的分析并不同于工作分析。

3. 人员分析

人员分析主要是通过分析工作人员个体现有状况与应有状况之间的差距，来确定谁需要和应该接受培训以及培训的内容。人员分析的重点是评价工作人员实际工作绩效以及工作能力。

（二）培训目标的确定

培训目标一般包括三方面的内容：一是说明员工应该做什么；二是阐明可被接受的绩效水平；三是受训者完成指定学习成果的条件。

培训目标的确定应把握以下原则：一是使每项任务均有一项工作表现目标，让受训者了解受训后所达到的要求，具有可操作性；二是目标应针对具体的工作任务，要明确；三是目标应符合企业的发展目标。

（三）培训的实施阶段

在培训的实施阶段，企业要完成两项工作：设计培训方案和培训实施。从培训工作的系统来看，培训的成功与否和员工培训项目设计有很大关系。

1. 培训方案设计

培训方案的设计是培训目标的具体操作，即目标告诉人们应该做什么，如何做才能完成任务，达到目的。主要包括以下一些内容：选择设计适当的培训项目；确定培训对象；培训项目的负责人，包含组织的负责人和具体培训的负责人；培训的方式与方法；培训地点的选择；根据既定目标，具体确定培训形式、学制、课程设置方案、课程大纲、教科书与参考教材、培训教师、教学方法、考核方法、辅助器材设施等。

制定培训方案必须兼顾组织具体的情况，如行业类型、企业规模、客户要求、技术发展水平与趋势、员工现有水平、政策法规、企业宗旨等，最关键因素之一则是组织领导的管理价值观和对培训重要性的认识。

2. 培训的实施

培训实施是员工培训系统关键的环节。在实施员工培训时，培训者要完成许多具体的工作任务。要保证培训的效果与质量，必须把握以下几个方面：

（1）选择和准备培训场所。选择什么样的培训场地是确保培训成功的关键。首先，培训场地应具备交通便利、舒适、安静、独立而不受干扰，为受训者提供足够的自由活动空间等特点。

（2）课程描述。课程描述是有关培训项目的总体信息，包括培训课程名称、目标学员、课程目标、地点、时间、培训的方法、预先准备的培训设备、培训教师名单以及教材等。它是从培训需求分析中得到的。

（3）课程计划。详细的课程计划非常重要，包括培训期间的各种活动及其先后秩序和管理环节。它有助于保持培训活动的连贯性而不论培训教师是否发生变化；有助于确保培训教师和受训者了解课程和项目目标。课程计划包括课程名称、学习目的、报告的专题、目标听众，培训时间、培训教师的活动、学员活动和其他必要的活动。

（4）选择培训教师。员工培训的成功与否与任课教师有着很大关系。特别是21世纪的员工培训，教师已不仅仅是传授知识、态度和技能，而且是受训者职业探索的帮助者。企业应选择那些有教学愿望、表达能力强、有广博的理论知识、丰富的实践经验、扎实的培训技能、热情且受人尊敬的人为培训教师。

（5）选择培训教材。培训的教材一般由培训教师确定。教材有公开出版的、企业内部的、培训公司的以及教师自编的四种。培训的教材应该是对教学内容的概括与总结，包括教学目标、练习、图表、数据以及参考书等。

（6）确定培训时间。适应员工培训的特点，应确定合适的培训时间，何时开始、何时结束、每个培训的周期等。

（四）培训的评价阶段

培训评价是员工培训系统中的重要环节。一般包括五个方面的工作：确定培训项目评价标准，评价方案设计，培训控制，对培训的评价，对培训后果的评价。

（五）培训的反馈阶段

员工培训的反馈阶段是员工培训系统中的最后环节。通过对培训效果的具体测定与量比，可以了解员工培训所产生的收益，把握企业的投资回报率。也可以对组织的培训决策及培训工作的改善提供依据，更好地进行员工培训与开发。

第四节　学习理论与员工培训

一、学习与培训

前面我们系统地介绍了学习、学习理论和员工培训的相关知识，所谓学习，是个体在活动中通过经验引起的行为或心理（比如，知识、技能、态度、观念和思维方式等）的相对持久变化的过程。而员工培训，就在于通过某些方式来促进员工在这些方面的持久变化，从而依靠这些变化来推动个体和组织绩效的提高。但一定要意识到，培训本身并不能获得个体在上述诸方面的变化，要取得上述行为或心理方面的变化，必须通过学习。所以，在某种意义上，培训的过程就是学习的过程。只不过，在企业活动中，学习的主体是受训者，而培训的主体是企业或培训者。

培训和学习是互为依附与相互促进的。缺少学习，培训就无法达成最终的目的，因此，也就失去了意义；缺少培训，固然可以有学习，但没了学习的环境和机会，学习的效果可能就不明显。

二、培训心理学理论及其应用

从培训与学习之间的内在联系来看，员工培训必须基于学习主体的心理特点和规律以及学习本身的规律。因此，了解和掌握培训的心理学理论尤为必要。

1. 培训的心理需要

马斯洛和奥德弗的需要理论表述的形式不同，但本质内容相通，关注的都是生理需要、交往需要和成就需要。麦克利兰的需要理论主要强调成就需要、亲和需要和权力需要。依据麦克利兰的观点，人的有些心理需要可以通过培训和学习来实现。

将需要理论应用到培训中，就是要求培训者充分了解受训者的心理需要，并根据这些需要来设计培训的形式和安排培训的内容，同时建构出一个能满足受训者心理需要的培训环境。需要理论的另一个现实意义是，为员工提供选择所需培训的自由，这种自由选择的权利，可使受训者选择其所需要的培训课程，从而增强其学习的动机和兴趣。当企业所提供的培训满足了员工的心理需要，就会很容易激发员工的学习积极性，并产生自发的学习行为。

2. 培训目标设定

依据爱德温·洛克的目标设定理论，培训目标是工作激励的重要源泉，困难且具体的目标与容易的目标相比，能带来更高的个体绩效。员工培训一旦拥有了明确的目标，个体的精力和注意力就有了具体的兴奋点，那么个体自身的各种能力就能够充分地调动起来，从而高效率地实现目标。

目标具有强大的凝聚功能，共同的目标是群体动力的源泉。对员工培训而言，培训的目标能够沟通协调组织各部门、各岗位的关系，将整个组织团结一致，增强其员工培训的整体观念和组织观念，促使人们在培训的过程中相互配合，彼此协调，从而产生强大的人际向心力和凝聚力。对于员工个体而言，个体一旦有了明确的奋斗方向，通过培训就会调动其精力、物力，并对此进行有效的整合，形成一股合力，为达到组织目标而不懈努力。

反馈也是目标的功能之一。活动的结果与总体目标是否统一、是否匹配，是反馈环节的具体内容，同时也是员工培训活动一方进行更为有效地管理活动或进行目标修订的重要依据。员工培训活动的总体目标可以划分为若干个具体的或局部的子目标，这些子目标贯穿于人力资源管理活动的全过程。员工培训活动的进展情况如何，也只能通过对这些子目标实施情况的反馈才能明了。

目标设定理论应用于员工培训课程的设计中。课程计划都是以既定的目标为起点，以受训者达到这些目标为终点。此外，培训目标不仅应清楚地告知受训者培训结束后应该做些什么，而且还应包含以下三项内容：一为测量或评估培训效果的绩效标准（例如速度、产品质量和反应）；二为实现预期目标的各种背景条件（例如压力情境、特定时间和地点等）；三为实施目标所需要的各种资源（例如人际支持、工具辅助等）。总之，整个培训过程中，培训师的授课和受训者的学习都要以培训目标为核心。而培训的相关设施，例如培训的场地、日程安排、学员规模、座位安排、学习资料、培训师的进度以及培训效果的反馈方式等，也都需要经过科学的设计，以促成目标的最终实现。

3. 培训强化心理

强化理论是美国的心理学家和行为科学家斯金纳等人提出的。斯金纳提出了一种“操作条件反射”理论，认为人或动物为了达到某种目的，会采取一定的行为作用于环境。当这种行为的后果对他有利时，这种行为就会在以后重复出现；不利时，这种行为就减弱或消失。人们可以用这种正强化或负强化的办法来影响行为的后果，从而修正其行为，这就是强化理论，也叫作行为修正理论。

强化理论有助于我们深刻认识结果对于人们行为的塑造作用，对于企业员工培训活动具有重要的借鉴意义。强化理论对培训者的行为提出了具体的要求：首先，培训者应该帮助受训者明确培训的积极效用。这些积极效用包括：参加培训可以习得一种简单有趣的工作方法；能够结识一些日后能够为其提供帮助的人；有助于增强个体的知识和技能水平；有助于提高日后被晋升的概率等。要使受训者真正理解培训的重要价值，关键在于培训者要反复向受训者强调培训的效用。此外，培训者在培训过程中，要注重给予受训者积极、及时的意见反馈，帮助受训者保持正确的行为和去除不良习惯。

4. 培训期望心理

维克多·弗洛姆的期望理论认为，行为倾向的强度取决于个体对这种行为可能带来的结果的期望强度以及这种结果对行为者的吸引力。

期望理论表明，要想取得良好的培训效果，需要具备以下条件：首先，员工对完成培训项目有信心；其次，培训要能够同更高的工作绩效、加薪、晋升、良好的人际关系等结果联系起来；最后，这些结果能让员工觉得有较高的价值和吸引力。因此，培训首先要培养或提升受训者的自信心，使之相信，培训能够帮助其获得诸如提升工作绩效、加薪等收益。同时，还要让他们觉得这些益处对其有价值。这样，通过将外部激励转化为个体内部的自我激励，促使员工的学习态度和学习行为朝向培训设计者和培训师的要求转化。

5. 成人学习理论

企业培训的对象主要是成年人，而成年人一般都具有一定的社会经历及成熟的思维能力。如何根据成人学习的特点和规律设计培训，以最大限度地激发受训者的积极性和提升培训效能成为了心理学家关注的核心问题。许多心理学家针对成年人的心理特点和学习规律，提出了许多成人学习理论，并相应开发出了许多有关成人学习的教学法。其中，马尔科姆·诺尔斯（M. Knowles，1990）的成人学习模型是成人学习理论中的典范。该模型的理论假设主要有五点：

（1）成人需要知道其学习的目的；

（2）成人有进行自我指导的需求；

（3）成人具有许多与工作有关的经验；

（4）成人是带着一定的问题去参与学习的；

（5）成人受到内部和外部的激励而学习。

成人学习理论对培训项目的开发具有重要的指导价值。在实施培训的过程中，培训者应严格遵循以下原则：

（1）尊重受训者。学习内容、学习方法、学习资料，以及培训场所都要让受训者感到培训对其个人职业发展的价值，并使之对学习环境和过程产生安全感和舒适感。

（2）以受训者为主体，鼓励受训者积极地参与到学习过程中来。

（3）及时反馈和强化。成人社会活动多，工作忙碌，导致学习效果欠佳。因此，培训者应注意对受训者的学习效果予以及时的反馈，以强化其正确的态度和行为。

（4）坚持学以致用。注重培训的实用性，力求做到培训情境真实，培训内容实用，培训效果才会好。

6. 群体学习理论

随着对组织行为的深入研究，人们发现有些知识和技能的掌握最好采用群体学习的方式。人本主义心理学强调行为和学习中人的主体因素，认为学习过程中的个体并不是孤立的，在群体中人们相互学习，相互影响。充分发挥群体的助长作用，可极大地提高学习效率。另一方面，在群体学习中，学员还可掌握人际交往技能和创造性思维技巧。

三、心理学知识、学习理论和员工培训的关系。

对于企业来讲，培训是自身新陈代谢、不断发展的催化剂和必由之路。培训的主体是“人”，每个受训者对培训的心理需求是不同的，什么样的培训更能符合受训者的心理需求，真正做到培训“以人为本”，从而使培训更有效果，是从事培训的人力资源工作者长期以来探讨的问题和难题。而学习理论和心理学在培训中得以引入，为培训发挥自身的价值找到了一条出路。

心理学知识、学习理论和培训三者之间到底有没有关系，根据培训的定义我们可以延伸说明，培训是通过人的心理来研究人的学习行为。

1. “培训”内涵的延伸

现代研究对员工培训的内涵给出新注解，拓展了培训的空间，阐述了员工培训的新特点、新趋势。因而培训中的心理学知识、学习理论的应用也越加凸显。张一驰编著的《人力资源管理教程》中指出，培训指各组织为适应业务及培育人才需要，用补习、进修、考察等方式，进行有计划的培养和训练，使其适应新的要求，不断更新知识，拥有旺盛的工作能力，更能胜任现职工作及将来担任更重要职务，适应新技术革命必将带来的知识结构、技术结构、管理结构和干部结构等方面的深刻变化。培训是指公司有计划地实施有助于雇员学习与工作相关能力的活动。这些能力包括知识、技能或对工作绩效起关键作用的行为。培训从广义上来看应是创造智力资本的途径，无论从理论还是操作的角度定义员工培训，均显示出培训的本质是员工的学习过程，它是通过人的心理来研究人的学习行为的；它同时属于“广义教育”（能增进人的知识、技能、身体、思想等的一切活动）的范畴；它是终身教育的组成部分；现代培训的最终目的是实现个人与组织的共同发展。培训活动均是建立在学习理论基础之上的。因此为进行有效性培训，体现培训的内在本质与终极目标，实现培训的应有价值，把握心理学知识、学习理论及人的学习活动规律和特点就变得十分必要。

2. 培训工作要求离不开心理学知识和学习理论

员工培训是人力资源管理的重要组成部分，既是管理的工作与内容，又是管理的途径与手段。泰勒把管理定格为“人”的工作，现代人力资源管理更是重视“人才强企”。这也正是培训工作要求须以心理学和学习理论为基础的原因所在。现代员工培训的工作内容的实施过程，主要包括培训需求分析、制订培训计划或设计具体的培训方案、实施培训计划或方案并进行管理、评估培训的效果及成果的转化等。要完成它们，就要求职能部门和人员具备较为广博的心理学和学习理论知识背景和能力。

3. 现代培训新的特点与趋势

从内容上看，现代培训内容也突破传统而拓宽，由于培训已从特定的岗位技能、知识扩展到自我认识、自我创新、团队共享、团队互助的新阶段，因而其课程充满了新意，其内容充分发展了员工的综合能力。

从方法上看，培训技术不断更新，如电脑、互联网的使用，促进了员工进行自学、互相交流、讲师教学等不同形式的共生、共融。从理念与操作上更加关注参与者的沟通和成人心理特点与需求，强调员工学习动机激发。

从系统的角度看，现代培训把开发纳入培训中，强调个人学习与组织发展的互动和一致性，更加注重员工的自主发展，注重员工可持续性学习与发展。这都进一步提起我们对心理学的重视和运用。完整的培训内容包括人格训练、心理训练、能力训练。首先人格训练是基础；其次是培养一个人良好的心理素质，如自信心、意志力、专注力、成就欲等；最后训练他做事的能力。三者之间密切结合，才能使培训真正有效，达到提升员工素质和能力的目的。

从发展的角度看，培训逐步趋向规范化和标准化。这就意味着对培训的终身性、制度性、科学性的要求不断上升，而心理学基础和学习理论正是培训发展的科学化前提。

4. 学习理论和心理学知识在培训中的价值

学习理论、社会心理、教育心理、发展心理等心理学知识，都已不断在国内外员工培训中得到不同程度的应用，颇有成效。讲授的课程内容要符合学员的需求，这是让学员产生自然反射。而教师给学员的某种‘刺激’，通过这些‘刺激’，和学员脑子里固有的对学习理论的理解或某种经验呼应起来，导致了学员学习行为的发生。

本章小结

本章从学习的概念出发，总结了人类学习的特点和类型，重点介绍了探究人类学习的本质及其形成机制的学习理论的四大流派：行为主义、认知主义、人本主义和建构主义的内容。并从心理学的角度将学习理论和员工培训有机地结合在一起，强调现代企业员工培训必须基于学习主体的心理特点以及学习本身的一些规律，更好地把握员工培训的心理学过程，只有充分了解每个人的需求，也就是他的心理需求，我们才能采取对症下药的培训，才能使培训起到预想的效果，这样培训工作才能体现价值。

复习思考题

1. 简单论述行为主义学习理论的基本内容。
2. 简单论述认知学习理论的基本内容。
3. 简单论述人本主义学习理论的基本内容。
4. 论述员工培训与开发的含义与特点。
5. 论述员工培训的内容与形式。
6. 论述学习理论与员工培训的关系。

案例分析

案例 1

在美国人们为了保护鹿，就杀掉了鹿的天敌——狼。于是鹿的数量剧增。鹿们由于终日无忧无虑地饱食于林中，结果体态变得蠢笨，植物因为鹿群迅速繁殖和践踏而调零，继而鹿由于缺少充分的食物及安逸少动所带来的捕捉而大批死亡。无奈，人们又只有把狼再请进来，鹿们又恢复了蓬勃生机。

试分析引狼捉鹿与“磨难教育”的关系，如何培养学生坚强的意志力。

（资料来源：选自豆丁网）

案例 2

甲同学表现为兴奋，易激动，以奔放不羁为特征；乙同学表现为抑制，胆小、脆弱、消极、防御等品质，试分析甲乙两位同学各属什么气质类型，应该怎样对其教育。

（资料来源：选自豆丁网）

案例 3

全世界每年至少有 100 万人，因吸烟而死亡。目前在大学校园里，也有相当一批学生吸烟。据一项调查，抽烟的比例高达 70%，而且有逐年上升趋势。结合你自己对周围的观察，加以分析，请说出吸烟大学生们种种心态？

（资料来源：选自豆丁网）

案例 4

根据《论语》记载：有一次，孔夫子与学生公西华正在座谈，子路来向孔子请教“听到了就马上行动吗？”孔子答：“有父兄在，为什么急于行动呢？”一会儿，冉由也来请教同样的问题，孔子说：“听到了就马上行动！”公西华不明白教师为什么对同一个问题给予不同的回答。孔子解释说：“子路总是好胜，我是有意让他遇事后退一步，冉由畏缩，我是有意鼓励他遇事极力向前。”孔夫子向学生施教的心理依据是什么？他为什么要这样做？

（资料来源：选自豆丁网）

案例 5

我们在学习时听听音乐，或室内有钟表滴答声会让我们集中注意，绝对隔音，不仅无关的声音不能从外面传入，同时室内产生的任何声音不能从外面传入，同时室内产生的任何声音也会被吸收，人在这样的环境不但不能有效地工作，而且会逐渐地进入睡眠状态，这是为什么？（用注意的有关原理解释）

（资料来源：选自百度文库）

案例6　摩托罗拉的员工培训

摩托罗拉规定每年每位员工至少要接受40小时与工作有关的学习。摩托罗拉大学是摩托罗拉内部专门设置的教育培训机构，摩托罗拉的教育培训系统主要由四部分组成，即培训需求分析、培训设计与采购、培训实施和培训评估。相应地，摩托罗拉大学设置四个职能部门：客户代表部、课程设计部、培训信息中心及课程运作管理部。

摩托罗拉的培训工作是以客户为导向的，摩托罗拉大学客户代表部的主要职责是与各事业部的人力资源组织紧密合作，分析组织现状与组织目标之间的差距，判断这些差距中哪些是可以通过培训解决的，并以此确定组织的培训需求，提供组织发展的咨询和培训方案。

比如，某事业部明年的战略是要申请通过ISO9000质量系统认证，那么客户代表部就将与该事业部的有关部门合作，对该事业部质量系统方面的培训需求进行分析：首先从理想的状态来看，通过ISO9000系统认证的相关人员都应该具有该方面的知识和经验，熟知该系统认证的过程；然后对该事业部现有的相关人员该方面的知识与经验进行分析，确定他们现有的水平；理想与现实之间的差距就是该事业部当前或认证前急需解决的问题。依据这个“差距”，制订出相关的培训方案。

当摩托罗拉客户代表部从各事业部获取了第一手客户培训需求后，会提出一整套培训方案。摩托罗拉的课程设计部应用专门的课程设计模型来设计课程或项目，其领域涵盖了管理、质量、工程、技术、文化、语言等方面。课程的设计还对课程的学习方法、学习效果的评估作出规定或建议以保证培训课程的有效实施。

培训结束后，摩托罗拉对培训效果进行评估，具体分为四个方面：

（1）考查学员对所学课程的反应如何，其目的在于考查学员对课程的满意度。例如，在摩托罗拉，每个员工参加培训后都要填写一份课程评估表，其中的问题包括学员对教师、教材、时间安排等各项问题的评价，并给予建议。

（2）考查学员对课程内容的掌握情况。为了不给学员带来不必要的负担，摩托罗拉采取许多灵活、有趣的方式对学员学习情况作出评估，如游戏活动等。

（3）考察学员是否将所学的知识转化为了相应的能力。由知识转化为能力需要时间，因此对能力的评估需要一个较为先进的评估方法。例如，为了配合摩托罗拉在华四大业务方针之一的加速管理人员本土化进程，设计发展了“中国强化管理培训”。学员在即将接受培训前，要接受多项评估以确定其培训前的能力水平，接受培训后3至6个月，进行再次能力评估，通过两次评估结果的对比分析，就可确定培训对学员能力发展所带来的影响和作用。

（4）投资回报率，即考查培训投资为各事业部及员工个人所带来的效益。例如，摩托罗拉公司推出一个旨在培训一批具有丰富经验的专业技术人才的计划，在其相应领域内推广、应用解决问题的技能和改进质量系统，从而取得产品在设计、制造、服务等各方面的不断进步。

摩托罗拉大学一直不断地完善这套员工培训与培养系统，并通过这套系统，不断加强与各事业部的伙伴合作关系，并努力致力于更好地解决公司各事业部业务及培训发展的需要，努力成为摩托罗拉所需人才培养的热土。

（资料来源：选自百度文库）

案例问题

1. 摩托罗拉公司的培训模式带给我们的启示很多，其中最重要的有哪几点？

2. 结合摩托罗拉公司培训需求的具体操作，说明该公司培训需求采用的是哪种方法？

3. 摩托罗拉公司的培训效果评估是通过哪些指标进行的？具体是如何操作的？

心理测验

记忆力测验

记忆是信息的储存，信息储存越多，认知能力也就越强。记忆力是构成智力的重要因素，每个人的记忆能力不尽相同，因人而异。记忆力强的人更容易掌握信息，智力水平也可能越高。在下列的测试题中，选择回答适合你的一项。

测试题：

1. 你最早能记住几岁以前的一些事情？（　　）

A. 3 岁以前

B. 5 岁以前

C. 7 岁以前

D. 10 岁以前

2. 昨天的中餐你吃的是什么？（　　）

A. 忘记了，要问同你一起吃饭的人才能知道

B. 要想好久，才能回答出来

C. 要考虑一下，才能回答出来

D. 马上回答出来

3. 你读书的时候背诵课文的速度怎么样？（　　）

A. 读一两遍后就能背诵

B. 读几遍后就能背诵

C. 读十多遍后就能背诵

D. 读几十遍后就能背诵

4. 关于自己的一些特殊性日期你记得清楚吗？（　　）

A. 根本记不清楚，需要别人提醒

B. 只能记得一点点

C. 通过查自己的备忘录才知道

D. 记得很清楚

5. 你会想到去年的今天你在干什么吗？（　　）

A. 经常会想到

B. 有时会想到

C. 一些特定的日子才会想到

D. 这是不可能的事情

6. 你记得家人的生日吗？（　　）

A. 一个都不记得

B. 只知道某个人的生日

C. 只记得两三个人的生日

D. 家人的生日全都记得

7. 别人请你帮助的事情你会忘记吗？（　　）

A. 在任何情况下都不会忘记

B 一般不会忘记

C. 有时会忘记

D. 经常会忘记

8. 你记英语单词的水平怎么样？（　　）

A. 很好

B. 比较好

C. 比较差

D. 很差

9. 你相信过目不忘吗？（　　）

A. 根本不相信

B. 有点不相信

C. 有点相信

D. 相信

10. 你对自己的记忆能力有信心吗？（　　）

A. 完全有信心

B. 比较有信心

C. 没什么信心

D. 完全没信心

评分方法

题号为1、3、5、7、8、10者，选A得3分，B得2分，C得1分，D得0分；其他题号选A得0分，B得1分，C得2分，D得3分。

测验结果

本测试满分为30分，得分越高证明记忆力越好。

如果你的得分为24~30分，说明你有非常好的记忆力。

如果你的得分为15~23分，说明你的记忆力比较好。

如要你的得分为15分以下，说明你的记忆力比较差。

（资料来源：费栋华．员工脑电波——人力资源心理管理［M］．北京：中国经济出版社，2006：252-254）

参考文献

1. 莫雷，何先友．教育心理学［M］．广东高等教育出版社，2005.

2. 陈晓燕．布鲁纳学习理论指导下的心理学教学尝试［J］．教育探索，2005. 5.

3. 雷蒙德·A. 诺伊．雇员培训与开发［M］．徐芳，译．北京：中国人民大学出版社，2001.

4. ［美］劳埃德·拜厄斯，等．人力资源管理（第七版）［M］．李业昆，译．北京：人民邮电出版社，2004.

第六章

工作动机与员工激励

学习目标

- 需要、动机与激励的概念和关系
- 激励的模式和影响因素
- 三类激励理论的基本内容
- 激励的原则与方法

关键概念

需要　动机　激励　成就动机　亲和动机　权力动机　内容型激励理论
过程型激励理论　需要层次理论　成就需要理论　双因素理论　公平理论
期望理论　综合激励理论

引导案例

摩托罗拉是著名的世界五百强企业，是美国上市公司。它有着一套非常科学和规范的内部激励措施，具体包括以下五项。

一是提供具有竞争力的福利待遇。公司在每年的薪资福利调整前，都对市场价格及相关企业的薪资福利状况进行比较调查，以使公司的薪酬福利与其他企业相比能保持优势。二是建立公正评估。摩托罗拉制定薪资报酬时遵循“论功行赏”原则，员工有机会通过不断提高业绩水平及对公司的贡献而获得加薪。个人评估一个月一次，部门评估一年一次，根据业绩报告表的情况，公司年底决定员工的薪酬涨幅及晋升情况。三是尊重个人人格。在摩托罗拉，人的尊严被定义为：实质性的工作；了解成功的条件；充分的培训并能胜任工作；有明确的发展前途；及时中肯的反馈；无偏见的工作环境。每个季度员工的直接主管会与其进行单独面谈，就以上方面或更广的范围进行探讨，并对问题加以解决。此外，员工享有充分隐私权，如员工的机密档案仅限于“有必要知道”的有关人员。四是实现开放沟通。员工可以通过参加总经理座谈会、业绩报告会、公司报刊和网页、“畅所欲言”或“我建议”等形式反映个人问题，进行投诉或提出合理化建议，进行直接沟通。五是提供发展机会。摩托罗拉的经理级别为初级经理、部门经理、区域经理（总监）、副总裁（兼总监或总经理）、资深副总裁。中国公司的经理中，72%是中国员工，女经理人数已占到经理总数的23%。该公司亚太总部还规定，女性管理者要达到所有管理者的40%。在男女员工的使用上，摩托罗拉一视同仁。同时，在摩托罗拉，技术人员可以搞管理，管理人员也有做技术的，做技术的和做管理的在工资上具有可比性。

（资料来源：刘义东．摩托罗拉如何搞内部激励［J］．当代经理人，2001（7）：41）

管理者要处理的最大问题是“人”的问题，对人的管理有两方面的基本目标：首先是吸引、招聘能胜任工作的优秀人才加入本组织，使其安心乐业，长期留在本组织工作；其次是促使他们完成组织的既定任务，充分调动他们的积极性和创造性，使其向更高的境界迈进。这需要了解员工的需求，激发其内在的动机，使员工的行为朝预定的目标前进。以上就是激励的过程，即本章要探讨的问题。

激励是人力资源管理的核心。管理者不但要知道人类行为的共同特征，还必须了解个体的行为原因及差异，如在同样的工作条件下，为什么有的人充满热情和干劲，有的人却感到沮丧而提不起精神？要回答这些问题，就必须了解个体的不同需要和动机，研究激励的过程及规律，从而有效预测个体行为，并采取适当的方法调控其行为。

第一节　需要、动机与激励

激励对于组织发展至关重要。员工的能力和才干并不能直接决定他对组织的价值及贡献，其能力和才干的发挥很大程度上取决于动机水平的高低。无论一个组织拥有多少技术、设备，除非由被激励起工作动机的员工所掌握，否则这些资源不可能付诸使用。所以说，“管理的最高境界是激励”。要想激励员工，必须首先了解需要、动机和激励的概念与关系。

一、需要

（一）需要的概念

所谓需要（Need），是对有机体内部不平衡状态的反映，表现为有机体对内外环境条件的欲求。需要的产生是由于个体内部生理或心理上存在着某种缺乏或不平衡状态。例如，血液中血糖成分的下降会产生饥饿求食的需要；而水分的缺乏则会产生口渴、想喝水的需要；生命财产得不到保障会产生安全的需要；孤独会产生交往的需要等。

需要是个体活动积极性的源泉，是人进行活动的基本动力。当人在社会生活中感到某种欠缺时，便会产生需要，力求获得满足，达到平衡。人既是生命有机体，又是社会的成员，人从事的各种活动，从饮食、居住、安全到生产劳动、人际交往、价值实现乃至发明创造，都有需求，这些需求反映在人的意识中就成为需要。所以说，需要对人类来说，是普遍的、共同的、绝对的，但对不同的个体来说，又具有特殊性和相对性。

（二）需要的分类

人类有多种多样的需要，不同的人有不同的需要，不同的社会和不同历史阶段的人也有不同的需要，具体分类如下：

1. 从发展过程来看，人的需要可分为自然性需要和社会性需要

自然性需要，也称生理需要，是指人为了生存所必需的客观需要，即对衣、食、住、行和安全等方面的需要。但是，人的自然需要往往带有社会化的烙印，如衣、食、住，不只是要能遮体、果腹、栖身，更要求质量，具备美感、美食、美化环境等社会功能。社会性需要是随着社会的发展而出现的，在早期人类社会中主要是自然性需要，以满足生理和安全的需求。随着生产力的发展和人类物质文化水平的提高，需要的内涵变得十分丰富，主要表现为社会性需要，如从事政治、科学、艺术、宗教等的需要。

自然性需要和社会性需要是相互联系的，自然性需要是社会性需要的物质基础，社会性需要是自然性需要的提高。

2. 从需要的对象上来看，人的需要可分为物质性需要和精神性需要

物质性需要是对社会物质产品的需要，既包括人类生存的自然性需要，如对食品的需要，对工作和生活条件的需要，对安全的需要等，又包括社会性的高级的需要，如对电脑、汽车、首饰等的需要。精神性需要是对各种精神产品的需要，如对文化科学知识的需要，对理想追求的需要，对美的欣赏的需要，对社交的需要等。物质性需要和精神性需要之间存在着密切的关系，对物质产品的要求不仅要满足人的生理需要，而且还要满足审美的概念，为了满足人的精神需要，还得有一定的物质条件来保证。物质需要是前提，精神需要是人类追求的目标，精神需要的满足比物质需要更困难，也更难以实现。

马斯洛的需要层次论提出了人类的一系列基本需要，包括生理需要、安全需要、社交需要、尊重的需要和自我实现的需要，这些需要像阶梯一样从低到高排列，并作为人类行为的动力而存在。该理论有其科学的合理性，作为一种激励理论，它在一定程度上反映了人类行为和心理需要的共同规律，并被广泛应用于社会实践中。具体内容详见第三节。

二、动机

（一）动机的概念

动机（Motive）是推动个体从事某种活动的内在原因和力量，是引起和维持个体行为，并使行为导向某一目标的心理过程。人的各种活动都是由一定的动机所引发的。动机是用来说明个体为什么要从事（Why）某种活动，而不是用来说明某种活动本身是什么（What）或怎样进行的（How）。动机是在需要的基础上产生的。如前所述，需要是一切行为动力的源泉，但需要并不等于人现实的行为动力，需要成为人行为的动力必须要转化为动机。那么，需要是怎样转化为动机的呢？一般来说，动机形成的过程模式可表达为：

需要→心理紧张→动机→行为→目标→需要满足→紧张消除→新的需要

由上述模式可以看出，动机由需要所激发，当个体产生某种需要而又未能得到满足时，个体内部呈现焦虑状态，从而激发动机。但是，需要激发动机的条件，必须是指向某个特定目标和对象时，才能激发相应的动机。可以说，需要是作为主体的内在因素起

激活作用，目标是作为外在因素起诱发作用。例如，当人处于饥饿状态下时，需要吃东西，但进入餐馆，看见苍蝇满天飞，服务员一身油腻，饭菜生冷时，就不会激发就餐的行为。再比如，人口渴了，就要喝水，水是满足生理需要和解除生理紧张的手段。但是随着人们生活水平的提高，有时人们就可能更想喝清香的茶、有营养的果汁和好喝的汽水，所以，当人口渴时，他会更多去寻找这些东西。因此可见，动机的产生是在生理因素的驱动下，受社会因素的影响，通过学习而得来的，具有明显的社会性。

（二）动机的分类

人类的动机相当复杂，对其进行分类是动机研究的一个基本问题。从动机的概念可以看出，人类的动机来源于需要。以此为基础，心理学家们从动机的基础、根源和作用等方面，对动机进行了不同的分类。

1. 根据需要的性质，动机可分为生理动机和社会动机

生理动机，也称原始性、原发性、生物性动机，是由人的自然属性引起的，以生理需要和安全需要为基础的行为动力，比较普遍的有3种动机：觅食动机、性动机和探索动机。社会动机则是由人的社会属性、社会需要引起的动机，也称继发性、习得性、心理性动机等，它是人类心理行为产生的内在原因。

社会动机是人们在社会生活中进行的学习和经验导致的社会动机，与生理需要没有直接的联系。例如，我们要在事业上取得成就，有时帮助别人，有时影响别人，这些行为，并不是由于我们的生理需要决定的，它们是我们在社会生活环境中，通过学习和经验得来的，是社会动机。再比如，一个孩子生活在推崇成功、鼓励竞争的环境中，每取得一次成绩就会得到老师和家长的表扬，其取得成就的愿望不断得到强化，长此以往，他就会认识到成就和获取成就的努力过程的价值，形成比较高的成就动机。

从理论上讲，有多少种社会行为，就有多少种社会动机。根据现有的研究，人类主要存在以下几种重要的社会动机：（1）成就动机。即个体在广泛背景下，追求成功与成就的动机。成就动机是推动个体追求卓越，完成自己所认为重要的、有价值的工作，并设法将其达到某种理想状态的一种内驱力。心理学家默雷（Murray，1938）将成就动机定义为“克服障碍，实施权力，尽可能好而快地完成某些困难的工作”。（2）亲和动机。指个体害怕孤独，希望和他人在一起建立协作、友好的联系的内驱力。亲和即合群，个体需要和别人在一起，希望加入某一团体，由此形成合群动机。亲和动机是人类社会中一种很普遍的很重要的心理现象，它的满足与否会对人的心理产生较大影响。（3）权力动机。权力动机是指个体要在某些方面取得一定的支配地位的需要。这里指的权力不仅仅是指政治上或组织上的权力，而是包括更大的范围，如上级对下级、教师对学生、长辈对晚辈、专业人员对非专业人员等方面的人际互动中表现出来的权力。权力动机是一种常见的社会动机，一般人都有这种动机，只是程度不同。（4）社会赞许动机。社会上大多数人都希望自己的所作所为能获得他人的赞赏，这对个体保持肯定的自我形象和自信心非常重要，一个人做事希望能获得别人的好评和夸赞，由此会有满足感。这类动机称为社会赞许动机。此外，还有侵犯动机、利他动机等。

2. 根据产生的根源，动机可以分为内在动机和外在动机

内在动机是指人做某种行为是因为行为本身，因为这种行为可以带来成就感或者个

体认为这种行为是有价值的。外在动机指人为了获得物质或社会报酬或避免惩罚而完成某种行为。完成某种行为是为了行为的结果，而非行为本身。

出于内在动机还是外在动机工作的员工在工作中所注重的是不同的方面。出于内在动机工作的员工看重的是工作本身，诸如寻求挑战性的工作安排、为工作和组织做贡献的机会以及充分实现个人潜力的机会。内在动机可以使员工付出额外的努力，在工作中进行创新并且愿意承担风险。而出于外在动机工作的员工更看重工作所带来的报偿，诸如工资和奖金，表扬，社会地位等。

此外，根据动机所起的作用，可把动机分为两种，主导动机和从属动机。具体详见表 6-1。

表 6-1　动机的分类及其关系

分类标准	动机种类	动机说明	例证	关系
需要的性质	生理动机	是由个体的生理需要所驱动而产生的动机	对水、空气、食物的需要等	生理动机早于和优先于社会动机出现
	社会动机	是人类特有的一种社会文化的需要	交往、权力、成就动机及社会赞许动机等	
产生的根源	外在动机	是在受到外部刺激，为了获得某种满足而产生的动机	受表扬、奖励、诱惑等	外在动机和内在动机可以相互转化
	内在动机	是由个体的内部需要所引起的动机	希望成功、奖励、赞扬等，由好奇、好胜心、兴趣引发的动机	
所起的作用	主导动机	作用最大，支配着活动发生的方向和强度	比如有人主导动机是加薪，从属动机是升职等。	主导动机和从属动机能相互转化
	从属动机	处于辅助从属地位，所起的作用较小		

（三）工作动机与活动效率

工作动机是驱使个体参与社会劳动和进行工作的一种社会动机，不管人的工作动机来自什么需要，工作动机是促使人们进行工作的强大动力。

在心理学中，关于动机和活动效率的关系有两种理论。一是内驱力理论（Drive Theory），认为两者呈线性关系，即动机、驱力、唤醒水平提高，活动效率也相应提高；另一种是倒 U 型理论（Inverted-U Theory），认为两者呈曲线性相关，即高动机或低动机与低水平活动联系，而中等动机水平与高活动效率相关。

在实践中，员工的工作动机对提高工作效率具有非常明显的作用，各种活动都存在动机的最佳水平，动机过强或不足都会使工作效率降低，中等强度的动机最有利于发挥最佳工作效率。许多研究发现，上述两种理论都相对正确，动机的最佳水平主要决定于活动的性质和类型。在简单的工作中，工作效率随动机的提高而上升，内驱力理论是正确的；当活动难度加大时，如需要复杂的、控制的、协调的智力活动中，动机强度随之降低，则倒U型理论适用。在人力资源管理中了解员工个体或集体的动机，并提供适当的组织环境可大大提高人力资源的使用效率。工作动机与工作效率的关系见图6-1。

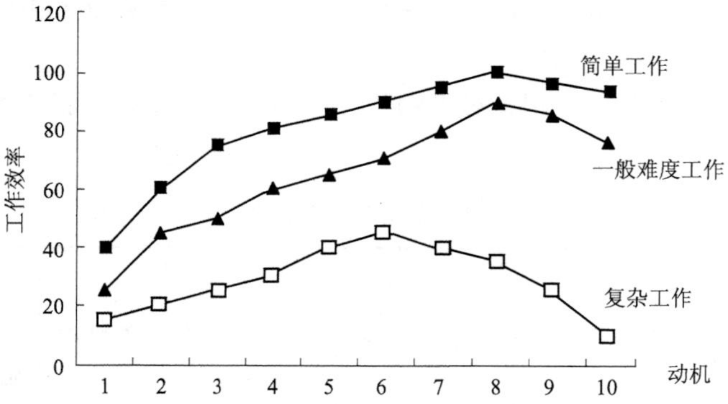

图6-1 动机与工作效率①

三、激励

（一）激励的概念

激励，即激发、鼓励的意思。其含义主要是指激发人的动机，使人产生一股内在的动力，朝着期望的目标前进的心理活动过程。作为心理学术语，激励指的是激发人的动机的过程；从管理学的角度讲，激励就是指创造条件满足员工的需要，以激发员工的工作动机，使其努力工作，从而实现组织目标的过程。激励问题即调动人力资源的积极性问题，是当前许多学科研究的课题之一。激励的关键在于解决制定什么样的规则使组织中每个成员的自利行为的结果与给定的集体目标相一致（汤敏，1989）。

（二）激励与组织绩效之间的关系

激励并不是无条件地简单满足员工的任何需要，而是要以能在一定程度上导致组织绩效提高的方式来满足员工需要，要对需要满足的方式和程度予以控制。员工也许有些需要很迫切，但是如果方式不妥当，满足后对于员工的工作业绩没有明显的促进效果。例如员工在上班时间有社交的需要，他可能通过打电话聊天、串岗等方式来满足这种需要，这种需要的满足不仅不会导致组织绩效的提高，反而对组织有害，而且有些需要被过度满足后反而会导致绩效下降。

（三）激励的作用

员工在激励状态下所付出的努力不仅满足其个人需要，同时也通过达成一定的工作绩效而实现组织目标。激励对于调动人们潜在的积极性，出色地完成工作目标以及不断提高工作绩效具有十分重要的作用。

---

① 费栋华．员工脑电波——人力资源心理管理［M］．北京：中国经济出版社，2006：23.

1. 激励对个体的作用

（1）激励对个人潜能的开发。激励可为人的行为提供动力，调动人的积极性，包括工作的自觉性、主动性和创造性等。美国哈佛大学心理学家威廉·詹姆斯指出：普通人只运用了大脑资源中极小的一部分，而激励可开发人的潜能。他发现，在一般情况下，按时计酬的员工只需发挥20%～30%的能力，就可应付自己的工作。但当员工受到充分的激励，则其能力可以发挥80%～90%。这说明其中有50%～60%的能力是可以通过激发动机提高的，激励可以激发人的工作热情和工作兴趣。

（2）激励可以提高个体工作绩效。研究表明，工作绩效的高低，从主观上来看，取决于能力和激励水平两个因素，即工作绩效＝f（能力×激励水平）。这说明，单有能力而缺乏动机（根本不想干）或动机强度不够都无法达到工作要求；反过来，个体的内在动力很足而无基本能力同样是不能胜任工作的。因此，在环境条件相同的情况下，能力强、激励到位的员工，工作绩效肯定高；能力弱而激励到位者，绩效有可能高；而能力强、激励不到位者，绩效有可能低；能力弱而激励不到位者，绩效肯定低。我国古代寓言“龟兔赛跑”的故事也说明了有时动机比能力更重要的道理。

2. 激励对组织的作用

（1）激励机制是组织吸引人才、留住人才的重要手段。通过激励组织可以把有才能的、组织所需要的人吸引过来，并使其长期为组织工作。从世界范围看，国外很多科研机构和企业集团，为了吸引人才，不惜采取支付高薪，创造好的工作条件等很多激励办法。如美国一些大公司常采用的激励办法：提供养老金，集体人寿保险和优厚的医疗待遇；给工人兴办每年只交3美元会费就能享受带家属到乡村疗养待遇的乡村俱乐部；减免那些愿意重返学校提高知识和技能的职工的学费；公司筹办学校和各种培训中心，让职工到那里学习各种知识等。

（2）激励可以进一步激发员工的创造力和革新精神，从而大大提高工作绩效。如第三章所述，有五种工作特性能激发人的工作动机，如技能与任务的多样性、任务的重要性、自主性、反馈性等能够给员工带来内在的满足，使他们感到工作富有意义，从而提高工作积极性。更重要的是，这种强烈的内在动机会使人们更加关注工作本身，有利于创造力的发挥。日本的丰田汽车公司，就采取合理化建议奖（包括物质奖和荣誉奖）的办法鼓励职工提建议。不管这些建议是否被采纳，均会受到奖励和尊重。如果建议被采纳，并取得经济效益，那么获奖更多更重。结果此制度推行一年后，由于职工的合理化建议所创造的价值，相当于该公司全年利润的18%。反过来，如果一个组织中员工的许多潜力不能被激发出来，就意味着人力资源的巨大浪费。

（3）激励有利于塑造良性竞争环境。组织通过激励所建立的竞争机制是调动人们积极性的一种重要手段。现阶段，我国很多组织、企业都实行机构改革和岗位聘任，废除“大锅饭”、“终身制”，从心理学的角度看，这正是能更好地激发人们的工作动机，调动其积极性的一种手段。因此，正确利用激励因素，创造良性的竞争激励环境，使人们积极地、自觉自愿地努力工作，把组织目标变成每个员工自己的需要，把组织利益与满足个人的需要结合起来，是实现组织良性发展的最佳途径。

第二节 激励的模式与因素

激励是指引起行为的一种刺激，是促进行为的一种重要手段。在某一特定情况下，受激励的行为将产生一定的结果，激励所研究的问题，就是认识这种因果关系的规律以及掌握激励产生、发展的基本过程和影响因素。

一、激励的过程模式

激励过程，也称激励模式。激励过程实质上是通过外界刺激（外因）使人的内在动机（内因）发生强化作用，从而增强人的内驱力的过程。常见的激励模式有以下两种①。

（一）激励的基本模式

在早期内驱力理论的基础上，现代心理学家提出了动机激发循环的概念，把需要、内驱力和目标三个相互影响、相互依存的要素衔接起来，构成了动机激发的基本过程。一个目标达到了，新的需要随之而起，如此周而复始，循环不息，其模式见图 6-2。

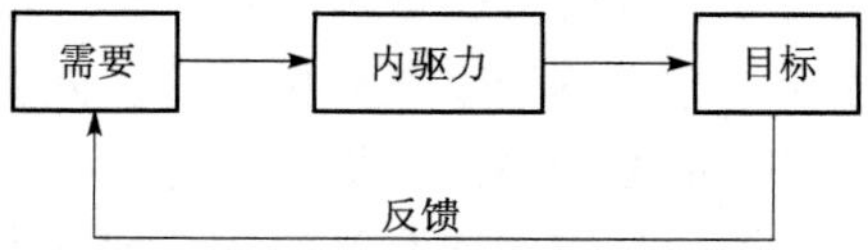

图 6-2 动机激发的基本模式

在这个模式中，内驱力和动机是两个可交替使用的概念。当一个人在生理或心理上感到缺乏某种东西时，就产生一种紧张不安的心理状态。内驱力就是一种力求满足需要，以消除这种缺乏或不足状况的内在驱动力。这是动机激发过程中最核心的环节。如当人们饥饿时，对食物的需要就转化为力求解除饥饿的内驱力；孤独时对朋友的需要则成为力求交往的内驱力。目标是动机激发过程中的终端，可解释为能满足需要和减弱内驱力的事物。因此，达到预定目标将有助于恢复生理和心理上的平衡。凡能满足个体某种需要的目标，心理学上称之为诱因。如果说需要是激发动机的内在条件，那么诱因就是它的外在条件。

在上述基本动机激发模式的基础上，心理学家们开展了大量研究，从不同角度提出了激发动机的理论，具体内容详见下节。

（二）激励过程的整合模式

激励是一个复杂的过程，从激励行为的开始到激励效果的显现需要一个系统的过程。这个过程就是需要引起动机，动机支配行为，进而达到一定目标以满足需要的过程。具体如图 6-3 所示。心理学家认为，所有人的行为，都是为了实现一定的目的或

① 孙成志．组织行为学［M］．北京：中国金融出版社，2004：122.

达到一定的目标。这种“目标导向”行为又总是围绕着满足需求的欲望进行的。一种没有得到满足的需求是调动积极性的起点，是引起一系列导向行为的初始动机。这种未满足的需求会使人产生紧张心理，并激发个人采取某种行为来满足需求，以解除或减轻其紧张程度。个体行为（付出努力）会产生满足需要和未满足需要两种结果。当个体通过努力，达到目的时，需求满足，激励过程完成，并产生新的需要，进入一个新的激励过程的循环。而个体付出努力，并未满足需要，就会产生一种受挫心理，可能会产生积极或消极的行为。当采取积极行为，最终可能满足需要，并进入新的循环；而采取消极行为，个体可能仍旧停留在这一层次的需要，也可能下降到更低层次的需要以得到满足。

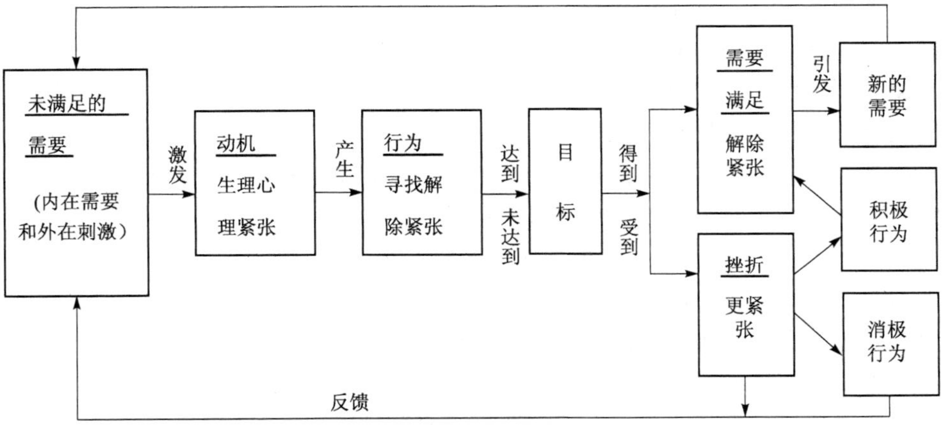

图 6-3　激励过程的整合模式

由此模式可以看出，形成动机的条件有两个，一是内在条件，即需要、欲望。当人感到缺乏并期待满足时才能产生动机。二是外在条件，即诱因、刺激。客观环境对人的动机的产生和发展起着耳濡目染、潜移默化的作用。当内部条件与外部条件同时存在时，二者相互影响、相互作用，并最终激发人的行为。可见，激励过程是以未能得到满足的需求开始，以需求得到满足而告终，这构成了激励的基本过程。这一模式不仅反映了需求、动机、行为、目标之间的关系，而且又引入了需要得到满足和行动受到挫折后采取积极、消极行为的概念。便于管理者加强对整个激励过程的了解并采取相应措施。

以上两种基本模式虽各有不同之处，但激励过程的主要组成部分是基本相同的，都是从产生需要开始，到实现目标、满足需要而结束。这些模式对我们深入理解激励理论很有意义，同时也启示我们，要研究激励的对象及具体的激励过程，应遵循以下程序：

首先要了解需要，即了解每个人各种需要的强度、结构以及满足需要的方法。其次是情况分析，即对影响个人行为的环境进行分析，以施加诱因，设立目标，力求改进或引导员工适应环境。再次要利益兼顾，即兼顾组织、团体和个人的利益。最后还要做好目标协调，力求达成企业目标的同时，满足员工的需要。在综合考虑上述情况后，才能采取有效的激励措施。

二、激励效果的影响因素

由上述激励模式可知，人能够被某种因素所激励而积极，也可能被某种因素所刺激而消极。人本身是一个有机的系统，人的行为，一方面受个体因素的影响，另一方面又受周围环境的影响，这两个变量是影响行为的决定因素。

（一）个体因素

个体行为的动机源于人的需要、欲望，而行为的最终方向还要受到思维、判断和情绪等因素的影响。因此，要激励个体的行为应考虑以下内在因素：

1. 需要的多样性、周期性和层次性决定了个体行为的多因性和动态性

由于人的需要是一种主观状态，不仅处于不同经济发展时期、不同地域的人的需要有所区别，而且处于同一时期、同一地域的人的需要也会有很大差别。同时，由于个体生理现象的周期性，当个体的某种需要得到短期满足后，随着时间的推移还会重新出现，表现出周而复始的特点。而随着社会的发展，人的需要也是无止境的，一种需要得到满足后又会产生新的需要，低层次的需要得到满足又会追求较高层次的需要。这些最终决定着个人动机与行为的复杂性和多变性。

2. 个人情绪的反应直接影响行为的引发和进行

当人在心情激动时，对环境中其他刺激的接受程度就会降低；而在心平气和时，对外界刺激的接受就较灵敏。人的思维、判断能力无论如何理智，都免不了受个体情绪的影响。如当领导批评得越是严厉时，职工的“自卫反应”便越强烈。这说明人不可能完全以理性状态进行反应。而个体的情绪冲突对行为的影响也较大，如一个人平时工作不积极，偶尔一次受到了表扬引起强烈的情绪冲突，产生要求进步的需要，开始改变过去的不良行为。这种冲突是来自内在的需要的，经过积极引导，新的需要所激发的动力就会产生持久的效果。因此，当员工和领导在一起时，其内外行为是会变化的，这是因为权力和地位对心理产生的冲击作用。

3. 情绪与利益的相关性

一般说来，考虑的问题与自身利益越紧密，受情绪因素的影响也越大。情绪总是不断地在影响人们的思考、判断和决策行为，当个人对某种情况有情绪反应时，该情况必定与其自身利益有关，绝对客观地看问题是不可能的，因为人是综合运用理性和情绪来思考问题的。这也是激励的方式和程度难以把握的原因之一。

（二）环境因素

人所处的周围环境，会影响人的态度以及行为。如果要把人们引向某一方向，就必须使人与环境协调发展。不是改变环境，就是人去适应环境。组织环境中有以下因素可引导个体产生积极行为。

1. 设定目标和标准

对于所要完成的工作内容，要有明确的规定，使人们能积极努力地奔向目标。同时还有规定恰当的标准，标准不能订得太高，也不能订得太低。太过会使其丧失信心，产生挫折感；太低又不会有什么激励作用。设定的标准必须是力所能及，且经过努力才能达到的，即所谓“跳一跳”才能摘到的“果子”最甜。

2. 制订方案优选制度

做任何一件事，都可能有几个方案可供选择，有了这种制度就能促进员工参与到组织管理中，激发他们遇到困难动脑筋、想办法，并采用最有效的工作方法和经济合理的实施方案。组织对于此类人及行为应给予必要的奖励。

3. 公开的授权

权力和责任的公开化，使自己和他人都能正视权力和责任，避免有职无权和对工作不负责任的现象。

4. 良好的人际关系与工作氛围

上下级之间相互信任、关心和尊重，领导和群众之间建立一种和谐的人际关系氛围和沟通气氛，对于形成良好的组织风气，激发员工的集体意识和荣誉感非常重要。而创造良好的生产条件和工作环境，也是保障员工身心健康和精神愉悦的重要条件。

不论是环境因素，还是个体因素，对不同的人来说是不一样的。因为人的动机、需要、行为虽有一般规律，但又因人而异。例如每个人的职业、年龄、文化程度、经济状况、家庭出身等都是不相同的，每个人的发展都有从不成熟到成熟的阶段，只不过速度有快慢，时间有早晚。因此，组织实践中产生的员工激励问题还需进行具体分析。

第三节　激励理论概述

激励理论是专门研究如何激发个体行为动机和调动员工积极性的理论。自 20 世纪二三十年代以来，工业与组织心理学家们就从不同的角度开始研究应怎样激励人的问题，并提出了许多激励理论，按激励的侧重点不同，这些理论大体上可以分成三类：第一类，内容型激励理论，着重研究动机被激发的原因与起激励作用的因素的具体内容。第二类，过程型激励理论，着重研究动机的形成和行为目标的选择，即激励过程。第三类，行为改造型激励理论，着重研究激励目的的理论。此外，还有学者提出了综合激励模式，企图通过一个模式概括上述理论。现就其中的主要理论作以介绍。

一、内容型激励理论

内容型激励理论着重研究激发动机的诱因以及需要的内容和结构。由于理论的内容都围绕着如何满足需要进行研究，故又称为需要理论。其中有代表性的理论包括：马斯洛的“需要层次论”、赫兹伯格的“双因素论”、奥德弗的“ERG 理论”以及麦克利兰的“成就需要激励理论”等。

（一）需要层次论

需要层次论是由美国人本主义心理学家马斯洛（A. Maslow）提出来的，这是一个受到广泛关注的激励理论。他于 1943 年在《人的动机理论》一文中，把人的需要分成生理需要、安全需要、友爱和归属的需要、尊重的需要、自我实现的需要五个层次。1954 年他又在《动机与人格》一书中（1970 年又再版），在尊重需要和自我实现之间增加求知和审美两个需要层次，把人的需要分成七个层次。这一理论被广泛运用于教育、组织与管理、治疗和自我改善等领域，也成为管理心理学者们揭示需要规律的主要理论。

首先，马斯洛认为人类的需要具有层次性特征，各种需要相互联系、相互影响，共同构成一个完整的需要系统。按照由低级到高级的顺序，人的需要可分为七个层次（见图 6-4）。

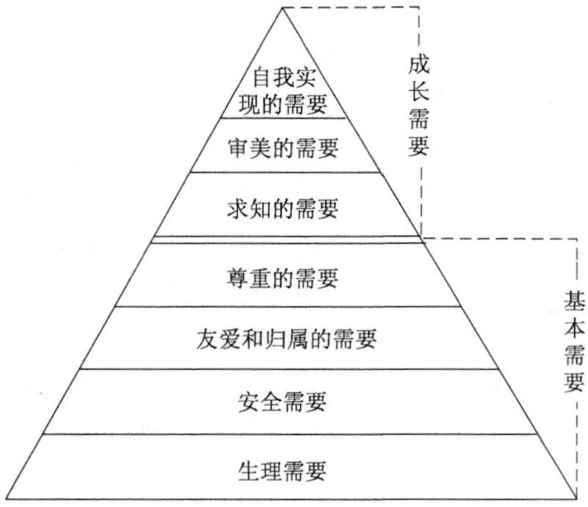

图 6-4　马斯洛的需要层次论图示

1. 生理需要

这种需要是为维持人类自身生命的基本需要，是动物和人所共有的，如食物、水、衣着、住所和睡眠。马斯洛认为，在这些需要还没有达到足以维持生命之前，其他的需要都不能起到激励的作用。生理需要在组织环境中包括向员工提供合适的工资、良好的工作环境。生理需要如果不能得到起码的满足，它就会完全支配这个人的活动。对于大多数人来说，这类需要容易满足。

2. 安全需要

这些人类要求保障自身安全、摆脱失业和丧失财产等威胁的需要，包括住宅、工作场地、秩序、安全感等。当一个人的生理需要得到基本满足便会产生安全需要。处于这一层次中的人，首要目标是减少生活中的不确定性，这在儿童身上表现得最为明显：如父母吵架不和、家庭分离、离婚、众多意外事件的干扰，都会给儿童造成不安定、不可预测和不安全的感受，影响儿童健康发展。安全需要对员工来讲是指工作需要有保障，有申诉制度，有合适的养老保险、医疗保险等。

3. 友爱和归属的需要

当生理及安全的需要得到相当的满足后，友爱和归属的需要便占据主导地位。因为人类是有感情的动物，人们希望与别人交往，避免孤独，希望与同事之间和睦相处，关系融洽。人们希望归属于一个团体以得到关心、爱护、支持、友谊和忠诚，并为达到这个目的而做出努力。有人把归属和爱的需要也称为社交的需要。企业具有良好的企业文化，大家有共同语言，有归属感，感到自己是群体的一分子，社交需要就得到了满足。

4. 尊重的需要

当一个人第三层次的需要得到满足以后，他通常不只是满足于做群体中的一员，而是开始产生尊重的需要，包括自尊和受人尊重两个方面。自尊意味着在现实环境中希望有实力、有成就、能胜任和有信心，以及要求独立和自由；受人尊重要求有名誉或威望，可看成别人对自己的尊重、赏识、关心、重视或高度评价。自尊需要的满足使人产生一种自信的感情，觉得自己在这个世界上有价值、有实力、有能力、有用处。而这些需要一旦受挫，就会使人产生自卑感、软弱感、无能感。企业管理人员可以通过给予若干外在的成就象征，如职称、晋级、加薪等，也可用提供工作的挑战性、责任和机会，满足员工这方面的需要。

5. 求知的需要

人有了解和探索事物的需要，具体包括好奇心、求知欲、探索心理及对事物的认知理解。

6. 审美的需要

人都有追求匀称、整齐、和谐、鲜艳美丽的需要，并且通过从丑向美转化而得到心理上的满足。马斯洛发现，从严格的生物学意义上说，人需要美，正如人的饮食需要钙一样，美有助于人变得更健康。

7. 自我实现的需要

这是马斯洛理论中最高层次的需要，指的是人对自身的潜能得以实现的向往。一个人希望成为什么样的人，就应该成为那样的人，他所做的符合于自身的本性，这种需要就称之为自我实现。能达到者称为自我实现的人，但这类人为数不多。例如画家应该挥笔作画，诗人应该创作诗篇，音乐家应该演奏音乐。但是也应该注意到，自我实现需要并非在重大发明和艺术创造的形式下才能实现。勤奋的学生、负责的教师、努力工作的工人、照顾儿童或管理家务者等，都可尽力而为之，进而实现潜能。自我实现的需要促使个人不断发展，充分发挥自己的潜能，并富于创造性和独立精神。

马斯洛认为自我实现需要得到实现的人会产生高峰体验。高峰体验是自我实现者的特征之一。当我们的潜能充分发挥时会带来最大的喜悦，这种体验就是高峰体验。

首先，马斯洛认为，人的需要的发展呈金字塔型，由塔底到塔顶，由下而上，愈来愈狭窄。首先，越低的层次在总人口中所占比例越大，越向上的层次在总人口中所占比例越小，真正达到自我实现的人只是很少一部分。其主要原因是，低层次的需要相对容易满足，而自我实现的需要受许多因素的制约。

其次，马斯洛还阐述了各种需要之间的递进规律。他认为，7 种需要是由低到高按顺序逐级递升的。这些需要可以分为高低两级，其中生理需要、安全需要、归属和爱的需要、尊重的需要属于人发展的基本需要，这些需要通过外部条件使人得到满足。而求知的需要、审美的需要和自我实现的需要则是促进人成长的高级需要。同时，个人需要的发展过程由低到高按顺序逐级递升，呈现出波浪式演进。图 6-5 主要分析了 5 种基本需要的发展态势。当某一层次的需要得到相对满足时，其激发动机的作用随之减弱或消失，此时高一层次的需要将成为新的激励因素。人的需要遵循递进规律，在较低层次的需要得到满足之前，较高层次需要的强度不会很大，更不会成为主导的需要。但低层次的需要获得相对的满足后，下一个较高层次的需要就占据了主导地位，成为驱动行为的主要动力。

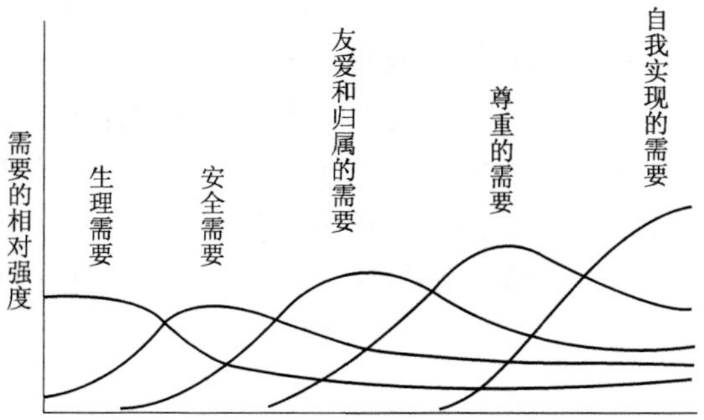

图 6-5 需要层次的演进

最后，马斯洛的需要层次理论受到了企业界和心理学界的极大关注。根据该理论，人们试图在管理中实现它的应用价值。

需要层次论对于人力资源管理者的启示在于：在工作中应掌握员工的需要及其发展变化规律，根据员工不同层次的需要，采取相应的激励措施。同时，要满足不同人的需要，还需具体问题具体分析。

实际上每个人的需要并不都是严格地按照由低到高的顺序逐级发展的，因为不同情况下人们需要的强度是不同的，即使同一个人在不同阶段，其需求层次也不一样，管理者对这些情况必须全面考虑。

（二）双因素理论

20 世纪 50 年代末，美国心理学家赫兹伯格（F. Herzberg）在对工程师和会计群体进行工作满意感的调查后发现，促使员工在工作中产生满意或良好感觉的因素与产生不满或厌恶感觉的因素是不同的，前者往往和工作内容本身联系在一起，后者则和工作环境或条件相联系。由此赫茨伯格提出了双因素理论，该理论有两个独创性的观点：首先，该理论说明了对工作的满意感和不满意感不是单一连续体的两个极端，当中至少包含了两个状态：没有不满意与没有满意。“满意”的对立面是“没有满意”，而“不满意”的对立面应该是“没有不满意”。其次，它强调有些工作因素能够引起对工作的满意感，赫茨伯格称之为“激励因素”，而另一些因素只能防止不满意感的产生，赫茨伯格称之为“保健因素”。

其中，激励因素是指和工作内容紧密联系在一起的因素，如工作本身的挑战性、工作上的成就感、晋升等。这类因素的改善，往往能给员工以很大程度的激励，产生工作的满意感，有助于充分、有效、持久地调动他们的积极性，是人们行为动力的真正来源。保健因素是指和工作环境或工作条件相关的因素，如公司政策和管理、工资待遇等。这类因素处理不当，会导致员工的不满，甚至严重挫伤员工积极性；反之，这类因素处理得当，则能防止员工产生不满情绪。由于这类因素带有预防性质，故称之为“保健因素”。它与激励因素的具体内容详见表 6-2。

表 6-2 激励因素和保健因素的具体内容

保健因素（外在因素）	激励因素（内在因素）
企业的政策与行政管理	工作上的成就感
技术监督系统	工作中得到认可和赞赏
与上级主管之间的人事关系	工作本身的挑战性和兴趣
与同级之间的人事关系	工作职务上的责任感
工作环境或条件	工作的发展前途
薪金	个人成长、晋升的机会
职务、地位	
工作的安全感	

双因素理论对于激励员工的积极性有重要的启示和意义：

首先，一个企业为了保持员工原有的积极性，就应该注意保持或完善“保健因素”；为了提高员工的积极性，则应当在“激励因素”方面多下工夫。只有“激励因素”与“保健因素”双管齐下，才能全方位调动员工的劳动积极性。

其次，管理者在实施激励时，物质需求的满足是必要的，没有它会导致不满，但是即使获得满足，它的作用往往也是很有限的、不能持久的。要调动人的积极性，要尽可能考虑增加物质奖励的精神含量，注重对员工实施内在激励，如给人以发展、成长、晋升的机会等。

再次，管理者要想持久与高效地激励员工，必须注意工作内容因素的重要性，促使员工从工作本身获得满足感。因此，要适时改进工作任务特征，进行工作再设计和工作丰富化是非常必要的手段。

但是也应该看到，双因素理论的适用性还有待进一步研究。在具体实践中，不同职业和不同阶层的人，对激励因素和保健因素的反应不尽相同。高度的工作满足不一定产生高度的激励。产生激励的因素因人而异，要使员工感到满足，也取决于环境和员工心理等多方面的因素。

（三）ERG 理论

ERG 理论又称成长理论，是由美国心理学家奥德弗（C. Alderfer）于 1969 年提出的。这一理论系统地阐述了一个关于需要类型的新模式，发展了赫茨伯格和马斯洛的理论。他和马斯洛一样，认为个体的需要是以层次排列的。但是，他认为需要的层次只有三个：生存需要（Existence）、关系需要（Relatedness）和成长需要（Growth）。由于这三个词的第一个字母分别是 E、R、G，所以称为 ERG 理论。

1. 生存需要

生存需要指的是全部的生理需要和物质需要，如衣、食、住，组织中的报酬，对工作环境和条件的要求等。这一类需要大体上和马斯洛需要层次中的生理需要和物质型的安全需要相对应。

2. 关系需要

关系需要是指维持人与人之间的关系、联系的需要，包括上下级、同级、个人、集体等人际关系和谐等。这一需要类似于马斯洛需要层次中人际型的安全需要、全部友爱和归属需要，以及部分尊重需要。

3. 成长需要

成长需要是指一种要求得到提高、成长和发展的内在欲望。不仅要求充分发挥个人的潜能，而且还包含开发新能力的需要。这一需要与马斯洛的需要层次中的部分尊重需要和整个自我实现需要相对应。

奥德弗认为，这三种需要之间没有明显的界限，多种需要可以同时存在，高层次的需要可以不必以低层次需要的满足为前提，也就是说，甚至在生存和关系需要都没有得到满足的情况下，一个人也可以为成长而工作。这一理论限制性较少，易于应用。该理论的特点表现在它对各种需要之间内在联系的具有说服力的阐述：

（1）各个层次的需要获得满足越少，则这种需要越为人们渴望追求。例如，满足生存需要的工资越低，人们越是渴望获得更多的工资。

（2）较低层次需要越是获得满足，对高层次需要的渴望追求越大。例如，人的生存需要满足后，对人际关系和成长需要的追求愈强烈。

（3）较高层次需要越是不能满足或者缺乏，则对较低层次需要的追求也越多。这就是所谓的挫折—倒退模式。例如，一个人缺乏对事业、成就、理想的追求，就会更多地追求生存的需要。

ERG 理论对工作激励的启示和意义在于，它提出了当个体高层次的需求受到阻滞时，其他可能的达到激励效果的途径。同时，提醒人力资源管理者应根据员工需要和自身素质特点设置适当的目标。如果组织目标设置过高，是员工能力所不及时，员工会因达不到目标，无法满足需要而产生挫折感，进而产生退缩、害怕等消极心理，从而无法达到激励的目的。

（四）成就需要理论

成就需要理论是美国哈佛大学心理学家麦克利兰（David C. McClelland）在 20 世纪 50 年代提出来的。他们对成就需要这一因素做了大量研究，认为成就需要具有挑战性，引发人的快感，增加奋斗精神，对行为起主要影响作用。成就需要理论主要研究在人的生理需要基本得到满足的条件下，人还有哪些需要。麦克利兰认为，人们在生理需要得到满足以后，还有三种重要的动机或需要：

1. 成就需要

指追求优越的驱动力，或者在某种标准下追求成就感、寻求成功的欲望。成就需要高的人具有以下几个特点：

（1）有较强的责任感，他们不仅仅把工作看作是对组织的贡献，而且希望从工作中实现和体现个人的价值，因此他们对工作有较高的投入。

（2）喜欢得到及时的反馈，看到自己工作的绩效和评价，因为这是产生成就感的重要方式。

（3）倾向于选择适度的风险，他们既不甘于去做那些过于轻松、简单而无价值的事，也不愿意冒太大的风险去做不太可能做到的事，因为那样就不可能体验到成就感。

高成就需要者在创造性的活动中更容易获得成功。但是，成就需要高的人并不一定能成为一名优秀的经理，特别是在大公司中。因为成就需要高的人通常只关注自己的工作业绩，而不关心如何影响他人作出优秀的业绩。从实际情况看来，公司里杰出的总经理往往没有很高的成就需要。

2. 权力需要

权力需要指促使别人顺从自己意志的欲望。权利需要较高的人喜欢支配、影响别人，喜欢对人“发号施令”，十分重视争取地位与影响力 。这些人喜欢具有竞争性和能体现较高地位的场合或情景。

研究表明，个人的地位越高，其权力需要也越强，越希望得到更高的职位。高权力是高管理效能的一个条件，甚至是必要的条件。

如果权力需要强的人获得权力是为了整个组织的好处而去影响他人行为的，他们会成为优秀的管理者。具有这种需要的人通过正常手段获取权力，通过成功的表现提升到领导岗位，那么他们就能够得到别人的认可。但是，如果其目的是获得个人权力，则难以成为成功的组织领导者。

3. 亲和需要

亲和需要是指寻求与别人建立友善且亲近的人际关系的欲望。亲和需要较强的人往往重视被别人接受、喜欢，追求友谊、合作。这样的人在组织中容易与他人形成良好的人际关系，容易被别人影响，因而往往在组织中充当被管理的角色。

许多出色的经理的亲和需求相对较低，因为虽然亲和需要强的管理者通常可以建立合作性的工作环境，与员工真诚地、愉快地共同工作，但是，在管理上过分强调维持良好的关系会干扰正常的工作程序。

在对员工实施激励时需要考虑这三种需要的强烈程度，以便提供能够满足这些需要的激励措施。例如成就动机强的个人更希望工作能够提供个人的责任感、承担适度的风险以及及时得到工作情况的反馈。

麦克利兰认为，具有高度成就需要的人对于企业和国家都有重要的作用。企业拥有这样的人越多，发展就越快。国家拥有这样的人越多，就越兴旺发达。据他的调查，英国在 1925 年时拥有高成就需要的人数在 25 个国家中名列第五位，当时英国确实是一个兴旺发达的国家。而到 1950 年再做调查时，英国拥有高成就需要的人数，在 39 个国家中名列第二十五位，事实上第二次世界大战以后的英国也确实在走下坡路。

麦克利兰的成就需要理论在人员选拔和激励管理中具有重要的应用价值①。

首先，在人员的选拔和安置上，通过测量和评价一个人的需要和动机特征，可以决定分派工作和安排职位的方向。如采用心理测验（主题统觉测验），让被试看一张坐在教室里的青年人的图片，看 10 秒钟后，要他回答下列几个问题：（1）图片内容指的是什么事？（2）画中是什么人？他在想什么？正在做什么？（3）将会发生什么事？会产生什么结果？从被试的直觉反应和回答中可以判断其固有的、真实的思想意图。如果描述者对成就方面比较关注，认为图中的青年正在撰写一篇高质量的论文，那么就反映出他具有很强的成就需要；如果描述的焦点是权力，认为图中青年作为组织管理者正在制定

---

① 黄希庭，朱永新．人力资源管理心理学［M］．上海：华东师范大学出版社，2003：49.

经营方针和策略，那么就反映出他的权力需求等。

其次，由于具有不同需要的人需要不同的激励方式，了解员工的需要与动机有利于合理建立激励机制。对于高权力需要的员工，管理者应通过授权、自主工作团队等方式，尽可能让他们参与决策的制定，尤其是与他们有关、影响重大的决策的制定。对于高亲和需要的人，管理者应该确保让他们作为团队的一员从事工作，他们更容易从与他们一起工作的人们那里得到满足，而不是工作本身，应该给予他们大量的表扬和认可，委托他们对新员工进行接待和培训，以便使他们成为很好的伙伴和教练。

最后，麦克利兰认为动机是可以训练和激发的，因此可以通过教育和培养造就出高成就需要的人，以提高生产率。如通过增强员工的自信心、鼓励员工参与决策、提供挑战性的工作、公正的待遇、支持性的工作环境和培训、给予充分的信任和自由空间等途径有效培养员工的成就感①。

以上几种内容型激励理论都是从人的需要方面来研究激励问题的，所以可把其统称为需要理论。

专栏 6-1

成就动机与经济发展水平的关系

为验证经济发展与人民成就高低的关系，麦克利兰主要运用档案研究法，比较了1920~1929与1946~1950年这两个时期各30个国家成就动机与经济增长的6f关系。在研究中，他假设，一个社会流行的读物如连环画、杂志、教科书等的主题，可以反映出整个社会文化的动机和价值，因此，可以以儿童读物作为基础，测定一个特定国家的动机水平。对于因变量——经济发展水平，他主要用3个指标来测定：一是人均国民收入；二是发电量；三是他自己结合上述两个指标得出的一个指数。通过相关统计分析，他得出结论：成就动机与经济增长之间存在显著的正相关，成就动机可以预测将来的经济增长。即成就动机影响经济增长，而不是经济增长影响成就动机水平。

为进一步深入研究经济增长对社会经济的促进作用，麦克利兰的学生甚至用公元前900年古希腊的历史资料来进行论证。其中，成就动机的衡量指标是当时的文学样品（如民间故事）中所展现出来的主题，经济兴衰则用当时希腊的贸易范围的平方公里作为指标，这一研究从社会文化方面表明成就动机是能影响经济发展的。

20世纪60年代，麦克利兰和韦纳等人在印度进行了一系列实验研究，观察商人的成就动机对经营活动的影响。他们将全体被试分为实验组和控制组。实验组的商人要接受一系列的培训，来提高他们的成就动机。控制组的商人则不接受这种培训。结果发现，这对他们的经营活动产生了重大影响。与控制组相比，实验组的商人更积极主动地经营他们的业务：工作时间更长，投资更多，雇佣更多的员工和开设新的公司。这进一步证明成就动机的提高会推动人们更多地从事经济活动，从而间接促进一个社会的经济

---

① 张静．通过培养成就感来激励下属［J］．经理人，2002（9）：66.

增长。这些研究也证明，成就动机是可以通过训练取得的，并且可以影响人的社会行为。

（资料来源：吴江霖，戴健林．社会心理学［M］．广州：广东高等教育出版社，2002：166）

二、过程型激励理论

过程型激励理论着重研究从动机的产生到采取具体行动的心理过程。这类理论试图解释、描述动机形成和行为目标选择的整个过程，即行为是怎样产生的，怎样向一定方向发展，如何保持或结束这个行为的发展过程。主要包括弗罗姆的“期望理论”、亚当斯的“公平理论”、波特和劳勒的“综合激励理论”以及罗伯特·豪斯的“激励力量理论”等。

（一）期望理论

期望理论是美国心理学家弗罗姆（V. H. Vroom）于 1964 年在《工作与激励》一书中提出的。弗罗姆认为双因素理论和需要层次理论在解释激励过程中都犯了简单化的错误。实际上，对不同的人来说，激励因素的效用是不同的。他认为，当人们有需要，又有达到这个需要的可能时，其积极性才高。激励水平取决于期望值和效价的乘积。其公式是：

激发力量＝效价×期望值　　$(M = V \times E)$

M（Motivation）即激发力量的高低，是指动机的强度，即调动一个人积极性，激发其内在潜力的强度。它表明人们为达到设置的目标而努力的程度。

V（Value）即效价，是指目标对于满足个人需要的价值，即一个人对某一结果偏爱的强度（$-1 \leqslant V \leqslant 1$）。例如，一位员工根据以往的经验和直觉得出以下结论：如果自己在工作上做出优异成绩，奖金必然增加。而奖金增加这种“结果”具有多大的吸引力，或人们是否喜欢这个“结果”，取决于各人的主观评价。对一个看重金钱的人来说，吸引力可能很大；而对于经济宽裕的人来说，奖金对其吸引力就很小，甚至是零；也有的人不希望奖金增加，他们担心因此而与同事关系变僵，奖金的增加对他们的吸引力就是负数。因此，效价的变动范围为-1 到+1。

E（Expectancy）即期望值，是指采取某种行为可能导致某一结果的概率，即采取某种行为对实现目标可能性的大小（$0 \leqslant E \leqslant 1$）。例如，一个求职者对自己被某公司录用这一结果的可能性的判断，就是期望值；一名员工认为自己努力工作从而获得晋升的可能性为 60%，则概率为 0.6。概率变动的范围为 0～1。应当注意的是，期望值是个人主观评价的概率，而不是实际情况的客观概率。

这个公式表明，激发力量的大小与效价、期望值有密切的关系，效价越高、期望值越大，激发力量也越大，反之亦然。如果其中一个变量为零（毫无意义或毫无可能），激发力量也就等于零。这就说明了为什么非常有吸引力的目标，也会无人问津。而要使激励效果达到最大值，就必须遵循人的期望模式，即：

个人努力→个人成绩（绩效）→组织奖励（报酬）→个人需要

这个模式阐明了在进行激励时要处理好三方面的关系，这也是调动人们积极性的三个条件。

1. 努力与绩效的关系

人们总是希望通过一定的努力达到预期的目标。如果一个人主观上认为通过自己的努力，就能够达到预定的目标（即达到目标的概率很高），那么，他就会充满信心，有强大的工作力量。但是如果他认为目标太高，通过努力也不会有很好的绩效，他就会失去信心，缺乏动力；反之，如果目标太低，唾手可得，他会认为不值得费力达到此目标，从而失去内在的动力。这种关系通过公式中的期望值这个变量反映出来。期望值是个体对目标的一种主观估价，它既受个人的个性、情感、兴趣、动机等主观因素的影响，也受个人的社会地位、外界环境以及他人的期望等社会客观因素的影响。

2. 绩效与奖励的关系

人总是希望取得成绩后能够得到奖励。奖励就是企业对个人或团体工作成绩的肯定和报答。奖励是综合的，既包括物质上的，又包括精神上的。如果员工认为取得绩效后能得到合理的奖励，就可能产生工作热情，否则就可能没有积极性。因此，员工的行为如果没有相应的有效的物质和精神奖励来强化，时间一长，组织成员为组织做贡献的动机就会逐渐消退。

3. 奖励与满足个人需要的关系

人总是希望自己所获得的奖励能满足自己某方面的需要。由于人们在年龄、性别、资历、社会地位和经济条件等方面都存在着差异，同一种奖励，不同的人所体验到的“效价”不同，吸引力也不等，所激发出来的工作动力也就不同。因而，为了充分激发人的积极性，就必须根据各人的需要，采取多种内容和形式的奖励。

综上所述，激励力量是人们有以下三种信念的结果：（1）个人努力的结果是绩效（期望）；（2）个人因有绩效这一媒介而得到报酬（手段）；（3）个人得到报酬后，看到报酬的价值（效价）。其中，如果一个信念（要素）弱化了，激励就弱化了。因此，期望理论给管理者实施激励提供了以下有益的启示：

首先，应弄清员工的期望。了解他们工作中有什么问题？什么问题影响其绩效？解决问题后能提高多少效率？并通过设置恰当的目标，激发员工的努力意愿，引导其实现期望。在设置目标时应尽量加大效价的综合值。如每月的奖金不仅影响当月的收入，而且与年终分配、涨工资、评先进等挂钩，就将大大提高效价的综合值。

其次，要把报酬与绩效联系起来，引导其实现期望。对员工说清楚，什么样的行为将导致什么样的报酬、待遇和奖罚。适当加大不同人实际所得效价的差值，加大组织希望行为和非希望行为之间的效价差值。如只奖不罚与奖罚分明，其激励效果大不一样。

最后，要考虑报酬的效价，让员工预知行为结果的强度。即员工所得报酬必须是对他们有意义的。报酬不一定是金钱。现今的员工向往于多种多样的报酬形式：有人希望增加工资，有人喜欢享受休假，有人则愿意得到较好的住房和福利，有人渴望有进修深造的机会，有人期待着晋升提拔。如果能根据不同的需求层次采用多种奖励办法，必能事半功倍。

（二）公平理论

通常管理人员总认为员工在得到奖酬后，一定会获得满足，行为也将更加积极。殊不知奖酬与满足感之间还存在着对奖酬公正性的感觉。美国心理学家亚当斯（J. S. Adams）对此进行了深入的研究，于1967年提出了公平理论。该理论是在社会比较中探讨个人所做贡献与所得报酬之间的平衡问题，侧重于研究工资报酬分配的公平性、合理性对员工积极性的影响，所以公平理论又称社会比较理论。

亚当斯认为，一个人对他所得的报酬是否满意不能只看其绝对值，还要进行社会比较或历史比较，看其相对值。也就是说，人们总是要将自己所作的贡献和所得的报酬的比率，与一个和自己条件相等的人的贡献与报酬的比率进行比较，如果比率相等，则认为公平合理而感到满意，从而心情舒畅，努力工作，否则就会感到不公平、不合理而影响工作情绪。这种比较过程还包括同本人的历史上的报酬与贡献的比率作比较。该理论可用公式表示为：

$$\frac{O_A}{I_A}=\frac{O_B}{I_B}\quad \text{报酬相当，感到公平}$$

$$\frac{O_A}{I_A}<\frac{O_B}{I_B}\quad \text{报酬不足，感到不公平}$$

$$\frac{O_A}{I_A}>\frac{O_B}{I_B}\quad \text{报酬过高，感到不公平}$$

公式中A，B表示两个条件相当的个体；O表示个人从某项工作中所得到的报酬和奖励，如工资、奖金、地位、提升或对工作的兴趣等；I表示个人对该项工作所付出的努力或所投入的代价，如技术水平、体力、智慧、教育、时间、经验和工作态度等。$\frac{O_A}{I_A}$与$\frac{O_B}{I_B}$分别代表个体A和B的报酬与贡献之比。从公式可看出，当$\frac{O_A}{I_A}$小于或大于$\frac{O_B}{I_B}$时就会出现不公平的感觉。这时人们会产生一种力图恢复“公平”的愿望。一般来说，“不公平”的感觉对多数人都是一种令人不安甚至厌恶的刺激，此时个体会产生一种尽快消除紧张状态的内驱力，这就形成了一种激励，其强度与个体所感受到的不公平程度成正比。

员工进行公平比较时，可能是纵向比较也可能是横向比较。纵向比较包括员工在同一组织中把自己的工作和待遇与过去的相比较，也包括员工将自己在不同的组织中的待遇进行比较；横向比较包括员工将自己的工作和报酬与其本组织中的其他人进行比较，也包括与其他组织员工的工作与报酬进行比较。如果员工通过比较认为自己的付出与收益不成比例，则会强烈地感到不公平，从而挫伤工作的积极性。

感觉到不公平的员工，可以通过以下五种方式来恢复公平感：

1. 改变投入

一个人可以选择对组织增加或减少投入的方式。例如，通过努力工作或工作松懈，以达到目的。

2. 改变成果

一个人可以通过要求增加工资或降低对照者的工资来重新建立公平感。我们所能看到的任何对个人来说是重要的成果，都能改变个人的投入对成果的比率。

3. 改变对于投入或成果的认知

实际并不改变投入或成果，但一个人可以改变对这些要素的认知。例如，一个人一开始感到，与他对公司的投入相比，他从公司那里得到的更多，但以后他可能变换投入认知（如我比别人更努力、我的工作量更大等）来重建这种公平感。

4. 改变参照对象

当自己和一个人比较产生了不公平感时，另换一个人做比较对象可能会减少不舒服的感觉。

5. 离开这种环境

如果一个特定的环境总是使一个人感到受到了不公平对待，最激烈的解决方法就是离开那个环境。可以采取各种形式，如要求调到另一部门或另一地点，或离开这一组织，另谋高就。

公平理论对管理实践的重要价值和启示在于：

首先，强调组织建立和保持公平竞争机制的重要性。人的工作动机不仅受绝对报酬的影响，还会受相对报酬的影响，因此，管理者必须坚持“各尽所能，按劳分配”的原则，把员工所作的贡献与他应得的报酬紧密挂钩。只有打破平均主义，才能充分调动人们的积极性。

其次，作为组织不仅仅要公平地对待其成员，还要让组织成员看到他确实是这么做的。公平存在于观察者的感觉中。认知上的公平与不公平产生于一种社会比较过程，这一事实有助于强调组织中存在的相互联系与相互依赖。因此，管理部门对待一个员工的方式不仅仅只影响这个特定的员工，影响的范围还包括组织中所有和这一员工有联系的人。

最后，还要教育员工选择恰当的比较对象和正确理解公平的意义。

专栏 6-2

关于公平的故事

主人将货物分成两份，平均分给驴和骡背，驴看到自己背的东西和骡一样多，很气愤地说：人们给骡吃的食物比我多一倍，却让我和它驮负一样重的货物。走了一段路以后，主人看到驴支持不了，就把它身上的货物移一部分到骡背上。再走了一段路以后，驴更没精神了，主人又把货物移过去一部分，最后，驴身上空无一物。这时骡瞪着驴说：你现在还会认为我多吃一倍食物不应该吗？

这个故事原意是指能力差异导致待遇不同，且人的能力要长期观察。事实上，我们从社会比较心理和公平的角度也可以有新的解读：（1）人们对自己和他人的认知是不一致的，人们总是高估他人的报酬和自己的付出，而低估他人的付出和自己的报酬。这种认知的“失调”会导致心理上的失衡或不公平感。（2）工作的性质、职责不同，评价标准不同，报酬也不相同。

（三）综合激励理论

这是美国行为科学家波特（L. W. Porter）和劳勒（E. E. Lawler）在弗罗姆的期望理论基础上提出的一种激励理论。他们认为：激励、绩效和满足都是独立的变量，满足取决于绩效，甚于绩效取决于满足。他们将内激励与外激励综合在一起，并在报酬与满足感之间加入了一个中间变量“公平的报酬”，成为传统思想的转折点。该理论既清晰地勾画出了综合激励模式的架构轮廓（见图6-6），又揭示了员工在获得奖酬后仍然不感到满足的谜底，从而使激励理论的内容更加丰富。

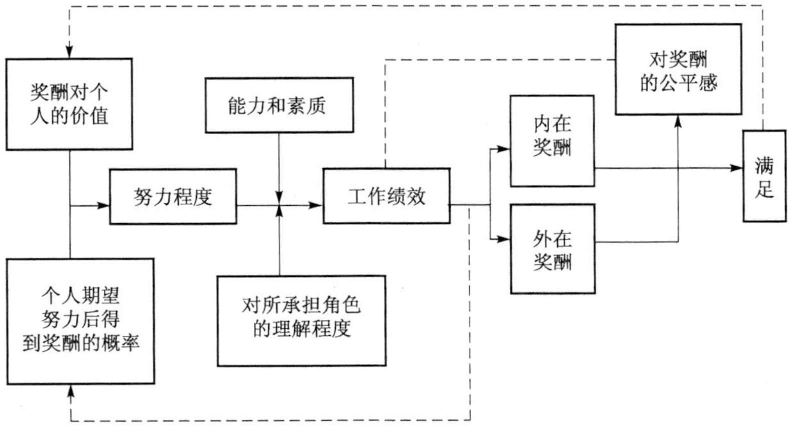

图6-6　波特和劳勒的激励过程模式

波特和劳勒的激励模式主要强调了以下几点：(1)“激励”决定一个人是否努力以及努力的程度。(2) 工作的实际绩效取决于能力的大小、努力程度以及对所需完成任务理解的深度。(3) 奖励要以绩效为前提，不是先有奖励后有绩效，而是必须先完成组织任务才能给予精神的、物质的奖励。当员工看到他们的奖励与成绩关联性很小时，奖励将不能成为提高绩效的刺激物。(4) 奖励措施是否会产生满意，取决于被激励者认为获得的报偿是否公正。如果他认为符合公平原则，当然会感到满意，否则就会感到不满。(5) 满意感反过来影响员工对内在和外在奖励价值的认识，即只有经过努力，达到一定工作绩效，获得了奖励，产生了满意感，这时员工才会认识到内在和外在奖励的价值所在。同样，工作绩效也会反过来影响员工对努力、绩效、奖酬之间关系可能性的感知，即经过一定努力达到一定绩效，则会增加员工奖酬的这一可能性关系的感知。

波特和劳勒的期望激励理论是20世纪六七十年代非常有影响的激励理论，对今天的管理实践仍有相当的指导意义。因为该激励模式涉及了激励的全过程，包含了许多激励因素，吸收引用了多种激励理论的精华，对它的深入理解可以让我们获得许多有益启示：不一定设置了激励目标、采取了激励手段，就一定能使员工满意和获得所需的激励效果。要形成“激励→努力→绩效→奖励→满足”，并以“满足”回馈“努力”这样的良性循环，取决于奖励内容、奖惩制度、组织分工、目标导向行动的设置、管理水平、考核的公正性、领导作风及个人心理期望值等多种综合性因素。

（四）激励力量理论

罗伯特·豪斯（R. House）的激励力量理论力求通过一个模式把上述几类激励理论综合起来，把内、外激励因素都归纳进去，以完善期望理论等激励理论，其模型公式为：

$$M = V_{it} + E_{ia}\left(V_{ia} + \sum_{j=1}^{n} E_{ej}V_{ej}\right)$$

式中 M——激励水平程度；

V_{it}——工作本身所提供的内酬效价；

E_{ia}——主观估计的取得工作绩效的期望值；

V_{ia}——工作绩效的效价；

E_{ej}——主观估计的依据工作绩效取得某项外酬的期望值；

V_{ej}——所取得的该项外酬的效价。

公式中下标的意思是：i 表示内在的；e 表示外在的；a 表示完成的；t 表示工作本身的。此外，E、V 和 M 的取值范围与期望理论相同。

将上式中的括号去掉，并把 E_{ia} 乘入，则公式的右端变为如下三项，即：

$$M = V_{it} + E_{ia}V_{ia} + E_{ia}\sum_{j=1}^{n} E_{ej}V_{ej}$$

第一项 V_{it} 为工作本身所提供的效价。V_{it} 与期望值无关，是一个独立的变量，V_{it} 越大则 M 越高，反映了个人对工作本身感到很大乐趣，很有意义。因此 V_{it} 为工作本身的内在激励。第二项 $E_{ia}V_{ia}$ 为工作绩效本身的内激励作用。第三项 $E_{ia}\sum_{j=1}^{n} E_{ej}V_{ej}$ 为因工作绩效而取得的各种外酬所引起的激励效果之和，属于外在的激励作用。

综上所述，豪斯的激励力量理论，突出了工作本身的内在激励作用，强调了工作取得绩效的内激励作用，也兼顾了因工作绩效而获得外酬的外在激励作用，所以激励水平是内、外激励的总和。

此外，行为改造型激励理论从研究激励的目的出发，对如何改造和修正人的行为提出了一系列激励理论，主要包括斯金纳的“强化理论”（详见第五章“操作性条件反射理论”）、维纳的“归因理论”（详见第七章）等。

第四节 激励的方法

一、激励的原则

运用各种激励理论来激发员工的积极性，是各级管理者的重要职责，也是实现组织目标的前提。为了取得预期的效果，激励的设计与实施必须遵循以下几个原则：

1. 公平性原则

由于激励的效用是员工对它的主观感受，任何激励措施的设计和实施都必须从了解员工的需要开始，以满足其需要为归宿，做到公平竞争，各尽所能，按劳分配。要以明确的目标和考核评价体系为支撑，建立起公平、公正和客观的激励制度。如果激励措施不公平，不仅达不到激励员工的效果，反而可能引起员工对企业的不信任，产生消极的工作态度和行为。

2. 经济性原则

在设计和实施激励的时候，必须考虑到成本—效益的平衡问题。如果某种激励给企业带来的短期效益和长期效益小于激励的成本，则这种激励对企业的发展是不利的。比如有效的激励并不一定要通过高薪来实现，企业应根据每个员工的需要和企业的实际水平，采取灵活多样的激励方式，使有限的激励资源发挥最大效用。

3. 时效性原则

激励要把握好时机，激励在不同时间进行，其作用和效果是不同的。人们在付出努力取得成就后，都希望及时获得反馈，得到社会认可和肯定。激励越及时，越能促进人们积极性的发挥，越容易使积极行为得到有效强化而保持下来。如果激励滞后，将会使人们感到多此一举，降低激励的效果。如果激励超前，人们对实现激励的目标还没有积累足够的认识，不易于总结和保留，也达不到激励的应有效果。其次，激励时机与激励频率密切相关，激励频率过高或过低，都会削弱激励效果。因此，激励的时机和频率的选择都要从实际出发，及时准确把握激励的时机和科学实施激励至关重要。

4. 物质激励和精神激励相结合的原则

物质激励是指通过物质刺激的手段鼓励员工工作。其表现形式有两种：正激励，如发放工资、奖金、津贴、福利等；负激励，如罚款等。物质需要是人类的第一需要，是人们从事一切社会活动的基本动因。物质激励也是目前组织内部使用最普遍的一种激励方式。但是要注意到，物质激励对员工的激励作用是很有限的。在实践中，很多企业的加薪所起的作用只是“激励”员工期待着下一次加薪，工资起到的是“保健”作用而不是激励作用，企业预期的目的并未达到，员工的积极性并没有提高。事实上，人不但有物质上的需要，更有精神方面的需要，比如，领导对员工的关心、认可、表扬、沟通与交流等也能起到很好的精神激励作用。这些更需要管理者进行不断地创新和挖掘，设计和实施激励要综合考虑员工多方面的需要，灵活运用各种手段，从多角度、多层次进行激励，才能达到更好的激励效果。

二、激励的方法

每一个员工的需要是不同的，即使是同一个员工，在不同的时期、不同的场合其需要也会发生变化。因此，我们对员工的激励也应该视具体情况而定。常用的激励方法有以下几种。

1. 需要层次与管理对策

一个人只要有需要，就表示存在着激励因素。由于需要层次中的每一层次包含了众多的需要内容，具有相当丰富的激励方法，可供管理人员设置目标，激发动机，引导行为。表 6-3 根据马斯洛的需要层次理论总结了不同层次需要所对应的激励因素和采取的管理措施①。

表 6-3 马斯洛的五个需要层次与管理对策

需要层次	激励（追求的目标）	管理策略
（1）生理需要	工资 工作环境 各种福利	待遇奖金 保健医疗设备 工作时间 住房福利设施
（2）安全需要	职业保障 意外事故的防止	雇佣保证 退休金制度 意外保险制度
（3）归属与友爱的需要	友谊（良好的人际关系） 团体的接纳 与组织的认同感	协商制度 利润分配制度 团体活动计划 互助金制度 教育培训制度
（4）尊重需要	地位、名誉 权力、责任 与他人工资之相对高低	人事考核制度 晋升制度 保障、选拔进修制度 委员会参与制度
（5）自我实现需要	能发展个体特长的组织环境 具有挑战性的工作	决策参与制度 提案制度 研究发展计划

2. 激励要因人而异

每个人都有不同的需要、价值观与奋斗目标，因此对于不同员工应采用不同的激励手段。对于从事笨重、危险、环境恶劣的体力劳动者，搞好劳动保护，改善劳动条件，增加岗位津贴是有效的激励手段。对于低工资人群，奖金的作用就十分重要。而对于知识分子和管理干部，则晋升职务、授予职称以及鼓励其创新，放手让其工作，会收到更好的激励效果。为此，管理者在进行激励时，要定期对人们的需要进行调查，分析不同年龄、性别、职务、地位、受教育程度的员工最迫切的需要，实行所谓“弹性报酬制度”，对不同的人，给予不同的激励，在总激励费用不变的前提下，获得更好的激励效果。

3. 恰当运用目标激励

目标激励就是确定适当的目标，诱发人的动机，以调动人的积极性。根据期望理论我们知道：首先，经过努力，目标实现的可能性越大，人们就越感到有信心，激励作用

① 赵西萍，宋和义，梁磊．组织与人力资源管理［M］．西安：西安交通大学出版社，2003：254.

也就越强。因此在设立激励目标时，要恰当设置目标，目标过高则使期望概率降低，过低则使目标效价下降。应将长期奋斗目标进行分解，把大目标和小步子相结合，并对阶段性目标的实现及时给予奖励。其次，目标效价即目标实现后满足个人需要的价值越大，社会意义越大，就越能鼓舞人心，激励的作用就越强。当人们受到富有挑战性目标的刺激时，就会迸发出极大的工作热情，特别是事业心很强的人。目标不仅能极大地激发下属的工作热情、积极性和创造力，而且能统一人们的思想和行动，使个人目标和组织目标相结合。目标提出以后，还要帮助下属制定具体的实施步骤，并引导和帮助他们在工作中努力实现目标。

4. 建立参与激励制度

现代员工都有参与管理的要求和愿望，创造和提供机会让员工参与管理是调动他们积极性的有效方法。建立员工参与管理、提合理化建议、质量小组和员工持股制度，有利于提高员工主人翁意识和集体荣誉感。让员工参与管理，可以集思广益，领导者可以听到更多的关于企业发展的好建议。对职工来说，可以形成职工对企业的归属感、认同感，可以进一步满足其自尊和自我实现的需要。同时，员工参与决策过程可以增强参与者执行决策的自觉性。

5. 正确运用责任激励

一个人的工作业绩与其工作动机被激发的程度密切相关，在实际工作中，不但能力相同的人常常会做出不同的成绩，能力差的人也可能比能力强的人做得好。其原因就在于，管理者能否对员工实施正确的责任激励。管理者在赋予员工责任时，一定要善于把握时机，把交代责任作为实施责任激励的起点，以鼓舞员工士气，提升其责任心和上进心。在检查责任落实情况时，要有步骤和目的，要善于把检查、督促的过程变成“二次激励”的过程。在追究下属责任时，应根据责任的大小，区别对待，并尽可能融隐性激励于追究之中，力求使被追究者少受一点挫折，多得一份鼓励。这对于自我实现和成就动机较高的知识型员工来说尤为重要。

6. 善于利用竞争激励

竞争激励是指提倡组织内部各成员之间、部门之间展开有序的、平等的竞争并优胜劣汰。这必须建立在公平的考核和奖励制度基础上，并注意适当拉开实际奖励效价的档次，控制奖励的效价差。如果效价差过小，容易搞成平均主义，失去激励作用，而效价差过大，超过了贡献的差距，则会走向反面，使员工感到不公平。应该尽量使效价差和贡献等级相匹配，使员工感到公平、公正，才会真正使先进者有动力，后进者有压力，从而在组织中建立一种“你追我赶、奖勤罚懒”的良性竞争环境。

本章小结

需要是对有机体内部不平衡状态的反映，表现为有机体对内外环境条件的欲求。动机由需要所激发，当个体产生某种需要而又未能得到满足时，个体内部呈现焦虑状态，从而激发动机。激励即激发、鼓励的意思，主要是指激发人的动机，使人产生一股内在的动力，朝着期望的目标前进的心理活动过程。激励模式，也称激励过程。在研究基本动机激发模式的基础上，心理学家从不同角度提出了激发动机的理论，大体上可分为三大类：内容型激励理论、过程型激励理论和行为改造型激励理论等。对员工的激励应该视具体情况而定，为了取得预期的效果，应采取多样化的激励措施和方法。

复习思考题

1. 简述激励的心理学基础。
2. 简述激励对组织的作用。
3. 内容型激励理论和过程型激励理论有何区别？
4. 根据期望理论，领导应如何激励下属？
5. 产生不公平感的原因有哪些？下属因此会有什么样的表现？消除下属不公平感有哪些措施？

案例分析

案例 1

某客户公司，成立初期，该公司非常注重管理的规范化和充分调动员工积极性，制定了一套较科学完善的薪酬管理制度，公司得到了较快的发展，短短的两年多时间，公司的业务增长了 110%。随着公司业务的增加和规模的扩大，员工也增加了很多，人数达到了 220 多人。但公司的薪酬管理制度没有随公司业务发展和人才市场的变化而适时调整，还是沿用以前的。公司领导原以为公司的发展已有了一定的规模，经营业绩理应超过以前，但事实上，整个公司的经营业绩出现不断滑坡，客户的投诉也不断增加，员工的工作失去了往日的热情，出现了部分技术、管理骨干离职，其他人员也出现不稳定的预兆。其中：公司工程部经理在得知自己的收入与后勤部经理的收入相差很少时，感到不公平，他认为工程部经理这一岗位相对后勤部经理，工作难度大、责任重，应该在薪酬上体现出这种差别，所以，工作起来没有了以前那种干劲，后来辞职而去。因为员工的流失、员工工作缺乏积极性，致使该公司的经营一度出现困难。在这种情况下，该公司的领导意识到问题的严重性，经过对公司内部管理的深入了解和诊断，发现问题出在公司的薪酬系统上，而且关键的技术骨干力量的薪酬水平较市场明显偏低，对外缺乏竞争力；公司的薪酬结构也不尽合理，对内缺乏公平，从而导致技术骨干和部分中层管理人员流失。针对这一具体问题，该公司就薪酬水平进行了市场调查和分析，并对公司原有薪酬制度进行调整，制定了新的与企业战略和组织架构相匹配的薪资方案，激发了员工的积极性和创造性，公司发展又开始恢复。

从这一事例可以看出，企业的薪酬制度科学与否，对企业发展的影响是巨大的，甚至是致命的。上述案例中的企业薪酬水平偏低，特别是关键的技术骨干力量的薪酬水平较市场明显偏低，对外缺乏竞争力，从而导致技术骨干和部分中层管理人员流失。薪酬缺乏市场竞争力，造成企业人才流失的后果是极为明显的，其结果是造成企业不断招聘新员工以满足运作需求的同时，老员工又不断离职的恶性循环，这是企业人力资源的极大浪费。怎样建立科学合理的薪酬激励机制，如何发挥薪酬的最佳激励效果，以求企业能吸引和留住人才，造就一支高效、稳定的员工队伍，实现企业可持续发展，是企业人力资源管理的一项非常重要的工作。

企业采用何种薪酬体系和怎样的薪酬结构必然存在差异，只有根据自身特点建立合理的薪酬结构，才能较好的发挥薪酬的激励作用。薪酬结构设计的目标是要让员工所获得薪酬额与其贡献成正比，企业通过对员工的绩效考核，使岗位之间的晋升或降级有了量化的考核数据，使员工的精力集中到努力工作、提高工作业绩上来，避免干好干坏一个样的消极局面，这样才能较好发挥薪酬的激励作用。在员工心目中，薪酬不仅仅是自己的劳动所得，它在一定程度上代表着员工自身的价值、代表企业对员工工作的认同，甚至还代表了员工个人能力、品行和发展前景。所以，薪酬激励不单单是金钱激励，实质上已成为企业激励机制中一种复杂的激励方式，隐含着成就激励、地位激励等，因此，薪酬激励能够从多角度激发员工强烈的工作欲望，成为员工全身心投入工作的主要动力之一。员工期望通过积极表现、努力工作，一方面提高自己的工作绩效，另一方面争取薪酬的晋升，在这个过程中，员工会体验到由于晋升所带来的自我价值实现感和被尊重的喜悦，从而激发起员工的工作创造性。客观、公正、合理地报偿为企业做出贡献的每一个员工，既有利于企业的发展，又能保证员工从薪酬中获得经济上、心理上的满足，有利于提高企业员工的积极性。

（资料来源：选自豆丁网）

案例 2——都是红包惹的祸

王总经营企业多年，员工从十几个人发展到几百人，销售和利润不断攀升。但有一件事一直困扰着他。罪魁祸首就是年前发出的红包。王总是一个很讲义气的老板，身边的人跟他一干就是十几年。王总觉得对这些骨干也是绝对宽厚，就拿年终的红包来讲，随着公司业绩的增加，一年比一年丰厚。但问题是好像大家都越来越不容易满足了，红包发的越来越多，却听到私下里的抱怨不断。结果弄得王总都害怕年终面对他的那些骨干了。王总认为，他了解每一个主要干部的表现，然后直接作出判断发给年终红包。但他感觉好像这些干部彼此都知道红包是多少，一些人会经常向他表功，暗示他们有多大贡献，应该多给一些。王总想，红包到底要发多少，他们才会满意呢？

（资料来源：选自豆丁网）

请根据以上案例内容，就以下问题发表自己的看法。

（1）你认为王总的红包发放方式会产生哪些不良后果？

（2）你认为应该如何改进红包的发放办法？

案例 3　某乳胶制品厂

某乳胶制品厂是明珠集团公司下属的 34 家企业之一，现有干部、职工 363 名，固定资产 2 200 万元，共有 6 个车间，8 个科室。该厂趁所在南方沿海城市，开放早，有吸引力的优势，在 20 世纪 80 年代初，亟力网罗人才，吸收本省及散居外地而思归返乡的技术人员，建起一支颇具实力的技术队伍，现有工技人员，有正式职称者已达 18 人，其中高工 4 名。不过他们虽确有专长，但与本厂业务领域并不一定十分对口，有的专长是生胶汁处理，有的专业是新型橡胶开发，有的只精通橡胶检验，真正从事乳胶工艺的，仅有48岁的黄振声高工。不过四位高工这种声势，总令人肃然起敬，并被集团领导视为本系统王牌主力。为加强此厂领导，最近派公司年富力强的得力骨干陈伟华出任厂长，并许诺将给予大力支持勉励放手大干。

此前，该厂已从香港进口了两条生产线，一条可产乳胶指套或气球，另一条产鞋垫，但调整后总有些毛病，不够理想，加之或因竞争激烈，或因需求季节性，或因信息失灵，赶不上时尚，效益不高。陈厂长上任，急欲打响头一炮，公司领导也期望他能找出一种需求潜力大、别人还未太留意的产品，捷足先登，成为“摇钱树”似的拳头产品。经过调查，陈厂长发现内部植绒的乳胶手套在海外已成家庭必备品，需求极大，而国内尚颇罕见，但预计必将普及，于是决定就以这种绒里手套为主攻对象。经了解，英国一公司有它的专用生产线供应，且号称“80年代世界前沿水平，全电脑控制”。陈厂长请示公司，认为兵贵神速，应当机立断。经与该英商短期接触，便于1987年11月，以120万美元的高价达成购买协议。英方答应尽快供货，并派专家来现场指导安装调试，保证设备到货后四个月内达到设计水平，投入生产。

不料签约后，英方却以种种借口，推迟交货，并要求追加10万美元贷款，直到1990年10月才将全套生产线运到，并派来两名专家。陈厂长精心挑选了配合英国专家工作的调试组，由高工黄振声任组长，他英语好，理论水平高。另选了设备工程师姜适为辅。姜工虽仅中专学历，但肯钻研，能实干，在河南某橡胶胶厂实践中锻炼过20余年，机电都精，只是外语不行。厂方当年在把他全家从内地调来时，颇费工夫，又马上分配给三室一厅新房，他对厂领导十分感激。陈厂长又点了一位28岁的青年助工小郭参战。他工作欠主动，但英语好。另一毕业不久的年仅23岁的小汪也来主动请战，陈厂长见他作风踏实，英语还可以，便接受了他的请求。调试组正式组成。

然而调试工作一开始便不顺利，许多重要部件远低于设计性能，如烘干箱总不能稳定达到工艺要求温度，卷边机合格率仅10%上下，洗模机干脆不能运作等，不胜枚举，缺陷部位多达17处。我方很快发现此台设备竟是从设计图纸转为实物的首部机样，设计意图虽想多用尖端技术，但考虑欠周或失误，到实践中检验，便破绽百出。两专家使出浑身解数，也一筹莫展。眼看四个月限期将至，英方老板带上另一专家亲来支援。又经月余努力，未见起色。英老板声称不堪负担，只有“暂时撤离”，否则便将破产。我方据合同力争，英方提出再补交10万美元，然后“共同努力，以求完善”。我方一再据理交涉，英方死皮赖脸，摊手耸肩，强行撤离。

厂班子研究，决定依靠本厂内部技术力量，自力更生，组建攻关组。在征询原调试组组长黄工意见时，他表示自己搞太无把握，而这是英方无法推卸的责任。他请求派他去英国打官司，保证胜诉。陈厂长认为：“我们不熟悉国际诉讼，法庭相见，并无把握，且费用高昂，拖延时日，难以承受，而设备闲置，吃亏仍是我方，所以还是靠自己好。还是你来主持攻关组吧。”黄工却以身体、精力不济推辞。可是姜工主动请战，他说：“跟‘鬼佬’们干了几个月，已经看出他们也只有那两下子，还瞧不起我们，对我们的建议不屑一顾，自己倒撒一堆烂污溜了。我们就自己干！就不信不如他们。我敢立个军令状！”陈厂长问他要谁配合搭档，并说黄工退缩了。姜工说：“我就要小汪一个，他能吃苦，会钻研，两人心齐，又灵活。”陈厂长点头了。

连续一个半月，姜、汪二人每天三班不下岗，在机器边铺上席子，干累了一倒，饿了啃个面包，渴了喝口矿泉水。六周下来，居然进展显著，许多难点都有不少突破，总产品合格率提高到60%，虽然距能实现盈利运行的80%成品率标准还有点差距，总是令人鼓舞的，是咱自己干的呀。

班子决定，给攻关组姜、汪两人各发800元奖金，其余组员各发500元，以资鼓励。陈厂长承认这奖金是显得少了点，但再多发又怕别人不服气。

果然，很快就听到许多怪话："英国专家干得差不多了，他们去摘桃子，有啥了不起，就发那么多钱？难道我们没干活！""没让我去，要不比他俩会干得好！""不是并没有达到要求吗？干啥还给奖？"甚至公司也来电话打听，显然有人上头告了状。

陈厂长遇姜工和小汪，想安慰几句。姜工先说："厂长，听见了吧？我不是为几个奖金去干的，是不服那几个'鬼佬'，也不愿看见这么贵的机器闲着。可哥儿们苦干了一场，还得受这么多气。不是不能再改进，可如今谁还愿再干。"小汪没多话，只说了声："真没意思，还不如调走好。"

（资料来源：选自豆丁网）

案例问题

1. 本案例涉及激励中的哪些问题？
2. 如果你是陈厂长，你会怎样做？

案例4　美国3M公司的创新激励

鼓励公司员工开动脑筋、挖掘创造力，是许多成功企业普遍采用的激励管理方式，并形成了企业的创新文化。丰田公司宣称他们的员工每年提出大小200万个新构思，平均每个员工提出35项建议，这些建议有85%以上被公司采纳。在我国的许多企业，也非常鼓励职工提"合理化建议"，这些合理化建议有许多被采纳后，对企业的技术与管理的创新起到了积极的推动作用。

1. 接吻青蛙

在这方面，值得特别提出的是世界最富创新的美国3M公司。美国的3M公司，不仅鼓励工程师也鼓励每个人成为"产品冠军"。公司鼓励每个人关心市场需求动态，成为关心新产品构思的人，让他们做一些家庭作业，以发现开发新产品的信息与知识，公司开发的新产品销售市场在哪里，及可能的销售与利益状况等。如果新产品构思得到公司的支持，就将相应地建立一个新产品开发试验组，该组由R&D部门、生产部门、营销部门和法律部门等的代表组成。每组由"执行冠军"领导，他负责训练试验组，并且保护试验组免受官僚主义的干涉。如果一旦研制出"式样健全的产品"，试验组就一直工作下去，直到将产品成功地推向市场。有些开发组经过3~4次的努力，才使一个新产品构思最终获得成功；而在有些情况下，却十分顺利。3M公司知道千万个新产品构思可能只能成功1~2个。一个有价值的口号是"为了发现王子，你必须与无数个青蛙接吻"。"接吻青蛙"经常意味着失败，但3M公司把失败和走进死胡同作为创新工作的一部分。其哲学是“如果你不想犯错误，那么什么也别干”。

2. 失败大奖

研究开发是高风险的创造性活动，因此，研究开发是应该允许失败的。但是，允许失败并不是放任自由地、不负责任、无目标无目的行为。而是激发工程师们的挑战精神和战胜各种困难的勇气，不被一两次失败而吓倒，而是冷静地分析失败的原因，从而实现成功。因此，奖励失败正是为奖励成功而铺路。

日本富士 Xerox 公司从 1988 年就开始实施“关于事业风险投资与挑战者的纲领计划”。如果公司员工的新事业构思被公司采纳，则公司和提出人就共同出资创建新公司。并保证三年工资。假如失败了，仍可以回到公司工作。对于新创立的公司，不但给予资金的支持，还给予经营与财务等必需的人才的支持。

对研究开发的成功，实行奖励与特别奖励已是普遍的事情。但对于研究的失败，却有着较大的差别。在一些企业，对于失败的项目，不但没有认真地总结失败的原因，而是采取了对项目全盘否定的做法。虽然很多公司也都明白研究开发是允许失败的，但常常不能正确地对待失败。3M 公司允许工程师们工作时间的 15% 在实验室中进行自己感兴趣的研究开发。努力创造轻松自由的研究开发环境。如果你的创造性构思失败了，那也没关系，你不会因此而遭到冷嘲热讽，照常可以从事原来的工作。公司依然会支持你的新构思的试验。在日本的一些企业，有着“败者复活制”和“失败大奖”的表彰制度。旨在给予失败者的挑战精神的激励和从失败中寻找成功的因素，把失败真正作为成功之母，从而最终获得成功。

（资料来源：选自豆丁网）

案例问题

结合本案例谈谈企业如何鼓励和激发员工的创新精神和行为？

心理测验

需要调查问卷[①]

这是一种可供实用的波特量表。它包含了与职务有关的 13 个方面，可测出被测者在每一方面的需要强度及各个方面在其心目中的相对重要性。每一方面都用一个 7 级标尺，测定其对该方面的现状、期望及重要性的判断。此问卷在计算分数时，又把 13 个方面归纳为安全、社交、荣誉、自主与自我实现 5 个维度。

（一）调查问卷

1. 对于能担任此职，你有一种自尊感：

a. 现在实际有多少？	（最少）	1	2	3	4	5	6	7	（最多）
b. 应该有多少？		1	2	3	4	5	6	7	
c. 这对你有多重要？		1	2	3	4	5	6	7	

① 余凯成．人力资源开发与管理［M］．北京：企业管理出版社，1997.

2. 你任此职有个人成长与提高的机会：
a. 现在实际有多少？　　（最少）1　2　3　4　5　6　7（最多）
b. 应该有多少？　　　　　　　　1　2　3　4　5　6　7
c. 这对你有多重要？　　　　　　1　2　3　4　5　6　7
3. 此职务在本单位内的威望：
a. 现在实际有多高？　　（最少）1　2　3　4　5　6　7（最多）
b. 应该有多高？　　　　　　　　1　2　3　4　5　6　7
c. 这对你有多重要？　　　　　　1　2　3　4　5　6　7
4. 在此岗位上独立思考与自主行动的机会：
a. 现在实际有多大？　　（最少）1　2　3　4　5　6　7（最多）
b. 应该有多大？　　　　　　　　1　2　3　4　5　6　7
c. 这对你有多重要？　　　　　　1　2　3　4　5　6　7
5. 对现职的稳定感（“饭碗”的可靠性）：
a. 现在实际有多大？　　（最小）1　2　3　4　5　6　7（最多）
b. 应该有多大？　　　　　　　　1　2　3　4　5　6　7
c. 这对你有多重要？　　　　　　1　2　3　4　5　6　7
6. 你做这一工作，有能发挥自己才智的机会：
a. 现在实际有多少？　　（最少）1　2　3　4　5　6　7（最多）
b. 应该有多少？　　　　　　　　1　2　3　4　5　6　7
c. 这对你有多重要？　　　　　　1　2　3　4　5　6　7
7. 你这职务在本单位之外受到的尊重：
a. 现在实际有多大？　　（最少）1　2　3　4　5　6　7（最多）
b. 应该有多大？　　　　　　　　1　2　3　4　5　6　7
c. 这对你有多重要？　　　　　　1　2　3　4　5　6　7
8. 在本岗位上觉得取得了有意义的成就：
a. 现在实际有多大？　　（最小）1　2　3　4　5　6　7（最多）
b. 应该有多大？　　　　　　　　1　2　3　4　5　6　7
c. 这对你有多重要？　　　　　　1　2　3　4　5　6　7
9. 这职务有帮助别人的机会：
a. 现在实际有多大？　　（最小）1　2　3　4　5　6　7（最多）
b. 应该有多大？　　　　　　　　1　2　3　4　5　6　7
c. 这对你有多重要？　　　　　　1　2　3　4　5　6　7
10. 这职务有参加设置自己工作目标的机会（即在确定分配给自己的任务时有发言权）：
a. 现在实际有多大？　　（最小）1　2　3　4　5　6　7（最多）
b. 应该有多大？　　　　　　　　1　2　3　4　5　6　7
c. 这对你有多重要？　　　　　　1　2　3　4　5　6　7
11. 这职务有参与确定自己的工作方法和步骤的机会：
a. 现在实际有多大？　　（最小）1　2　3　4　5　6　7（最多）

b. 应该有多大？ 1 2 3 4 5 6 7

c. 这对你有多重要？ 1 2 3 4 5 6 7

12. 这职务所拥有的权力：

a. 现在实际有多大？ （最小）1 2 3 4 5 6 7（最多）

b. 应该有多大？ 1 2 3 4 5 6 7

c. 这对你有多重要？ 1 2 3 4 5 6 7

13. 这职务有交上亲密好友的机会：

a. 现在实际有多大？ （最小）1 2 3 4 5 6 7（最多）

b. 应该有多大？ 1 2 3 4 5 6 7

c. 这对你有多重要？ 1 2 3 4 5 6 7

（二）分数计算

1. 需要强度计算：将代表被测者对所测方面的期望（b 项）及现状（a 项）判断所勾选的分数之差（b-a）算出，即是该方面的需要强度。但还请利用表 1 归纳到前述 5 个维度上去，这 5 个维度约与马斯洛的需要分类相当（考虑到职工已解决温饱问题，生存需要在此问卷中被略去了）。

表 1 **维度计算表**

	安　全	社　交	荣　誉	自　主	自我实现
	5b-5a=	9b-9a= 13b-13a=	1b-1a= 3b-3a= 7b-7a=	4b-4a= 10b-10a= 11b-11a= 12b-12a=	2b-2a= 6b-6a= 8b-8a=
维度小计分					
所含项目数	1	2	3	4	3
维度强度分					

2. 需要的重要性分计算：请利用表 2，将在各方面所勾选的重要性分（c 项）归纳到 5 个大维度上去。

表 2 **维度重要性分计算表**

	安　全	社　交	荣　誉	自　主	自我实现
	5c=	9c= 13c=	1c= 3c= 7c=	4c= 10c= 11c= 12c=	2c= 6c= 8c=
维度小计分					
所含项目数	1	2	3	4	3
维度强度分					

网站推荐

◇ http：//www. maslow. com/index. htm（马斯洛）

◇ http：//www. cnlist. com（中国上市公司资讯网）

◇ http：//www. motivation-too1s. com

参考文献

1. 苏东水．管理心理学（第四版）[M]．上海：复旦大学出版社，2007.

2. 孙成志，孙天隽．组织行为学[M]．北京：中国金融出版社，2004.

3. 全国十二所重点师范大学联合编写．心理学基础[M]．北京：教育科学出版社，2008：68.

4. （美）史蒂文 L. 麦克沙恩（Steven L. McShane），（美）玛丽·安·冯·格里诺（Mary Ann Von Glinow）．组织行为学（第三版）[M]．井润田，等，译．北京：机械工业出版社，2007：108.

5. 赵西萍，宋合义，梁磊．组织与人力资源管理[M]．西安：西安交通大学出版社．2003.

6. 黄希庭，朱永新．人力资源管理心理学[M]．上海：华东师范大学出版社，2003.

7. 吴江霖，戴健林．社会心理学[M]．广州：广东高等教育出版社，2002.

8. 时蓉华．现代社会心理学[M]．上海：华东师范大学出版社，2007.

第七章

绩效考评与员工情绪管理

学习目标

- 绩效考评的目的与内容
- 绩效考评的基本方法
- 绩效考评的误差心理分析
- 归因的理论与归因偏差
- 绩效反馈与员工情绪管理

关键概念

绩效　绩效考评　客观考评法　主观考评法　关键事件法　配对比较法　强制分配法　行为锚定等级评价法　目标管理法　360 度考评　晕轮效应　近因效应　居中趋势　个人偏见　归因　归因偏差　绩效反馈　情绪管理

引导案例

某企业人事部门为了证明员工的工作效率与心情之间的关系，做了一个小实验。小李和小陈是一家玩具厂图案移印车间的两名女工，她们是管理人员通过以前的工作记录和表现挑选出来。她们性格相似，对机器操作的熟练程度也十分相近。当天，管理人员要求她们使用同一型号的移印机，进行同一种玩具车车门颜色图案的印制。

管理人员在小李工作之前告诉她说，她以前工作表现非常好，可能会被评为“先进员工”并给她发奖金。小陈工作之前因为有人举报，管理人员向她调查上次在宿舍走廊倒垃圾的事情，找她了解情况并说要处罚她。随后两人同时进行工作，管理人员对小李和小陈进行了暗中观察和计时，发现小李和小陈的工作状态完全不同。小李操作的移印机 1 小时后的计数器读数为 1 360，小陈的计数则为 876。管理人员当即叫她们停止工作，由质检人员对她们印制的玩具车门进行检查，结果是：小李的废品为 47 个，制品合格率 96.5%；小陈的废品为 85 个，制品合格率 90.3%。而她们两个平时印制这种玩具车门的工作成绩是：1 小时印制平均数为 1 100 个左右，制品平均合格率为 95%左右。

从上述实验可以看出，心情对工作效率的影响之大，也足以证明考评及员工情绪对工作的重要性。在实际工作环境中，企业是可以通过一些措施来影响或调控员工情绪的。

（资料来源：费栋华．员工脑电波——人力资源心理管理［M］．北京：中国经济出版社，2006：38）

绩效考评是对组织成员的绩效进行识别、测评和开发的过程，它包括人员素质评价和业绩评定两个方面。绩效考评是组织实施绩效管理的核心和关键环节，也是工业与组织心理学中研究最为广泛的一个领域。绩效考评的结果将直接应用于薪酬支付与调整、职位晋升与调整、培训开发等与员工切身利益相关的活动中，这对于激励员工绩效、提高组织的整体绩效和管理水平具有重要的意义。但是，在实施考评的过程中员工也会产生一些不良的心态和情绪反应，如焦虑、恐惧、厌恶、愤怒、抵触等消极情绪，致使绩效考评结果欠佳，甚至导致绩效考评和管理的失败。因此，如何在实践中减少考评中的人为误差，排解员工在考评中普遍存在的心理问题，促进考评向科学化、合理化方向发展，是本章关注的重点。

本章将介绍绩效考评的目的、内容和基本考评方法，并通过分析考评过程中的误差心理和绩效反馈的实施，进一步阐明加强情绪管理，发展情绪智力等问题。

第一节　绩效考评概述

一、绩效与绩效考评的概念

绩效（Performance）是一个组织的成员完成工作的结果。具体来说，绩效就是员工在一定时间与条件下完成某一任务所取得的业绩、成效、效率和效益。对组织而言，绩效就是任务在数量、质量及效率等方面的完成情况；对员工而言，就是上级和同事对自己工作状况的评价。良好的绩效是组织追求的根本目标。

绩效考评（Performance Appraisal）则是对组织成员的绩效进行识别、测评和开发的过程。它是人力资源开发与管理中一项重要的基础性工作。绩效考评包括人员素质评价和业绩评定两个方面。素质评价涉及评价对象的性格、知识、技术、能力、适应性等方面的情况。而业绩评定一般又包括工作态度评定和工作完成情况的评定。工作态度评定是对员工进行工作时的态度所做的评定，它与工作完成情况的评定相互关联，但二者的评定结果也可能不一致。工作完成情况评定是绩效考评最核心的内容，它一般要从工作的最终结果（工作的质与量）和工作的执行过程两个方面进行分析。

二、绩效考评的目的和作用

组织对各级成员进行的考核中，绩效考评可以在以下方面发挥重要作用：

1. 帮助员工改进绩效、谋求发展

通过评估，能使在职员工及时发现工作中的不足和缺陷，了解组织对其执行工作任务的看法。让员工明确自己的工作任务、职责和完成工作的实绩，提出自己的发展要求，并希望组织尽可能予以支持和帮助。了解组织对自己的希望和要求，找出差距，调整工作方式，以期更好地完成工作任务。并通过绩效反馈与沟通，实现员工主动参与组织工作事务的愿望和要求。

2. 提高组织管理效率与改进工作质量

绩效考评是一种检查工作和任务完成情况的手段，可以掌握员工在完成组织目标中的贡献与不足。也是建立管理者与员工之间的沟通渠道，表达管理层对员工工作和生活的关怀，从而改善上下级关系的一种方式。它还可以增进员工对组织、对管理层及对工作的认同感，调动员工积极性，共同为实现组织目标而奋斗。

3. 为日常的人力资源管理提供依据

绩效考评将为评定员工升迁、调配、奖酬、解雇以及员工培训与开发等人事决策提供依据；作为人力资源规划、人员招聘和任用、工作进度安排等相关政策制定方面的基本信息来源；有助于提高人力资源管理的科学性、公正性、有效性和前瞻性。

三、绩效考评的内容

随着时代的进步和经济的发展，员工的自我意识、自我实现的价值观日益增强，这使评估的对象、目的和范围更加复杂多样。根据不同的目的，绩效考评的内容是不一样的。一般而言，一个有效的考评系统要对以绩为主的德、能、勤、绩、个性诸方面进行全面综合测评。但在实际运用时可以对不同方面有所侧重，有时是单项考核、有时是多项考核，而且要兼顾到可操作性。不管考核项目怎样变化，基本上仍可归纳为德、能、勤、个性、绩 5 个方面。

1. 德

德即道德，人们常说的思想品质、道德素质。不同社会、不同时代对“德”有不同的要求。如今把以下各项作为“德”：雷厉风行、事业心、奉献精神、尊重别人、善于与人合作、原则性、组织纪律性、尊重科学、知错即改、法律常识、职业道德、进取心、集体荣誉、团队精神等。

2. 能

能即能力，狭义上即人的素质。包括能反映人的知识、技能、体魄诸方面的要素，如知识总量、分析能力、公关能力、开拓能力、动手能力、认识能力、思维能力、研究能力、创新能力、表达能力、组织能力、指挥能力、协调能力、决策能力等。企业在选拔和使用人才时，往往借助心理学知识，对人员进行能力测试。

3. 勤

勤即勤勉、敬业精神。出勤率、纪律性、积极性、主动性、干劲、责任心、承担社会工作情况、兼职服务情况、对人的关心情况等。

4. 个性

个性包括性格、气质、嗜好、兴趣等。性格属于心理特质范畴。心理特质不同，往往导致不同的工作效率和结果。因此，工作组织者往往把不同性格（如性格内向、外向）的人安排在一起工作，以便互补和提高工作效率。另外，也可以根据个性来适当安排员工的工作岗位。

5. 绩

绩即工作业绩、工作效率及效果。完成工作数量、成本—收益情况，开拓项目的能力与情况，立功受奖情况，创造精神和贡献大小等。绩效和效益是企业的最终期望，是以上四项内容的客观表现。

四、绩效考评的步骤

绩效考评包括三个主要步骤：界定工作本身的要求；评价实际的工作绩效；提供反馈。首先，界定工作本身的要求意味着必须确保主管和下属在工作职责和工作标准方面达成共识。其次，评价实际的工作绩效就是将下属的实际工作绩效与在第一步骤所确定的工作标准进行比较。这一步骤通常会使用某些类型的绩效评价等级表。最后，绩效考评通常要求上下级之间有一次或多次的反馈与沟通，期间应由管理人员就员工的绩效和进步情况进行讨论。为了促进员工个人的发展，还要共同制订必要的人力资源开发计划。

第二节　绩效考评的方法与误差心理

一、绩效考评的基本方法

绩效考评的方法很多，没有一种能够适用于一切考评的通用方法。管理者的责任就是依据不同的考核目的、任务、对象、内容、要求和指标，设计出不同的评估方法与方案。在实践中，大多数企业将几种评估方法结合使用。

（一）考评方法的分类

具体的绩效考评方法种类繁多，根据其性质可以归纳为以下两大类：

1. 客观考评法

这种考评靠的是对两类硬性标准的考评。一是生产标准，如产量、销售额、废品率、原材料消耗率、能耗等；二是个人工作标准，如出勤率、事故率等。

这些标准的考评一般说是过硬的、客观的、定量的，因而也是最可信的。然而事实上影响工作绩效的因素很多，其中不可控制的环境因素影响较大。例如，宏观经济萧条，员工个人绩效必定受到相应的影响，但他们并不能对此后果负完全责任，因而这种考评虽然有时貌似公允，实际上可信度并不太高。此外，从事复杂脑力劳动的专业技术人员和管理干部，其绩效很难有效量化为直接可测的标准。总之，这种方法太注重工作结果，而忽略了被考评者的工作行为；太注重短期效果，而牺牲长期目标。通常只适用于基层操作人员或从事体力劳动的员工，且最好仅作为主观考评法的一个补充。

2. 主观考评法

主观考评法依靠的是考评者对被考评者的工作行为进行主观判断而得出绩效考评结果。这类考评可行性强，适用于包括管理与专业干部的各类员工，但由于主要凭考评者的主观判断，受心理偏差的影响较大。因此，需要在实践中应用多种方法，通过精心设计的程序，从不同角度反复对被考评者创造绩效所需的各种重要工作行为进行考评，从而提高考评的信度，减少偏差。

主观考评法又可以细分为以下两种类型：

（1）相对考评法。这是较传统的考评法，是将被考评者与别人相对照以评出顺序或等级的办法，所以又被称为比较法。

（2）绝对考评法。这类方法不做人际比较，而是单独地直接根据被考评者的行为及表现来进行评定。这类考评在实践中使用最为普遍，并演变出多种不同的形式。

（二）绩效考评的方法

绩效考评的方法直接影响考评计划的成效和考评的质量。考评方法必须具备一定的信度和效度，并能为人所接受。在绩效考评进行的不同阶段，需要运用各种不同的技术和方法来解决相应的问题。目前较为常见的绩效考评方法主要有以下几种。

1. 描述法

这是传统的考评方法，分鉴定法和关键事件法两类。

（1）鉴定法：评定者以叙述性的文字描述考评对象的能力、态度、成绩、优缺点、发展的可能性、需要加以指导的事项和关键性事件等，由此得到对考评对象的综合评价。此法的好处是结果比较可靠，资料相对完整。但往往费时较多、篇幅长，而且写作水平直接影响评价印象，难以对多个对象进行相互比较。

（2）关键事件法：主管人员常年登记各种能表明员工良好行为或不良行为及其结果的事件，并按事件性质分类，以此来评判员工的绩效水平。此法需对每一位待考评员工保留一份“考绩日记”或“绩效记录”，由考察与知情的人（通常为被考评者的直属上级）随时记载。应指出的是，事件的记录本身不是评语，只是素材的积累。但有了这些具体事实作根据，经归纳、整理，便可得出可信的考评结论，从这些素材中不难得出有关考评者的长处与不足。

此法的优点是证据和事实清楚、强调工作的成效，能为工作的改进提供依据。同时在设计和开发其他考绩工具时，可以从这些记录中找出合理的考绩维度和行为性实例，以作为等级评价技术的一种补充。缺点是记录事件本身是一项很繁琐的工作，还会造成上级对下级的过分监视。同时，在对员工进行比较或作出与之相关的薪资提升决策时，不会有太大用处。

2. 比较法

这是一种传统的相对绩效考评方法，即对考评对象作出相互比较，从而决定其工作业绩的相对水平。这种方法有以下四种基本形式。

（1）排序法：又分为直接排序法和交替排序法两种。直接排序法就是经过通盘考虑后，直接将评价对象排出先后序列（见表 7-1）。交替排序法是先从所有考评对象中选出最好的和最差的两名，然后在余下的人员中再选出最好的和最差的两名，依此类推，直至全部人员的顺序排定。通常来说，从员工中挑选出最好的和最差的要比绝对地对他们的绩效进行评价容易得多，因此，交替排序法是一种运用得非常普遍的工作绩效评价方法。此法在人数不多时较简单、迅速（见表 7-2）。

表 7-1　直接排序法

级别	员工姓名
最好	1 ________
较好	2 ________
尚可	3 ________
较差	4 ________
最差	5 ________

表 7-2　交替排序法

级别	员工姓名
1……最好	________
2……较好	________
3……尚可	________
3……差	________
2……较差	________
1……最差	________

（2）配对比较法：将若干考评对象一一进行相互比较，根据比较结果排出名次。此法的缺点是当评定对象较多时很麻烦，而且相互间的差距大小不明确（见表 7-3）。

假定需要对几位员工进行工作绩效评价。那么在运用配对比较法时，首先应列出一张表格来，表明所有需要被评价的员工姓名以及需要评价的所有工作要素。然后，将所有员工根据某一要素进行两两比较，用“+”（好）和“-”（差）表明谁好一些、谁差一些。最后，将每一位员工得到的“好”的次数相加。如在表中，员工乙在工作质量要素上评价最高。

（3）强制分配法：将考核对象分为几类，每一类强制规定一个百分比，按员工绩效情况归入某一类中。比如，你可能会按照下述比例原则确定员工的工作绩效分布情况：绩效最高的 10%；绩效较高的 20%；绩效一般的 40%；绩效低于要求水平的 20%；绩效最差的 10%。此法的缺点是各分类间差异的内涵不清，而且当人数太少时不适用（见表 7-4）。

表 7-3　某公司员工在“工作质量”要素上的配对比较

	甲	乙	丙	丁	戊
甲		+	+	-	-
乙	-		-	-	-
丙	-	+		+	-
丁	+	+	-		+
戊	+	+	+	-	
对比结果	中	最好	中	差	差

表 7-4　强制分配法

分类	最好	较好	中等	较差	最差
比例	10%	20%	40%	20%	10%
员工姓名	张×× 陆××	李×× 王××	郭×× 孙×× 周×× 郑××	赵××	钱××

（4）人物比较法：最初为第一次世界大战期间美国陆军用以评定军官的方法，故又叫作陆军评定尺度法。该法是先选择数人作为不同等级的标准代表人物，由此构成评价尺度，然后将其他人与此尺度中的人进行比较，据其与哪个人物最接近而确定其分值。此法的优点是标准客观、实在，容易比较。但标准人物的选择往往非常困难，而且还会受到评定者的主观意识的影响（见表 7-5）。

表 7-5　　人物比较法

被考核者	考核项目	业务知识	基准人物	————	
姓　　名	A	B	C	D	E
————					
————					
————					

（注：A—更优异；B—比较优异；C—相同；D—比较差；E—更差）

3. 量表法

量表法即利用一系列标准化的量表进行考核评价，将一定的分数分配给各项考绩因素或指标，使每项考绩因素都有一个评价尺度，然后由评定者用量表对考评对象在各个考评因素或指标上的表现情况作出评判、打分，最后汇总计算出总分，作为考评对象的考绩结果。

现在，量表法已经在各类组织中得到广泛的采用，常用的形式包括：图表评价法、行为锚定等级评价法 、目标管理法等。

（1）图表评价法：这种方法又称为评级量表法，是普遍采用的一种方法。常用 5 点量表。评价人员只需根据被评价对象的情况在表上“对号入座”就行了。然后，把各项得分加总起来，就成为被评价者的等级。表 7-6 是一个样表。

表 7-6　　图表评价法样表

评估对象姓名：________　职务：________　评估日期：___年___月___日

工作单位：____________________　评估人：________（签名）

考核项目	考核要素	说　　明	评定
基本能力	知识	是否充分具备现任职务所要求的基础理论知识和实际业务知识	A　B　C　D 10　8　6　4
	理解力	是否能充分理解上级指示，干净利落地完成本职工作，不需要上级反复提示和指导	A　B　C　D 10　8　6　4
	判断力	是否能充分理解上级指示，正确把握现状，随机应变，恰当处理	A　B　C　D 10　8　6　4
业务能力	表达力	是否具有现任职务所要求的表达能力，能否进行一般的联络、说明工作	A　B　C　D 10　8　6　4
	交涉力	在和企业内外的对手交涉时，是否具有使双方诚服接受或达成协商的表达能力	A　B　C　D 10　8　6　4
工作态度	纪律性	是否严格遵守工作纪律和规定；对人是否有礼貌；严格遵守工作汇报制度，按时提出工作报告	A　B　C　D 10　8　6　4
	协调性	工作中是否能充分考虑别人的处境，是否主动协助上级、同级或企业外人员	A　B　C　D 10　8　6　4
	积极性责任感	对分配的任务是否不讲条件，主动积极，尽量多做工作，主动进行改良、改进，向困难挑战	A　B　C　D 10　8　6　4

评定标准	分数换算
A——非常优秀	A——72 分以上
B——优秀，满足要求	B——64~71 分
C——基本满足要求	C——56~63 分
D——不合格	D——55 分以下

（2）行为锚定等级评价法（Behaviorally Anchored Rating Scales，BARS）：此法是由美国学者史密斯（P. C. Smith）和肯德尔（L. Kendall）于 1963 年在美国“全国护士联合会”的资助下研究提出的。

BARS 是一种采用量表上不同的点来描述特定行为的图形测评方法。量表为每一职务的各个考评维度设计出一个评分等级，并有典型的行为描述性说明与量表上的一定刻度（评分标准）相对应，供使用中对被考评者的实际表现评分作参考（见图 7-1）。行为锚定等级评价法的目的在于：通过一种等级评价表，将关于特别优良或特别劣等绩效行为的叙述加以等级性量化，从而将描述性关键事件评价法和量化等级评价法的优点结合起来。

（3）目标管理法（Management By Objectives，MBO）：是依据组织预定的管理目标，对组织领导人及其员工的绩效进行检查、考核、评估的方法。目标管理是一种现代化管理方法，由著名管理学家德鲁克 1954 年提出。

目标管理法的实质就是上下级共同讨论和制定下级在一定考核周期内所需要达到的绩效目标，经过贯彻执行后，到规定的考核周期末由双方共同对照原定目标来测评实际绩效，找出成绩和不足，然后再制定下一个周期的绩效目标，如此不断循环下去（见表 7-7）。

表 7-7　　目标管理工作表

员工姓名：________　　　　工作名称：________

工作目标	成就水平测定方式	时间维度			实现目标的方法
		现在层次	目标层次	实际层次	
1. ___ 2. ___ 3. ___ ……					

运用这种考评法，就必须在建立工作绩效考评体系的同时，也要建立整个组织的目标。因此目标的制定是关键。制定目标的具体要求应符合 SMART 原则：① 目标应是具体的。② 目标可以用数量、质量等标准来衡量。③ 目标是可实现或可接受的。即设定的目标应该被管理者和员工双方所接受。也就是说，目标既要具有一定的挑战性，又是经过努力能够达到的。④ 目标应与工作单位的需要和员工的职业发展相关。⑤ 目标要有时效性。即目标要有一个合理的时间约束和预期的结果。

目标管理法主要有以下六个实施步骤：① 确定组织目标。制订整个组织下一年度

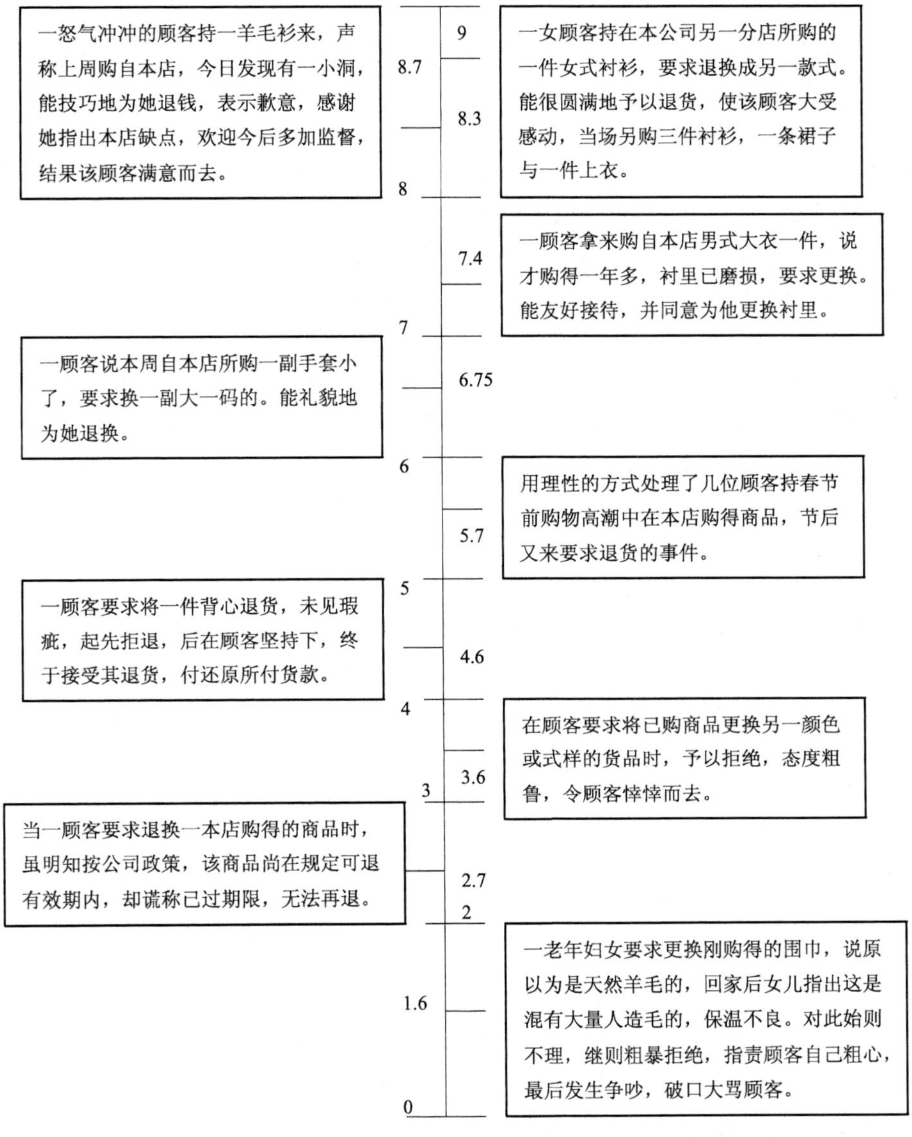

图 7-1 商店售货员对待顾客投诉的处理方式考评行为锚定评分表

的工作计划，并确定相应的组织目标。② 确定部门目标。由各部门领导和他们的上级共同制定本部门的目标。③ 讨论部门目标。部门领导就本部门目标与部门下属人员展开讨论（一般是在全部门的会议上），并要求他们分别制订自己个人的工作计划。即明确本部门的每一位员工如何才能为部门目标的实现作出贡献。④ 对预期成果的界定（确定个人目标）。在这里，部门领导与他们的下属人员共同确定短期的绩效目标。⑤ 工作绩效评价。对工作结果进行审查。部门领导就每一位下属的实际工作成绩与他们事前商定的预期目标加以比较。⑥ 提供反馈。部门领导定期召开绩效评价会议，与下属人员展开讨论，一起对后者的目标达成和进度进行讨论。

MBO 具有目标明确、民主性、培养性等特点。即双方共同制定的、明确的目标会产生对行为的牵引力；执行过程往往由下级自主进行，无需上级时时加以督导；在目标制定和执行过程中融合了个人培养的因素。当然，目标管理法在实施中也存在一些问题，主要是重结果、轻行为，因人而异地设定目标易出现“苦乐不均”，整个过程费时费力等。

因为量表评价法比较可靠，易于接受，所以广泛流行。而在实际运用中，为了适用不同的职业特点，可以将量表设计成不同职业和人员的专用表格。在使用量表评价法时要注意两个基本问题：① 对于不同的考评对象，考评内容会有一些差异，进而考评因素及其分值比例应有所不同。② 针对不同的考核目的，考评因素的得分比重也应有所变化。

但是此法也有一些共同的缺点：① 表格的设计、制定要耗费大量的时间和劳动；② 考评因素或指标往往过于繁琐，而且人们对于各指标含义的解释可能不一致，导致考评结果出现人为的主观误差；③ 量表法大多只限于对过去行为业绩的评定，而不适宜于对将来表现作出推断和预见。

4. 360 度绩效考评法

360 度绩效考评又称为全景式考评或多元化考评，是组织上级、同事、客户、下属和自己等人对员工绩效、重要工作能力和特定的工作行为与技巧等进行考评，同时帮助其找出组织及个人在这些方面的优势与发展需求的过程。

360 度绩效考评法可以避免单方面考评的主观武断，提高绩效考评的信度和效度。因为一个人在不同的时间、不同的场合往往会有不同的行为表现，所以要全面客观地评价一个人的德、能、勤、绩和个性是比较困难的。为此，应当从多方面收集与绩效有关的信息，实行“立体考评”（见图 7-2）。

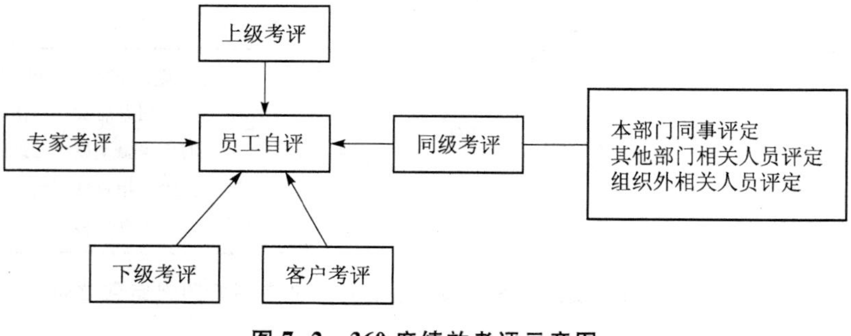

图 7-2　360 度绩效考评示意图

（1）上级考评。上级，尤其是员工的直接上级在绩效考评中居于特别重要的地位。因为员工直接向他报告工作，他对员工情况了解较多；最了解组织对员工的期望，即考评标准；所处位置便于对下属进行比较，直接指挥员工，对员工的工作态度感受最深。因此，应当十分重视直接上级的考评意见。但直接上级与考评对象朝夕相处，感情因素往往会影响考评的客观性，所以有时还需要更高一级领导作二次考评。

（2）同级考评。同级互评中最有价值的信息在协作精神方面。但由于同级间具有一定的竞争性，故所提意见的价值有限。外部人员的评定，对于那些与外界有业务往来的员工的职业道德、工作作风的考核有重要意义（也有组织将外部人员的考评意见合并到客户考评）。

（3）客户考评。客户考评是另一考评信息来源。客户是企业外部人员，不受企业内部利益机制左右，因此考评会更加真实、客观和公正。客户考评使公司重视企业在公众心目中的形象，这一形象通过每一个员工反映出来。但客户考评又是一种较难操作的考评方式，且费时费力，只适用于评价企业内与客户接触较密切的员工，如销售员、售后服务人员等。

（4）下级考评。对主管人员的工作作风和领导能力，下属很有发言权。但有碍于上级的权力和威信，或出于个人恩怨等，评定有可能缺乏客观性，故对下级的意见要注意分析，要强调事实依据。

（5）专家考评。对于一些比较复杂的、专业性强的考核项目，需要专家参与进行，以弥补其他几方面评价的局限性。

（6）员工自评。最关心成长发展的莫过于员工自身，而且其他方面的人员并不一定了解员工的全部情况。员工自评在考核其发展潜力方面意义较大。

立体考评的结果会反馈给被考评者，一方面，这将促使管理者全面认识自己，为其个人发展提供信息，促使其提高管理技能和工作业绩，改善团队工作；另一方面，对于整个企业来说，它可以增进绩效考评的效果，激励员工参与组织变革，提高培训效益和员工满意度，建立新型的企业文化，促进企业的发展。

总之，不同的考评对象具有不同的考评方式，应当根据考核目的将这几种考评方式结合起来运用。

二、绩效考评的误差心理

绩效考评活动涉及对人的行为及表现进行识别、预测和判断，具备社会认知的一般特点，因而也不可避免受到考评者各种心理因素和情感因素的影响。在绩效考评过程中，不同考评者往往会对同一被考评者做出不同的，甚至截然相反的评价，同一考评者对不同对象的考评在标准的掌握上也会有出入。因此，要注意克服并消除考评中的心理误差。

（一）晕轮效应

美国心理学家桑代克根据心理实验的结果发现，评定者在对一个人进行考核时，往往会有凭主观印象行事，从而使考评结果偏高或偏低的倾向，称之为晕轮效应。当一个人有一个显著的优点时，人们就会误以为他在其他方面也有同样的优点。在考评中，当评定者特别注重的某些特征，一旦考评对象已具备时，就认为他的其他特性也优秀；反之则做较差的评价。当考评对象是那些对主管人员表现特别友好的员工时，这种问题是最容易发生的。比如，一位对主管人员表现不十分友好的下属通常不仅会在“与其他人相处能力”这一方面得到较差的评价，而且在其他绩效要素上也会得到较差的评价。

要想避免这一问题，可以采取如下措施：一是评价者本人要能够意识到这一问题。要加强对评定者的培训，使他们认识晕轮效应的影响；二是对各项考评指标应分别评定，且应在对所有考评对象的某一指标或方面都评定以后再转向另一方面的评定。

（二）近因效应

一般来说，人们对最近发生的事情记忆深刻，而对以前发生的事情印象浅显。考评人对被考评人某一阶段的工作绩效进行考评时，往往只注重近期的表现和成绩，以近期印象来代替被考评人在整个考评期的绩效表现，因而造成考评误差。这种误差即所谓的近因效应误差。如，在一年中的前半年工作马马虎虎，等到最后的几个月才开始表现良好，照样能够得到较高的评价。

为了减少和消除近因效应误差，可采取以下措施：考评人每月进行一次当月考评记录。在每季度进行正式的考评时，参考月度考评记录来得出正确考评结果。

（三）偏松或偏紧倾向

在考评中由于评定者本身的因素，可能造成对一组员工的评价过宽或过严的结果。不管员工的实际表现如何，评定者都按照自己的评分习惯或倾向来评定。那些怕引起冲突的主管可能给予下属比实际工作绩效更高的评定分数，给人形成宽容的印象。也有人考虑到其他评定者的评定结果，往往希望自己部下的成绩优于其他部门员工的成绩，而采用宽容化评定。那些没有经验的评定者或对评定工作缺乏自信心的主管则容易使用严格的标准评定下属，造成评定普遍偏低的现象。

为了克服偏松或偏紧倾向，应该采取以下措施：一是明确规定评定要素的内容和评价标准，要求评定者根据事实并排除其他顾虑，独立地进行评定；二是运用等级评价法或强制分布评价法加以避免。事实上，如果必须使用评价尺度表时，最好是假定一个强制的工作绩效分布比例，比如，只能有 10% 的人被评定为“优秀”；20% 的人被评定为“好”，如此等等，想办法将员工的工作绩效评价结果适当地分布开来（除非主管认为所有的下属确实都应该落入一个或某几个绩效等级之中）。

（四）居中趋势

居中趋势也称中心化倾向、聚集化倾向，即不管员工实际的工作绩效如何，往往用平均水平作为评定结果，致使评价区分度小，各被评定者的成绩拉不开的倾向。造成中心化倾向的原因，主要是人们往往不愿意作出“极好”、“极差”之类的极端评价，尤其是那些寻求“安全稳妥”的主管，或者是对具体工作情况并不是很熟悉的考评人员最容易出现这种倾向。

为避免这种误差，通常可用强制分配法使考评者既要评定出最好的，也要评定出最差绩效的员工，或者通过行为锚定等级评价法将行为描述与等级评价相结合。同时，应加强对评定者的培训，使之对评定工作建立信心，按照评定标准客观评定。

（五）对比效应

对比效应又称反差效应，是指评价者对不同回答或行为优劣进行区分时所产生的一种不平衡反差心理。在连续评定一组员工时评价者容易受到此心理的影响。例如，与前一个表现较差的员工相比，一个绩效表现平平的员工可能会显得出众；但若前一个员工表现出色，则会使这个员工显得很差，这就是由于前一次评价对此次评价产生了不公正影响的结果。由于人们在事物的对照比较中，常会因为选取的参照对象不同而作出不同的判断。当参照对象“完美无缺”时，其他的便有黯然失色之感；反之在某个较差的参照对象的衬托下，会对比较的对象产生良好的印象。

消除对比效应的有效措施是采用明确可靠的评定标准，使考评过程对事不对人。

（六）评价者的个人偏见

在绩效评价过程中，主管容易受员工过去的绩效、年龄、性别或种族等情况的影响，从而造成对其工作绩效做出不正确的评定，使考评过程带上个人主观性和随意性。研究者在一项研究中发现，被评价者之间的个人差异（主要是指年龄、种族和性别等个体差异），会影响其得到的评价，甚至会导致评价大大偏离其实际工作绩效。比如在工作绩效评价中存在这样一种稳定趋势，老年员工（60 岁以上者）在“工作完成能力”和“发展潜力”等方面所得到的评价一般都比年轻员工低。而员工过去的绩效状况也会影响绩效评价结果。这种历史事实所导致的误差通常表现为：有时候评价者会全面高估一位低绩效者的绩效改善状况；相反，又会将一位高绩效员工的绩效下滑程度看得过于严重；当员工的绩效表现不明显时，评价者也会忽略其绩效的变化。上述情况中绩效评估的主观性都太强。

要克服个人偏见与惯性思维造成的误差，应采取以下对策：一是采取小组评价或员工互评，避免一对一的考评；二是对考评标准进行细化，明确每条标准的内涵和要求；三是加强考评人员对有关考评内容和标准的培训，要求考评人员严格按照考评标准进行考评。

专栏 7-1

偏见与刻板印象

通过 G·奥尔波特在其《偏见的本质》中所述的一段对话来理解刻板印象与偏见，也许是比较合适的。

X 先生：犹太人的毛病就是他们只顾及自己的团体。

Y 先生：可根据福利基金会的记录，从捐款人数与捐款数量的比例看却表明他们比非犹太人更慷慨。

X 先生：那正表明他们总是力图用钱赢得别人的好感，用钱跻身于教会事业，除了钱他们什么也不想，怪不得犹太银行家这么多。

Y 先生：但新近的研究表明银行界中犹太人的百分比是微不足道的，比非犹太人所占比例小多了。

X 先生：正是这样，他们不从事令人敬佩的业务，只干点电影业或开夜总会之类的事。

在这段对话中，X 先生对犹太人充满了偏见，无论 Y 先生提出何种与其偏见态度相反的事实材料，他都视而不见，坚持歪曲或脱离事实，从新的方面发起对犹太人的攻击。当然这其中也充满了对犹太人的刻板印象，比如，说“犹太人都只顾及自己的团体”，说“犹太人总是不从事正经的事业”，等等。

由此可见，偏见是根据错误的或不完全的信息而形成的对特定群体及其成员的不公正、否定性的社会态度。而刻板印象是一种社会认知，是指人们对某个社会群体形成的一种概括而固定的看法。偏见中包含着刻板印象的认知成分，二者具有某种内在关联性，但并不完全是一回事。

（资料来源：吴建平．社会心理学［M］．北京：中国农业大学出版社，2005：129）

三、归因与归因偏差

归因，是指人们对他人或自己的行为进行分析，指出其行为的性质或推断行为原因的过程，即把他人的行为或自己的行为的原因加以解释和推测。

有关归因的理论认为，人在解释行为时，要看行为是由自由意志控制所致——即内在归因或个人归因，还是由外部力量所驱使——即外在归因或情境归因。例如，如果把生产率的下降看作是员工消极对抗管理层的新措施，这是行为的内在归因；如果认为由于气候恶劣、生产条件得不到保障所致，便是情境归因。

（一）凯利的三维归因理论

1967 年，凯利（H. H. Kelly）提出了一个颇有说服力的归因理论。他认为，要解释人的行为的原因，可依据三个因素作出判断：独特性、共同性和一致性。

1. 独特性

独特性也称作特殊性，是指行为是否属反常。如果一个人的行为一反常态，不同于平常的风格，那么可能是外在因素的作用，对此人们很可能会做情境归因。但是，如果一种行为与一个人惯常的风格相吻合，人们很可能会做个人归因。例如，一个人一向认真严谨、一丝不苟，却忘了锁门，人们会觉得可能有其他情境因素发生影响。但如果该人是马马虎虎、粗心大意的人，结论往往会相反。

2. 共同性

共同性也称为普遍性，是指在相同情况下是否大多数人都会作出同样的行为。如果很多人都有同样的行为表现，则往往会做环境归因。如果唯独某人行为与众不同，则很可能就属于个人原因。

3. 一致性

一致性也称为一贯性，是指一个人的某种行为是否频繁出现。例如，如果一个人上班一向遵守时间，有一天却迟到了，那么就很可能确有其他原因。但若该人总是迟到，这就很可能归咎于个人。

举例来说，假设有一份工作，以前不同的任职者绩效差异很大，有的干得好，有的干得很差——即共同性很低。有一位女职员以往的工作表现很普通，没有什么突出的成就——即低特殊性。现在由她承担这份工作，并且工作表现很稳定——即一贯性很高。该如何评价她的工作？一个平常人担任一份并不是任何人都能干得很出色的工作，而且工作表现很稳定，应该说这是合理的经果，可以认为该女职员已经兢兢业业、恪尽职守了。

归因理论的重要价值在于，它说明了解释行为的依据和复杂性，对同一行为可以有不同的解释。例如，一个向来工作出色的员工出现了失误，管理者可能会不以为然，认为这只是偶然现象，是由外因所致的——情境归因，不至于影响对该员工的总体评价。

但是，若一名平常表现较差的员工犯了同样的过失，则往往会被认为是其本性所致——个人归因。

（二）维纳的成败归因理论

1974 年，维纳（B. Weiner）在研究了人们对成功和失败的归因基础上提出了维纳归因模型（见表 7-8）。在已有研究的基础上，他认为内因和外因只是归因判断的一个方面，还应增加另一个方面，即暂时和稳定方面，并认为这两个方面都很重要，而且彼此独立。稳定的原因是指导致行为表现相对稳定的各种因素、条件和自身的特点，如个人的能力、人格、品质、活动的难易程度等。暂时的原因也称不稳定的原因，是指容易发生变化的那些影响人的行为的因素，如个体的情绪、心境、努力、机遇等。

表 7-8　维纳的归因模型

原因的稳定性	行为的原因	
	内因	外因
稳定的原因	能力、人格	工作难度、环境优劣
暂时的原因	情绪、努力程度	机遇、运气

维纳把人的行为因素归因于这两个方面的四大类之中，许多实验也证明，这个模型对于成功和失败的归因是很有效的。例如，我们认为某人工作出色是因为稳定的内在原因，那么我们就可以预测，将来遇到同样的任务他也会出色地完成。如果我们把他的成功归因于暂时的外在因素，那么就不能判断他将来遇到同样的情况是否会取得成功。

研究者也发现，维纳的归因理论对于增强人的坚持性和成就行为具有重要意义。一个人如果把成功归因于能力、性格等内在因素，他就会获得满意感和自豪感；如果把成功归因于工作难度低、运气好等外在因素，他就会产生意外的激动。把失败归因于内在因素，人就会感到内疚和无助；若把失败归因于外部因素，则会使人产生气愤和敌意。

一个人如果把成功归因于稳定的因素，会提高以后的工作积极性和坚持性；如果把成功归因于暂时的因素，则以后的工作积极性可能会提高，也可能会降低。如果一个人把失败归因于稳定的因素，会降低成功的期望，影响以后的工作积极性；若归因于暂时的因素，则可能提高以后的工作积极性。为什么有些人在工作上、学习上屡遭失败但毫不气馁，仍继续努力，而有些人遇到挫折就丧失信心，一个重要的原因就在于他们做了不同的归因。在绩效考评中，管理者也常常使用这个理论来激励员工的成就行为。

（三）归因偏差

以上归因理论基本上是一种逻辑的描述，是以人们用理性的方法处理各种信息为前提假设的。但是，人们做事情并不总是合乎逻辑和情理的，因此在实际工作中就会产生以下三种归因偏差。

1. 基本归因偏差

基本归因偏差又叫对应偏差，指人们在解释他人的行为时，夸大行动者的个人因素，低估环境因素的现象。比如，当销售代表的业绩不佳时，销售经理倾向于将其归因于下属的懒惰而不是外界客观条件的影响。为什么人们会倾向于把别人行为的原因归于其人格特点？这是因为人们较少地做深入了解，当看待别人行为时，人格的特点更多地受到关注。较典型的观点认为，环境是静止不动的，而人是在动态地作出反应，因而对人关注更多，更倾向于对行为作出人格归因。

基本归因错误的另一个理由可以通过顺序阶段模型来解释。根据顺序阶段模型，人们在第一和第二阶段的归因是快速的、自动的；而第三阶段的归因是需要努力的、缓慢的，正因为如此，该过程相对容易中断。例如，如果人们因外部干扰或者没有很好地注意而导致注意力分散，他们会保留在最初的判断，即性格归因。

2. 自我服务偏差

自我服务偏差也称为自利偏差或自我防御性归因，是人们出于保护自我和维护自尊心的动机而产生的归因偏差。人们倾向于把成功的、积极的结果归因于自己的内因，如能力强、工作努力或具有良好的品质等；而把失败的、消极的结果归因于外因，如恶劣的天气、压抑人的机制、不可预料的困难、坏运气等。否则，把成功归于外在因素而把失败归于自己的无能，会使人丢面子。

3. 行为者与观察者的归因分歧

在归因过程中，行为者更强调情境的作用，多作出情境归因，而观察者更强调行为者性格的作用，作出内部归因。为什么会发生这种分歧呢？认知特点是其中的主要原因。首先，行为者和观察者的注意中心不同，行为者更多地着眼于周围环境对其行为的影响，而观察者通常把注意力放在行为者身上。其次，行为者和观察者所拥有的信息资料不同，观察者很少了解行为者过去的信息，只注意到此时此地行为者的表现，容易作出内在归因，而行为者对自己过去和现在的行为、当时的情境都有更多的体会，因此容易把行为归因于特殊情境中的特殊性质，作出外在归因。比如，一个员工的工作业绩不太好，上司往往会认为是他工作不努力，不够勤劳所致；而员工本人则会强调是因为工作太重、太多，支持不够等。

综上所述，归因理论提出了人们在对他人行为进行判断和解释过程中所遵循的一些规律，在管理过程中，管理者和员工对绩效的评价和归因也不可避免地受到这些规律的影响。管理者要认识到，员工是根据对事物的主观认知而不仅仅是客观现实作出反应的。员工对于薪酬、上级的评价、工作满意度、自己在组织中的位置和成就等方面的认知与归因正确与否，对于潜力的发挥和组织的良好运作有重要的影响。同时，管理者对员工的行为表现进行判断和解释时也应该尽量避免归因中的偏见和误差。

第三节　绩效反馈与员工情绪管理

绩效考评的结果将被应用于员工绩效改善、薪酬设计、培训与开发、人员选拔与职位调整等方面。考评结果良好的员工将得到提高和发展，考评结果不好或较差的员工将在薪金涨幅、职位晋升和保留方面受阻，进而会使其心理和行为受到影响。由于员工在岗位、受教育程度、个性、年龄等方面的差异，对考评的认知和反应也不尽相同，因此，还需要加强考评后与员工的绩效反馈与沟通，并注重员工的情绪管理。

绩效考评只是绩效管理的一个环节，管理者不单纯是为了评判员工的好坏，而是为了通过一个完整的管理活动达到促进员工、团队和组织共同提升的目的。大多数企业的绩效管理过程只进行到绩效考评即告一段落，管理者觉得很累且没有成果，员工也觉得很累而且充满疑惑和焦虑。考评结果没有反馈给员工，所以问题依然存在，绩效仍旧不高，沟通还是不顺畅，容易导致组织上下对绩效考评有效性的怀疑与抵触。因此，实施考评之后，还需要对考评结果进行认真分析并将考评结果反馈给被考评者，这样才能保证绩效考评的系统性和完整性。

一、绩效反馈

只作考评而不将结果反馈给被考评者，考评便失去它重要的激励、奖惩与培训的功能。那么，怎样才能让被考评者了解自己的绩效状况？怎样才能将管理者的期望传达给员工？这就需要通过绩效反馈与面谈来完成。

（一）绩效反馈的目的

如果不让员工们意识到他们的工作绩效并没有达到预期绩效的要求，那么其绩效是肯定不会有所改善的。总结起来，绩效反馈有以下几个目的：

（1）让员工了解自己在本绩效周期内的业绩是否达到规定目标，行为态度是否合格，并使双方达成对考评结果一致的看法。这不是一个容易的过程，有时需要多次沟通才能完成，因为员工的看法一旦形成，就很难轻易使之改变。

（2）探讨绩效不合格的原因并制定绩效改进计划。一旦员工和管理者对绩效考评的结果达成一致，接下来就需要双方就如何解决绩效问题做一探讨，即形成绩效改进计划。

（3）管理者向员工传递组织的期望。组织战略是要通过层层分解到具体的工作岗位上才能实施的。在与员工讨论工作目标的过程中，可以将组织的愿景贯穿其中，让员工感受到具体的目标而不是一种无形的愿景，这样有利于员工将其落到实处。

（4）双方对下一个绩效周期的目标进行协商，形成个人绩效合约。绩效合约是一份正式的书面约定，它将管理者和员工双方讨论的结果具体记录下来，既有助于员工清楚自己的任务，又有助于管理者在绩效周期结束时对员工绩效进行评估。

（二）绩效反馈的原则

有效的管理者应当以一种能够诱发积极行动反应的方式来向员工提供明确的绩效反馈。以下这些原则将有助于增强绩效反馈过程的潜在作用。

1. 反馈要及时和经常

不管考评期限有多长，管理者对员工的反馈应该是每天都在进行，时刻都在进行的。而且反馈应当是经常性的，不应当一年一次。其原因有两点。首先，管理者一旦意识到员工的绩效中存在缺陷，就有责任立即去纠正它。如果员工的绩效在 1 月份时就低于标准要求，而管理人员却非要等到 12 月份再去对其绩效进行评价，那么就意味着企业要蒙受 11 个月的生产率损失。相反，表扬要越快越好，通常一个反馈速度应该在 30 秒解决问题。这就要求经理人员实行走动式管理，看见好的事情，马上拍拍员工的肩膀：你干得真不错，你这件事情干得非常好，我为你骄傲。这叫积极性的反馈。其次，应当向员工提供经常性的绩效反馈，使员工在正式评价过程结束之前就大概知道自己的绩效评价结果，这样员工对于评价结果就不会感到太惊讶，因而有利于自觉改进和提高。上述举措决定着绩效反馈过程的有效性。

2. 对事不对人

在进行负面反馈时，应避免对员工本身的价值进行贬低或表示怀疑。要做到这一点，最好是把绩效反馈的重点放在员工的行为或者结果上，而不是直接放在人身上。通常我们经常会听到经理对员工说，你这人真差劲，你怎么老不守纪律，你这个人真是要不得了，这么不负责任，这么懒散，我对你极不放心。这种反馈直接攻击人的性格，员工会想：我完了，我真失败。因此他的自尊心会受到伤害。如果把刚才的话换一个方式表达：据我的记录你上一个月连续迟到了三回，并且还有早退现象，这种行为是不负责任的表现，是不遵守纪律的表现，我对你感到有点失望。因为指出来的是事实，员工会毫无怨言地接受。反馈应该是描述性的，侧重行为表现，并有所特指，这才是反馈的精华所在。

3. 反馈应具体

管理者应针对员工的具体行为或事实进行反馈，避免空泛陈述。如："你的计划工作很不认真"，或是"你的出色工作给大家留下了深刻印象"，模棱两可的反馈不仅起不到激励或抑制的效果，反而易使员工产生不确定感。如前者可改为"你上次要求追加预算，还要增加加班工时，当时事态紧急，我批准了，但你们事先为什么没仔细考虑，预料到这种可能情况？这说明你们的计划做得很马虎"。要用事例说明你想看到的改进结果，引导下级看到差距之所在。

4. 恰当运用赞扬

人们通常认为，绩效反馈过程的焦点应当集中在找出工作中存在的问题上，然而事实并非如此。绩效反馈的目的是提供准确的绩效信息，这其中既包括查找不良绩效，也包括对有效业绩的认可。赞扬员工的有效业绩会有助于强化员工的相应行为，而赞扬通过管理者清晰而客观的分析也增加了绩效反馈的可信度。但是，赞扬也要讲究方式。表扬应逐渐减少，以免员工把表扬当成习惯，没有表扬就热情下降，而且要逐渐转换其他方式去鼓励，比如不是公开表扬，而是给予一定的物质奖励，给他培训的机会或让他承担更多的责任，这都是在表扬，都是在鼓励，而不能仅局限于说表扬的词语。

5. 以建设性反馈替代批评

如果一位员工的绩效低于规定的标准，那么必然要对其进行某种批评，然而，直接而频繁的批评容易使员工产生一种防卫心理。因此，有效的管理者不应该是毫无技巧地对员工贬损一顿。如果采用恰当的批评技术，说出来的话即使是批评，别人也会接受，而且还不伤别人的自尊。可按照以下流程：首先表扬特定的成就，给予真心的肯定；然后提出需要改进的"特定"的行为表现；最后以肯定和支持结束。比如，当部门经理想批评一个员工的时候，千万别说你这个人不行，而是要首先表扬他特定的成就，并给予肯定；然后把不好的消息夹在中间说，你在这件事情上办得实在不怎么样，你做得不太好；最后要用肯定和支持的话语结束：我相信凭你的能力一定能做好。使用这个方法犹如"打一巴掌给一个枣吃"，员工感觉会很好，并容易接受。

6. 重点在于解决问题

很多管理人员常常把绩效反馈看成是对绩效不良员工进行惩罚的一个机会，因而总是指出他们的绩效如何糟糕。这种做法只会起到伤害员工的自尊以及强化抵触情绪的作用，不利于员工绩效的改善。为了改善不良的绩效，管理者必须努力帮助员工查找导致不良绩效的真正原因，然后就如何解决这些问题达成共识。每一种原因都应该采取不同的解决方法。如果不采用这种解决方法来进行反馈，则纠正不良绩效的方法可能永远都不会被找到。

7. 注重双向沟通

在绩效反馈中，探讨绩效不合格的原因并共同解决问题必须是个双向的过程，不能上级单方面说了算，不能让上级主宰一切，教训下级。这样只会激起抵制心理而不是克服缺点的动力。在沟通中应侧重思想、经验的分享，而不是指手画脚地训导。当下属绩效不佳时，应避免说“你应该……而不应该……”，这样会让下属体验到某种不平等，可以换成：“我当时是这样做的……”，以此来对员工进行启发和引导。

（三）如何与不同类型的员工进行绩效反馈

针对不同的人采取不同的反馈策略，有助于避免或消除对方的抵制心理。下面是对一些典型员工的反馈处理情况。

1. 考评为“优秀”的员工

这类员工是创造良好团队业绩的主力军，是最需要维护和保留的。但是，面对越优秀的人才越要冷静对待。一方面要鼓励其上进心，帮助其制订个人发展计划，对其提出更高的目标和要求，另一方面不要急于承诺晋升或奖励等事宜。应通过跟他面谈或做心理测评，本着对公司负责的原则，在他真正具备管理才能的时候才能提升他。

2. 考评为“满意”的员工

这类员工绩效无明显进步，工作表现平平，可以达标。他们至少占总人数的一半。如何对待他们？岗位调整、升职、加薪、表扬等全都可以。在反馈时，考评者应开诚布公地和员工进行交流，找到没有进步的原因。比如，和他讨论是否现任职务不太适合他，是否需要更换岗位。要让他意识到自己的不足，并朝更高的目标迈进。或者当企业处于特别缺乏人才的情况时，也可以从这批考评为“满意”的人中抽出几位提升到管理职位、技术专家的职位。但要注意的是，提升后，要给其安排教练或技术专家给予指导帮助，有了这种“导师制度”才能保证提升上来的人健康持续地发展。

3. 考评为“不满意”的员工

这类员工绩效低下，导致原因可能有多种，例如工作态度不良、积极性不足、缺乏培训、工作条件恶劣等。员工可能不愿意接受绩效低下这个事实，容易和管理者产生冲突。对此必须具体分析，找出真正的原因并帮助员工制订绩效改进计划。切忌不问青红皂白，就将问题的原因归结于员工。对待他们可以采取降薪、扣奖金、降职、轮岗、离职等几种处理方法。但是，对待成绩不佳者有一个流程，只有把这个流程都实施了以后，才可以处置员工：第一步，确定存在的问题并达成共识。第二步，确定问题产生的原因。第三步，确定需要采取的行动，并达成共识。第四步，为下一步行动提供必要的资源。第五步，监督工作过程并给予及时的反馈。对工作中有进步的员工应进行适度鼓励和及时表扬。反馈后，对绩效仍然不佳的人，降薪或者辞退才是合理的。

4. 工作态度差的员工

这类员工的不足之处在于对工作忽冷忽热，态度时好时坏。造成这种状况的原因有两方面，一种是性格使然，喜欢用批判的眼光看待周围事物，人可能很聪明，喜欢对他人、公司的政策、工作环境等进行评价，但老是带着不满情绪工作；第二种是沟通不畅所致。对待他们既不能“只要工作中出成绩”就予以放纵，也不可一味管治。恰当的反馈面谈策略：一是通过良好的沟通建立信任，设身处地迫使其寻找建设性的解决方案，以改善工作态度；二是通过日常工作中的辅导，减轻不良情绪的影响，不要将问题留到下一次绩效面谈。

5. 过于雄心勃勃的员工

雄心过于膨胀的下级常常急于被提升和奖励，但他们此时还没进展到这种程度。对他们切忌乱泼冷水，要耐心开导，说明政策是论功行赏，用事实表明他们现存的一些差距，与他们讨论未来发展的可能性，并帮助他们制订现实的计划。还要让他们明白，不是达到某一目标就一定能马上获奖或晋升，并说明只要努力积累，时机一到，自然会水到渠成的道理。

6. 沉默而情绪化的员工

这种员工不爱开口，不善于表现自己，只要碰到一点点不顺心就会郁郁寡欢，而且低落的情绪也会感染他人。对他们不仅要耐心启发和多加鼓励，如多征询他们的意见，促使其作出反应，注意发现其优点，及时给予赞赏和表扬，以发掘其潜能。当他们情绪低落而你又需要他们投入工作的时候，可以通过对他们表示一定的理解、同情，与其分享自己的经历或改善情绪的经验，然后具体说明你需要他做些什么，即便看起来现在并不是这么做的最好时机。可以尝试着这么说：“我知道今天你的感觉不是很好，但是在下午 3 点以前我们的团队需要你的协助。”

7. 妒忌他人的员工

这类员工总是觊觎别人得到的东西，有时还会对他人恶意相向。当考评结束，几位员工共同处于竞争性地位时，如晋升机会、奖金、上司的认可等，往往会有人嫉妒。由于他们缺乏理性，行为容易受到负面嫉妒情绪的摆布，因此会恶意中伤他人。如果遇到这样的员工，可以告诫他公平而正当的行为才会获得回报，诋毁他人最终会损毁自己的声誉。

8. 暴躁易怒的员工

这种人情绪反应十分简单，对出乎意料的事沉不住气，缺乏幽默感和自控力，遇到不满意的事容易变得愤怒、暴躁，常会通过吵架、发脾气等方式解决问题。对这种下属首先要耐心地听他把话讲完，尽量不要立即与他争辩和反驳，待其冷静下来后再同他一起分析原因，找出建设性地解决问题的方法。也可以运用情境转换的方式，如引导其离开发怒的场合，转移注意力以抵消怒气。

9. 年龄大、工龄长的员工

这类员工看到比自己年纪轻且资历浅的人后来居上，自尊心会受到伤害，或对他们未来的出路或退休感到焦虑，所以对待他们一定要特别慎重。要给予他们充分的尊重，肯定其过去做出的贡献，但也要让他们知道，过去的成绩不代表现在或将来的成绩。同时要对他们表示关怀，为其退休计划出谋划策。

二、员工情绪管理

许多员工在考评中不能正确认识和发现工作中存在的问题，不能通过考评改善和提高工作技能，反而会产生诸如焦虑、恐惧、厌恶、愤怒、抵触等不良情绪，为此背负了沉重的心理负担和压力。这不仅影响了考评工作的成效，也使员工身心健康受损，并影响到组织的整体效率和人际氛围。因此，人力资源管理者有必要了解和认识员工的情绪反应与情绪差异，并掌握员工情绪管理的相关措施。

（一）情绪反应的基本类型

情绪是指人类对于各种认知对象的一种内心感受或态度。它是人们对于自己所处的环境和条件，对于自己的工作、学习和生活，对于他人行为的一种情感体验。可见，情绪与情感是两个相对应的概念，二者都是与人特定的主观愿望或需要相联系的。

需要是情绪产生的重要基础。根据需要是否获得满足，情绪可分为两类：

（1）肯定情绪。凡是能满足已激起的需要或能促进这种需要得到满足的事物，就会引起肯定的情绪，如喜爱、愉快等。

（2）否定情绪。凡是不能满足这种需要或可能妨碍这种需要得到满足的事物，便引起否定的情绪，如苦闷、憎恨、不满意等。

根据情绪的演化过程或刺激类型可将情绪分为六类①：

（1）原始的基本情绪。常常具有高度的紧张性，它们表现为喜（快乐）、怒（愤怒）、惧（恐惧）和悲（悲哀）四种形式，由四种基本的情绪派生出其他各种复杂的情绪。

（2）由感觉刺激引发的情绪。它们常常是温和的或强烈的，表现为疼痛、厌恶和轻快。

（3）与自我评价相关的情绪。这主要取决于评价标准，表现为成功感与失败感、骄傲与羞耻、内疚与悔恨等。

（4）与别人有关的情绪。经过一定的时间，这类情绪常常转化为持久的情绪倾向或态度，主要表现形式是爱与恨。

（5）与欣赏有关的情绪。包括惊奇、敬畏、美感和幽默。

（6）最为持久的情绪状态，即心境。

根据情绪对心理和生理健康的影响，还可分为正面情绪和负面情绪。正面情绪，即积极情绪。负面情绪，即消极的或不良的情绪。在正常人的情绪中，一般正面情绪占43%，而负面情绪占57%，因此，人总是一不留神就可能产生不良情绪。但是在正常情况下，人们都处于情绪的平衡状态，只要打破了这种平衡，人们的情绪就会发生变化。

同时，根据情绪的相似性、强弱性和两极性特点，还可对每种情绪进行细分。如恐惧的情绪，按从弱到强的顺序可分为：担心、不安、紧张、害怕、恐惧、恐慌、惊恐、

① 全国十二所重点师范大学联合编写．心理学基础［M］．北京：教育科学出版社，2008：149.

极度惊恐等；快乐的情绪，更容易显示其两极性，如：满意—不满意、高兴—不高兴、愉快—不愉快等。

（二）情绪与工作效率

情绪具有动机作用，情绪状态与人的工作积极性有密切关系。在管理工作中应该利用适当的刺激，激活人的积极的情绪状态，以满足人适应性活动的需要，提高管理效能和工作效率。但是，情绪状态与工作效率并不是简单的线性关系，由于人的情绪状态有不同程度的兴奋水平，工作任务也有简单和复杂之分，因此，很难得出情绪状态与活动效率之间关系的一般规律，只能具体加以研究。关于情绪与工作效率的关系，研究者得出这样的结论：不同性质的工作，取得最大效率所要求的情绪激活水平不同。在一定的情绪背景上，任务越复杂，取得最高效率所需情绪激励水平越低；而从事简单工作达到最高效率所需要的情绪激励水平则较高。

在实践中，情绪直接决定和表达着人们的态度，员工在工作中的情绪对其工作的质量、工作效率以及同事之间的关系有着非常重要的影响。认识员工个体或团体的情绪，可对员工进行更为有效和人性化的管理。

在本章引导案例中，由于小李和小陈在工作前受到干扰，影响了她们的心情，因此工作质量和工作效率产生了明显的变化。如果按照小李的工作情况来计算的话，与平时相比她的制品合格率提高了 1.5%，工作效率提高了 23.6%，几乎提高了 1/4。按此效率推及到全厂员工，将给企业带来巨大的经济效益。如果按照小陈的工作情况来计算的话，与平时相比她的合格率下降了 4.7%，工作效率下降了 20.4%，其工作效率至少下降了 1/5。而按此效率推及到全厂员工，将给企业带来巨大的额外损失。以上数据虽属推算，但足以证明员工情绪对工作的重要性。

上述实验仅仅发生在一家劳动密集型企业，如果换为高科技行业，由于员工情绪所导致的工作效率差异将产生更大的盈亏差距。在实际工作中，企业是可以通过一些措施来影响或调控员工情绪的。

（三）员工情绪差异分析

人的情绪是在社会认知过程中产生，并通过社会认知对刺激物产生的肯定或否定的判断。由于个体在性别、年龄、生理状况、价值观、认知水平等方面的差异，以及在组织环境中，由于工作性质、部门、工作环境、管理方式及文化背景的不同，员工可以相对选择进入某一群体，并与群体保持一定的相似性，从而形成一定的行为习惯或心理定势。所以，不同的员工群体从性别、年龄、工龄、工作性质、团体和文化背景等方面都会表现出不同的情绪差异和特性①。现简要分析如下：

1. 年龄与情绪差异

年龄的不同也会使情绪产生明显的差异，一般情况下，人的年龄越小，情绪越不稳定，越容易受到各种环境因素的影响，年龄越大则越趋向于成熟老练，情绪越稳定，情绪控制力越强，越不容易受他人的影响。我国正常的就业年龄一般在 18 至 60 岁之间，这么大的年龄差异，必然在情绪特征上表现出巨大的差异。即使是同一个人，随着年龄

---

① 费栋华．员工脑电波——人力资源心理管理［M］．北京：中国经济出版社，2006：83-89.

的增长也会发生很大的改变。因此，要进行情绪管理，必须了解不同年龄段员工的情绪特征。根据不同年龄阶段的情绪特征，可以分为以下四种类型（见表 7-9）。

表 7-9　　不同年龄段的情绪区分

情绪类型	年龄段	正向情绪特征	负向情绪特征
青少年型	18~30 岁	大胆、勇敢、激情	易冲动、易产生挫折感
中青年型	30~40 岁	热情、精力旺盛、周密	易抑郁、易产生压力感
中年型	40~50 岁	理智、稳健	易焦虑、低兴趣感
老年型	50~60 岁	理性、老练	迟缓、缺乏快乐感

2. 工龄与情绪差异

员工入职时间不同，也会表现出不同的情绪特征。一般而言，根据入职时间，可将员工情绪特征分为以下四种类型：（1）入职一年左右的员工，情绪属于试探型。他们处于与企业相互磨合和试探阶段，情绪变化不定。（2）入职两年的员工，情绪属于波动型。他们将会面临与众多的同事交往和工作方面的矛盾冲突，情绪经常会受到干扰并产生波动。（3）入职三年者，情绪属于成长型。他们在人际关系、劳动技能和社会经验方面都渐趋成熟或得到提高，并感到自身的成长，因此情绪趋向稳定。（4）而在一家企业工作超过四年的员工，情绪属于稳定型。他们对各方面已能成熟应对，基本形成稳定的情绪和行为反应。

3. 工作性质与情绪差异

从事什么性质的工作往往取决于一个人的技能、知识水平和个人素养，同时也决定了一个人的社会地位和身份，所以不同的工作性质会存在明显的情绪差异。表 7-10 列出了几种不同性质的工作所导致的情绪差异情况。

表 7-10　　不同工作性质的情绪特征区分

工作性质	区分	正向情绪特征	负向情绪特征
体力和脑力	体力者	稳健、朴实、刚毅	易冲动、认知和预见水平低
	脑力者	周密、理智、智慧	易产生压力感、抑郁、焦虑
车间作业	手工作业者	平实、轻松、愉快	单调、枯燥
	机械作业者	精神集中、充实、控制感	单调、易紧张、缺乏安全感
职责分工	财务工作者	细致、周密、安定	枯燥、严肃
	行政工作者	热情、关心、控制感	易产生压力感、抑郁、焦虑
	销售工作者	热情、轻松、成就感	易产生压力感、抑郁、焦虑

4. 工作氛围与情绪差异

组织的管理方式以及同事之间的个体、群体行为也可能影响情绪的变化。组织内上级与下属间的沟通关系如果是单向方式，即员工没有机会向上级反映自己的意见，则人群关系缺乏信赖感，会使员工产生不满情绪，甚至愤懑的情绪。过分强调竞争与责任的人群关系，会造成不必要的紧张气氛，使员工产生不安和焦虑情绪。工作场所中合理的空间位置关系、人员之间良好的人际关系可以形成良好的工作气氛，从而产生愉悦的劳动情绪。态度是一种可以进行相互传递的情绪，他人的态度和评价可能会给员工带来不同的情绪。他人正面友好的态度，会使员工得到轻松、愉快的正面情绪，相反则会使人产生紧张、愤怒的负面情绪。而在生活中人们总是乐于接受他人表示欢迎、兴奋、支持的行为，这些行为充满友好和关爱，是人们融入人际群体，提高生产效率的重要前提。

总的来说，环境、他人与个人因素都会影响员工的情绪反应。当员工在家有喜事、收获爱情的时候，在工作中取得重大突破而得到加薪、提升，获得赞赏与认可的时候，因帮助他人获得衷心感谢的时候，都会产生喜悦与兴奋的情绪；而当员工家庭发生矛盾、不幸或失恋的时候，在工作遇到困难不能完成预期目标、工作成绩得不到承认、长时间超负荷工作、受到严重的不公平待遇以及与同事相处糟糕的时候都会产生烦恼、抑郁甚至怨恨的情绪。个体可以通过相关情绪测验，了解什么因素最容易影响自己的情绪，从而做好预防和调控。具体见本章心理测验。

（四）员工情绪的管理

1. 情绪的组织管理

企业的管理行为和各种现象是影响员工情绪的重要外界因素，企业对影响员工情绪的外界因素进行干预管理，可以实现对员工情绪的控制。但是，情绪控制必须通过员工的自我体验和自我调节机制发挥作用，企业对员工情绪的管理主要起引导和排除干扰的作用。企业控制员工情绪可以从以下方面入手：

（1）提供积极的环境支持，避免产生不公平。积极的社会或组织环境有助于个体形成良好的心理品质，因为个体的经验与心理品质是在与环境的相互作用中形成的。这就要求无论是家庭和组织，都要尽力为员工们创造一个积极、健康、良好的工作生活环境，以帮助他们形成积极的情绪体验与人格特质，过上完满和谐的生活。当领导和同事提供了最优的支持、机会与工作环境时，员工最有可能拥有良好的情感和行为模式。如通过为员工进行职业生涯指导，帮助他们确立自己的努力方向和奋斗目标，可以使员工成为有理想、热爱企业和充满自信的人。同时，管理者还要避免产生不公平。不公平的事件是员工产生不良情绪的重要原因，企业管理人员应该廉洁公正，用相同的标准来处理事件。

（2）加强培训，提高认识。提高员工的劳动技能和知识水平是企业不能缺少的工作，员工可以在培训中了解工作和生活中不确定的因素，增强自信心。同时，将机会给予情绪更稳定的员工，如在同等情况下，优先安排情绪良好和稳定的员工从事重要的工作。通过各种方法培养员工拥有稳定的情绪，鼓励员工情绪的自我成熟。

（3）主动了解，合理调配。员工的情绪大部分情况下是不会主动告诉别人的，但可以通过员工的行为表现出来，通过观察和了解员工的情绪再进行工作安排，才是优秀的管理者。将不同情绪特征的员工安排在合适的工作岗位，以及在安排工作时清楚了解员工之间的情绪特征和状态，都是管理者必须考虑的问题。对员工之间情绪的适当安排和相互搭配，可以对工作及员工的发展产生意想不到的促进。在人员管理中，应充分考虑不同员工情绪的相容性与互补性。比如，安排相互配合性的工作时，应该考虑员工彼此之间的接受程度，才不会存在情绪矛盾冲突的可能性；而安排具有不同情绪特性和不同情绪状态的员工进行互补的工作，既可提高工作效率和工作质量，又可避免工作的单调性。

（4）引导和控制不良情绪。应通过多种渠道和方式进行引导，为情绪低落的员工及时提供帮助，进行劝导慰问、适当的岗位调整或是安排适当的休假等，并注意对愤怒、紧张、恐惧、悲伤等不良情绪的控制。

① 化解愤怒。情绪愤怒的员工，可能会破坏工作，因此，最好是先让其冷静思考，待情绪稳定后再进行工作。其中，管理者要加强与员工的沟通，了解员工愤怒的原因。愤怒是因为遭遇失败，工作太累，受到批评伤了自尊还是别的什么。愤怒往往会使人失去理智，引发冲突或做出令人遗憾的错误决定。因此还要引导员工思考如下问题：现在碰到什么难题？现在想做什么？这样做有益吗？你真正想要做的是什么？应该怎么做？然后对症下药，帮助员工采取适当的措施以解决问题。

② 消除紧张和恐惧。紧张可能来自于忙碌、竞争、工作效率等。由于紧张，可能出现肌肉绷紧，手心发汗，血液化学平衡失调的现象，这时要注意协调整体身心水平，可以采取深层次呼吸、哼唱歌曲，放松心情，转换环境和注意力等方法加以排解。过度的恐惧会使员工拒绝工作或失去工作能力，当然工作中不会产生恐惧感是最好的，没有恐惧才是正常的工作环境。

③ 劝慰悲伤。根据悲伤程度的不同应安排适当的工作，主要是按工作量或工作时间来进行安排，并进行必要的劝导，悲伤过度者是不适合进行工作的。悲伤是悲观情绪的一种表现。悲观情绪主要由不当的思考习惯所造成。遭到失败时，不能从多角度分析问题的人容易产生抵触情绪，表现悲观。面对失败时，悲观者多认为失败是由内因造成的，是永久的，一般都会如此，因而容易呈现悲伤、失望、无助等情绪。管理者应帮助其进行正确的归因分析，以避免内疚和悲伤情绪的困扰。

2. 情绪的自我管理

有效控制自己情绪的过程就是个人走向成功的过程。每个人都具备不同的情绪控制能力。管理好自己的情绪，不但有益于个体自身的身心健康，而且会促进个体的工作效率和社会交往的协调发展。管理者应帮助员工树立正确的心态，学习和掌握一些控制情绪的方法。

（1）培养乐观态度，增加宽容之心。注意生活和工作中的开心事，避免迎合消极的态度，有意识培养自己的乐观态度。热爱生活，尊重他人，积极投身团体和社会活动，确定自己的奋斗目标，不怕困难。做事要心胸开阔，从大处着眼，只要大前提不受影响，小事不必斤斤计较，以减少自己的烦恼。注意宽容地理解他人的过失，这不仅可以避免伤害到他人和自己，也可以增进良好的人际关系。

（2）加强学习，平心压抑。主动学习可以提高自己的认知能力和判断能力，对事物和自己的状态给予正确、客观的分析，可以避免因为错误的认识，使自己产生不良的情绪反应。在实践中，遇到了不可理喻、故意为难你的人，应该保持冷静，进行自我压抑，见机行事，千万不要以牙还牙，甚至表现得比对方更激烈，这时你的缺点有可能马上暴露出来，说不定正中了对方的圈套。

（3）缓和性急，合理安排时间。性急就是压力的表现，也是情绪不稳定的表征。如稍不如意就心乱如麻，不屑与人闲谈，对一般的生活情趣觉得难耐，对未完成的事局促难安，争强好胜但输不起、易激怒，等候时焦灼难安等。消除性急的一个方法是进行合理的时间安排，应该对自身的能力及情绪变化进行分析，并总结出规律。如分析自己的情绪在什么时间会产生何种变化，自己适合做什么事情或不适合做什么事情，并进行合理的安排。

专栏 7-2

情绪控制的八大技术

制怒术：做情绪的主人，当喜则喜，当悲则悲。在遇到发怒的事情时，一思发怒有无道理，二思发怒后有何后果，三思有其他方式替代吗？这样就可以变得冷静而情绪稳定。

愉悦术：努力增加积极情绪。具体方法有三：一是多交友，在群体交往中取乐；二是多立小目标，小目标易实现，每一个实现都能带来愉悦的满足感；三是学会辩证思维，可使人从容地对待挫折和失败。

幽默术：常笑多幽默。心理学家认为，人不是因为高兴才笑，而是因为笑才高兴。不是因为悲伤才哭，而是因为哭才悲伤。生活中要多笑勿愁。

助人术：学雷锋做善事，既可以给他人带来快乐，也可使自己心安理得，心境坦然，具有较好的安全感。

宣泄术：遇到不如意、不愉快的事情，可以通过运动、读小说、听音乐、看电影、找朋友谈心诉说来宣泄自己不愉快的情绪，也可以大哭一场。

代偿转移术：当需求受阻或者遭到挫折时，可以用满足另一种需要来代偿。这一门功课没考好，可争取在另一门课上取得好的成绩，也可以通过分散注意力，改变环境来转移情绪的指向。

升华术：即把受挫折的不良情绪引向崇高的境界。如著名文豪歌德在失恋后，把失恋的情绪能量升华到文学写作中，写出了名篇《少年维特之烦恼》。

放松术：心情不佳时，可以通过循序渐进、自上而下放松全身，或者是通过自我催眠、自我按摩等方法使自己进入放松入静状态，然后面带微笑，想象曾经经历过得愉快情境，从而消除不良情绪。

（资料来源：http：//www.999.com.cn/Public/mentalWorld/Phycology/200201/11889420020120）

3. 发展情绪智力

情绪智力又称情商、情感智商，用 EQ 表示，它是 Emotional Quotient 的缩写。有研究表明，一个人成功与否的关键不取决于天资如何而取决于性格和情感因素。天资一般用智商（IQ）表示，与之对应人们将情感智商称为“情商”（EQ）。美国心理学家戈尔曼（D. Goleman）出版了《情感智商》（又称《情绪智力》）一书，明确指出了人的成功与情绪智力密切相关，并使“情智”这一概念在世界各地广泛传播。所谓情绪智力是指识别自己和他人情绪的能力以及在人际交往中进行自我协调和自我促进的能力。重视引导和发展员工的情绪智力，也是情绪管理的一个重要方面。它主要包括以下五方面的能力：

（1）自我意识

自我意识即正确认识自己的能力，这里主要指认识自身的情绪，它是EQ的基础。自我意识的本领在于自我认识感觉、自我体验感受与自我监控情感。不了解自身真实感受的人必然沦为感觉的奴隶；反之，掌握感觉才能成为生活的主宰。掌握感觉是指客观判断自己的情绪，把握潜藏在身体内部的感受，并在感受基础上做出相应的反应和调整。

（2）自我激励

自我激励即自我促进，积极开发自己的能力。它依赖于完成任务的动机水平、兴趣和意志的影响以及人生的基本信仰、明确的生活目标、乐观与自信的生活态度。自我激励的实质在于抱着希望想问题，能进行主动的学习，促使自己不断提高能力。因此，善于自我激励的人，能保持高度热忱完成任务，这种人做任何事效率都比较高，因为自我激励是一切成就的动力。

（3）情绪控制

情绪控制的核心在于妥善管理情绪。情绪管理有赖于自我认识，并需做出意志的努力。因此，情绪控制意味着调控自我的情绪，使之适时、适地、适度。这种能力具体表现在通过自我安慰和运动放松等途径，有效地摆脱焦虑、沮丧、激怒、烦恼等因失败而产生的消极情绪的侵袭。这种能力高的人可以从人生挫折和失败中迅速跳出，重整旗鼓，迎头赶上。

（4）人际沟通和交往

人际沟通和交往，包含认知他人的情绪和情感，并能管理好人际关系的能力。这种能力是在情感的自我认知基础上发展起来的又一种能力，也是最基本的人际关系能力。其中，移情能力和“同理心”是基本的人际沟通技巧，即能够站在他人角度了解他人感受，能从细微的信息中察觉他人的需求，从而为其提供帮助和鼓励。认识他人还需要在交往过程中以互利互惠的观念来维系友谊，消除分歧。一个人的人缘、人际关系和谐程度是与领导管理能力直接相关的，充分掌握人际沟通和交往能力的人常常是社会上的佼佼者。

（5）挫折承受能力

对失败的承受能力也是EQ的一个重要内容。这一内容在国外不作为EQ的指标，但是，针对我国大量在顺境中成长的年轻一代来说，培养和发展挫折承受能力非常重要①。事实上，能承受挫折的人往往把失败归因于个人可以驾驭的因素，能从每次失败中总结经验和教训，从而积极进取，愈挫愈奋。相反，挫折承受力差的人则经常把失败

---

① 周明星，邓新华．成功学生全面素质测评手册［M］．北京：人民日报出版社，2000：1217.

归因为不可控制的因素，因而容易消沉、悲观和退缩。因此，培养和提高挫折承受力，增强个体对环境变化的适应性就显得尤为必要。

本章小结

绩效考评是对组织成员的绩效进行识别、测评和开发的过程。绩效考评的方法分客观考评法和主观考评法。常见的绩效考评方法有描述法、比较法、量表法和360度绩效考评法等。绩效考评活动中常受到晕轮效应、近因效应、偏松或偏紧倾向、居中趋势、对比效应、评价者的个人偏见等心理效应的影响。归因是指人们对他人或自己的行为的原因加以解释和推测的过程，归因理论说明了解释行为的复杂性，因此产生了归因中的偏差。要注意克服考评中的心理误差和偏见。绩效考评的结果将被应用于员工绩效改善、薪酬设计、培训开发、人员选拔与职位调整等方面，会使员工的心理和行为受到影响。因此，在考评后还需加强与员工的绩效反馈与沟通，并注重员工的情绪管理。情绪管理的重点在于引导员工建立积极的情绪和调控不良情绪，并重视对情绪反应的“度”的把握，以及发展员工的情绪智力。

复习思考题

1. 绩效考评的主要方法有哪些？
2. 绩效考评中存在哪些心理误差，如何应对？
3. 在绩效考评中，某位同事因受到上司的批评而紧张或愤怒时，你将如何劝慰与开导他（她）？

案例分析

案例

伟某从大学时代起就是一个成绩突出，有自信和抱负的学生，他的老师和同学都对他日后的发展做了充分的估计，十分看好。他的专业是工程设计，但不知何故，毕业后被一家电器公司招为销售员了。刚开始，他对这岗位挺满意，不仅工资高，而且尤其令他喜欢的是这公司给销售员发的是固定工资，而不采用佣金制。好强的他担心自己没有这方面的实际工作经验，如果比不过别人，拿的佣金少了该多丢脸呀。

刚上岗位的头两年，伟某虽然工作兢兢业业，但工作成绩只属一般，可是随着他对业务的逐渐熟练，又跟那些客户们搞熟了，他的业务量终于渐渐上升。到第三年年底，他觉得自己已在全公司技术业务员中大概属于中等了，至少在全公司几十名销售员中不会是末尾。下一年，根据和同事们的接触，他估计自己当属业务员上等水平了。由于这公司的政策是不公布每人的销售额，也不鼓励互相比较，所以伟某对自己的成绩究竟如何没有多大把握。不过，这几年里，伟某日子过得很舒坦，同事们之间关系一团和气，大家拿一样的工资奖金，没有激烈的竞争，几个老员工还把自己的技术传授给他。

然而这种一团和气的日子不多了，去年，公司实行改革，打破大锅饭，改固定工资为佣金制，再也不能干多干少一个样，还要实行末位淘汰制。公司制定的报酬制度使伟某的抱负与好胜心被激发出来，而且此时他在技术业务方面也已经老道成熟了，只要坐上了业务量的第一把交椅。就可以拿到最高的销售奖金。从去年开始，伟某干得特别出色。尽管定额比前年提高了15%，可到9月初他就完成了全年定额。虽然他对同事们仍不露声色，不过根据公司的业绩公布，他发现没有谁已接近完成自己的定额了。10月中旬时，公司刘经理特地召他去汇报工作。听完他做的汇报后，那经理对他说“咱公司要再有几个像你一样棒的销售业务明星就好了”。伟某只微微一笑，没说什么，不过他心中思忖，这不就意味着承认他在销售员队伍中出类拔萃、独占鳌头么？果然不久就风传他快要被提升为部门主管了。为此他一马当先，比过去干得更好。他觉得不能辜负公司头儿对自己的信任。不过近来他觉得自己心情不舒畅。一是部门经理经常要他干一些管理工作，过去他总是愉快地完成，可是现在销售奖和绩效挂钩，伟某觉得这些都成了负担。最令他烦恼的是大家之间的关系开始变味了。从过去的亲密无间，到现在的防范冷淡，大家工作干的情况都保密，不互相通报信息，特别是有一个过去关系不错的同事，对伟某更是虎视眈眈。没个笑脸，后悔不该把销售的高招和关系给他，现在倒成了竞争对手了，说早知今日，何必当初。

随着销售额的提高，伟某的佣金在公司销售人员里已经是头一块牌子了。不过公司人员流动也越来越大，除了被末位制淘汰下来的员工被辞掉以外，还有几个业务高手也酝酿着要跳槽，部门里人际关系挺紧张。五天前，就在伟某要被提拔为部门主管时，他也离开了公司，因为另一家公司看中了他，许以更高的佣金把他给挖走了。

（资料来源：选自道客巴巴）

案例问题

1. 伟某为何要跳槽？
2. 绩效竞争和企业员工的满意度之间的关系如何？
3. 你对伟某公司的绩效管理和绩效文化建设有何意见和建议？

一个不起眼的技术员

特洛伊是一家大型印刷公司的排版系统技术员。他在公司已经工作了5年，非常想被晋升为团队负责人。他的长期目标是成为一家印刷公司的执行官。在过去3年里，他的绩效评估在平均水平或平均水平之上。最近一次进行绩效评估的时候，他主动找上司，咨询自己被提拔为团队负责人或者其他部门负责人的可能性。杰克是特洛伊的上司，他耸耸肩说：“我不会把你从晋升的候选名单中踢出去，但是很抱歉，现在好像还不能满足你的要求。明年工作考评的时候再来问问看吧。”

特洛伊不知道上司漫不经心的态度到底是什么意思，所以就跑去询问自己在公司的导师希尼，他是一位资深的生产经理。特洛伊对希尼说：“我在公司一点成就感也没有。我不想仅仅成为一名技术人员，我想成为管理人员。”

希尼说：“你的职业发展计划听起来不错。但是你的上司对于提拔你并不是十分热情。你觉得杰克为什么会这样呢？”

特洛伊想了一会儿回答道："杰克是一个很不错的上司，而且处事也很公平。我对他没有什么好抱怨的。只是他对我不太关注。对他而言，我好像只是一个把工作做好的技术人员。他给过我的唯一建议是一定要跟上技术发展潮流，不要落伍了。但这种建议对谁说都行。在我们这行，谁都知道技术发展日新月异。"

希尼告诉特洛伊："下一次我和杰克谈的时候一定会问问你的情况。既然我是你的导师，那么这在我的职权范围之内。"

10 天以后，希尼和杰克因为其他原因碰了面。杰克说："正好，你是特洛伊的导师。我要和你谈谈他的情况，他是一个有能力的员工，但是有点混淆在其他员工之中。在忙的时候，我不会一下子就想到让他来帮忙。他是一个不错的人，但是我没有看到任何非常值得称道的地方。而公司还有许多非常有潜力的技术人员，我想不光是我，其他的经理也未必会给他晋升的机会。"

"谢谢"，希尼说道，"你对我说的这些对我指导特洛伊非常有帮助"。

（资料来源：Andrew J. DuBrin. 心理学与工作［M］. 王佳艺，译 . 北京：中国人民大学出版社，2007：216-217）

案例问题

1. 针对特洛伊的不安和忧虑，如果你是他的导师，你会给他提出一些什么建议？
2. 杰克对特洛伊的评价公平吗？作为主管领导，他应做什么样的改善？

心理测验

小测验7-1

情商测验（周明星，邓新华，2000）

自从人类行为学专家、情感智能理论的创始者戴聂尔·苟勒门博士向高智商导致成功的传统理论提出挑战以来，已有越来越多的专家开始认识到：在人的成才过程中，不是 IQ 而是 EQ 起着更为重要的作用。

要想知道你的 EQ 有多高，请完成以下的测验：

1. 与你的恋人或者爱人发生争吵后，你能在他人面前掩饰住你的沮丧。
2. 当工作进行得不顺利时，你认为这是对未来的一个警告。
3. 你最好的朋友开口说话以前，你就能分辨出他（她）处于何种情绪状态。
4. 当你担忧某件事时，你在夜里几个小时难以入睡。
5. 你认为大多数人必须更加努力而不要轻易放弃。
6. 与你最好的朋友告诉你一些好消息相比，你更易受一部浪漫影片的感染。
7. 当你的情况不妙时，你认为到了你该改变的时候了。
8. 你经常想知道别人是怎样看待你的。
9. 你对自己几乎能使每个人高兴起来而感到自豪。

10. 你厌烦讨价还价，尽管你知道讨价还价能使你少花20元钱。

11. 你十分相信坦率的说话，而且认为这样能使一切事情变得更为容易。

12. 尽管你知道自己是正确的，你也会转换这一话题，而不愿进行一场争论。

13. 你在工作中做出一个决定后，会担心它是否正确。

14. 你不会担心环境的改变。

15. 你似乎是这样一个人：对于周末去干什么，你总是能够提出很有趣的设想。

16. 假如你有一根魔棒的话，你将挥动它来改变你的外貌和个性。

17. 不管工作多么尽心尽力，你的老板似乎总是催促着你。

18. 你认为你的恋人或爱人对你寄予厚望。

19. 你认为一点小小压力不会伤害任何人。

20. 你会把任何事情都告诉你最好的朋友，即使是个人隐私。

每道题选择同意得1分，选不同意不得分。将你所得分累加起来：

16分或16分以上

你对你的能力很是自信和放心，因此，当处于强烈情感边缘时，你不会被击垮。即使你在愤怒时，你也能进行有效的自我控制，保持着彬彬有礼的君子风度。在控制你的情感方面，你是出类拔萃的，与他人相处得也很融洽。但是，你太依赖社交技巧而忽视成功所需的其他重要因素，例如艰苦奋斗的作风和好的主意。

7分到15分

你意识到自己和他人的情感，但有时忽视它们，不知道这对你的幸福是多么重要。你对下一步的提升和买一幢更漂亮的房子等诸如此类事情的关心支配着你的生活。然而，无论实现多少物质目标，你仍然感到不满足。试着去分析和理解你的情感，并且按照它去行动，你会更幸福。记住，人们可能压制你，使你暂时消沉，但是，你总是能够从挫折中吸取教训，重新创造你的优势。

6分或6分以下

你必须多一点对别人的关心，少注重自己。你喜欢打破社会常规，并且不会担心通过疏远别人来取得自己想得到的东西。你可能在短期内就会取得一定成果，但人们不久就将开始抱怨于你。控制你易冲动的天性，不是以粗鲁的方式，而是试着去通过迎合他人来得到你所想要的一切。如果你得分不高，不要沮丧。你要学会去控制你的消极情感，充分利用你的积极情感。

小测验7-2

看看什么因素最容易影响你的情绪①

下列情形中，请将能够描绘你情绪程度的等级标记出来，并按要求记分，算出总分，其中：A＝非常同意，B＝比较同意，C＝不一定，D＝比较不同意，E＝非常不

① 费栋华．员工脑电波——人力资源心理管理［M］．北京：中国经济出版社，2006.

同意。

测 试 题	A	B	C	D	E
1. 你经常会因为早上少睡半小时，而一整天都没有精神					
2. 你很怕热，气温到 30℃时，不开空调就无法工作					
3. 你看到别人一个不好的眼神，就会感到生气					
4. 你有时会莫名其妙地感觉到紧张					
5. 闻到一点难闻的气味你就想吐					
6. 因为同事没有理会你的招呼，你感到很气愤					
7. 你有时会突然想到以前看到的一个恐惧场面而不安					
8. 站在 2 米高的梯子上作业，你会害怕					
9. 上司无意间说你粗心大意，你很不高兴					
10. 你有时很难控制自己胡思乱想					
11. 晚上哪怕是微弱的光照着，你都难以入睡					
12. 一个陌生人不小心碰了你一下，你会很不高兴					
13. 你经常为自己不适当的行为感到不高兴					
14. 如果外面有较多的杂声，你就无法安心进行工作					
15. 你看到办公桌上还有大量杂乱的文件要整理，你就很烦					
16. 你常有头晕、眼花、心跳加快的体验					
17. 下雨的时候，你的心情就不好					
18. 同事叫你在家中的小名，你很生气					

记分方法

A = 1 分，B = 2 分，C = 3 分，D = 4 分，E = 5 分。其中：

影响情绪的因素	题号	得分	名次
物理因素	2、5、8、11、14、17		
他人因素	3、6、9、12、15、18		
自我因素	1、4、7、10、13、16		

测试结果分析

按上表题号顺序加分，并以从高到低的顺序进行名次排列，如果你的自我因素得分最高，说明你的自我心理因素最容易影响你的情绪。以此类推。

参考文献

1. 张春兴．现代心理学［M］．上海：上海人民出版社，1994.

2. 彭聃龄．普通心理学［M］. 北京：北京师范大学出版社，2001.

3. 全国十二所重点师范大学联合编写．心理学基础［M］. 北京：教育科学出版社，2008.

4. 詹承烈，梁友信，胡冰霜．实用劳动人事心理学［M］. 北京：人民卫生出版社，2002.

5. Andrew J. DuBrin. 心理学与工作（individual and pragnizational effectiveness）［M］. 王佳艺，译．北京：中国人民大学出版社，2007.

6. 吴建平．社会心理学［M］. 北京：中国农业大学出版社，2005.

7. 倪晓莉．社会心理学［M］. 西安：西安交通大学出版社，2007.

8. 付亚和，许玉林．绩效管理［M］. 上海：复旦大学出版社，2003.

9. 张晓彤．绩效管理实务［M］. 北京：北京大学出版社，2004.

10. 黄希庭，朱永新．人力资源管理心理学［M］. 上海：华东师范大学出版社，2003.

11. 费栋华．员工脑电波——人力资源心理管理［M］. 北京：中国经济出版社，2006.

12. 赵西萍，宋合义，梁磊．组织与人力资源管理［M］. 西安：西安交通大学出版社 . 2003.

13. 丹尼尔·戈尔曼．情感智商［M］. 上海：上海科学技术出版社，1997.

14. 张旭东，车文博．挫折应对与大学生心理健康［M］. 北京：科学出版社，2005.

第八章

员工沟通与人际关系

学习目标

- 沟通的类型与人际沟通网络
- 有效沟通的理论与策略
- 三种基本的人际关系行为模式
- 人际关系的建立与发展
- 影响人际吸引的因素
- 工作中人际冲突的类型与处理策略

关键概念

沟通　正式沟通　非正式沟通　上行沟通　下行沟通　平行沟通　人际沟通网络　乔哈里窗　PAC 分析法　人际关系　人际吸引　人际吸引水平的增减规律　人际冲突　冲突处理的两维模式

引导案例

玛丽是一位出色的保险调查员，她在一家大型人寿及财产保险公司的地区分部，和其他 4 位保险调查员一起工作。玛丽从事这一工作已达 5 年之久，工作表现一向优异，特别是她的报告，既准确又迅速。但是，玛丽与同事却相处得不好，同事们很讨厌她提出的许多建议和批评。吉姆是一位高级索赔分析员，他给玛丽起了个外号叫“公牛小姐”。至于为何会这样称呼玛丽，他回答说：“这并不是因为玛丽会攻击别人的身体，而是因为她对于很多事情都抱有非常负面的看法。”比如，“玛丽要我把某种诉请调查报告的样板给她看。我通过电子邮件把报告发送给她。两天后，她把报告发还给我，划出了 6 个她认为使用错误的词语，她甚至都没有说声谢谢”。

莎莉是一名新手，她说玛丽在最佳状态时是一位有魅力的同事，但在最糟状态时总是折磨人们的神经。“比如上周在陪同部门副总裁来我们办公室视察的时候，我穿着蓝色短裙和红色衬衫上班。玛丽说在重要场合绝对不能穿蓝色和红色搭配的服装。她的问题不仅仅在于喜欢批评别人，而在于有时她的批评简直是太离谱”。

她的上司米歇尔也适度地关注玛丽的性格问题，她认为不管怎样玛丽还是能够出色完成任务的。“当她对我表现出傲慢的时候，我一般不太较真，除非她太过分。这时我会告诉她别走得太远了。就像一周前，她告诉我说我没有为我们的分部争取足够的资源。如果我是一个很能干的经理的话，我们的办公室早就装饰一新了。我告诉玛丽谈话到此结束”。人力资源总裁对米歇尔说：“我想我们应该想办法来帮助玛丽有效解决她的问题。”

相信学完本章内容，你会对如何改善玛丽与同事的人际关系、处理上下级关系以及如何营造和谐的工作环境等问题，提出一些合理的意见。

（资料来源：Andrew J. DuBrin. 心理学与工作（*Individual and Prganizational Effectiveness*）[M]. 王佳艺，译. 北京：中国人民大学出版社，2007：237-238）

对于人力资源管理人员而言，沟通是其工作的必要环节和基本技能，它贯穿于人力资源管理的整个过程。处于工作群体中的人们，通过沟通交往而建立起人与人、个人与群体之间的人际关系网络。良好的人际关系，是提高群体工作效率和促进个体职业生涯发展的重要保证。要想在工作环境中处理好人际关系，我们不仅要学会有效沟通的技巧，还要掌握人际交往的基本原理和影响因素。由于这样或那样的原因，人们会产生意见分歧、争论或对抗，彼此间出现关系紧张状态。因此，探讨冲突产生的原因，寻求处理冲突的方法，进而协调人际关系，提高工作效率，也是人力资源管理者关注的重要问题。本章将重点探讨员工的沟通、人际关系与人际吸引、人际冲突及其处理等内容。

第一节　员工的沟通

沟通就是信息的传递和交流过程。如果这种沟通是在个体与个体之间、个体与群体之间、群体与群体之间的信息交流，就是人力资源管理心理学研究的课题。更确切地说，人力资源管理中的沟通，是指组织中的群体成员运用一定的载体传递信息、交流思想和情感的过程。有组织和群体就有沟通，组织成员间如果缺乏沟通，就不能建立和谐的人际关系，就会影响到组织绩效和个体的发展。

一、沟通的过程与要素

任何形式的信息交流，都服从于信息传递的一般规律。沟通过程主要包含 5 个要素：信息源（发信者）、信息、信息渠道、接收者和反馈。图 8-1 提供了信息交流的最一般的模型。

这就是说，信息发送者将头脑中的想法或信息进行构思并编码之后，信息被组织成一系列符号，如语言、手势、动作或图画等。这些信息沿着一定通道，以口头、书面或非语言的方式传递给特定的信息接收者。信息到达接收者时，先将信息解码，接收者解读并理解信息后，会引起行动和反应，它是接收者向发信者发出的信息，即反馈。在信息传递的整个过程中，还将受到各种主客观因素的干扰，即沟通障碍或噪音。人与人之间的沟通过程符合这个基本模型。但是，人与人之间的沟通也有不同于其他沟通过程的特殊性。

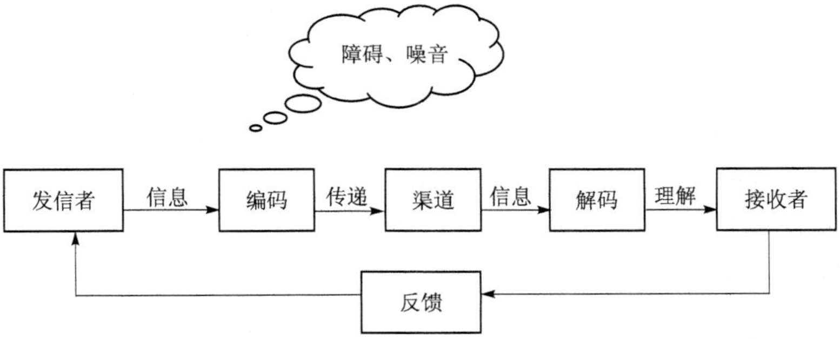

图 8-1　沟通过程模型

（1）人与人之间的沟通主要是通过语言来进行的。

（2）人与人之间的沟通不仅是信息的交流，而且包括情感、思想、态度、观点的交流。沟通的关键是理解。如果信息为人理解，沟通就是成功的。反之，信息不能为人理解，沟通就是失败的。

（3）在人与人之间的沟通过程中，心理因素有着重要意义。在发信者与接收者之间，需要彼此了解对方进行信息交流的动机和目的，而信息交流的结果是要改变人的行为。

（4）在人与人之间的沟通过程中会出现特殊的沟通障碍。这种障碍不仅是由于信息通道的失真或编码、译码上的错误，还因为人所特有的心理障碍，例如，由于人的知识、经验、职业、政治观点等不同，对同一信息可能会有不同的看法，不同的理解。上述的特殊性表明，在研究人与人之间的沟通过程时，需要了解和研究它的特殊规律。

二、沟通的重要性

沟通是人与人之间相互联系的一个最主要的方面。人除了睡眠之外，大约 70% 的时间都用在与他人的沟通上。我们衡量一个人生活质量的高低，很重要的一个指标就是要看其人际沟通的广度和深度。从组织和人力资源管理角度看，沟通具有信息传递、改善人际关系和激励员工等重要作用。

首先，沟通具有信息传递与引导的基本作用。组织内的沟通可以准确传递各项政策与计划，使管理者全面了解员工的执行情况和各部门之间的关系，把握员工的需要、态度和行为模式，不断提高管理的效能。组织外的信息沟通可以使组织及时获取外部环境的各种有利信息，不断适应环境的变化和提升自身实力，并通过制定有潜力的发展规划，引导员工为实现组织目标而共同奋斗。

其次，沟通是建立和改善人际关系的必要条件。“远亲不如近邻”等俗语就很生动地说明了沟通与人际关系两者的关系。有效的组织沟通满足了员工社会交往与合群的需要，并能及时提供有利于员工身心发展的信息。对员工来说，工作群体是社交场所，在此他们不仅可以交流信息，还可以通过沟通表达自己的烦恼、挫折或满足感。组织可以通过沟通增加管理的透明度，减少员工的不满和牢骚情绪，以缓解组织内变革的阻力，消除分歧和紧张气氛，化人际冲突为有利于组织发展的合作局面。

最后，沟通是激励与改变员工态度的重要手段。沟通有助于在组织中创建良好的工作氛围，发挥激励与心理保健作用。通过沟通，可以鼓舞员工团结奋发的主人翁责任感和工作士气，可以告诉员工应该做什么、如何做，没有达到的标准应如何改进，以帮助员工认识自我和提高自己。具体方法如目标管理法、绩效反馈等。员工通过感受、反省、比较他人对自己的认识和评价而逐渐形成对自我的正确认识。如一个员工想要确定自己的工作绩效是否优秀或有进步，往往就要以领导、同事和朋友对自己的评价作为重要的参照点，并从中增加对工作的参与意识和满意感。

三、沟通的渠道和类型

（一）正式沟通与非正式沟通

按沟通方式的组织化程度，可以分为正式沟通和非正式沟通。

1. 正式沟通

正式沟通是通过组织明文规定的渠道进行的信息传递和交流。例如，组织规定的汇报制度，定期或不定期的会议制度，上级的指示按组织系统逐级向下传达，或下级的情况逐级向上级反映，等等，都属于正式的沟通。

按照信息的流向，正式沟通可分为上行沟通、下行沟通和平行沟通三种形式。

上行沟通是指下级的意见向上级反映。只有上行沟通渠道通畅，企业领导人才能掌握全面情况，作出符合实际情况的决策。

下行沟通是企业的上层领导把企业的目标、规章制度、工作程序等向下传达。员工了解了企业总的奋斗目标和具体措施，才能以主人翁的态度去积极完成各项任务。

平行沟通是指企业中各平行组织之间的信息交流。在企业中经常可以看到各部门之间发生矛盾和冲突，除其他因素以外，部门之间互不通气是重要原因之一。保证平行组织之间沟通渠道的通畅，是减少各部门之间冲突的一项重要措施。

正式沟通的优点是效果较好，比较严肃，有较强的约束力，易于保密，可以使信息沟通保持权威性。重要和权威的信息都应当采用这种沟通方式。其缺点是：由于依靠组织系统层层传递，因而速度较慢，比较刻板，不够灵活。因此，必须依赖非正式沟通以补充正式沟通的不足。企业中的许多沟通属于混合式沟通，如员工会议、换班前的总结、电子邮件、绩效评估。

2. 非正式沟通

非正式沟通是在正式沟通渠道之外进行的信息传递和交流。非正式沟通往往起源于人类爱好闲聊的特性，闲聊时的信息称为传闻或小道消息（并非谣言）。例如，企业员工之间私下交换意见，议论某人某事以及传播小道消息等。

非正式沟通的优点是沟通方便、内容广泛、方式灵活、速度快，而且由于在这种沟通中比较容易表露思想、情绪和动机，因而能够提供一些正式沟通中难以获得的信息。它的重要作用表现在：（1）可以满足职工情感方面的需要。（2）可以弥补正式通道的不足，组织中的管理者为了某些特殊的目的，往往不便于通过正式渠道传播信息，此时非正式渠道便发挥其作用。（3）可以了解职工真正的心理倾向与需要。通过正式的渠道，员工心中存在戒备，不便于透露真实的想法，而通过非正式渠道，可以在很大程度上克服这个问题。（4）可以减轻管理者的沟通压力。（5）可以防止管理者滥用正式通道，有效防止正式沟通中的信息“过滤”现象。

非正式沟通的缺点主要是信息的真实性和可靠性欠缺，有时甚至歪曲事实，出现以讹传讹的现象，由此可能导致小集团、小圈子，影响组织的凝聚力和人心稳定。

（二）单向沟通和双向沟通

按沟通的方向划分，沟通分为单向沟通和双向沟通。

1. 单向沟通

单向沟通是指在信息沟通时，一方只发送信息，另一方接收信息，接收信息者不再向发送者反馈信息。如作报告、演讲、下达指示等。

2. 双向沟通

双向沟通是指在信息沟通时发送信息者不仅要发出信息，而且还要听取信息接受者对信息的反馈，发送与反馈可进行多次，直到双方有了共同的理解为止。如交谈、协商、谈判等。

单向沟通和双向沟通有各自的优缺点：单向沟通的速度比双向沟通快，双向沟通比单向沟通准确。双向沟通中，接收信息者能得到较丰富的信息，对自己的判断比较有信心；但是，由于会受到信息接收者的批评或挑剔，双向沟通中的传达信息者容易感到心理压力，也容易受到干扰，并缺乏条理性。

（三）语言沟通和非语言沟通

按沟通所借用的媒介的不同，沟通可划分为语言沟通与非语言沟通。

1. 语言沟通

使用正式语言符号进行的沟通称为语言沟通。语言沟通又分为口头沟通与书面沟通。口头沟通是指访谈、讨论、会议、演讲以及电话联系等。书面沟通是指布告、通知、刊物、书面报告等。一般来说，在企业管理工作中，口头沟通和书面沟通都是必不可少的，而且各有其优缺点。例如，书面沟通比较正式，信息具有权威性、正确性，不容易在传达过程中被歪曲，可以长期保存，接受信息者可以反复阅读等。但其缺点是反馈速度较慢，甚至不反馈，接收者对信息的接收意愿不够主动。口头沟通则比较灵活，速度快，双方可以自由交换意见等。其缺点是如果传达者口头沟通能力差，则无法使接收者了解真意。如接收者不专心或不注意，则口头信息一过即逝，无法再辨，不利于记忆和保存。但在企业管理中一般应更重视口头沟通。因为在面对面地交换意见，不仅可以传递消息，而且可以传递感情、态度等，特别是可以利用语言的辅助手段（表情、语调、手势等）增强沟通的效果，这是书面沟通不能做到的。如亲自参加会议比看会议记录印象更加深刻，掌握的信息也更准确。

在语言沟通的过程中，要特别注意语言的得体性和激励性。表 8-1 列举了如何变消极的语言为积极的语言。

表 8-1　　变消极语言为积极语言

	消极语言	积极语言
1	我们这次的任务失败了	我们没有完成任务
2	别忘了在下班前把货送到	记住在下班前把货送去
3	我希望你对此满意并继续订货	当你有什么需要时就请打电话给我
4	这次的报告写得好多了	这次的报告写得更好了
5	我们不允许刚刚参加工作就上班迟到	对刚刚参加工作的人保证按时上班很重要
6	免费早餐仅限于 20 元以内，超出部分请自付	你可以免费享用 20 元以内的早餐
7	如果您对我们的服务不满意的话，可终止续约	（废话，完全可以省略）
8	外派工作本身就是不确定的，困难比较多	外派工作非常有利于你的职业生涯，但也的确需要克服一些意想不到的困难

2. 非语言沟通

借助非正式语言符号进行的沟通称为非语言沟通，包括身体语言沟通（如表情、动作、姿态、衣着打扮）、副语言沟通（如语调、重音、哭笑）和人际空间距离等三个方面。古希腊哲学家苏格拉底曾经说过："高贵和尊严，自卑和好强，精明和机敏，傲慢和粗俗，都能从静止或者运动的面部表情和身体姿势上反映出来。"一些学者对非语言符号在沟通中的作用给予高度重视。美国心理学家梅热比甚至列出了这样一个公式：

信息的传递　100%（相互理解）= 7%（语言）+38%（语调）+55%（态势）

正所谓"无声胜有声"，非语言沟通在信息传递中具有不可替代的特殊作用，其重要性并不亚于语言沟通。心理学家莎宾（T. R. Sarbin，1954）等人通过对人们日常生活的细致观察，用简图形式概括总结了一些经常使用的运动性体态，如图 8-2 所示。

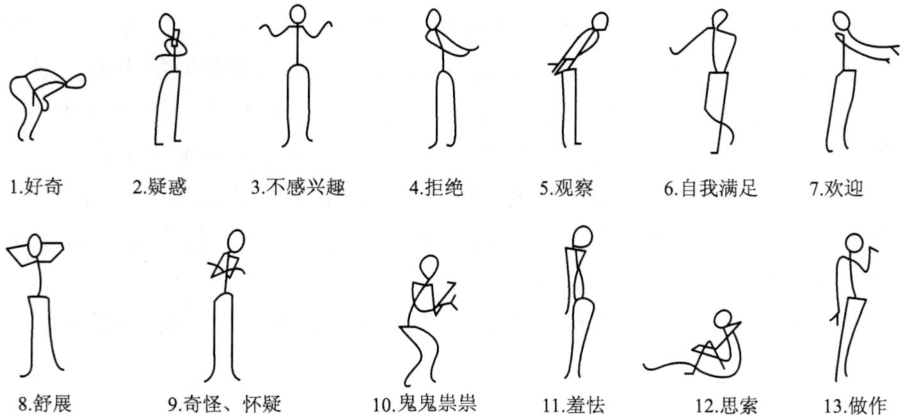

图 8-2　各种身体姿态及意义

专栏 8-1

近　体　学[①]

美国人类学家霍尔（E. T. Hall，1959、1963）对人类交往的空间距离问题很有研究，提出了“近体学”或“人类空间统计学”的概念。霍尔认为在人们沟通时互动双方的空间由近及远可以分为四圈，分别为亲密距离、个人距离、社交距离和公共距离。

亲密距离（0~44 厘米）：在此距离，人们的身体可以充分亲近或直接接触。沟通更多地依赖触摸觉，而不是视觉和听觉。在正常情况下，该距离是高度私密的，非正式的，只有夫妻、情侣、父母与孩子以及知己密友才能进入。

个人距离（44 厘米~122 厘米）：这是非正式场合下，朋友和熟人之间进行交谈、聚会等的适当距离。身体接触很有限，主要用视、听觉沟通。陌生人也可以进入这个距离，不过沟通时保持的距离更靠近远端。

社交距离（1.2 米~3.7 米）：该距离适宜于正式社交场合，沟通没有任何私人感情联系的色彩。人们在正式社交活动、外交会谈、处理公务时相互都保持这种程度的距离，沟通进行时，需要更清楚的口头语言和充分的目光接触。

公共距离（3.7 米以上）：这是完全开放的空间，可以接纳一切人，适合于陌生人之间，演讲者与公众之间进行沟通。

人们对人际空间距离的处理，除了受相互了解和亲密程度的影响外，还受文化背景、社会地位、性别等因素的影响。

四、工作中的人际沟通网络

人际沟通网络是指人际沟通的结构。根据已有的研究，在工作环境中，群体信息和意见沟通存在不同的结构模式。其中，正式群体和非正式群体各有一些典型的网络结构。不同的网络结构对群体行为有不同的制约，进而影响群体的工作绩效。

（一）正式沟通网络

在组织沟通中有垂直、横向等方法，通过组合，就形成了各种沟通网络。图 8-3 列举了五种沟通网络模式，即链式、Y 式、轮式、环式、全通道式。

1. 链式网络

在这一模式中，成员们上下或左右沟通，组织中，这种链式网络是垂直等级组织特殊的交流形式，适合于单线联系特点的群体。

2. Y 式网络

如果将 Y 字型网络倒过来，我们可以看到有两位下属向一位管理者报告，而这位管理者的上面还有两级领导。多数社会组织宜采用 Y 式的沟通网络，“Y”的分叉点是秘书、助理所处的位置或基层主管的位置。

---

① 全国十二所重点师范大学联合编写．心理学基础［M］．北京：教育科学出版社，2008：348-349.

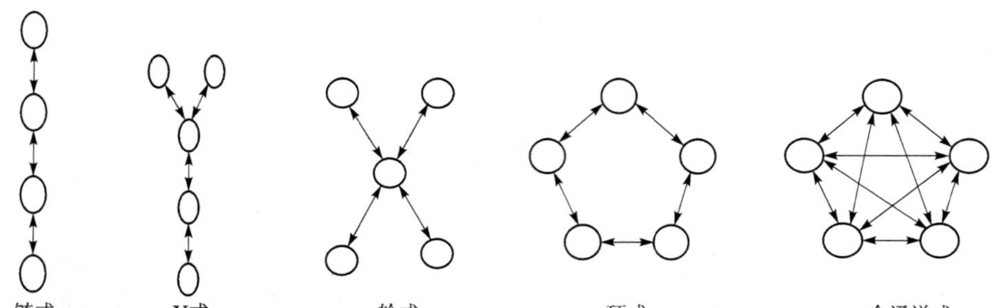

图 8-3 五种正式沟通网络示意图

3. 轮式网络

这一模式的特点是群体最为集中，每个成员能与中间那个人沟通，其余人不直接沟通。如果我们站在轮式网络上面往下俯望的话，很显然，中间的代表主管，四周的代表下属，所有的沟通是主管与下属之间的沟通。

4. 环式网络

在这一网络中，每一个人都从他近邻的两位同事那里接受信息，但不与其他人沟通。这种网络适合于分散小组，经常用于突击队、智囊团或委员会组织形式之间的沟通。

5. 全通道式网络

这种网络允许所有的成员之间彼此进行沟通。这是一种没有人以某种领导者的身份处于网络中心位置的沟通。这种沟通不受限制，所有成员都是平等的。因此彼此可以流畅地交换意见。

作为人力资源管理者，必须根据组织目标确定一种有效的沟通网络。不同沟通网络的速度和效率是不一样的。一般认为，轮式网络是比较集中的群体，在这种群体中传递信息最有效，准确性较高。轮式网络适合于有一位核心人物存在的场合。而比较分散的群体，如链式网络和环式网络，信息传递很费时间，需要通过多种渠道才能传递到所有成员中。当然，信息传递、沟通最快的是全通道型网络。如果目标是为了让员工有高度满意感，则采取全通道式网络进行沟通最好。总之，上述五种沟通网络各有利弊，在全体沟通过程中，根据组织内部结构、层次、工作性质、沟通目标等选择最佳沟通网络。

（二）非正式沟通网络

在小群体中或正式组织中，有时出现一些非正式的沟通网络，最有名的是“谣传”。谣传在所有群体组织中都是活跃的。

戴维斯（Keith Davis）曾在一家皮革制品公司采取顺藤摸瓜的方法，对小道消息的传播进行了研究，发现有四种传播的方式（见图 8-4）：（1）集束式；（2）偶然式；（3）流言式；（4）直线式。其中，集束式是把小道消息有选择地告诉自己的亲戚朋友或有关的人。这种模式是传播小道消息最普通的形式。偶然式是指按照偶然的机会传播小道信息，由一个人将消息传给某一部分人，这些人又将消息传播给别人。流言式是指消息由一个人主动地传播给其他人，如在小组会上传播小道消息。直线式是指通过一连串的人把信息传给最终的接受者。

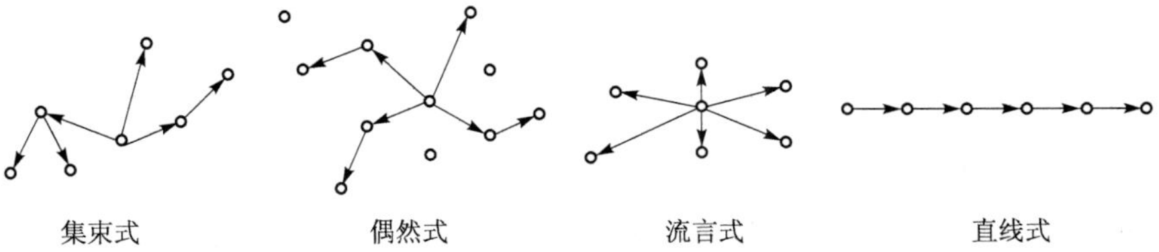

图 8-4　四种小道消息传播网络

非正式沟通往往以非正式组织为基础，成员之间有感情纽带，所以信息传递迅速，但往往容易失真。一般来说，散布小道消息对完成企业的目标是不利的。不过，由于人们往往在非正式沟通中更能表达真实的思想感情，所以领导者应注意采取非正式沟通方式。如在人力资源管理中，管理者应注意关心群众生活，平时注意与群众接触，交流思想，沟通信息，充分调动群众的积极性。

（三）电子沟通

新型电子技术极大地改变了组织中的沟通方式，电子沟通从根本上改变了信息在即时输出和即时接受方面的能力。现在我们利用许多复杂的电子媒介来进行沟通，除了较常见的电子媒介如电话及公共的通讯系统外，还有闭路电视、录像机、计算机网络等都可以进行有效的沟通。电子沟通使我们不必总去工作单位或坐在办公桌前，员工的工作与生活之间的界限被打破了。如某一跨国企业的总裁可以通过电子媒介，而不需要每个月将各分公司的经理召集在一起对所有公司的绩效进行评估，研究战略决策。他只需要利用电话网络，通过人造卫星转到闭路电视，或者录制各分公司的经营情况，再将录像带送到总公司，就可以达到同样的沟通效果了。

电子沟通与网络使得组织的界限变得更模糊、越来越不重要了。通过国际互联网络，企业集团或跨国公司可以迅速实现内部信息交流与反馈，使经营管理不受地域或空间限制。另一方面，互联网络又是一个世界性大邮局，信息传输便捷、准确、响应及时，促使企业走向虚拟化、柔性化，形成虚拟组织，甚至虚拟人力资源。

专栏 8-2

沟通新时尚

随着计算机技术和电子通信技术的产生与发展，“你上网了吗”、“有空给我发 E-mail”等话成了如今出现频率较高的语句，人们的沟通与交流手段也相应地发生了变化。构成这些技术的手段性工具有图文传真机、手机、语音信箱、复印机以及各类计算机和手掌型个人通讯装置等，而国际互联网是这些技术中最为关键、发挥作用最大的新技术，它提供了丰富多彩的信息服务手段：电子邮件（E-mail）、文件传输（FTP）、电子公告板（BBS）以及电子会议等，可以从不同角度来讨论和交流信息。

利用上面所提的计算机和通信技术，我们可以使用现代化的沟通手段，实现在任何地点、任何时间获得信息和互相联络的目标。相对于传统的沟通模式，电子沟通具有下述特点：

（1）从表现方式上看，电子沟通要采用视频会议、电子报纸、因特网及企业内部网等进行沟通，它使组织内的书面沟通形式（且是电子化的书面沟通形式）超过口头沟通形式。全面引进信息技术后，通过显示器代替备忘录，通过电子邮件、电子公告板等来下达公告通知，企业可实现无纸化办公。

（2）从信息传递速度上看，电子沟通加强了企业即时输出和回收信息的能力，实现了书面信息同面对面一样的快捷速度传递。同时电子沟通的即时反馈功能弥补了传统书面沟通反馈滞后的局限。

（3）从沟通的范围看，电子沟通实现了远距离、跨地域的即时沟通，可以使总部位于中心城市的零售商随时监控其全国各地连锁店的销售情况，增强了企业的应变能力。

（4）从沟通的网络看，电子沟通使员工在企业内可以跨越纵向层级工作，比如一个市场调研员想与管理市场工作的副总裁讨论某个问题，那么他可以超过中间层级的人直接给副总裁发电子邮件。电子沟通实现了企业内全通道开放式的沟通网络，但也模糊了企业内的地位等级界限，对中层经理的地位造成挑战。

（5）从沟通造成的影响看，电子沟通使员工可以在家里或其他地方而不必非在企业提供的场所中工作，并使员工可以方便地与其他企业的员工交流，因此电子沟通的引进同时改变了员工的工作形式以及组织的结构，出现了 SOHU 一族和各类虚拟企业，使企业形式及工作形式更为灵活。

（6）从企业的传统口头沟通来看，由网络技术和视频技术结合出现的视频会议将代替传统上的会议，这不仅大大地降低了会议费用，而且实现了随时随地进行跨地域空间“口头”沟通的可能。电视会议消费不高，因此它成了群体开会的一个越来越普遍的方式。如果不考虑其他原因，仅仅在旅途方面的节省就使得电视会议很划算了。例如，BASF 光纤公司花费了 100 万元在世界范围内的 24 个地区安装了电视会议设备，现在它每年都要节省 1040 万元的旅途费用。巴塔的鞋业在 60 个国家都有分公司，它使用了电视会议，将产品开发时间降低了大约 90%。

电子沟通有这么多优点，而且从根本上实现了信息的即时输出和回收。但是电子沟通不能像面对面的会议那样提供非语言沟通线索，电子邮件也不能像电话交谈那样传递言语意义的同时传递情感差别。E-mail 虽然迅速而廉价，且同时将一份消息传递给多人，但是传统的沟通给人带来的某些反馈和暗示将荡然无存：人们怎么可能从那个标准窗口的标准字体里感受到沟通双方的面部表情、动作、语音语调，怎么能从彼此合体的穿着打扮中感受到一种语言无法传递的信息呢①？

五、沟通中的障碍

沟通是客观存在的，而且任何沟通系统中都存在沟通的障碍。例如，在电话、电报

① 沈然．沟通的新时尚［J］．行政与人事．2000（3）：22.

等通讯系统中就存在着沟通障碍，这种障碍称为“噪音”或“干扰”。但人与人之间沟通的障碍有其特殊性。沟通障碍一般有以下几种：

1. 语言障碍

指语言表达不清，使用不当，造成理解上的困难或产生歪曲和误解。在一个组织里，可能有来自各个地域的人，各地区语言差别大，有时互相听不懂。而且，各人的语言修养和表达能力差异很大，用词不当或说话意图不清，使听者不知所云。有时即使意图清楚、用词得当，由于语音复杂，一词多义，理解的差异性也极大。年龄、教育程度、文化背景是三种较明显的因素，会影响到人们对语言的使用以及对词汇的定义。再者，组织内的成员来自不同背景，而且由于从事不同工种的工作，必然会产生各自的“行话”或技术用语。跨国企业，其成员来自不同地区，甚至不同国度，因此使用的词汇往往不同。有时谣言的传递也使组织内的真实信息受到阻碍。为了克服语言障碍，进行广泛的语言训练是非常必要的。

2. 过滤的障碍

由于认知的选择性，人们在接收和发送信息时总是习惯接收部分信息而摈弃另一部分信息，从而形成对沟通信息的“过滤作用”，使得沟通受到很大影响。造成过滤障碍的原因既有客观因素，又有主观因素。如组织信息对接收者的价值大小、个人心理品质等，都会影响到人们对信息的注意和接受程度。有的人在接收一个信息时，对符合自己需要的以及与自身有利害关系的，很容易“听进去”，反之则不容易“听进去”；有的人为了让接受信息者高兴，故意操纵信息，一些单位的负责人对上级领导报喜不报忧，经常说领导爱听的话，这些都会导致信息的过滤和歪曲，影响信息沟通的顺利进行。

3. 心理的障碍

这是指个性特征和个性倾向所造成的沟通困难。如个人与个人之间、组织与组织之间、个人与组织之间需要和动机的不同，以及气质、性格、兴趣与爱好的差异，都会造成人们对同一信息的不同理解。如沟通双方不和谐的心理关系，某一方或双方的人格缺陷也会对沟通产生不良影响。一般而言，性格外向、豁达和平易近人的个体，往往容易与之沟通；反之，性格偏执或冷淡的个体，则很难与之沟通。

4. 时间压力的障碍

如果接收信息者只有很短的时间理解接收的信息，他也许会误会或忽视其中一部分信息。管理者有时间的压力，因为决策是有时间限制的，而时间压力会造成沟通障碍。如有的人可能会把信息所传送的“不”字忽略了，从而使原意颠倒，造成失误。当事情需要迅速处理时，正式的沟通层次会减少，因此有些人会被蒙在鼓里。有时候则是因时间紧急，导致信息传达得不完整或模糊不清。

5. 信息过多的障碍

管理者所接受的信息有从上面传下来的，也有从下面报上来的，也有相邻单位或同事转过来的。由于受到个体记忆、思维能力、态度的影响，以及缺乏自动控制系统，使管理者一时无法掌握信息的精华，选出最重要的信息。因此，管理人员不得不忽视一些信息，或只是浏览一下，这样有时会漏掉一些重要信息或出现理解错误。

6. 组织机构与地位的障碍

由于组织机构复杂庞大，层级太多，信息从决策层传递到下级单位时，不仅耗费大量的时间，还很容易造成信息损耗和失真。比如在组织沟通中，每经过一个中间环节就要损失约30%的信息，这主要是由于人的文化程度、认知能力和接受水平上的差异所致。而组织内机构设置不合理、各部门之间职责不清、分工不明、形成多头领导，或因人设岗、人浮于事时，也会给沟通双方造成一定的心理压力，造成人际沟通的困难。同时，由于员工与管理者之间的地位差别，一般人在接受信息时不仅判断信息本身，而且判断信息的发送人，信息发源的层次越高越倾向于接受。一个人地位高，似乎就是准确可信的；一个人地位低，其发出的信息也跟着打折扣。一般来说，地位高的人对地位低的人沟通顾虑小，而下级对上级的沟通往往顾虑很多。这样就使一个领导者不容易得到充分而真实的信息。特别是当领导者不愿意听取不同意见时，必然堵塞言路，使下级保持沉默，这显然会给沟通造成严重的障碍。

六、有效沟通的理论

"如何有效地沟通"是研究组织中沟通的重点。以下理论将为我们进行有效沟通提供参考和依据。

（一）乔哈里窗分析

乔哈里窗（Johari Window，Joseph Luft & Harry Lngham，1961）认为，由于个体的差异性和认知过程的复杂性，每个人对同样的事件会有不同的印象和理解，因此造成了人们在沟通上的障碍。但是，如果我们了解对方，就比较容易沟通。不了解对方在价值观、认知特点和理解能力上的差异，就不可能实现有效的沟通。乔哈里窗口为我们提供了一种在沟通过程中客观地了解对方和自我的视角。

乔哈里窗认为，按自我和他人对自己的信息的了解程度，沟通可分为四个窗口：公开的、隐藏的、看不见的和未知的自我。如图8-5所示。

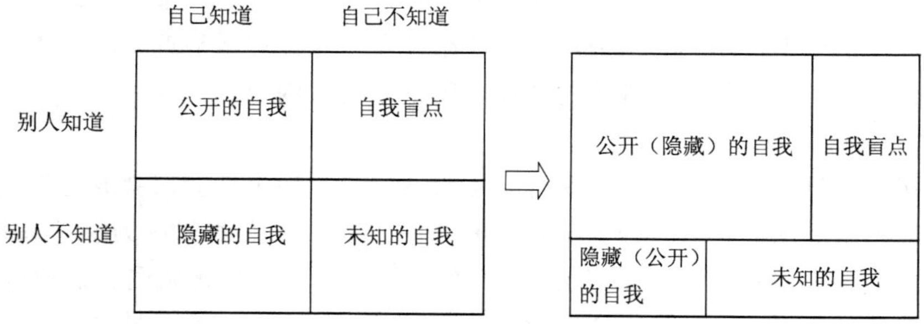

图8-5 乔哈里窗及其变化

在人际沟通中，"公开的自我"表示自己和别人都知道的信息，如性别、身高、相貌、工作经历、教育程度等。"隐藏的自我"包含的是自己知道而不与别人分享的信息。人们不想让别人知道这些信息，可能是出于自我防卫的心理，比如害怕被嘲笑、被拒绝，或者拒绝信任别人。而大多数人是有选择性地隐藏或暴露自己。"自我盲点"是指他人知道但自己却茫然无知的信息。这类信息包括某些不经意的习惯、自己看不见的优点或错误等。一般情况下，自我盲区在沟通和人际关系加深或扩展且得到有关自己的反馈信息后才会变小。但是，自我盲区的暴露与否也要因人因时而异，一些脆弱的人或者人们在生活中遭遇痛苦的时候，往往无法面对自我盲点。“未知的自我”代表了自己和他人都不知道的信息。这是一个双盲区，沟通一般不易进行。

因此，为了进行有效沟通，就必须与对方增加互信与合作，扩大公开我，缩小自我盲区和隐藏区。要达到这一目的，可采取两种措施：第一是增加自我表露的程度，以使隐藏区转为公开区，这种方法要求人诚实，并能够与对方分享信息。在上级和下属之间、团队成员和顾客之间，合适的自我表露能促进对话，分享与工作相关的问题。第二是提高反馈程度，这可以使盲区转化为公开区。在工作中，建设性反馈是促进沟通的一个重要手段。这种方法要求人们与别人分享自己关于他人的想法、感受。当你想要取得沟通成果时，反馈应该是支持性的或修正性的。这两种措施相互作用的结果可缩小未知的区域。

乔哈里窗模型使我们认识到，在人际沟通中，正确认识自己的长处与短处，做到“知己知彼”，才能准确分析客观条件和环境，努力减少沟通中的认知偏差，才能有效地与他人进行沟通。

（二）PAC 分析

PAC 分析，又称相互作用分析理论，由加拿大心理学家伯恩（Berne）于 1964 年在专著《大众的游戏》一书中提出。该理论旨在提高个体的人际交往和沟通能力。伯恩认为，人际沟通是人们相互作用和相互影响的过程。因此，个体的人格特征会影响到人际沟通的效果。PAC 分析的理论基础是心理学上的“自我状态”，即认为每个人在个性心理上有三种自我状态：父母自我状态（Parents ego state）、成人自我状态（Adult ego state）和儿童自我状态（Child ego state），分别用 P、A、C 来表示。这三种状态是一个人在成长过程中逐步形成的心理结构的组成部分。当两个人交往对话时，就可能有 6 种状态进行相互作用。

P（父母）状态以权威和优越感为标志，通常表现为统治、支配、教训等权威式作风，这种作风学自父母或其他权威人物。人格结构中 P 成分占优势者，行为表现通常为凭主观印象办事，独断专行，滥用权威，讲话中常出现“你必须……”、“你应该……”等语句。

A（成人）状态表现为客观和理智。这是注意事实根据和理智分析的一种状态。人格结构中 A 成分占优势者的行为多表现为处世客观冷静、脚踏实地、尊重他人，能合乎逻辑地分析和处理情况，语气中常有“我个人的想法是……”等。

C（儿童）状态像婴儿的冲动，表现为服从和任性。一会儿逗人可爱，一会儿又突发脾气，令人生厌，其行为往往源自于个人的一时冲动。人格结构中 C 成分占优势者，其行为表现为无主见、遇事好奇、冲动、退缩、感情用事，讲话总爱说“我猜想……”、“大概是……”等。

上述的父母、儿童、成人三种自我状态，可以分别用简单的形容词描述为：“权威的”、“教诲的”；“情感的”、“感觉的”；“理智的”、“逻辑的”。根据相互作用分析理论，“父母自我状态”和“儿童自我状态”对客观世界的感受和反应往往并不一贯，而“成人自我状态”的思考与反应则具有统一性和一贯性，因此理想的互相作用是“成人刺激”和“成人反应”。以上三种心理状态在每个人身上的比重各不相同，在一定条件下会不自觉地表现出来。不同的管理者受其自身 PAC 结构的影响，在管理活动中会表现出不同的行为。表 8-2 列举了各类 PAC 结构的管理人员的行为特征。

表 8-2　　不同 PAC 结构的管理人员的行为特征

PAC	行为特征
高低高	喜怒无常，难以共事，个人支配欲强，有决断，喜欢被人称赞、捧场和照顾
高低低	墨守成规，按规办事，家长作风，养成下属的依赖性，是早期工业革命时代的经理人
低低高	有稚气，对人有吸引力，喜欢寻求友谊，用幼稚的幻想进行决策，讨人喜欢但不是称职的经理
低高低	客观，重视现实，工作刻板，待人比较冷漠，难以共处，只谈公事，不谈私事，别人不愿与他谈心
高高低	容易把“父母”的心理状态过渡到“成人”状态，若经过一定的学习和经验积累，可成为成功的组织家
低高高	最理想的管理人员，“成人”和“儿童”的良好性格结合在一起，对人对事都能搞好

转自：陈国海．组织行为学［M］．北京：清华大学出版社，2006：214.

相互作用分析原理可用来研究人际沟通行为。通常人们进行信息沟通时往往处在某一种自我状态，或处于由某一种自我状态转变为另一种自我状态的选择中。作为组织管理人员，应了解其下属在沟通中处于何种自我状态，以便作出适当的反应和引导。从相互作用分析的角度出发，人际沟通可以有如下两种主要形式①：

1. 平行沟通

平行沟通是一种在符合正常人际关系的自然状态下的反应，也是被人所预期的反应。这种相互作用是“平行”的，即当甲处于某种自我状态与乙交流时，乙以甲所期望的相应的状态予以反应。在此情况下，对话可以无限制地继续下去。如表 8-3 的对话范例。

2. 交叉沟通

在某一交流中，如果得到的不是适当的反应或预期的反应，就可能成为交叉沟通。这时，相互作用是交叉的。这种情况与平行沟通正好相反。在上述情况下，良好的沟通就会中断。

① 陈国海．组织行为学［M］．北京：清华大学出版社，2006：214.

表 8-3　　相互作用分析的对话范例

平行沟通	交叉沟通
上级（成人自我状态）： 这个任务一周能完成吗？ 下级（成人自我状态）： 如果没有其他干扰，我想可以。	下级（成人自我状态，期望对方以成人自我状态回应）：这次加薪有我的一份吗？ 上级（父母自我状态，将对方当作儿童自我状态）： 任务都完成不好，还谈什么加薪？
下级（儿童自我状态，期望对方以父母自我状态回应）： 主任，我不太舒服，想请假回去休息。 上级（父母自我状态）： 可以，回去吧，留下的工作明天再做。	上级（成人自我状态，期望对方以成人自我状态回应）： 老王，今天下班后希望你留下来处理一件紧急任务。 下级（儿童自我状态，将对方当作父母自我状态）： 哎呀，我晚上有一个重要约会，为什么你不能找别人呢？

在实际管理中，应力求避免交叉型沟通，以保证信息沟通渠道的畅通。在出现交叉沟通的情况时，则尽量引导其过渡到平行沟通状态。因此，在实践中，应尽量以成人状态控制自己和对待他人，同时引导对方进入成人自我状态。追求理想的相互作用方式："成人刺激"对"成人反应"，即 A—A 模式。

专栏 8-3

相互作用分析的培训

美国一家航空公司用影片作为教材，进行沟通的相互作用分析的培训。其内容是：影片中一位女售票员在售票，几位顾客在窗口排队。她正在接待两位男顾客，为他们安排旅行日程。后面一位女顾客等得不耐烦，出言不逊道："你是在售票还是在谈情说爱？没完没了，让顾客久等。"这一女顾客的行为发自"儿童"心理状态，并以一种恼火的"父母"姿态出现。这时售票员不是反唇相讥，而是把局面扭转到"成人—成人"模式。她说："非常抱歉，让您久等了，您需要什么？如果您有急事，请和他换一下，我先给您办。"这一说，女顾客平心静气地回到自己的位置上，说："没问题，你抓紧给他办吧。"事情就顺利过去了。

看完这部短片，让受训者联系相互作用分析的原理，讨论分析女售票员为什么能顺利地处理这一场口角，从而收到了培训效果。一般情况下，"成人"的心理状态是解决问题的主要途径，成人的刺激往往会诱使对方做出"成人"的反应，从而保持良好人际互动关系的持续进行。

（资料来源：选自人力资源管理网）

七、有效沟通的策略

结合人际交往和日常管理的经验，常见的有效沟通策略包括：

1. 选择恰当的沟通方式

组织内沟通的内容千差万别，是依照常规或惯例行事，还是采取变通或弹性的措施，是采取正式或非正式沟通，还是以书面或口头为宜，都需要针对具体情况进行分析和选择。在组织的人际沟通中，根据不同的沟通目的、沟通对象的特点、人际关系的协调程度和沟通渠道的性质等因素，应该选择不同的沟通方式，这样方能事半功倍。否则，可能造成严重的后果。如针对一个新组建的项目团队及其新加入的员工，团队成员彼此会小心翼翼，相互独立，若此时采取快速沟通与参与决策的方式，可能会导致失败。而一个团队或组织营造了学习型的文化氛围，便可以导入深度会谈、头脑风暴等开放式的沟通方式。

2. 选择适当的措辞和表达方式

在沟通内容的组织上，还需要选择适当的措辞和表达方式。有效的沟通不仅需要信息被接收，而且需要信息被理解。语言使用不当，可能会造成理解上的偏差而形成沟通障碍。因此，应选择适当的措辞使信息表达得清楚明确。具体可采取以下策略：首先，要简化语言，注意使用与听众一致的思维和语言方式，这样可以提高信息被理解的程度。其次，多使用积极、友善的措辞能使对方作出积极的反应和承诺，有助于人与人之间的有效沟通。再次，根据听众的特点选择适当的语言表达方式也非常重要。如在特定群体内使用“行话”则会使沟通十分便利，而在本群体之外使用“行话”则会造成无穷的问题。最后，还需要积极地配合肢体语言。在倾听他人的发言时，应当注意结合非语言信息来表示你对对方的关注。比如，赞许性的点头，恰当的面部表情，积极的目光接触，不要做与谈话无关的动作等。如果对方觉得你对他的话很关注，他就乐意向你提供更多的信息；否则，对方即使知道许多信息，也不愿向你诉说。事实上，在沟通过程中，更多的信息都不是靠词语而是靠肢体语言来传达的。

3. 学会倾听与反馈

倾听与交谈同样重要。西方一位智者谈到，上帝给我们每个人两个耳朵，而只有一个嘴巴，其实就是要我们多听少说。据国外的调查，许多管理人员一天中 40% 的时间都是用于倾听的。实践表明，倾听能力是可以通过训练提高的。然而，倾听并不只是听到别人传递过来的声音，它包括积极感知传递者的信号，精确地评估它们，恰当地作出反应。只有当信息传送者打算传出的信息被倾听者收到并且理解时，倾听才是有效的。在组织内部，有三种重要来源的信息需要认真倾听：顾客、下属和上级。倾听顾客的意见，有助于了解产品或服务的真实信息，提高顾客满意度和销售量。同样，对于一个管理者来说，倾听下属的观点、意见也很重要。倾听下属意见，能够有效地表达出自己对下属的支持和关心，从而在公司形成一种开放式的工作氛围。而认真倾听上级的意见，则有助于领会和准确把握上级的要求和期望，从而出色地完成任务、改善与上级之间的关系。

另外，及时的反馈也很重要。一个完整的沟通过程，要包括信息接收者对信息作出反应，只有确认接收者接收并理解了传送者发送的信息，沟通才算完整与完成。要检验沟通是否达到目标，传送者只有通过获得接收者的反馈才能确定，如提问、聆听、观察、感受等方式。

4. 营造良好的沟通氛围

良好的沟通氛围有利于提高接收者的理解力和信任感，增进相互了解与合作。管理者为了更好地完成其特定的职能，可以通过运用不同的沟通方式，创建利于交流的沟通氛围来促进有效沟通的产生并提高管理的有效性。创建一个充满温馨、和谐和鼓励性的沟通氛围有助于提高沟通的有效性；反之，一个充满压抑、冷漠和防御性的沟通氛围则会降低沟通的有效性。因此，从组织和个体的长远发展来看，营造一个和谐、开放和平等的沟通氛围是非常重要的。

第二节　人际关系与人际吸引

个体作为群体中的成员，其心理特征的形成与群体中的人际关系是密不可分的。人与人之间的交往始于沟通，而人际交往的深入发展就需要建立、发展和保持和谐的人际关系。因此，学习了组织中员工沟通的基本原理之后，还需要进一步掌握人际关系发展的基本规律。本节将着重讨论人际关系的发展与建立、人际吸引的原则和影响因素等内容。

一、人际关系的实质

人际关系（Interpersonal Relation），就是指人们在交往过程中形成的直接的心理关系。心理关系，是指人与人之间心理距离的远近，主要表现为心理上的好恶喜厌、远近亲疏等。从心理学角度分析，人际关系可从以下三方面来理解①。

首先，人际交往是人际关系的重要条件，人际关系是人际交往的结果。没有人际交往，就无所谓人际关系。缺乏交往，就难以形成密切的人际关系。人际交往是指人与人之间联系的过程和形式，人际关系则指人与人之间在交往联系后所形成的心理距离的远近。人际关系是好是坏，是在相互交往中表现出来的。而巩固和发展人际关系更需要经常地、深入地交往。

其次，人际关系反映了个人或群体寻求满足其社会需要的心理状态。因此，人际关系的变化与发展，取决于交往双方需要的满足程度。如果双方在相互交往中都获得了各自的社会需要的满足，就会建立、保持和发展亲近的、友好的心理关系；相反，则产生疏远的、回避的，甚至敌对的心理关系。

最后，人际关系包含着认知、情感和行为三种成分。认知成分是指个体通过人际认知对相互关系状况的认识和了解；情感成分反映了个体对相互交往状况的态度和评价；行为成分是指围绕关系的建立、巩固和发展而表现出来的一切交往行为和反应。在三种成分中，情感反映了人们的交往与彼此需要满足的关系，是人际关系的核心成分，情感上的好恶喜厌常常决定着关系的远近亲疏。因而，带有鲜明的情感色彩成为人际关系的主要特征。

---

① 全国十二所师范大学联合编写．心理学基础［M］．北京：教育科学出版社，2008：359.

专栏 8-4

人际关系的功能

人际关系之所以受到人们的重视和珍惜，是因为协调的人际关系有助于人们生活幸福、心理健康和身体健康。而不良的人际关系将为人们增添烦恼。

1. 增加幸福感

研究表明，人际关系良好的人生活得更幸福些。原因可能是他们所获得的人际关系发生了作用（Reick & Zantro，1981）。在现实生活中，幸福的人通常拥有一个美满的家庭和几个亲近、知心的朋友。尤其是良好的婚姻关系可以给人们提供最大的幸福，在同一年龄层次的人中，结婚者比不结婚者要幸福，男性尤其如此。友谊可以唤起人们的积极情绪，是人们获得幸福感的源泉，尤其是年轻人和老年人（Houstone，1988）。

2. 有利于心理健康

心理上的疾病往往由紧张所引起。紧张产生的原因多种多样，如家庭生活中的争吵、经济问题、邻里不和、交通困难以及孩子不听话等。研究表明，社会支持可减少或防止心理紧张所造成的心理伤害。有些研究表明，社会支持与心理健康的联系是由于人际关系对心理健康发生了作用（Coher and Wills，1985）。在绝大多数场合下，社会支持和高度的自我尊重可以使人拥有一个健康的心理世界（Hobfoll，1986）。

研究者布朗（Brown，1978）在伦敦南部调查了 458 名妇女，其中 114 名是精神病患者。研究者了解了她们在过去的岁月里所经历的生活事件的紧张体验和她们受到社会支持的程度，发现在经过生活事件的紧张刺激后，没有丈夫支持的妇女中，有 41% 得了抑郁症，而有丈夫支持的妇女中，只有 10% 患有抑郁症。豪斯顿（Houstone，1988）提出了由社会支持而降低抑郁感的几个途径。如提高自尊心与自信心，使其自我意识改善而发挥直接作用；通过人际交往体验积极情绪、抑制焦虑和抑郁情绪的方式对其情绪发生直接影响；使人们意识到有人会支援和帮助自己，自己有能力应对外界环境压力等。

3. 促进身体健康

和谐而亲密的人际关系有利于身体健康，在实际生活中，经过手术后处于康复阶段的人们需要更多的关心，就说明了这一点。有研究发现，人际关系与人寿命的长短存在相关关系。在每一年龄组中，社会依附最脆弱的人最容易死亡（Berkmar & Syme，1979）。婚姻关系对身体健康状况的影响也特别明显（Lynch，1977）。因为紧张干涉了人体的免疫系统（Jemmott & Locke，1984），并对身体健康产生消极影响已为人所共知。一项研究指出，独居的人比其他人更多地抽烟、酗酒，就是因为独居者与他人联系少，得不到他人劝告的信息，养成了抽烟、酗酒的习惯，不利于身体健康（House，1980）。

（资料来源：倪晓莉．社会心理学［M］．西安：西安交通大学出版社，2007：84）

二、人际关系基本倾向分析

交往的需要是人类的基本需求之一，它是推动人们去建立和发展人际关系的内在动机。但是，每个人在长期的社会生活过程中，形成了特有的人际关系基本倾向，不同的人际关系基本倾向有着不同的对人际关系的需求，从而形成个体差异。

（一）三种基本的人际关系需要

美国心理学家舒茨（W. C. Schutz）提出，每个人都有三种最基本的人际关系需要。

1. 包容需要

这种需要表现为希望与别人建立并维持一种满意的相互关系的愿望。强烈的包容需要会增加与他人的相互作用水平，与他人形成肯定性关系，交往行为以沟通、相容、归属、参与、融合为特征；反之，则会降低与他人的相互作用水平，与他人产生否定性关系，使人在交往中表现出孤立、退缩、疏离、忽视、排斥的特征。

2. 控制需要

这种需要表现为在权力或权威基础上与别人建立和维持良好关系的愿望。控制需要较强的人，其行为特征表现为运用权力、权威来影响、控制、支配和领导他人等；而反向的表现则比较复杂，或是抗拒权威、忽视秩序，或是受人支配、追随别人等。

3. 感情需要

这种需要表现为在感情上与他人建立和维持亲密关系的愿望。由此产生的积极动机和行为包括喜爱、亲密、赞许、友善、热心、关怀等；相反，在人际交往和关系上则表现为冷漠、厌恶、紧张、排斥、疏远等。

理想情况下，每种需要的表现都应处于一个最适宜的水平，表现不足或表现过度都不利于良好人际关系的建立与维持。比如，控制别人的欲望过度膨胀，就必然争权夺利，专横跋扈，使人厌恶，造成人与人之间的冲突与紧张。

（二）人际关系的行为模式

舒茨认为，根据三种基本的人际关系需要，以及满足需要的两种行为倾向（主动、被动），就构成了六种基本人际关系倾向（见表 8-4）。基本人际关系倾向不同，人们在实际生活中表现出来的人际交往行为和方式也就不同。

1. 主动包容型

主动与他人交往，希望与他人建立并维持相互容纳的和睦关系，其人际行为特征是待人宽容、忍让，主动大胆地交往、沟通、参与等。

2. 被动包容型

这种类型的人虽然希望与他人交往并保持和谐关系，但在行动上只是被动地期待别人接纳自己，缺乏主动。

3. 主动控制型

总想控制、支配别人，将自己摆在交际活动的中心或左右局势的位置。其人际行为特征是运用权力和权威，超越和领导别人。

4. 被动控制型

这种类型的人易追随他人，愿意受人支配，与他人携手合作。

5. 主动感情型

喜欢并主动与别人建立感情，主动与人表示亲密、友好、热心、照顾，并乐于向别人表达自己的感情。

6. 被动感情型

这种类型的人虽希望与别人建立友情，但在行动上只是期待他人对自己表示亲密，却不能主动大胆地吐露自己的感情。

表 8-4　人际关系的基本行为模式

人际关系需要＼行为倾向	主　动	被　动
包容	主动与他人交往	期待他人接纳自己
控制	主动控制他人	期待他人领导
感情	主动对他人表示亲密	期待他人表示亲密

（三）人际交往的类型

根据人际交往的反应方式，可以从不同角度划分出不同的类型。了解这些人际反应的方式和类型，有助于我们分析人际交往中的各种人际行为。

根据人际反应的外部表现，可分为：

1. 外露型

性格外向，愿意向他人表达自己的感情，也乐意打听他人的信息。外露、爽直。对相容者满面春风，亲密无比；对相斥者，横眉冷对，不屑一顾。

2. 内涵型

性格内向，善于克制自己，喜怒哀乐无形于色，很少对他人敞开心扉。对好感者或反感者，均不露声色，外表平淡而内涵深沉。

3. 伪装型

趋炎附势，以私利为中心，以情境为转移。表里不一，口是心非。对有用者，当面奉承，对用不着者，冷若冰霜。戒备心强，善于保护自己。

根据在交往中处理人际关系的不同，可分为：

1. 合作型

人际关系以相互谦让、互利、合作为特征。在交往中尊重、关心他人，考虑问题全面、稳重，很少计较个人得失。

2. 竞争型

人际关系以竞争、争强好胜为特征。凡事想超过他人，以显示自己。有时甚至不择手段，贬低、压制、损害他人。

3. 分离型

人际关系以与世无争、疏远他人、独善其身为特征。性格孤僻，人际反应迟钝。

三、人际关系的形成与发展

（一）人际关系的形成发展与阶段

研究发现，人际关系可以沿着预计的轨道发展。良好人际关系的形成与发展，从交往由浅入深的角度来看，需要经过以下四个阶段。

1. 选择或定向阶段

在这个阶段，主要是初步确定要交往并建立关系的对象，包含对交往对象的注意、选择和初步沟通等。人们对与之发生互动的对象有着高度的选择性。选择是建立人际关系的第一步。选定交往对象后，就会利用各种机会和途径去接触对方，了解对方，通过初步沟通，人们可以明确双方进一步交往并建立关系的可能与方向。如通过观察和评价对方的服装、外表的吸引力、信念、态度、言谈举止等方面，决定是否与之发展相互关系，以及了解对方是否愿意与自己发展关系。定向阶段通常是一个渐进的过程，但也不乏戏剧性的发展。比如两个刚刚邂逅却一见如故的人，其关系的定向阶段一次就完成了。

2. 情感探索阶段

在这个阶段，人们有意识地努力寻找彼此间共同的兴趣和经历。通过表达自己的观点、态度和价值观，观察对方的反应来进行试验，并力图建立真实的情感联系。尽管已经有了一定程度的情感卷入，但还是避免触及私密性领域，表露出的自我信息比较表面，因此交往仍然具有很大的正式性。在相互关系的这一阶段，每件事情似乎都是愉快、轻松和非批评性的。许多人际关系停留在这一阶段，是因为沟通的双方喜欢这个水平的相互关系。

3. 情感交流阶段

在此阶段，双方的人际关系开始出现由正式交往转向非正式交往的实质性变化。这是情感的加强阶段，双方要花更多的时间作进一步探索，表现在彼此形成了相当程度的信任感、安全感、依赖感，可以在私密性领域进行交流，能够相互提供诸如赞赏、批评、建议等真实的互动信息，情感卷入较深。如使用昵称，开别人不能理解的玩笑，谈话中出现共同的期望和假设。在加强阶段，开放是一种风险，因为自我暴露既可使相互关系加强，也可能使双方受到伤害。

4. 稳定交往阶段

这是人际关系发展的最高水平。双方在心理上高度相容，不仅相互包容理解，而且能很好地相互预测和解释对方的行为。彼此允许对方进入自己绝大部分私密性的领域，分享自己的生活，成为“生死之交”。达到这一阶段的人通常是最好的朋友、恋人或者亲人。但实际上，能够达到这一层次人际关系的人很少，人们与自己亲朋好友的关系大多都处在第三阶段的水平上。

（二）人际关系的发展状态

人与人之间从无关系到关系密切，要经过一系列的变化过程。当两个人彼此没有意识到对方存在的时候，双方关系处于零接触状态。从交往双方开始直接谈话的那一刻起，彼此就产生了直接接触。随着双方沟通的深入和扩展，双方共同的心理领域也逐渐被发现。交往双方共同心理领域的发现，意味着双方真实情感的融合。已发现的共同心理领域的多少，与情感融合的程度相一致。一般情况下，心理学家按照情感融合的相对程度，将人际关系分为轻度卷入、中度卷入和深度卷入 3 种。

图 8-6 以图解的方式，对人际关系的各种状态及其相互作用水平的递增关系做了直观的描述，图中圆圈表示人际关系涉及的双方。从该图中也可以看出，不存在人际关系双方心理世界完全重合的情况。无论人们的关系多么密切、情感多么融洽，也无论人们主观上怎样感受彼此之间的完全拥有，关系的卷入者都不可能在心理上取得完全一致。由于利益与情感上的差异，人与人之间只存在多大程度上相一致的问题，不存在完全一致的情况。

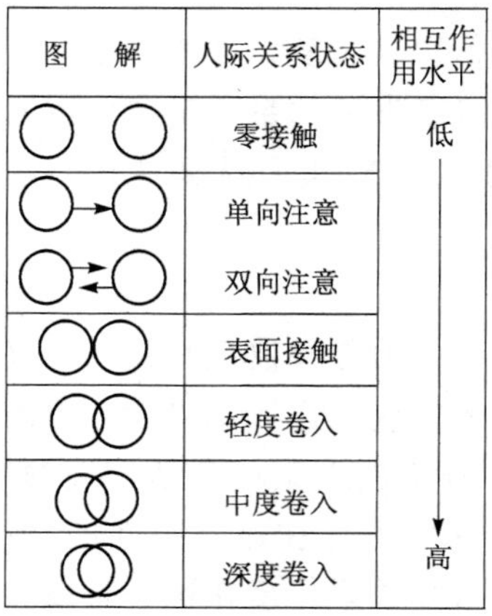

图 8-6　人际关系发展状态①

四、人际吸引的因素

人际吸引是指人与人之间的相互悦纳和积极态度，即人与人之间通过交往而表现出的相互喜欢，在情感上相互肯定，态度上相互接受，并有继续交往接触的倾向。人际吸引力直接影响着人际交往水平。下面就人际吸引的主要因素作简要分析。

1. 相似性

无论是在友谊关系或是爱情关系中，相似性吸引都扮演着重要角色。相似会导致人际吸引，已为社会心理学家的大量实验所证明。信念、价值观、社会地位、年龄等的相似会促进友谊，尤其是态度或观点的相似具有特殊作用。

其所以会如此，是因为与你类似的人能给你一种个人获得证实的感觉。因为有一个与你相似的人，你会觉得你所重视的态度真的是正确的。在对问题的看法上保持与自己相同的观点，实际上是对自己的一种社会性支持，同时也是一种酬赏或报答。一般来说我们是喜欢自己的，因而也喜欢与自己相似的人。

① 章志光．社会心理学［M］．北京：人民教育出版社，1996：281.

专栏 8-5

伯恩的态度相似性与吸引力实验

伯恩（D. Byrne，1966）针对态度相似性所产生的吸引力曾做过详尽的研究。他先对大学生进行态度调查，几天后，让学生阅读别人回答的有关问卷表，要求他们表明自己对此人的好感如何。实际上，学生看到的别人的态度问卷是实验者看过他们的态度后编制的。这样实验者就可以控制态度的相似性，其结果如图 8-7 所示，态度越相似就越容易产生吸引。后来的一些研究还发现，甚至在其他条件不太合意的情况下，态度的相似性也会产生强烈的喜欢。人们喜欢态度与自己相似的人，因为这意味着对自己态度的肯定和奖赏，可以增加安全感和自信心。

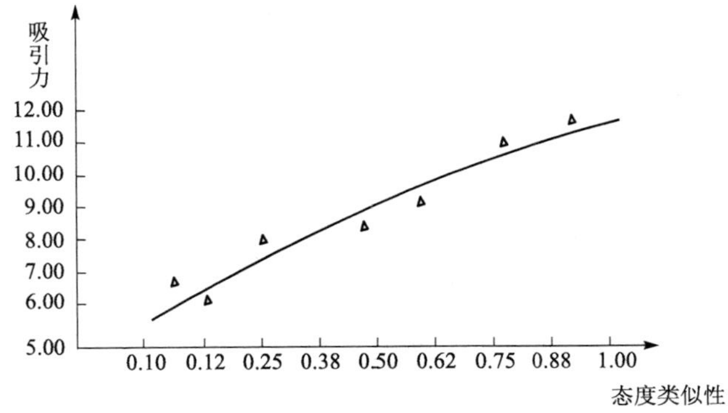

图 8-7　态度的相似性与吸引力的关系

2. 互补性

由于人与人之间存在差异性，当交往双方的需要和满足途径正好成为互补关系时，双方之间的喜爱程度也会增加。所以，人们更乐于与能体现自己长处的人，或是能修正自己短处的人交往。比如脾气急躁的人往往喜欢与脾气温和的人相处，依赖性强的人更愿意和独立性强的人共事，温柔顺从的人与支配欲强的人常常成为伙伴，这样一般能够使双方的关系更为协调。人力资源管理者了解这一点，在岗位安排、人才选拔和团队合作等方面有重要意义。研究表明，互补性吸引更多发生在交情深厚的朋友，特别是异性朋友，恋人和夫妻之间。在婚姻和恋爱领域也明显存在着男女双方互补吸引的现象。互补的另一种情况是他人的某一特点满足了一个人的理想，从而增加了其对他人喜欢的程度。

根据克霍夫（A. Kerckhoff，1962）等人的研究，人们在初次交往时，外貌、社会资源等是构成吸引力的重要因素，结交后双方在态度、信仰、价值观等方面的相似性显得更为重要，而推动双方关系进一步向亲密的友谊和婚姻发展，则主要是人格特征、需要的互补起作用。

3. 人际吸引水平的增减规律

交往中，人们之间的相互吸引水平是不同的，一般可以用人与人之间相互喜欢的程度来衡量。研究发现，人际吸引的水平不仅仅取决于相互喜欢的总量多少，更重要的是取决于这种喜欢的水平的变化与性质。我们最喜欢的是对我们的喜欢水平不断增加的人，而最厌恶的是喜欢我们的水平不断减少的人。

专栏 8-6

阿伦森的人际吸引水平增减实验

社会心理学家阿伦森和林德（D. Linder，1965）曾经做过一个著名实验，揭示了人际吸引的增减规律。该实验将被试放到一个自然地被合作伙伴反复评价的情境中：让互不相识的被试参加一系列合作活动，每次活动后让一名被试（实为研究者的助手）对研究者评价另一名被试（真被试），并特意让被评价者听到。评价有夸赞和抱怨两种。每名真被试都能听到 7 次来自他人的评价。整个实验分为四种情境：（1）肯定，即真被试始终得到好的评价；（2）否定，即真被试始终得到否定的评价；（3）提高，即前几次评价是相同水平的否定，后几次评价则由否定转向肯定，并最终达到第一种情况的肯定水平；（4）降低，即前几次评价是相同水平的肯定，后几次评价则由肯定转向否定，并最终达到第二种情况的否定水平。

最后要求真被试评价自己喜欢合作伙伴的程度，结果是（见表 8-5），对原先否定自己而最终变得喜欢自己的伙伴，人们的喜欢程度最高，并明显地高于一直肯定自己的伙伴；而对评价意见从肯定变为否定的伙伴，人们的喜欢程度最低，并大大低于一直否定自己的伙伴。

表 8-5 喜欢水平的增减趋势

条件	喜欢水平
肯定-否定	+0.87
否定-肯定	+7.67
否定-否定	+2.52
肯定-肯定	+6.42

注：表中得分是-10～+10 等级量表上的得分。-10 为最厌恶，+10 为最喜欢

阿伦森认为，一个人在遭到否定评价的情况下，会产生焦虑和自我怀疑，从而使人们更需要肯定。因而肯定评价最终真的来到之时，它比通常的肯定更有意义。

（资料来源：金盛华，张杰．当代社会心理学［M］．北京：北京师范大学出版社，1995：261）

4. 个人魅力

在人际交往中，有魅力的个体总是受人欢迎和喜爱的，常常成为人们择友的首选。个人魅力突出体现在外表、个性品质和才能等方面。

（1）外表。俗话讲“人不可貌相”，“不要以貌取人”，这里面的道理我们都能明

白，但在实际的人际交往中，我们却往往是“以貌取人”。个人的长相、穿着、仪态、风度等外表，都会影响人们彼此间的吸引，尤其在第一次见面时外表因素占重要地位。布雷舍德（Brescheid，1971）发现，有魅力的学生约会比别人多，仪表的吸引力与女生约会的频率相关高达 0.61，与男性相关仅为 0.25；有魅力的学生通常有更多的朋友。人们之所以喜欢外表漂亮、富有魅力的人，是因为在潜意识中不自觉地把外表吸引力与内在的个性特征、能力大小等同起来了。人们往往认为外表富有吸引力的人要比一般人更聪明、能干、快乐、自信，这在心理学上被称为“晕轮效应”。

（2）个性品质。随着交往的深入，个人的内在品质直接影响着人际交往的密切程度。在日常交往中，那些相貌一般，但智力超群、有所成就的人往往要比那些外表出众，但智商平平、毫无成就的人更具有吸引力。良好的个性品质是保持稳定、持久个人魅力的根本所在，也是人与人之间建立亲密关系的基础。国内外很多研究表明，最具吸引力的个性品质是真诚、热情、友善、宽厚，最被人排斥的个性品质是虚伪、冷漠、自私、说谎。可见，要想赢得他人友谊，真诚待人是最重要的。

（3）才能。人们喜欢聪明能干、富有才华的人似乎是毫无疑问的，但实际情况却没有这样简单。阿伦森的研究表明，一个看起来很有才华的人，如果表现出一点小小的过错，或者暴露出一些个人的缺点，反而会使人喜欢接近他（见表 8-6）。如果一个人表现得十全十美，倒会使人感到高不可攀，望而却步，甚至感到自卑无能，造成很大的心理压力，因而人们只会敬而远之。

表 8-6　　能力与吸引力

能力高低	吸引力高低
甲能力高超	20.8 分
乙能力高超，有小差错	30.2 分
丙能力平庸	17.8 分
丁能力平庸，有小差错	-2.5 分

（采自：Aronson，1966）

5. 空间距离

空间距离相对较近的个体之间，相互接触的机会较多，能够促进彼此的了解，并成为知己，特别是在交往的初期。地理、空间上的接近还会使彼此的互动成本低，即付出的努力少于相距较远者，这也容易导致相互吸引和喜欢。心理学家费斯廷格曾以麻省理工学院已婚学生为研究对象，多次研究他们之间的吸引力与彼此居住距离的关系，结果发现，相互沟通的多少与彼此居住距离的远近有关。人们选择的新朋友多为隔壁邻居（41%），其次是隔一个门的邻居（22%），再次是同一层的邻居（10%）。员工之间，相邻的两个办公桌或工位之间的交往机会更多，也更容易成为好朋友。

6. 交往频率

一般情况，人与人之间交往的频率越高，就越容易形成更多的一致性，比如相同的知识水平、相同的工作技能、相同的兴趣爱好等，这样就会形成更大的人际吸引力。反之，人与人之间的交往频率越低，形成的人际吸引力也就越小，比如多年前非常要好的同学各自参加工作后，交往的频率减少，逐渐地彼此之间就可能产生冷落和疏远感。但是，这种交往频率应该是相互之间自愿性的，如果是非自愿的单方频繁交往，则会引起对方的反感，或对对方造成伤害，从而不会产生人际吸引。

第三节　人际冲突与处理

人际冲突在一定程度上会破坏正常的人际关系，从而影响团体或组织的和谐性与协调性。从某种意义上说，企业管理的过程也是处理人际冲突的过程，企业的兴衰成败与其处理人际冲突的方法和能力有直接关系。

一、人际冲突的基本观念

人际冲突是指在人际交往中，由于人与人之间的认识水平、价值观念、需求和目标的不同而产生的一种思想或行为上的矛盾状态，它常伴有阻碍对手取得成功的行为以及情绪上的敌意。从管理心理学的角度来看，冲突被理解为两种目标的互不相容和互相排斥。当人们面临两个互不相容的目标时，就会体验到心理上的冲突。

冲突对任何组织而言都是不可避免的。人们对冲突是好是坏的认识有一个发展过程。传统观点认为，冲突只有消极意义，所有的冲突都是不良的、有害的，它不利于企业中正常活动的进行，只能起破坏作用，因此要采取各种办法避免冲突。

现代的观点认为，冲突有积极的一面。适度的组织冲突是组织进步的动力。组织内长期保持一种融洽、和平的关系，就很容易对变革表现出一种冷漠和迟钝。管理者应该鼓励冲突，以保持组织旺盛的生命力。

近年来人们越来越认识到冲突不一定都是消极的。一些管理学家认为，应把冲突分为破坏性的冲突和建设性的冲突。凡有利于达到组织目标的冲突是建设性的冲突，只有那些对达成组织目标起阻碍作用的冲突才是破坏性冲突。因此，不能一概地反对或避免冲突，重要的是要设法控制和驾驭冲突，使之有利于组织目标的达成。表 8-7 对建设性冲突和破坏性冲突作了比较。研究表明，任何组织都要有适量的冲突。冲突过多，要设法降低；冲突过少，要设法加强。

表 8-7　　两种不同性质的冲突

建设性冲突	破坏性冲突
双方对实现共同目标的关心	不愿意听取对方的观点或意见
乐于了解对方的观点或意见	双方由意见或观点的争论，转变为人身攻击
大家以争论问题为中心	双方对赢得观点的胜利最为关心
双方交换情况日益增加	互相交换情况减少，以致完全停止

二、冲突的类型和原因

（一）冲突的类型

冲突有人际间的冲突和群体间的冲突。人际间的冲突指的是个人与个人之间的冲突，例如上下级个人之间的冲突，同级个人之间的冲突。群体间的冲突指的是一群人与另一群人之间的冲突，例如这个班组与那个班组、这个科室与那个科室、上级部门与下级部门等的冲突。此外所有的这些冲突都发生在组织之中，形成组织内部的冲突。

行为科学家杜布林（A. J. Dubrin）认为，可以把冲突从以下两个层面划分：有益的和有害的；“实质的”和“个人的”。所谓实质的冲突，指的是涉及技术上或行政上的因素的冲突。所谓个人的冲突，指的是涉及憎恨、妒忌等源于个人情感、态度、个性等因素的冲突。在此基础上把两种划分综合起来，产生了冲突的四种类型，如图 8-8 所示。

	有益的	有害的
实质的	类型Ⅰ 有益——实质	类型Ⅱ 有害——实质
个人的	类型Ⅲ 有益——个人	类型Ⅳ 有害——个人

图 8-8　冲突类型图

（二）人际冲突产生的原因

冲突既是一种普遍存在的社会现象，又具有破坏或者建设的两重性。正确处理冲突，就要限制或消除破坏性的一面，利用建设性的一面，因而首先必须研究产生冲突的原因。

（1）人的个性。在企业中，恶意的攻击和中伤，使用带敌意、嘲讽的语言等，都容易引发冲突。

（2）有限资源的争夺。资源总是有限的，因而各个部门常常会因争夺材料、资金和人员而发生冲突。

（3）价值观和利益的冲突。价值观的不同和利益的不一致也是引起冲突的一个重要根源。如销售部门往往倾向于满足顾客多种需求，要求生产部门经常更新产品品种，而生产部门则多着眼于生产效率，希望产品少变动。

（4）角色冲突。企业中的个人和群体，由于所承担角色的不同，各有其特定的职责和任务，从而产生不同的需要和利益，因此发生了冲突。

（5）追逐权力。权力的争夺是引起冲突的重要原因，如为了取得某项权力，不惜攻击对方，抬高自己，导致明争暗斗。

（6）职责范围不清。由于职责规定不清，使得某些部门与部门之间，对工作互相推诿或者相互指责，导致冲突。

（7）组织的变动。当组织变动时（如机构的精简、合并和增设），原来的平衡被打破，新的平衡尚未形成，这时很容易出现冲突。

（8）组织风气不正。组织风气不好，会成为冲突的温床。特别是当上层管理人员之间存在着频繁和激烈的冲突时，它很快会向下蔓延，使下级也产生冲突。

三、处理冲突的策略

管理学家对于如何有效地处理冲突进行了许多研究，提出了若干处理冲突的策略。

（一）冲突处理的两维模式

过去，社会心理学家用一维空间来表述人们冲突中的行为，这一维空间是：从竞争到合作。认为有的人倾向合作，有的人倾向竞争，有的人则介于两者中间。近年来许多研究说明这种看法不能全面反映人的冲突行为。其中最受人注目的是托马斯（K. Thomas）和他的同事们提出的两维空间模式，如图 8-9 所示。

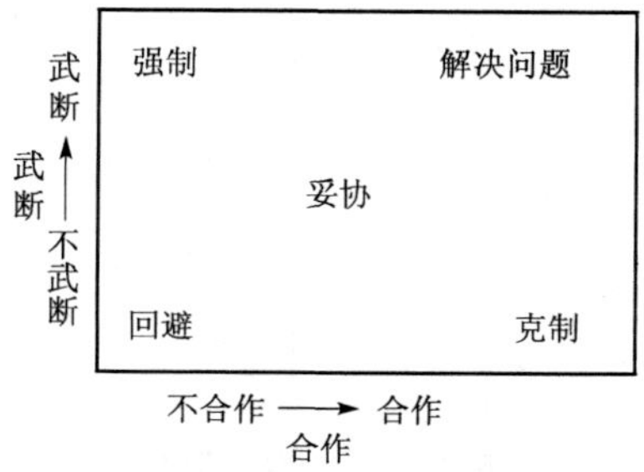

图 8-9　冲突处理的两维模式

图中横坐标表示“合作”的程度。这里的“合作”是指满足他人的利益。纵坐标表示“武断”的程度。所谓“武断”是指满足自己的利益。在这个两维模式里，有五种处理冲突的策略，即：强制、回避、妥协、克制和解决问题。

强制（竞争）：这是不合作，而且高度武断，也就是说，为了自己的利益，牺牲他人的利益。

回避：合作与武断程度都很低，对自己的利益和他人的利益都缺乏兴趣。

妥协：两个维度都取中间程度，寻找一种权宜的、可被接受的解决方法。

克制（和解）：合作精神很高而武断程度最低，牺牲自己的利益去满足他人的利益。

解决问题（开诚合作）：对于自己和他人的利益都给予高度关注。

托马斯认为，解决冲突，必须注意人与人之间的沟通技巧，并适当地确定解决问题的次序，以此来协调“武断”和“合作”，求得建设性的解决冲突的方式。

伯克（R. J. Burke）曾就上述各种冲突处理方法的有效程度，进行了调查研究和归纳，其中，使用“解决问题”策略，能有益地处理冲突；使用强制策略，效果很不好；回避和克制的策略，一般很少使用，使用时，效果都不好；采用妥协策略的，效果好的占 11.3%，效果不好的占 5.7%。五种解决冲突策略的有效性见表 8-8。

表 8-8　　五种处理冲突策略的有效性

策略	有效果（%）	没有效果（%）
回避	0	9.4
克制	0	1.9
妥协	11.3	5.7
强制	24.5	79.2
解决问题	58.5	0
其他（包括还未解决、无法讲明如何解决等问题）	5.7	3.8

（二）冲突处理中“胜与负”的策略

处理冲突的关键问题是双方要考虑自己的胜负与得失。常见的结果是“一胜一负”（win-lose）。综合处理冲突的两维模式和胜负结果的概念，两者互有联系之处。

（1）采取负/胜或胜/负的对策，反映了克制或强制两种处理冲突的方法。其出发点是，冲突双方为了争取一个目标，其结果必然是一方胜利，另一方失败。前者克制自己以满足对方的需要。后者采取对抗或竞争，结果是一胜一负。

（2）采取负/负对策，反映了回避和妥协两种处理冲突的方法。即双方都有所失或者都没有满足原来想达到的要求，这种处理冲突的出发点是，大家都吃一点亏总比一方什么也没有得到要好。前者采取退避或保持沉默，不寻求满足对方需要的方法，也不设法满足自己的需要。后者往往通过协商，双方放弃自己的部分利益。这比一胜一负的办法较少风险，花费也较少。

（3）采取胜/胜的对策，反映了解决问题的方法，要求双方直接地、坦率地交换意见，自我克制，相互尊重和信任，消除敌意和猜疑，最后找到双方都能接受而且对双方都有利的方案。这是一种双赢的方法，双方都感到自己是胜利者。这种方法要经过精心安排，促使双方协作，共同解决问题，任何一方都不要试图征服另一方。

实践证明负/负对策固然两败俱伤，胜/负对策也没有彻底解决问题。失败的一方由于心理受到挫折，往往会引起新的甚至更大的冲突。唯有胜/胜对策，能够打破冲突的循环，是管理人员应该尽量使用的策略。

专栏 8-7

处理人际冲突的 10 种策略

沟通专家总结出了处理人际冲突的 10 种策略，可按冲突的性质和原因的不同而加以选择：

（1）顺其自然法，即避免面对不同的意见，或是延续调整的时间，拖延面临的对抗。

（2）息事宁人法，即强调想法共同之处，而忽略不同的部分。

（3）强势支配法，即运用权势，强迫别人听从命令。照所说的做！很直接地控制或者拒绝。

（4）制定规则法，即以客观的规则作为处理分歧意见的基础。让我们公平些吧！规则会决定分歧将怎样被解决。

（5）和平共存法，即在彼此协议下，维持各存己见的状态。保留不同意见吧！

（6）讨价还价法，即以协商、交易的方式消除彼此的冲突。做一个交易！

（7）弃子投降法，即放弃自己的想法，完全以对方的意见为意见。

（8）全力支持法，即在可容忍的范围内，给予对方最大的支持。轮到你做了！在可允许的范围内下放权力，给予支持。

（9）携手合作法，即将大家的意见整合在一起。一起工作去获得一个双赢局面。

（10）重组群体法，即将该群体解散，重新组织。

（资料来源：陈国海．组织行为学［M］．北京：清华大学出版社．2006：208）

本章小结

员工的沟通是指组织中的群体成员运用一定的载体传递信息、交流思想和情感的过程。人际沟通网络是指人际沟通的结构。组织中的正式沟通网络、非正式沟通网络和电子沟通影响着群体行为及群体的工作绩效。乔哈里窗和PAC分析法，帮助我们认识了沟通中的自我和他人及其相互影响的过程。人际关系是指人们在交往过程中形成的直接的心理关系。人际吸引是指人与人之间的相互悦纳和积极态度。人际吸引的因素包括相似性、互补性、人际吸引水平的增减规律、个人魅力、空间距离、交往频率等。人际冲突是指在人际交往中，由于人与人之间的认识水平、价值观念、需求和目标的不同而产生的一种思想或行为上的矛盾状态。冲突有消极的一面，也有积极的一面，适度的组织冲突是组织进步的动力。

复习思考题

1. 有效的沟通对组织和个人有何作用？
2. 工作中常见的人际沟通障碍及解决对策有哪些？
3. 人际关系是如何建立和发展的？
4. 影响人际吸引的因素有哪些？
5. 如何处理工作中的人际冲突？

案例分析

案例

鲁某，男，三十出头，是某党政机关宣传部副科长。他年轻，有朝气，充满活力，而且多才多艺，富有开拓精神。无论是文笔还是计算机都非常在行。由于工作努力，又讲求方法注重实效，在宣传部的部门领导及其上级领导中都印象良好，深得宣传部部长袁某的信赖。时值初夏六月的一个晚上，鲁某正在办公室加班，政治处处长常某走了进来。常某四十多岁，主持政治处工作多年。平时与宣传部工作接触很多，相互之间较为熟悉。常某的到来使鲁某颇感诧异：“处长，这么晚了还没回家呀？”常某说：“哦，刚刚和主管我们这块工作的张副书记聊了聊。”鲁某没在意，应了一声：“哦。”常某坐到鲁某对面的椅子上，点起了烟，打开了话匣子：“小鲁啊，你可知道你们这排副科和科员都要大调动？”鲁某平时对小道消息向来不关心，也不会去打听，一般的非正式消息传来，他也不会放在心上，但听说是有关自己的，且很突然，不禁问了一句：“为什么？”常某瞪大眼睛：“你一点都不知道？”“知道什么？”“我们处小李要调到外地去，而且教育处小余也要调到局长办公室当秘书，这他俩一走，两个处都缺人手。人事处拟从外面再招两个人进局来，但都是新手，不适合直接从事他俩的工作。这小李和小余一个是科长，一个是副科，跟你一样，都有多年的工作经验才从事现岗位的，新手显然是不合适的……”“那怎么办？”鲁某跟着问了下去，常某吸了口烟，款款道来：“我倒是很看重你的，但我听人说你工作很不踏实，不知道是不是真的？”听了这话，鲁某不禁有点急：“是谁告诉您的？”常某说：“这我就不方便说了，但我确想知道你具体的工作情况。”“我目前从事的是……”于是，鲁某将自己的工作一五一十地全说了出来。听得常某频频点头。时间一分一秒地过去，不知不觉已到关大门时间，俩人很投机地一边谈一边离开了局。

回到家，鲁某啥也没想，倒头便睡了。第二天一早，鲁某照常在宣传部上班。十点钟，部长袁真的电话铃响了，他接听完后，对办公室的人说到张副书记那里去一下，就出了办公室。过了半个钟头，袁真部长回来，将鲁某叫到会议室说：“局里想调你到政治处工作，不知你觉得怎样？”鲁某立刻就联想到昨晚的事，但确实没料到这么快就有了反映，在心里就想：“唉，昨晚真不该在常某处长面前那样表白的，闹得他可能还以为自己很想去他那里，可现在怎么办呢？”鲁某想了一下，说：“这消息太突然，我一时想不出该怎么办，您是什么意见呢？”袁真部长说：“依我看，如果是升调，那我肯定同意你走，但这是个平调，所以我想听你的意见。如果你想留的话，我会极力留你下来，如果你不想留，我也尊重你的意见。总之，一切以你的意见为主。”鲁某垂下头，说：“谢谢您这么体谅我，可我想得到指点。”袁真部长说：“从我这个角度来讲，我当然希望你不走，但从你个人发展的角度，我想你该走。为什么这么说呢，我们部的马科长将你罩住了，长远来看，不利于你尽快成长。”谈到马科长，这里须特别说明一下：马科长年纪三十三，比鲁某大不了多少，在宣传部，马科长负责对外宣传组织工作，应该是鲁某和其余几个科员的直接领导。马科长做事不务实，只知道空谈一些大道理，也不善于具体策划组织某项事情，但在许多对外的场合都表功争赏，绝不让他人忽略自己，但却总是忽略自己的下属。袁真部长对此非常清楚，因此如实说。鲁某一方面很佩服部长对他们的工作情况观察入微，一方面对政治处处长的美意难以应付，怕一时的失误得罪了他。正在犹豫当中，袁真部长又说道：“你觉得呢？”鲁某说：“您确实分析得很对。这样的机会对我来说也许很好，但就感情而言我这么多年一直跟着宣传部，确难割舍，我想还是留在这里。可政治处那边……”“你不用担心，你想留下来，我来担这个责任，我去找局长说。”

事隔不久，常某所说的大变动得到了证实：宣传部、政治处、教育处、老干处、财务部以及后勤处等近十个部门的年轻人岗位被变动。其中，大部分人对岗位的变动没什么不满意，究其原因，主要是因为都是平调，对待遇没影响。但是也有有意见的，由于变动所涉及的部门较多，部门间为人才的问题患得患失，原本只涉及三个部门的，现在十多个部门牵扯进来，难免有几个被动变化的，因此有人觉得被当了牺牲品。但总的来说，局长对此次的调动工作还是挺满意的：年轻人们轮岗，有利于个人的培养；部门领导们也没有起多大的纷争，稳定工作还是做得不错；特别是在这次变动中发现了几个好苗子，都是各部门争着要的人。

不管怎样，鲁某还是很感谢袁真部长最终将自己留了下来而没有开罪他人。这个已从局长一天对自己的说话中得以证实。他说："小鲁啊，这次变动最后没有动你，是因为你的部长在我这里寸土不让啊，说你工作很得力，谁来要都不给。另外，你也不要有什么顾虑，是金子总有发光的那一天的，好好干！"鲁某在听到这话时感到从未有过的激动，不禁狠狠地点了点头，说："您放心，我会干出成绩的！"

（资料来源：选自上海财经大学 MBA 组织行为学课程考试题）

思考题：

1. 案例中涉及哪些沟通的方式，各有什么特点？
2. 案例中袁真部长属于什么领导风格？为什么？
3. 鲁某对自己的职位升迁事先有什么预见（判断与认知）？依据是什么？
4. 在组织内准备进行工作变动时，主管应要预见到哪些方面的问题？
5. 在组织内由于资源的纷争而产生了冲突，主管应如何做？
6. 你认为管理工作是"以人为本"还是"以事为本"，本案例是属于哪种出发点的？

"秘书门"事件

2006 年 4 月 7 日晚，易某某公司大中华区总裁陆某初回办公室取东西，到门口才发现自己没带钥匙。此时，他的私人秘书瑞某已经下班。陆试图联系后者未果。数小时后，陆某初感到还是难抑怒火，于是在 8 日凌晨 1 时 13 分通过内部电子邮件系统给瑞某发了一封措辞严厉且语气生硬的"谴责信"。

陆某初在这封用英文写的邮件中说："我曾告诉过你，想东西、做事情不要想当然！结果今天晚上你就把我锁在门外，我要取的东西都还在办公室里。问题在于，你自以为是地认为我随身带了钥匙。从现在起，无论是午餐时段还是晚上下班后，你要跟你服务的每一名经理都确认无事后才能离开办公室，明白了吗？"陆在发送这封邮件时，同时传给了公司几位高管。

随后，女秘书瑞某的回复出人意料，并最终为她在网络上赢得了"史上最牛女秘书"的称号。两天后，她在邮件中回复说："首先，我做这件事是完全正确的，我锁门是从安全角度考虑的，如果一旦丢了东西，我无法承担这个责任。其次，你有钥匙，你自己忘了带，还要说别人不对。造成这件事的主要原因是你自己，不要把自己的错误转移到别人的身上。第三，你无权干涉和控制我的私人时间，我一天就 8 小时工作时间，请你记住中午和晚上下班的时间都是我的私人时间。第四，从到 EMC 的第一天到现在为止，我工作尽职尽责，也加过很多次班，我没有任何怨言，但是如果你们要求我加班是为了工作以外的事情，我无法做到。第五，虽然咱们是上下级的关系，也请你注重一下你说话的语气，这是做人最基本的礼貌问题。第六，我要在这强调一下，我并没有猜想或者假定什么，因为我没有这个时间，也没有这个必要。”

本来这封咄咄逼人的回信已经够令人吃惊了，但是瑞某选择了更加强硬的做法——她回信的对象选择了“EMC（北京）、EMC（成都）、EMC（广州）、EMC（上海）”。这样一来，EMC 中国公司的所有人都收到了这封邮件。

随后的一周内，该邮件被广泛转发，甚至记者也收到了邮件。无法统计到底有多少外企白领接收和转发了这封邮件，有人还在邮件上留下诸如“真牛”、“解气”、“骂得好”之类的点评。据说，其中流传最广的版本居然署名达 1 000 多个，而这只是无数转发邮件中的一个而已。

据分析，邮件的转发过程大约是：EMC→微软→MIC→惠普→三星→霍尼韦尔→汤姆逊→摩托罗拉→诺基亚→通用电气……这些大名鼎鼎的外企大多为 IT 或电子类相关企业。

邮件被转发出 EMC 后不久，陆某初就换了秘书，瑞某也离开了公司。更有传闻说，事件的男主角也将离开 EMC。

（资料来源：李剑锋．组织行为管理（第三版）［M］．北京：中国人民大学出版社，2006：188）

案例问题

1. 你认为该事件发生的原因是什么？其中老板和秘书应如何改善各自的沟通？
2. 该案例对完善组织沟通有什么启示？

心理测验

小测验8-1

看看你的吸引力有多大？①

如果你想知道自己的魅力和人际吸引力怎么样，那就试试下面的测试题。在以下的测试题中选择适合你的一项，进行评分统计后就能知道你的吸引力有多大了。

测试题

1. 你是一个幽默的人吗？(　　)

A. 一直都是很幽默

B. 偶然幽默一下

C. 基本没有幽默感

---

① 费栋华．员工脑电波——人力资源心理管理［M］．北京：中国经济出版社，2006：113-115.

2. 下面三人中，你会选谁做你的好朋友？（　　）

A. 充满正义感和努力进取的小明

B. 充满同情心，但不爱与人交往的小晨

C. 充满智慧，而且家里很富有的小勤

3. 你对诚实是怎么看的？（　　）

A. 诚实就是不欺骗别人，但是有时善意的谎言也是可以理解的

B. 诚实就是实实在在的对待自己的好朋友们

C. 诚实就是对每一个人都表现出真诚

4. 如果你一个很要好的同事遇到了困难，你会怎么办？（　　）

A. 他（她）不请你帮忙，你不会去帮他（她）

B. 你会在你能力范围内帮助他（她）

C. 你会想尽一切办法去帮助他（她）

5. 你的好朋友做了不该做的事，对你很不利，你会怎么办？（　　）

A. 再也不理这个朋友了，并找机会报复他（她）

B. 只要他（她）向你道歉，你也会原谅他（她）

C. 你会去向他（他）了解整个事情的来龙去脉，帮他（她）分析错误的原因

6. 对朋友的理解，你认为是什么？（　　）

A. 知道朋友的家庭背景、生日

B. 知道朋友的工作情况、个人爱好

C. 知道朋友的个性品质、人格特性

7. 有朋友或同事委托你保管财物吗？（　　）

A. 经常有

B. 偶然有

C. 从来都没有过

8. 朋友们极力邀请你加入一个不正当的组织，你会怎么办？（　　）

A. 为了照顾朋友们的情面，只好加入

B. 看情况而定

C. 你会详细了解这个组织的情况，劝朋友们不要加入

9. 你的朋友会把重要的事情委托你去做吗？（　　）

A. 有这样的情况

B. 偶然有这样的情况

C. 很少有这样的情况

10. 有人向你请教比较困难的问题吗？（　　）

A. 许多朋友遇到难以解决的问题时，经常来请教你

B. 朋友遇到难以解决的问题时，偶然会来请教你

C. 很少有朋友来向你请教问题

评分方法

题号为1、2、7、9、10者，选A得3分，选B得2分，选C得1分，其余题号选

A 得 1 分，选 B 得 2 分，选 C 得 3 分。

结果分析

本测试的得分在 10~30 分之间，得分越高，证明你越具有人际吸引力。

如果你的得分为 10~16 分，那么你的人际交往态度是很被动的，你的人际吸引力很小，经常会失去朋友，没有太多的朋友。

如果你的得分为 17~24 分，那么你的人际交往态度是中间型的，你有比较强的人际吸引力，但是你对自己还是不太满意，没有做到最好，有时也会让朋友感到不满。

如果你的得分为 25~30 分，那么你的人际交往态度是主动型的，你的人际吸引力很强。在交往中，你能理解他人，充分为他人着想，尽量把事情做到最好，所以你也深受朋友们的欢迎。

小测验8-2

倾听商数测验①

如果你想知道自己是否具有良好的倾听技巧，亦即在沟通过程中是一个积极的倾听者，那么一般可以通过了解自己的倾听商数（Listening Quotient，简称 LQ）来测定。在表 1 中，根据你的真实态度和行为，圈出右边列出的最接近你倾听习惯的数字，然后把你所选的数字加起来，将所得总分同评分标准相比较，就可知道自己的倾听能力。如果你的能力尚不够完善，那么应该接受有关技能的教育和训练。

表 1　倾听能力测验表

序号	态度和行为	几乎都是	常常	偶尔	很少	几乎从不
1	你喜欢听别人说话吗	5	4	3	2	1
2	你会鼓励别人说话吗	5	4	3	2	1
3	你不喜欢的人在说话时，你也注意听吗	5	4	3	2	1
4	无论当事人是男是女，年老年轻，美丽丑陋，你同样都注意听吗	5	4	3	2	1
5	朋友、熟人、陌生人说话时，你同样都注意听吗	5	4	3	2	1
6	你是否会目中无人或心不在焉	5	4	3	2	1
7	你是否注视当事人	5	4	3	2	1
8	你是否忽略了足以使你分心的事物	5	4	3	2	1
9	你是否微笑、点头以及使用不同的方法鼓励他人	5	4	3	2	1
10	你是否深入考虑当事人所说的话	5	4	3	2	1

① 顾琴轩．你有良好的倾听技巧吗？［J］．行为科学，1997（6）：46.

续表

序号	态度和行为	几乎都是	常常	偶尔	很少	几乎从不
11	你是否试着指出当事人所说的意思	5	4	3	2	1
12	你是否试着指出当事人为何说出那些话	5	4	3	2	1
13	你是否让当事人说完他所要说的话	5	4	3	2	1
14	当事人在犹豫时，你是否鼓励他继续说下去	5	4	3	2	
15	你是否重述当事人所说的话，弄清楚后再发问	5	4	3	2	1
16	在当事人讲完之前，你是否避免批评他的意见	5	4	3	2	1
17	无论当事人的态度与用词如何，你都注意听吗	5	4	3	2	1
18	若你预先知道当事人要说什么，你也注意听吗	5	4	3	2	1
19	你是否询问当事人有关他所用字词的意思	5	4	3	2	1
20	为了请当事人更完整地解释他的意见，你是否询问他	5	4	3	2	1

评分标准：90~100 分，你是一个优秀的倾听者；80~89 分，你是一个很好的倾听者；65~79 分，你是一个勇于改进、良好的倾听者；50~64 分，在积极倾听方面，你确实需要再训练；50 分以下，需加强集中注意力训练。人们的倾听能力呈正态分布，即优秀的倾听者和蹩脚的倾听者都较少，大部分是倾听能力一般、需要改进和再训练的倾听者。

小测验8-3

与同事人际关系的测试

根据你的实际工作经历回答下面的问题。如果你的工作经历有限，那么就想象一下如果工作的话会怎么样。其中，0 表示从来或几乎没有；1 表示偶尔或者有时有；2 表示经常有；3 表示总是这样。

1. 我总是愿意并且准备好与他人分享信息、工作设备或其他工作资源。 0 1 2 3
2. 我在给别人提建议的时候并不会表现出支配或控制别人。 0 1 2 3
3. 我对于同事的工作以及获得的成就表示赞赏。 0 1 2 3
4. 如果我必须批评某人的话，往往也是私下里进行。 0 1 2 3
5. 即便在我沮丧的时候也不会脾气暴躁。 0 1 2 3
6. 人们信任我。 0 1 2 3
7. 我诚实、公正，而且言行一致。 0 1 2 3
8. 我对事不对人。 0 1 2 3
9. 我总是想办法让办公室的气氛比较融洽。 0 1 2 3
10. 我总是接纳新员工，并让他们觉得和在家里一样温暖。 0 1 2 3

11. 虽然我总是很忙，但是当别人和我说话的时候我总是先把手中的事情放下。　0　1　2　3

12. 只要一有机会，我总是会帮助我的同事。　0　1　2　3

13. 我对同事的需要很感兴趣，但是不会干涉他们的私人生活。　0　1　2　3

14. 即便我不喜欢某个人，我也能够对他以礼相待。　0　1　2　3

15. 我愿意帮助同事把工作做得更好，而不需要他们回报。　0　1　2　3

16. 当别人帮助我的时候我总会表示感谢。　0　1　2　3

17. 当有人想要表达意见的时候，我是一个很好的倾听者。　0　1　2　3

18. 我很真心地理解并且遵守公司的政策或规定。　0　1　2　3

19. 当我发现同事的工作负担过重时，会主动提出帮助。　0　1　2　3

20. 与我共事的人说我是一个好的团队成员。　0　1　2　3

计分和解释：

50~60 分　你与同事相处的技巧非常好。

40~49 分　你与同事的人际关系一般，你需要学习相关技巧以加强与他们的人际关系。

0~39 分　你与同事的人际关系比较糟糕，别人不会把你当成友善合作的团队成员。你需要努力学习相关技巧，大幅度提高与同事的人际关系水平。

（资料来源：Adapted and expanded from "*The Happy Coworker Quiz*!"；http：//royalneighbors. com/coworkquiz. htm）

参考文献

1. 全国十二所重点师范大学联合编写．心理学基础［M］. 北京：教育科学出版社，2008.

2. 金盛华，张杰．当代社会心理学［M］. 北京：北京师范大学出版社，1995.

3. 章志光．社会心理学［M］. 北京：人民教育出版社，1996.

4. （美）查尔斯·E·贝克，著．管理沟通：理论与实践的交融［M］. 康青，王蔷，冯天泽，译．北京：中国人民大学出版社，2003.

5. 倪晓莉．社会心理学［M］. 西安：西安交通大学出版社，2007.

6. 陈国海．组织行为学［M］. 北京：清华大学出版社，2006.

7. 赵西萍，宋和义，梁磊．组织与人力资源管理［M］. 西安：西安交通大学出版社，2003.

8. Andrew J. DuBrin. 心理学与工作［M］. 王佳艺，译．北京：中国人民大学出版社，2007.

9. Karen G. Duffy，Eastwood Atwater. 心理学改变生活［M］. 张莹，丁云峰，杨洋，译．北京：世界图书出版公司，2006.

10. 费栋华．员工脑电波——人力资源心理管理［M］. 北京：中国经济出版社，2006.

11. 李剑锋．组织行为管理（第三版）［M］. 北京：中国人民大学出版社，2006.

第三篇　员工心理的维护和发展

在 21 世纪的今天，由于社会竞争异常激烈，人们承受的心理压力比任何时候都要大，人们的心理问题也比以往要多得多。心理学研究表明：持续、过重的压力易使人长期处于紧张、忧虑状态，从而造成员工缺勤、离职、事故率高，以及体力衰竭、精神恍惚、焦虑等心理问题，并直接或间接影响企业的绩效和个人职业的发展。构建完整的员工心理健康体系和以人为本的人性化管理模式；营造良好的工作环境和活泼、乐观、积极、拼搏的工作氛围；建立以价值观念、企业精神为主要内容的企业文化建设；培养员工积极的人生态度和阳光心态，已成为人力资源管理心理学研究的主要内容。因此，企业应从构建有效的人力资源心理契约开始，关注员工的职业心理健康问题，尽快导入员工帮助计划——EAP（员工帮助计划），帮助员工制订职业生涯规划。只有这样员工自然而然就会觉得工作很轻松，很有安全感和归属感。而且这样也有益于员工积极性的发挥和降低管理成本以提高企业的绩效。

第九章

职业心理健康与员工帮助计划

学习目标

- 掌握员工心理契约的定义和特点
- 掌握心理契约在人力资源管理中的意义和作用
- 掌握职业健康心理的定义和标准
- 了解职业心理健康问题、关注员工心理健康的思路
- 了解员工帮助计划（EAP）的基本内容

关键概念

心理契约　心理期望　职业健康心理　员工心理健康管理　职业心理健康问题
职场抑郁　工作压力　职业枯竭　工作家庭关系　员工帮助计划

引导案例

2007年2月26日，华为成都员工李栋兵从华为研发中心大楼跃下，当场死亡。时隔仅10天，深圳研发基地中央平台部又一员工在食堂坠楼死亡。他们皆因工作压力过大导致。此前，华为公司已因多起员工过劳死事件和员工自缢身亡事件，而饱受员工心理问题困扰和外界对其工作压力过大的指责。近年来，华为公司频频出现员工非正常死亡事件，在IT界激起了轩然大波，也同样引起了IT界对企业社会责任和人文关怀的呼吁。华为老总任正非也曾在内部承认，“员工中患忧郁症、焦虑症的不断增多，令人十分担心”。

2008年8月，浙江明星药企掌门人郑亚津在办公室自缢身亡。他的一位朋友表示，郑亚津是公司过度扩张，盘子铺得太大，导致企业运作生存困难等，才选择走上这条不归路的。

10月15日，广东糖业巨头、中谷糖业集团董事长兼总裁庞贵雄因企业面临近10亿元的债务压力，跳楼自杀，引起了债权人的极大恐慌，当地法院查封了企业资产，整个企业生产面临瘫痪。

当这些优秀企业的员工，甚至老板，因为压力过大，放弃自己的事业、抛下家人，

选择这样的一条不归路来结束自己的人生时，我们不得不正视这样的现实：现代组织面临着不容忽视的心理困境，职业压力严重影响了职业心理健康。

某心理咨询中心的主任李永华在一次访问中对记者说，目前我国绝大多数企业家面临较大的工作压力，主要表现在工作过于繁忙、心理压力过重、心力疲惫不堪、时常烦躁易怒等。部分企业经营者相当程度地存在负面情绪，如心情沮丧、疑虑重重、挫折感强、悲观失望等。健康状况不佳、精神压力过大而又无法得到有效缓解，长期负面情绪积累，压力犹如多米诺骨牌，易导致悲剧的发生。

（资料来源：中国经济网）

第一节　员工心理契约

20世纪80年代中期以来，由于全球经济模式的转变，企业结构重组、人员精减、组织变革等全球大环境的影响，给企业发展带来了巨大的压力，为了保持竞争力，迎接挑战，企业在企业战略和人力资源管理模式上作出重大调整。在企业管理变革、结构调整、人力资源雇佣关系改变的过程中，心理契约是最敏感、最集中反映这种变化的因素，企业原有的经济契约之外，人力资源心理契约被认为是吸引、激励、保留人才的一种有效竞争工具。我国的人力资源管理中，构建有效的人力资源心理契约，势必推进企业管理变革的进程，大大提升企业的核心竞争力。

一、心理契约的定义

心理契约的概念是美国著名管理心理学家施恩教授（EH Schein）正式提出的。他认为，心理契约是“个人所做出的贡献与组织预期目标之间，以及组织针对个人所期望获得而有所提供的（报酬）之间”，“在任何时候都存在的没有明文规定的一整套期望”。简而言之，心理契约就是员工和组织之间的相互理解和信任。虽然这不是有形的契约，但却发挥着有形契约的作用。企业清楚地了解每个员工的需求与发展愿望，并尽量予以满足；而员工也为企业的发展做出全力奉献，因为他们相信企业能满足他们的需求与愿望。

在任一组织中的每一成员与该组织的各种管理者之间及其他人之间，总是有一套非成文的期望在起作用。从人力资源管理心理学的角度来理解就是，员工抱着一定的期望加入组织，希望借助组织来满足自己物质和精神的多层次需要；组织的招聘、培训也是有特定目的的，力图最好地利用组织的人力资源来实现组织的目标。个人与组织之间的社会交换关系无法把双方相互责任界定完全体现在书面的雇佣合同上，但在每一位员工的心里，对自己该为组织付出什么，付出多少，组织又该回报自己多少等都有明确的认识。

总而言之，心理契约就是组织和个人双方彼此针对对方应付出什么同时又应得到什么的一种主观心理约定，约定的核心成分使双方存在隐含的非正式的相互责任。依照存在主体的不同，员工和组织之间的心理契约可分为员工心理契约和组织心理契约两大类。在每一类别的心理契约中又都分别含有“组织对员工的责任”和“员工对组织的责任”两个方面。由于组织心理契约的主体难以确定，因此目前有关心理契约的探讨主要是针对员工心理契约。

二、心理契约的特点

1. 主观性

心理契约反映了人的主观感受，是个体对于相互责任的一种认知，它随着个体的变化及其对雇佣关系的理解的不同而变化。心理契约没有形成正式的文字记录，而是以心理期望的方式埋藏在契约双方的内心深处，期待着对方去理解、估测。由于这种心理期望是一种主观感觉，个体对于他与组织之间的相互关系有自己的体会与见解，往往会造成自己的期望与组织的解释不一致。

2. 不稳定性与不确定性

正式的雇佣契约，内容、职责、权利都是明确稳定的，不能随契约一方的主观意愿改变而改变。而心理契约的本质是一种心理期望，它会随着工作的社会环境以及个体心态的变化而发生改变。人们在一个组织中工作的时间越长，心理契约所涵盖的范围就越广，同时在员工与组织之间的关系中，相互期望和责任的隐含内容也就越多，这也使心理契约的内容具有更大的不稳定性与不确定性，从而同正式契约所具有的确定性有所不同。

3. 动态性

由于心理契约的主观性与不确定性，决定了心理契约具有动态发展的要求，正式的雇佣契约一般来说是相对稳定的，很少发生改变，即使发生改变也必须经过双方协商后方可生效。相对而言，心理契约却处于一种不断变更的状态，这就相应地要求契约的双方根据环境变化和企业的发展来确定其内涵，切忌一成不变，一锤定音。同时，要求心理契约的内容随着企业的变化及企业成员需求的变化作出相应调整。心理契约没有固定的模式与统一的标准，在一个组织适用的心理契约不一定在另一个组织适用，心理契约的内容是随着组织的不同发展时期与组织成员不同的需求而不断变化的。因此，心理契约具有动态性与可变性，应根据组织内外环境的变化而作出相应的调整和完善。

4. 双向性

心理契约是组织与组织成员之间建立的一种双向交互性的联系。它不同于组织承诺，组织承诺是指员工随着其对组织单方面的投入增加，而产生一种心甘情愿地参与组织各种活动的感情。心理契约具有双向性的特点，反映了企业与员工的双向关系，一方面反映出员工对自己在企业中的权利、发展方面的期望，另一方面也是企业对员工在忠诚与责任方面的期望，这种双向性说明了契约双方在心理契约中具有同等的地位，也意味着心理契约一旦不能实现就会导致失望感，心理契约被违背时则产生更为强烈的消极情感反应和后续行为。因此，在企业长期发展过程中要避免人心离散、员工懈怠，就必须构建稳固的心理契约关系，实施心理契约管理。组织与组织成员在向对方提出期望与要求的同时，应多注意双向沟通，尽量去领会并满足对方对自己的期望。只有通过契约双方的相互交流，相互沟通，对组织与个人的发展达成一致的共识，营造良好的工作环境才能发挥心理契约的激励作用。

三、心理契约在人力资源管理中的重要意义

1. 心理契约可以满足员工的心理期望

经济契约是指以时间、才智和体力等换取工薪、休息以及适当的工作条件。而心理契约与经济契约不同，心理契约界定了每个员工对社会系统投入（包括贡献和期望）的条件，员工同意给予一定的忠诚、创造力等作为交换，他们对社会系统也有经济报偿以外的期望。他们寻求工作安全感、公平合理的待遇以及组织支持实现发展的愿望等。对于现代员工管理而言，只有高层次需要才能产生较大的激励，如果一个组织只关注经济契约，而忽视心理契约，员工往往表现出来较低的满意感，因为高层次的期望并没有得到满足。他们可能会减少自己对工作、对组织的贡献。另一方面，如果员工的心理期望和经济期望都能得到满足，他们往往会体验满足感，愿意留在本组织中，并积极努力工作。而这正是心理契约的最大特色，这样，心理契约就把人们的注意力集中在行为动力的思考上。如果在企业中，企业和员工双方都能依契约行事，规范双方的行为，相互约束，就能使员工保持其期望张力，激发其期望动机，强化其行为。

2. 心理契约是企业与员工双方对相互责任和义务的允诺

心理契约的主观性和双向性决定的契约双方的主观相容性和互动性是评价其实施效果的主要尺度之一。心理契约是企业与员工双方对相互责任和义务的期望，而双方的允诺一旦被满足，势必会引起企业和员工双方之间的关系融洽和相互信任，继而形成新的企业期望和个人期望。同时，由于企业对员工的心理契约管理主要依赖于工作本身的意义和魅力，而不是异化为胁迫和强制，通过为员工指引方向并设置挑战性的工作，通过丰富工作本身的内涵吸引员工，这无疑丰富了员工的精神体验，进而提升员工的满意度，提高企业凝聚力。

3. 心理契约可以形成员工和企业融洽的关系

满意的心理契约可以促进员工的行为朝着有利于企业目标的方向健康发展，自觉地限制不利于或有损于企业目标的行为发生。优质心理契约的建立本身包含了非物质成本的内容，即企业对员工的激励不是单纯地依赖于物质手段而更多的是通过增加精神资源的投入来满足员工的需求，通过在企业中营造充满信任与亲密感的文化氛围，附着了对员工成长和取得业绩的期望，员工获得的承诺需要由自己将要付出的辛勤劳动并取得相当的业绩成果的诚信作保证，只有双方的心理期望吻合，知觉效果一致，达成了和谐的心理契约，才能形成融洽的关系和相互的信任，从而共同朝着企业目标迈进。

四、心理契约在人力资源管理中的作用

人力资源管理中的心理契约是联系员工与组织之间的纽带，是影响员工行为和态度的重要因素。尽管心理契约是内隐的，但它却是人力资源管理中组织行为的一个重要决定因素。心理契约在企业人力资源管理中的作用有三个方面：

1. 心理契约的兑现可以减少雇佣双方的不安全感

正式的经济契约不可能涉及雇佣关系的方方面面，而心理契约可以填补经济契约留

下的空白。因此，心理契约的暗含条款能够弥补雇佣关系中正式文本规定的不足，降低雇员与组织双方的不确定性，从而增加个人与组织的安全感和相互信任感。

2. 心理契约的兑现可以规范员工的行为

员工以组织对自己所负的责任来衡量自己对待组织的每一行为，以其作为调节自己行为的标准。员工会将他与组织之间的相互责任进行权衡，并根据权衡的结果调整自己的行为。

3. 心理契约的兑现可使员工对发生在组织中的事件产生情感性的反应

心理契约在员工愿望（如角色、社会、经济等）与其绩效表现之间起着重要的调节作用。如果员工的心理情感需求得到了满足，心理契约得到了兑现，那么就会提高员工对组织的忠诚度和满足感，从而员工愿意为组织作出更大的贡献远远超出组织期望的投入。同时，员工流动率的降低、劳资纠纷的减少以及员工生产力的提高，都能有效地提高企业的绩效，使企业获得高于所花费成本的回报。

五、构建员工与企业共同成长的心理契约

心理契约作为联系员工和组织的心理纽带，对于企业获取竞争优势，具有十分重要的意义。因此，为了更加有效地实现企业目标，减少人力资源管理风险，企业应当通过人力资源管理活动构建和维护心理契约。

1. 在招聘过程中传递真实信息以构建牢固的心理契约

招聘过程是员工与企业的初次接触，也是构建心理契约的重要过程。企业如果不实事求是地向应聘者介绍本企业的相关情况，就会使应聘者对企业和职位产生不切实际的幻想。当应聘者成为正式员工对企业情况有所了解后，就会感知到心理契约与现实的不一致，产生心理落差，严重时就会导致破坏心理契约。那么，真实地向应聘者提供有关信息就成为构建牢固心理契约的基础。招聘人员应向应聘者客观介绍组织发展现状、劳务合同的主要内容、员工的职位和职责等，让员工对企业和所要从事的工作形成一个比较准确的估价，降低期望与现实的冲击，从而提高工作忠诚度，降低主动离职意愿。

另一方面，个人也不能为了获得职位，歪曲、编造个人信息，否则，会造成动机和态度与组织要求甚远、个人价值观与组织价值观的碰撞。结果是员工匆忙到岗后，理想与现实产生了落差，个体本性与组织精神不符合，影响了员工的工作积极性，不仅给组织造成一定的损失，而且给应聘者职业生涯带来挫折，自然就无法达成组织与个体之间的默契与和谐，更谈不上心理契约的建立。

2. 在工作调整阶段修正和维护心理契约

心理契约预防危机的产生。当员工处于进入企业和达到正常工作状态之间的调整过程中，刚进入企业时的兴奋、幻想、热情都会慢慢淡化，此时员工会对与企业之间的心理契约进行一个新的认识和评估。面对这样一个惯常的适应过程和心理契约的危机，企业是应该有所准备的。企业可以让一个与新员工职位有关的中间层员工参加面试小组，由他和新员工通过谈判、协商形成更为具体的心理契约。有这样一位对新员工负责的中间层员工的加入，可以及时修正和维护心理契约，使形成的心理契约更加明确合理，从而缩短员工的适应阶段，使其尽快进入正常的工作状态。

3. 在正常工作阶段加强双方沟通促进心理契约明晰化

如果员工与企业对心理契约的认定都是建立在各自的主观感知上，那么就会发生当企业认为已经兑现了所有的承诺，但员工却觉得企业在某些方面食言了的情况。造成这种情况的原因是双方对契约的理解不一致。所以，企业应该向员工提供更多的与企业的沟通机会。

通过双向沟通，一方面管理者可以随时了解和关注员工的期望及企业存在的问题，听取员工的改善意见；另一方面，员工也可以全面了解企业的期望和当前存在的问题。企业根据双方的期望与存在的问题，及时有效地提供承诺方案，使员工在受到尊重、增加自信心的同时，组织的问题得以解决，有利于双方的相互理解，形成融洽的关系。

4. 建立培训与开发体系来发展心理契约内容

由于现代企业面临着一个环境变革的时代，经济全球化、网络信息技术带来的企业组织结构扁平化、虚拟企业、战略兼并重组等组织变革，使得传统上员工与企业缔结的长期固定的忠诚和努力工作可换取回报的模式，正逐渐被以职业适应力为核心的新型工作模式所取代。那么，在工作调整阶段以及正式工作阶段，企业都应加强员工技能培训，开发人力资源，这是发展企业和员工双赢的心理契约的关键。

建立企业培训体系，首先要以企业战略目标为基准，以形成全员学习型文化、提高员工学习能力和创新能力为终极目的。实施中应针对不同类别不同管理层次人员，采用适合的培训方法，注重培训需求分析、培训体系设计、培训课程实施、培训效果评估等环节的控制，形成符合员工和企业双方需要的提高工作满意度、成就感和忠诚度的心理契约新内容。

5. 建立有效的激励机制作为实现心理契约的保障

激励主要是通过人们寻求工作满意感这种需要来实现的。最基本的需要如生存需要等可以通过工资、福利等方式加以满足。员工通过签订雇佣合同，可以获得金钱，用以换取生活必需品。然而，在雇佣合同这类正式契约中，很少涉及与较高层次的满足有关的内容。而只有这些高层次的需要得到满足，人才会感到最大的满足，并最大可能地调动工作积极性。这种满足是心理契约中极为重要的部分。

企业建立激励机制时，如果对员工的需要、目标、兴趣、职业生涯期望、工作价值观等无动于衷，眼光仅仅停留于员工个人激励方面，或者说仅仅注视企业的条件和习惯做法，自然无法取得恰当的激励效果。在激励机制的构成上，企业应多设计满足心理较高层次需求的方法，如：提倡以人为本的企业文化，营造尊重人才的良好氛围；提倡参与式管理，满足员工心理上被认可信任的需要；设计员工持股或股票期权的激励方式，把员工自身利益与企业长远利益结合起来，提高忠诚度，降低离职意愿；考虑实行自助餐福利计划，满足不同员工不同工作阶段不同层次的需要等。

6. 共建企业心理契约型的人力资源文化

“心理契约”的无形约定能使企业内员工之间在动态的条件下不断地保持与企业的良好关系，充分把自己视为个人价值的主体，将个体的发展充分整合到企业的发展之中，从而创造出永远充满活力的公司文化。也就是说，共建“心理契约”的意义在于它实现了企业自主的学习与成长，避免企业与员工个人之间由于拥有所谓的“信息不对称”所带来的工作效率的缺失。因此，有意识共建企业的“心理契约”，是公司减少管理费用，提高管理效率，实现企业不断创新的重要保证。在企业内部，企业与员工虽有相互矛盾的一面，但更重要的是又存在着一种利益“共生”的关系。从现代意义上讲，企业是经营管理、员工生活的场所，更为重要的，它还是员工实现自我、成就自我的场所，企业的目标是企业成长和员工发展双重目标的统一。如果一个企业只单纯考虑企业经济利益，而不管员工的成长，那只会是短命的企业，其存在是不可能长久的，优秀的员工迟早会“毁约”而去。共建企业的“心理契约”是一个充分发挥企业员工积极性、创造性与智慧的过程，是保证员工产出高水平的“内激力”和承诺（表现为高能量、延长作业时间、愿意多干和对工作满腔热情等）的过程。

共建企业的“心理契约”，在于建设以人为本的企业人力资源文化。文化作为一个环境中人的“共同的心理程序”，健康向上的企业文化能在企业中创建出一种奋发、进取、和谐、平等的企业氛围和企业精神，为全体员工塑造强大的精神支柱，形成坚不可摧的生命共同体。以人为本的现代企业文化，指的是现代企业的文化价值观应建立在注重人的能力充分发挥这一基石之上，企业的一切经营管理活动都围绕如何正确发挥人的能力。这里的能力，特指有益于企业人的合理生存发展、社会职业活动和社会发展的能力，其精神实质在于倡导企业员工通过充分发挥能力，为企业多做贡献，实现个人的社会价值。现代企业理论认为，企业员工把自己的工作自由与权利交给企业安排，是因为他们相信企业、企业家能实现他们的期望，能提供与之工作绩效对称的发展。否则这种平衡是不能维持的。建设以人为本的企业人力资源文化，实现人尽其能，人尽其用，高效开发员工的能力与潜力，无疑给达成与维持“心理契约”创设良好的氛围、空间，增强员工努力工作的热情与信念，激发企业与员工共同信守“契约”所默示的各自对应的“承诺”。因此，这种企业人力资源文化的建设，要求企业及其管理者应为职工的能力发挥提供良好的制度保障、有效机制、正确的政策和宽松的企业氛围。换言之，它要求建立一个以能力发展为价值导向的企业经济体制及其运行机制；还要求每个企业员工把能力最大限度地正确发挥作为自己价值追求的主导目标，并积极为此而努力。在这种文化之下，企业领导与员工上下同欲，使经营理念得以落实、共识管理得以建立、公司使命得以实践。

链接小资料

2005年5月，数家国外媒体报道，IBM员工联盟将联合IBM国际联合会、IBM工会以及IBM全球员工举行抗议活动，以此反对由于PC业务被中国联想并购后导致IBM将全球裁员1万到1.3万人计划。6月，在明基收购西门子手机后，八成西门子手机销售人员面临被裁的结局。随即传出西门子中国公司大门口员工贴大字报，要求享有同等待遇的各种传闻。西门子手机的销售业务受到了国内经销商不约而同的抵制，许多卖场低价清仓或者干脆不再出售西门子手机。这两则由于并购等组织行为所引起的连锁反应的新闻，让我们不得不思考人力资源管理中的一个课题：心理契约。

第二节 职业健康心理

随着经济的全球化和市场竞争的加剧，现代组织面临着越来越大的心理困境。科技的进步、全球化的趋势、组织的重组、公司政策的不稳定以及工作负荷过重等，造成员工出现了多种心理问题，遭受着抑郁、焦虑、工作压力或倦怠的折磨。职业心理问题已经成为了现代企业的心病，直接削弱了企业的市场竞争力。尤其是进入现代社会以来，人们在工作上花费了大量的精力和时间，工作对个人生活和家庭生活的影响日益扩大，而日益变革的经济和组织环境也通过工作全面影响到人们的生存和生活质量。所以，人力资源管理就更有责任发扬传统、运用自身学科特点，协助管理者和员工建立健康的工作环境，使员工能在良好的职业健康心理下，运用自己的聪明才智，创造高度的绩效，获得满意、幸福的生活状态。

一、心理健康的定义

目前在心理学领域，美国著名心理学家杰霍达对心理健康的定义最被大家认同。他指出，一个人心理健康应该包括以下六个方面：

（1）有自知之明。能对自我作出客观分析，能正确判断和认识自己的情感、能力和需求。

（2）有成长和发展自我的能力。心态积极，不消极厌世。受到挫折后，能振作起来，从失败中学习。

（3）个性完整稳定。对人生有稳定和统一的认识，能有效处理内心的各种需要之间的矛盾。

（4）有自我调控能力。对于环境的压力和刺激，能保持自我的相对稳定。

（5）能认清现实。在现实生活中不迷失方向，不沉迷于幻想。

（6）能积极地改善环境。不受环境支配，而是适应环境并根据自己的需要，积极地改善环境。

可以说，心理健康就是保持人的内心世界与客观环境的平衡，正确认识自己和外部世界，与他人保持良好的人际关系，发展和运用自己的能力，达到自己的目标，实现人生的价值和意义。

二、关于心理健康的标准

关于心理健康的标准，世界卫生组织，第三届国际心理卫生大会认为心理健康的标准是：

（1）人的心理，即知、情、意活动的内在关系的协调。

（2）心理的内容与客观世界保持统一，使人体内外环境平衡、促使个体与社会环境相适应的状态。

（3）不断发展健全人格。

（4）在职业工作中，保持旺盛的精力和愉快的情绪，能充分发挥自己的能力，过有效率的生活。

这四个标准最初是由各国心理卫生组织达成的一致意见，随着时代的发展，各国心理卫生组织和心理学家又对这个标准进行了细化和完善，人本主义心理学家马斯洛（Maslow，1951）提出心理健康十条标准，因具体、易理解和易操作受到大多数国家的认同，这十条标准是：

（1）有充分的自我安全感。

（2）能充分了解自己，并能恰当地估价自己的能力。（对自己的优点、缺点有客观的评价，能接纳自己身心的缺陷，不自卑，不自恋，不自傲）

（3）生活理想切合实际。（能面对现实，把握现在，理想的目标是能在现实生活中实现的，不会执着于不切实际的赌博或虚拟世界）

（4）不脱离周围环境。（不会离群独居，能在大多数人适应的地方生活，对周围环境的感受和反应适度，能顺应环境的变化）

（5）能保持人格的完整和和谐。（心理健康的人的人格或者说个性是相对稳定的，与周围人相处是和谐的，能被周围的人理解和接纳）

（6）善于从经验中学习。（这是人所具有的适应自然环境和社会环境的最重要的能力：人能从经验中学习，自我完善，自我成长，能总结失败或成功的经验并应用于克服成长中遇到的困难，战胜挫折）

（7）能保持良好的人际关系。（健康的人对人际关系有很好的适应能力，他们尊重自己和他人的需要与情感，因而既能保持自己的立场与见解，又不会将之强加于人，更加不会己所不欲勿施于人，在与人的交往中，感到快乐，分享感情，相互协调，建立和维护良好的人际关系）

（8）能适度地宣泄情绪和控制情绪。（大部分时间里人的情绪是平稳的，能对社会刺激自动作出适度的情感反应，不会沉浸在悲叹、抱怨或悔恨之中，在遇到生活中重大挫折或突发事件的时候，能适度地宣泄情绪，能对不良情绪进行自我控制，恢复正常的状态）

（9）在符合团体要求的前提下，能有限度地发挥个性。（健康的人能主动参加团体活动，能配合团体的活动，能在不妨碍集体其他成员的基础上适当地展示自己的个人魅力和发挥个人能力）

（10）在不违背社会规范的前提下，能适当地满足个人的基本需求。（懂得如何不违背社会规范并利用社会关系来满足个人的需求，而且能知足常乐，不过分贪婪或压抑自己的个人需求。通俗地说就是知道如何在不妨碍他人生活和不犯法的前提下满足需要，达到自己的目的）

上述十条标准，反映了对人的心理健康的十个方面的要求，实际上完全符合这十条的人，不会超过15%，80%以上的人都存在程度不同的心理问题。在发达国家，包括我国的台湾和香港，有心理问题看心理医生和做心理咨询是一种很体面的事，是一种追求高素质、高品位生活的表现。心理咨询有两大作用：即心理保健作用和促进成长的作用，它可以帮助人防治心理疾病，促进潜能开发。

三、判断心理是否健康的三大原则

1. 统一性

一个人的心理活动，与其所处的社会环境、自然环境是否统一，是决定其心理是否健康的重要指标。他的思维、情感和行为符合社会规范，符合当时社会环境，简单讲就是说话办事能被常人理解，感到不离奇、不出格，这说明一个人的心理活动与周围环境相统一，也就是主观感受和客观实际是一致的，主客观具有统一性，我们说他的心理是健康的。如果主客观相分裂，自己看到了、听到了客观实际不存在的内容，比如幻视、幻听，没有事实依据坚信别人跟踪、监视自己，正在受到别人的迫害等，此时他的心理活动与现实环境失去了统一性，主观与客观不一致，已经发生分裂，则表明这个人存在心理障碍。

2. 协调性

一个人的心理活动是一个有机的整体，思维、情感、意志和行为是相互配合、整体协调的，喜怒哀乐、说话办事符合实际情况。如值得高兴的事情，伴有愉快的情绪体验，自然有愉快的表情和行为举止。如果失去心理活动的整体协调性，心理活动与行为表现就会出现矛盾，表现极不协调。正常健康人的心理活动，如认识活动、情感活动、意志行为，外在表现一般都能服从我们大脑的指挥，想笑想哭，大哭一场还是微微流泪，我们的动作前进后退，一般都能做到随心所欲，调节适当。但是，当你发现有一些奇怪的行为，并非你的意愿，或者是你本来就认为没意义的事，却总是自动地去做，似乎无法控制。如果你内心的诉求与实际行为不再协调时，或者经常出现行为或思想失控的情况，如大哭不止，情绪郁闷低落几个月，或者像蚊子咬了这样小小的刺激就受不了，就要提高警惕是否有了心理健康问题，这时候主动找心理医生做心理咨询，可以及早地帮助你预防和治疗心理疾病。

3. 稳定性

一个人的性格从出生开始逐渐发展形成，到成年之后，就会保持相对的稳定，“江山易改，本性难移”就是讲的一个人性格的稳定性，尤其是人格形成之后，基本伴随人的一生，在社会活动过程中，心理活动表现一贯。如果一个人的心理活动稳定性被打破，例如心理上受到强烈的刺激后，乐观开朗的性格变得沉默寡言，一个原本情绪稳定的人受到重大事件的影响，心理活动变得自私、多疑和脆弱，或是一点轻微的刺激就不可控地号啕大哭，我们说这个人心理活动稳定性发生了改变，预示着他的心理出现了问题。观察自己的身心状态，性格或者说个性是否变得与以往不同？如果经常表现出性格的不稳定，甚至好像变了一个人，用专业术语来说，就是一个人具有多重人格，而且变化无常，周围的人就会感到难以理解，也就慢慢疏远，因为感到无法接纳你。人的身心状态也一样，健康的心态感觉是舒适的、安稳的，如果与以往的心态发生很大改变，就要格外引起注意，如感到比以前疲劳、无趣味、更焦虑紧张或情绪更抑郁低落，或躯体疼痛不适，医生检查后又没有发现生理上的器质病变，便很可能与人的心理不健康有关。

如果符合这三个原则中的任何一项，能否完全肯定有心理问题或者说有心理疾病呢？这要具体问题具体分析。心理学的临床实践发现，即使符合了上述三大原则之一，也不见得就一定有心理问题或心理疾病，但是出现了这些异常的情况一定要引起我们的高度重视和关注，并要积极预防心理疾病的发生。由于心理疾病的诊断有更具体的医学标准，其诊断结论应该由心理医生或精神科医生来下，其他任何人都不能随意给人贴上心理有病的标签，因为这不仅仅是不尊重人，更有可能给人带来心理负担和消极的不利影响。比如：青少年的行为和个性变化，个别孩子奇装异服，行为乖张诡异，这有可能是因为他们本身正处于学习和身心成长的阶段，因为具有能力的可发展性和个性的可塑性的特点，他们常常表现出的标新立异和怪异行为，往往是成长过程中的模仿和创造性的尝试行为，以及逆反心理的结果，一般过了一段时间又会恢复正常。

四、员工心理健康管理

健康的心理是高素质员工的重要条件。实践中，员工不良行为的发生和工作积极性不高，除了物质因素外，心理健康方面的缺陷是重要原因。这也印证了为什么不少企业虽然采取了很多措施，用物质方式来激励员工，但效果并不理想。

消除员工的心理障碍，培养员工健康的心理素质，保持和提高员工的心理健康，正成为企业人力资源管理必须高度重视的问题。

1. 员工心理健康的含义

健康是指人没有疾病和缺陷，且心理机能正常。员工心理健康，是指员工在劳动关系领域里心理机能处于正常状态，没有疾病和缺陷，能够经受住挫折和打击，始终保持积极向上和旺盛的情绪。

2. 员工心理健康管理的内涵

企业员工心理健康管理就是应用心理学知识和现代信息技术，从多角度系统地关注和维护企业员工的心理健康。通过构建心理健康档案，定期实施压力监控及压力预警，界定心理健康状况，并在此基础上推荐个性化的教育培训、互动交流、自助调适和专家咨询服务，通过员工的积极参与、主动互动，维护和提高员工身心健康，这是企业持续发展的保障，也是企业发展的决定推动力。

3. 员工心理健康管理的目的

企业员工心理健康管理的目的是促进员工心理健康、降低管理成本、提升组织文化、提高企业绩效等。一个有效的企业员工心理健康管理可以为企业带来无穷的效益。

4. 员工心理健康管理的作用

（1）减少人才流失。实施员工心理健康管理的企业，能使员工感受到企业对他们的关心，使员工更有归属感和工作热情，能吸引更多的优秀员工，由此降低重大人力资源风险，保护企业的核心资源。

（2）提高劳动生产率。通过员工心理健康管理的实施，使员工心理处于最佳水平，身心更健康，精力更充沛，由此提高企业的劳动生产率，增强企业的核心竞争力。

（3）预防危机事件发生。通过员工心理健康管理的实施，对员工的压力水平进行即时性监控，并推荐适当的指导建议，促进员工随时调整身心状态，预防员工心理危机事件的发生。

5. 影响员工心理健康的因素

从企业劳动关系的情况看，影响员工心理健康的因素主要有五个方面：

（1）工作方面的压力。包括工作任务繁重、工作难度大，知识技能不能满足等。

（2）工资福利待遇方面的差异。表现为同工不同酬、个人能力业绩与报酬不相等，长时间不增薪等。

（3）人际关系方面的困惑。既有同事之间、也有上下级之间，还有业务活动中遇到的不顺畅等。

（4）安全卫生保护方面的担心。包括对工作岗位安全卫生环境、职业危害防护等感到存在隐患等。

（5）职业不稳定的忧虑。害怕劳动合同期满后单位不续约，难以找到合适的工作等。

五、职业心理健康问题

1. 职场抑郁

据相关数据统计，国内职场员工心理健康出现的最常见问题，就是抑郁倾向，这是职场中十分常见也最为严重的职业心理健康问题。

有抑郁倾向的职场人，其身体、情感、思维和行为都会受到影响。同正常人相比，有抑郁倾向的人明显有记忆、注意力障碍，工作兴趣严重丧失的情况。如果这种抑郁倾向在较长时间内得不到调节和干预，极有可能发展为严重影响员工心理健康的心理疾病——抑郁症。而一旦患上抑郁症，往往只有专业治疗才能控制病情。

出现抑郁倾向的职场人士，身体、情感、思维和行为都会受到影响。我们可以观察到，他们的工作效率和稳定性比以前降低了，记忆、注意力都大不如前，并且经常请假或迟到，工作兴趣严重丧失。导致抑郁倾向的原因比较复杂，其中可能有遗传的因素、生物化学因素、社会文化环境因素、性格因素以及压力等，比如完美型性格的人比较容易出现抑郁倾向。除此以外，生活或工作中发生较大变故，比如被解雇、亲人亡故、事情长时间得不到解决等，也可能造成抑郁倾向。需要注意的是，我们这里谈的抑郁倾向与经常谈到的抑郁症是不一样的。抑郁症需要经过医生或心理专家诊断，符合抑郁症诊断标准才能确诊。而抑郁倾向是出现了一些抑郁的症状，比如情绪低落、对未来无意义感等，这些症状可能是短期的、暂时的，但如果持续时间过长，就有可能发展为需要治疗的抑郁症。

人的身体就像一台十分精密复杂的机器，各个系统与内脏之间，互相依存，功能互补，才能使人体的各种机能处于平衡状态而维持正常的生理活动。人在日常的工作中，不断受到各种外界不良因素的侵害和干扰而不会生病，是因为人体本身存在一种应激调节机制，能够把失去平衡的状态迅速恢复到原来的平衡状态。而当人体过度劳累（超体力劳动或超脑力劳动）时，人体的应激调节能力下降，因此便不能很好地调节机体的各种平衡，容易让疾病乘虚而入。

抑郁倾向本身并不可怕，在西方国家，人们坦然地面对心理医生，快意畅谈，抒发胸中的苦闷与无奈，通过心理疏导和药物治疗，健康可以获得恢复。只要对抑郁进行提前预防和正确的医生评估，确定他们是一时的情绪波动还是已经倾向患上抑郁症，及时进行情绪的疏导和对症下药，这种倾向完全可以避免。

2. 职业倦怠

职业枯竭又称职业倦怠，是指在工作重压下的一种身心疲惫的状态，厌倦工作的感受，是一种身心能量被工作耗尽的感觉。与人打交道的职业（如心理咨询师、教师、警察、客服等）是职业枯竭的高发人群。哈佛大学教授、组织心理学家大卫·加维奇博士发现，如果员工长时间从事同样的工作，就很可能觉得厌烦、沉闷，且工作表现低于平常的效率。这些员工正处在“油尽灯枯”的边缘，被认为是患上了“职业倦怠症”。所谓“职业倦怠症”，简单说就是工作中“心不在焉”或身心疲惫的状态。职业倦怠症状表现为员工害怕或者故意避免参与竞争，没有竞争热情；逐渐失去工作乐趣，对办公场所有强烈排斥感甚至恐惧感；长期处于挫折、焦虑、沮丧状态，情绪波动很大，逆境下容易焦躁；对工作任务产生本能的厌倦，对业务指标缺乏动力；工作过程中极易产生疲惫感，对工作中的新事物敏感度降低。

职业枯竭很大程度上是因为压力过大导致的。首先，它体现在情绪的耗尽状态，这种情绪的耗尽让人渐渐没有心情上班，还可能让人一上班就感到身体不适。其次，它让人变得愤世嫉俗，开始对周围进行讥讽，批评、打击跟工作有关的一切事情。最后，它还让人对自我的评价降到极点，产生无能感。这部分职业枯竭状态的人员已经占到了群体的10%~15%，部分企业甚至达到了30%。当最初的新鲜感和挑战刺激过去后，工作渐渐进入常态，每一个职场人或多或少都会出现一些职场倦怠心理，这是影响员工心理健康的另一个重要方面。

职业倦怠心理的诱因有多方面。当员工对自己的个人价值评价，与现实中取得的工作成就不相符时，就会产生心理上的较大落差；同时，由于缺乏理性的个人职业发展规划，现属职位没有发挥出个人的专长与热情，也可能导致职业倦怠的出现；再者，一些员工为了获得金钱与名利，或者为取得成就而透支身体健康等，都会引发不同程度的职业倦怠心理出现。事实上，工作、生活、社会角色的混杂，工作中与高层领导的冲突，企业文化因素，以及工作办公环境等，都会对员工的心理造成不利影响。

3. 工作压力

工作压力是指个体在工作环境影响下所产生的一系列心理和生理反应的综合状态。它代表了个体对于各种环境刺激的反应，包括生理、心理和行为三个方面。

工作压力是一种有害的生理、情绪反应，当工作要求与员工的能力、资源、需求不匹配时，就会产生。诸如工作时负担重、要求高、时间长、条件恶劣，以及缺乏社会支持和交流、不当的报酬等，造成工作者日益遭受着工作压力之苦。其直接后果是导致工作者筋疲力尽，心理失调，严重时甚至引起某些身体疾病。更有甚者，工作压力还给组织造成了巨大损失，事故频发、士气低落、生产下降、病假旷工、频频跳槽乃至提前退休早已是司空见惯。根据世界卫生组织的调查显示，工作压力是人们过早死亡的直接杀手，吸毒、酗酒，甚至自杀成为一部分人应对工作压力的方式，工作压力已成为各国工作场所中一种普遍存在的现象。因此，寻找工作压力的发生规律，制定克服工作压力影响的方针策略，已成为企业界的迫切要求和相关研究者的强烈动机。

据美国职业压力协会估计，压力及其所导致的疾病——体力衰竭、神经健康等问题，每年会带给美国企业界3 000多亿美元的损失。

中国现代社会的发展给职场人士同时带来了机遇和挑战，竞争的加剧，不稳定因素的增加，使得他们的心理承受着巨大的压力。

4. 工作—家庭关系

随着大量的女性投身到竞争激烈的职场，双薪家庭日渐增多，工作中发生的事件不可避免地会影响到家庭，反之亦然。要同时兼顾工作与家庭的双重角色给个人带来较大的压力，女性首当其冲，而男性也比以往较多地卷入了家庭角色。工作—家庭冲突是许多人都曾经历到的一种压力感受，它是一种角色间的冲突，是由于面对工作与家庭两种角色在某些方面彼此互不相容时，所产生的角色压力。西方对于工作—家庭问题的研究主要由心理学家进行，多从工作压力的角度入手，把研究焦点集中在工作—家庭关系的失衡，及其作为压力来源对于个人工作及家庭幸福的影响等方面。人力资源管理学研究发现：工作—家庭冲突与个人的工作态度（如工作满意）、心理健康（如抑郁）、工作效率低下、缺勤和离职及身体健康（如生理症状）都有紧密联系。

值得注意的是，随着人们对家庭生活的日益重视和积极心理学的兴起，工作—家庭关系研究也出现了如下一些新的动向：开展工作—家庭平衡和工作—家庭促进研究；重视休闲、社交、信仰、父母—孩子关系、教养方式等非工作领域因素的作用；开展干预支持和对策探索类研究，帮助人们解决工作—家庭间的矛盾与冲突。

5. 工作场所暴力

工作场所暴力定义为：发生在工作场所的各种身体攻击、威胁行为或口头谩骂。不局限于殴打、自杀、枪杀、强奸、自杀未遂、心理伤害（如威胁、猥亵电话、性骚扰、被跟踪、被诅咒或大声呵斥）。工作场所暴力不一定在工作环境中发生，也可能发生在工作地点以外，员工因工作相关的原因受到的暴力侵害也包括在内。现在工作场所暴力已被公认是一种职业危害，在美国、英国已成为公众和政策制定者关注的焦点。除了导致肉体伤害以外，暴力可能产生的负面影响还有：工作人员士气降低、工作压力增大、工作人员更替增加、对组织管理和同事间的信任度下降，以及不友好的工作环境等。

暴力产生的原因一般包括个人因素（如人格、情绪、物质依赖、经济和家庭、人际关系等）、组织因素（如不公正、雇用、工作负担、沟通、晋升、企业文化、管理风格等）和社会因素（如劳动力多元化、失业、经济形势、毒品和药物泛滥、家庭分裂等）；暴力预防包括组织预防（构建符合伦理和公正的文化、安全政策、环境设计、安全培训和员工背景调查等）和个体预防（心理治疗、放松训练、个人规划、建立人际关系等）两方面。

六、关注员工心理健康的思路

消解员工的心理障碍，需要全社会的共同努力。由于员工生活在企业之中，企业承担着直接的责任，并将直接承担员工心理障碍能否消解的后果，因而更应当采取相应的措施来解决或缓解。企业可从以下几个方面着手。

1. 重新审视自己的管理理念

转型期员工心理障碍产生的原因与企业管理理念密切相关。企业加强管理，对不负责任、不服从管理等现象进行整顿，辅以相应的惩罚是必要的。但是，过分强调惩罚，把员工视为“偷奸耍滑”，甚至当作“敌人”，必然引起员工的极大反感，也就会使员工失去与企业的认同感。只有把员工真正当作“人”，在管理中理解人、关心人，员工的积极性才能得到真正的发挥，其心理障碍才可能真正减少。

2. 对员工的心理障碍进行必要的调查

心理障碍往往不像现实问题那样明显，要加以识别是需要进行相应的心理调查的。按照 ISO9000 的要求，“组织应当识别其人员在得到承认、工作满意和个人发展等方面的需求和期望”。认真分析这些方面的需求和期望，实际上都是心理需求。心理需求得不到满足，心理期望达不到，就可能产生心理障碍。目前，我国还很少企业能够认识到这个问题的重要性，企业管理人员对员工的心理障碍基本上没有引起重视。尽快开展这一工作，对于消解员工的心理障碍是相当迫切的。

3. 采取相应的措施消解员工的心理障碍

要消解员工的心理障碍，首先要消解员工产生心理障碍的原因。当然，员工产生心理障碍的原因很复杂，不是企业能够完全消解的。但是，企业至少可以通过改进管理、加强思想政治工作等方式来消解部分原因。其次要尽可能化解员工的心理障碍。企业应当通过走访慰问困难员工、举办各种企业文化活动等方式，吸引员工参与，让员工在参与中化解心理障碍。再次要开辟员工心理诉求的渠道。企业应当建立相应的内部沟通渠道，让员工的心里话和各种情绪（特别是委屈之类的消极情绪）有处可说，有地方可诉。企业还应当建立员工诉求的处理机制，给员工一个“说法”。必要时，企业可以开办心理诊所，为员工提供心理咨询服务。最后要使员工的不良情绪有一个能够发泄的机会。不良情绪积压过多，一旦发泄，对任何一方都可能造成极大的损害。企业可以通过开展诸如文化体育活动、征集意见活动之类的方式，让员工有一个发泄不良情绪的机会。像国外企业的情绪发泄室也是可以借鉴的。

4. 积极开展企业员工心理培训

企业心理培训是指将心理学的理论、理念、方法和技术应用到企业管理和企业训练活动之中，以更好地解决员工在动机、心态、心智模式、情商、意志、潜能及心理素质等方面出现的心理问题，使员工心态得到调适、心态模式得到改善、意志品质得到提升、潜能得到开发等。

目前，企业相当缺乏懂心理学的管理人才。因此，首要的事还是如何改变观念、引进人才或加强培训，使企业具备进行员工心理调查和消解员工心理障碍的基本条件。否则，一切将无从谈起。

5. 培养员工控制心理压力和焦虑的能力

要降低心理负面因素的伤害，需要组织和个人两个层面的努力，让员工学会管理自己的压力和焦虑，便是两个层面共同努力的重要方式。在这方面，既要有态度的引导，也要教给员工具体的方法。员工不必为自己的弱点太多地忧虑，而是要大大地发挥自己的优点，使自己充满自信，以此来解决自己的压抑问题。

在具体技能培养方面，一是培养员工学会自我管理，另外就是情商方面的培训。自我管理方面的技能可以让员工学会管理自己的时间、压力和焦虑。而情商方面的培训，可以帮助员工建立自信，培养自己与别人建立友好关系的能力。

6. 引入企业员工帮助计划

员工帮助计划，它是由企业为员工设置的一套系统的、长期的福利与支持项目，是一种新兴的心理咨询模式，它帮助识别员工所关心的问题，并且给予解答，这些问题会影响到员工的工作表现，同时影响到整个组织业绩目标的实现。EAP 是通过专业人员对组织成员的诊断、建议，和对组织成员及其家属的专业指导、培训和咨询，帮助解决组织成员及其家属的心理和行为问题，以维护组织成员的心理健康，提高工作绩效，并改善组织管理。

第三节　员工帮助计划

针对促进员工心理健康，人们谈论最多的方法就是实施员工帮助计划（EAP），针对员工已经出现的心理和行为问题进行指导和帮助。目前随着国内外 EAP 与人力资源管理的发展，EAP 已经从最初对酗酒、滥用药物等行为进行矫正，发展到现在对企业员工个人问题的全面帮助。现在的 EAP 还涉及与员工心理问题相关的组织和工作设计、企业文化、管理风格、员工发展等方面，越来越多地与企业的人力资源管理联系在一起。

一、什么是员工帮助计划

EAP（Employee Assistance Program），直译为员工帮助计划，又称员工心理援助项目、全员心理管理技术。

关于 EAP 的定义，不同的组织和专家给出了不同的解释，目前国内外尚未形成统一的定义。

国内较为权威的 EAP 定义为：作为组织为员工设置的一套系统的、长期的援助与福利项目。通过专业人员对组织的诊断、建议和对员工及其直系亲属提供的专业指导、培训、咨询，帮助解决员工及其家庭成员的各种心理和行为问题，提高员工个人绩效和组织整体效能。

根据以上定义，我们对 EAP 的认识可以从以下三个层面进行：

（1）EAP 是由企业在工作场所为员工实施的、系统的、长期的福利项目。

（2）EAP 是基于心理学专业和知识来实施的，所要解决的主要是员工心理健康方面的问题，同时也包括其他方面的问题。

（3）EAP 项目除了解决员工个人关注的问题外，还解决企业所面临的问题，帮助改善组织绩效，提高企业生产力等。

在行为科学的基础上，EAP 可以为员工和企业提供战略性的心理咨询、确认并解决问题，以创造一个有效、健康的工作环境。通过对员工的辅导，对组织环境的分析，帮助处理员工关系的死角，消除可能影响员工绩效的各方面因素，进而增加组织的凝聚力，提升公司形象。它帮助识别员工所关心的问题，并且给予解答，这些问题会影响到员工的工作表现，同时影响到整个组织机构业绩目标的实现。

二、EAP 的特点

（1）保密性。专业的 EAP 咨询机构恪守职业道德的要求，不得向任何人泄露资料，企业和员工都不必担心自己的隐私被泄露。

（2）EAP 服务对企业和员工双向负责。专业的 EAP 咨询机构为来访者的隐私保密，但是同时协调参与劳资双方的矛盾，有重大情况（如危及他人生命财产安全）和企业方及时沟通。

（3）EAP 服务为来访者建立心理档案，向企业提供整体心理素质反馈报告。

（4）EAP 服务方式多样，时间高度灵活，有面对面咨询，有分层次、分主题的小规模心理培训，有大规模心理讲座。

三、EAP 的分类

1. 根据实施时间长短——分为长期 EAP 和短期 EAP

EAP 作为一个系统项目，应该是长期实施，持续几个月、几年甚至无终止时间。但有时企业只在某种特定状况下才实施员工帮助，比如并购过程中由于业务再造、角色变换、企业文化冲突等导致压力和情绪问题；裁员期间的沟通压力、心理恐慌和被裁员工的应激状态；又如空难等灾难性事件，部分员工的不幸会导致企业内悲伤和恐惧情绪的蔓延等。这种时间相对较短的员工帮助能使企业顺利渡过一些特殊阶段。

2. 根据服务提供者——分为内部 EAP 和外部 EAP

内部 EAP 是建立在企业内部，配置专门机构或人员，为员工提供服务。比较大型和成熟的企业会建立内部 EAP，而且由企业内部机构和人员实施，更贴近和了解企业及员工的情况，因而能更及时有效地发现和解决问题。

外部 EAP 由外部专业 EAP 服务机构操作。企业需要与服务机构签订合同，并安排 1~2 名 EAP 专员负责联络和配合。

一般而言，内部 EAP 比外部 EAP 更节省成本，但员工由于心理敏感和保密需求，对 EAP 的信任程度可能不如外部 EAP。专业 EAP 服务机构往往有广泛的服务网络，能够在全国甚至全世界提供服务，这是内部 EAP 难以达到的。所以在实践中，内部和外部的 EAP 往往结合使用。

此外，在没有实施经验以及专业机构指导、帮助下，企业想马上建立内部 EAP 会很困难，所以绝大多数企业都是先实施外部 EAP，最后建立内部的、长期的 EAP。

3. 根据服务范围——分为工作面、生活面和健康面

工作面：除了一般的劳动条件外，还包括工作设计、专长发展、工作调适、职位转换、生涯发展、绩效考核、职位晋升、退休规划、离职安置等。

生活面：包括家庭婚姻、生活管理、休闲娱乐、人际关系、财务法律等。

健康面：健康面不仅指如何有效减肥、戒烟，而且强调有效统整组织内部服务与外

部资源，主动关心员工，诸如在心理卫生、压力管理、运动保养、饮食健康、忧郁焦虑、嗑药毒瘾、酗酒戒赌等。

四、EAP 的功能

EAP 在组织实施过程中，不仅仅是解决员工面临的问题，它可以发挥三个层面的功能：

1. 解决困扰

企业中的少部分员工（约 10%～15%）会受到心理困扰，EAP 可以帮助他们解决困扰问题。

2. 预防问题

大部分员工会受到如压力等因素带来的威胁，但还没有出现困扰。EAP 的实施可以帮助这些员工树立正确的观念，掌握相关知识与技能，预防这些问题对个人产生负面影响。

3. 提升素质

企业所有员工都有提升心理素质的需求。研究和实践发现，拥有高心理素质（或称高心理资本）的员工，能更好地应对当前社会快速变化所带来的种种压力。EAP 的实施可以提升员工相应的心理素质，让所有的员工受益。

五、EAP 的内容

EAP 是一个长期的、系统的项目，是企业人力资源管理系统中的有机组成部分。已开展 EAP 项目的企业，在咨询机构的专业支持下，通常连续为员工提供 EAP 服务。在国外，EAP 的内容非常广泛，包括企业能为员工提供的各种帮助，比如健康、婚姻、家庭、财务、酗酒、药物滥用、情绪、压力或其他可能影响工作业绩的个人问题等。但在国内，目前 EAP 项目的开展主要侧重于心理方面的帮助和支持，内容主要包括：通过心理调查摸清员工的心理状况和部分员工存在的心理问题，通过心理咨询解决员工心理困扰，通过心理培训提升员工的心理素质，改善工作效率，通过中高层管理者培训提升管理水平，在员工出现过激行为时进行危机干预等。

完整的 EAP 包括：压力评估、组织改变、宣传推广、教育培训、压力咨询等多项内容。

六、EAP 的服务范围

按服务范围，员工帮助计划可以分为职业戒酒计划（OAP）、员工帮助计划（EAP）、职业健康促进计划（OHPP）、员工提升计划（EEP）等。

1. 职业戒酒计划

职业戒酒计划最早可追溯到 1917 年美国纽约梅西百货公司创立的员工咨询系统。20 世纪初，美国的一些企业开始注意到，员工的酗酒、吸毒和其他一些药物滥用问题会影响员工和企业的绩效，于是开始聘请有关专家探讨如何解决这些问题。另外，当时已不再认为酗酒是缺乏道德与精神堕落的表现，而被正式认定是一种疾病。这些原因推动了职业戒酒计划的产生。从 20 世纪 40 年代起，职业戒酒计划开始在美国许多企业中实施并逐渐普及，也有一些企业将职业戒酒计划的内容扩展到员工精神和情绪方面。到了 20 世纪六七十年代，由于美国社会的剧烈变革，酗酒、吸毒、药物滥用等成为严重的社会问题，而家庭暴力、离婚、精神抑郁等个人问题也对员工的工作表现造成越来越大的影响，于是很多原来的 OAP 项目扩大了范围，提供更多的帮助和服务以解决更广泛的个人问题，并且开始把服务的对象扩展到员工的家属。

2. 员工帮助计划

从 20 世纪 60 年代起，越来越多的企业开始执行员工帮助计划，扩大帮助解决处理员工个人问题的范围，并提高员工独立解决问题的能力。从这时起，人们开始关注更为广泛的社会问题，探讨酗酒背后的深层次原因，并一致认为各种社会问题和压力是引发酗酒的主要原因。在这个时期，企业主要运用一些系统干预的方法来了解、诊断问题员工的行为并探讨问题产生的原因，积极主动地提供家庭、法律、医疗、财务等方面的援助，帮助员工解决问题。常见的干预方法主要包括评估、咨询、辅导、治疗等。

3. 职业健康促进计划

职业健康促进计划是针对员工戒酒计划中员工帮助项目过于一般化，对员工心理与行为问题缺乏细致描述的不足而提出的。它是组织所采取的寻找并解决那些在工作场所内外引起员工健康隐患问题的措施和活动的总称，目的在于提高员工的身心健康水平，促进员工的人际关系良性发展，增加工作环境中的合作行为，提高员工的适应性、健康水平及主观幸福感，最终达到提高工作效率与组织绩效的目的。

4. 员工提升计划

从 20 世纪 80 年代起，一些新概念的提出使员工帮助计划延伸至员工提升计划，它强调压力管理、全面健康生活形态、人际关系管理等问题，致力于改善工作中和工作后可能逐渐引发未来健康问题的行为。

七、EAP 的导入程序

企业在实施 EAP 项目时，往往会遵循如下的导入程序：

1. 明确负责 EAP 项目的职能部门

员工帮助计划项目作为一套系统、长期的项目，项目本身涉及诸多环节，且环环相连，彼此互为支持和呼应。同时也要考虑与组织现有资源的匹配和融合，为此需要企业根据自身情况和项目本身的定位，明确项目的责任部门，以便统筹调度和组织实施。

2. 成立 EAP 导入的专项小组

由负责 EAP 项目的职能部门牵头，成立 EAP 工作小组推动组织实施。在规模较小的组织中可涵盖在职能部门内部，规模较大的组织往往有其他职能部门人员介入，这些人员来自不同的部门，可以站在不同的角度提供意见，还可以发挥他们本身专长。如有些人善于沟通，有些人擅长宣传，还有些人可能有助于表达和推广，等等。

当然，该小组并不意味着组织内部所有职能部门均委派代表参与，总体负责的职能部门要根据组织内部的需要进行选择，最核心的目的是争取各部门的认同并集思广益，共同推进 EAP 项目的实施和执行。

3. EAP 项目方案的需求分析

EAP 项目工作小组应根据组织的特性和员工的需求，对 EAP 项目进行初步需求分析，为 EAP 模式的选定、专业机构选择做好相应准备。

通常情况下，如果组织倾向于采用外部模式，该项工作往往由外部专业机构协同进行。

4. 确立 EAP 项目目标及编制预算

EAP 项目小组的一个至关重要的任务就是确立员工帮助计划项目的预期目标。当然这个目标的确认需要得到公司高层管理者的最终认同，否则将极大影响项目的最后评估。

目标可以从短期、中期、长期不同的角度来阐述，具体要根据组织的情况和员工需求进行设定。

如同企业导入其他项目一样，成本问题是项目小组考虑的另外一个重要问题。编制项目预算要结合公司的财务状况和年度预算，并尽可能在细化的基础上进行量化。

采用外部模式的 EAP 项目，外部机构在该环节往往有不同程度的介入。

5. 设置专职人员或指定专业机构

对于采用内部模式的员工帮助计划项目，需要设置专员具体负责项目的执行，并对该岗位的工作职责予以澄清和明确，确立相应的工作流程和制度。

其他模式需要甄选具备专业能力和实施能力的外部专业机构，并就整体合作事宜通过协约形式进行明确。

6. 建立员工帮助系统

任何一种模式的 EAP 项目，均需要形成员工帮助计划项目详细规划书，并由项目专项小组对其进行完备的论证，在提交公司高层管理者批准后实施和执行。

实施前的规划方案与相关准备工作对 EAP 项目的顺利导入有较大影响，一方面容易说服高管层并获得最大限度的支持，另一方面容易得到员工的认同和信任。

实施前期的促进和宣传同样具有非常重要的意义，包括项目导入目的、工作流程、服务内容、服务形式等，由此员工可以清楚知道如何有效使用组织所提供的资源并寻求相关帮助。

7. 项目评估

根据设定的项目周期，EAP 项目小组将进行效果评估，对前期执行过程中存在的缺陷和不足进行修正，同时将评估结果和相关建议向管理层汇报，作为组织层面审定后期项目实施和执行问题的依据。

八、EAP 项目在企业人力资源管理中的应用

（一）企业实施 EAP 的意义和目的

实施 EAP 的意义是为员工提供一种“精神福利”，其目的是降低组织的管理成本及其费用，提高员工在组织中的工作绩效。

近年的试点实践表明，EAP 项目在缓解员工的工作压力和生活压力，促进企业和谐与稳定方面能够发挥独特的作用。具体表现在：

1. 投资回报率高

对一些压力和心理干预项目的投资回报率的研究表明，这类服务项目的收益往往是很高的，远胜过一般商业投资的回报率。EAP 发展的首要原因是越来越多的企业认识到 EAP 可以帮助企业省钱，可以降低管理成本。

2. 员工的心理问题会影响个人和企业的绩效

以前，企业可以把那些由于心理问题而导致工作效率低下或者不胜任工作的员工解雇。后来发现，员工心理问题的产生，除了与个人的心理特征有关外，与其所从事的工作本身以及整个社会和时代背景都有密切关系，不再仅仅只是员工个人的事，也是企业需要关注的问题。另一方面，企业解雇老员工、聘用和培养新员工需要付出很高的成本和代价。因此，实施 EAP 后企业不再简单地因个人心理问题解雇员工，而是采取措施，帮助员工预防和解决工作及生活中的心理问题。

3. 提升企业文化

从 EAP 对组织运行的影响来看，其硬性指标包括：生产率、销售额、产品质量、总产值、缺勤率、管理时间、员工赔偿、招聘及培训费用等；其软性指标包括：人际冲突、沟通关系、员工士气、工作满意度、员工忠诚度、组织气氛等。这个软性指标其实就是企业文化的各方面表现。

4. EAP 的实施结果和人力资源管理的目标相一致

EAP 给企业带来的非财务收益，除了提高留职率、提升员工士气、改善组织气氛外，还将建立尊重员工价值、关心员工困境的文化；培养注重解决问题和个人发展的学习型文化；帮助企业更好地应对业务重组、并购、裁员等变革和危机；改善管理风格、沟通关系和组织、工作设计等。这些正是现代人力资源管理渴望达到的目标。从 EAP 发展模式来看，其涵盖内容与一般人力资源管理发生了越来越多的重叠。

（二）企业实施 EAP 的关键

1. 把脉与治疗

针对造成问题的外部压力源本身去处理，即减少或消除不适当的管理和环境因素，进行专业的员工职业心理健康问题评估。由专业人员采用专业的心理健康评估方法评估员工心理生活质量现状及问题产生的原因。

2. 宣传与推广

搞好职业心理健康宣传，利用海报、自助卡、健康知识讲座等多种形式，树立员工对心理健康的正确认识，鼓励员工在遇到心理困扰问题时积极寻求帮助。提高员工心理健康和自我保健意识，同时也提高对 EAP 项目本身的关注。

3. 全员培训

通过压力应对、挫折应对、情绪调控、积极思考、健康心态、自我成长等一系列培训，帮助员工掌握提高心理素质的基本方法，增强对心理问题的抵抗力。尤其需要掌握员工心理管理的技术，面对心理困扰能够及时找到适当的解决方法。

4. 改善环境

对工作环境进行重新设计与改善。一方面，改善工作硬环境；另一方面，通过组织结构变革、领导力培训、团队建设、工作轮换、员工生涯规划等手段改善工作的软环境，在企业内部建立支持性的工作环境，丰富员工的工作内容，指明员工的发展方向，消除问题的诱因。

5. 心理咨询

对于那些无法自我排解的心理问题，通过提供咨询热线、团体辅导、个人面对面咨询等服务，使得员工能够顺利、及时地获得心理咨询及治疗。同时，通过帮助员工改变不合理的认知结构、行为模式和生活方式等途径来减少出现心理问题的概率。

（三）中国企业导入内部 EAP 的主要思路

中国有着独特的国情和社会经济现实，由于东西方文化所存在的差异，EAP 的导入不应盲目照搬照抄，而应当遵循中国的实际，主要思路如下：

1. 更新企业领导的管理观念

企业高层管理者作出 EAP 决策，很大程度上源于其特有的管理观念。只有企业管理人员真正意识到 EAP 的重要性，才有可能投入足够的资源开展员工援助计划，才能真正保证计划的顺利开展。

2. 确定员工援助计划的内容

中国企业确定员工援助计划的内容不仅要包含心理健康知识的培训、宣传、普及，心理障碍的调节和矫正，还应该对于组织中容易引起心理隐患的不良因素进行消除，如改善管理风格，提升组织的人力资源管理水平等。

3. 纳入企业的福利开支预算

EAP 作为企业针对员工推行的一项长期服务项目，应该纳入到企业的福利开支预算当中。这样，中国企业导入并实施 EAP 才具有财力保障，才能够使 EAP 成为企业的一项稳定的人力资源服务项目。

4. 建立企业内部 EAP 体系

内部 EAP 是在企业内部，配置专门机构或人员，为员工提供服务。比较大型和成熟的企业会建立内部 EAP，而且由企业内部机构和人员实施，能更贴近和了解企业及员工的情况，更及时有效地发现和解决问题。

九、EAP 在中国的发展现状

对于绝大多数的中国企业来说，EAP 还是一个全新的概念。20 世纪 90 年代末，其概念和相关活动才逐渐由跨国公司和心理学家引入内地，并逐步引起企业界和学术界的重视。EAP 在中国的运用和发展情况，主要有以下几个特点：

1. 引入时间较晚，企业界了解、接受程度不高

目前在我国，员工援助计划的研究和应用尚处于起步阶段。由于 EAP 在中国市场推广不够、认知度不高，国内的大多数企业根本不知道或没有接纳这种形式。一小部分企业曾邀请心理咨询专家为员工的心理问题提供帮助，不过，这些帮助多集中在个体辅导的水平上。从组织行为的角度，采用 EAP 服务模式还只是近 4~5 年才开始的，而且主要是从进入中国市场的外资企业开始的。直到 2001 年 3 月，国内才诞生了第一个完整的 EAP 项目——联想客户服务部的员工帮助计划。

2. 实施的范围领域逐步扩大

我国的EAP应用范围逐步由最初的外资企业发展到政府部门、军队等其他领域。2000年，深圳市公安局建立了心理服务中心，为警察提供心理咨询和其他服务，解放军某部也建立了心理咨询服务机制。上述活动都是重要的与EAP相关的实践活动。2004年7月，一项EAP项目在上海徐汇区政府全面启动，共包括了人际规划、恋爱婚姻等10项服务内容。中国联合工程公司也将在今年成为我国第一个全套引进EAP的国有企业。这意味着过去外企重视的员工及其家属的心理健康，也逐渐为国企和政府、事业单位管理者所关注。

3. 逐步向商业化和专业化方向发展

国内企业早期与EAP相关的活动，大多是与医院心理、精神科或高校心理学家合作开展。企业为了得到更全面、更有效的服务，开始寻找专业的EAP专家合作。在此需求的推动下，国外的EAP服务机构开始进入中国市场。另外，一些本土的专业化EAP公司和EAP服务机构开始在北京、上海等大城市陆续成立，他们的咨询服务对象也逐渐由外资企业转入国内企业，如联想集团、国家开发银行和上海大众集团等。2005年6月，首届中国企业心理服务国际论坛在北京召开。不难看出，中国的EAP发展逐渐迈向了专业化和商业化的道路。

4. EAP项目内容不断拓展

中国最早关于EAP的服务，偏重于员工的心理咨询和心理辅导，解决员工工作中的压力、情绪低落、公平感等问题，而很少涉及与员工个人生活有关的服务项目。随着EAP在中国的普及和企业以人为本观念的加强，中国EAP计划的服务项目开始更关注员工的个人生活：诸如法律援助、健康生活方式、理财、饮食习惯、情感困扰等方面的问题。相信随着国内企业对员工关怀的日益加强，加上各类专业服务机构的推动和来自高校和研究单位的支持，中国的EAP行业会变得日趋成熟，EAP也会成为向企业员工提供的一种非常普及的服务。

本章小结

随着经济发展的加快，员工的压力越来越大，本章介绍了员工心理契约在人力资源管理中的作用，强调了员工职业心理健康的重要性，指出了现代社会职业心理健康问题。提出员工心理管理和关注员工心理健康的思路。重点介绍了企业员工帮助计划（EAP）在解决员工的心理问题，预防心理问题的发生，让员工随时保持轻松愉快的工作状态，提高企业生产率中的作用以及建立企业内部EAP体系的重要意义。

复习思考题

1. 什么是员工心理契约？心理契约在人力资源管理中的作用有哪些？
2. 什么是员工心理健康管理？职业心理健康问题有几大类？
3. 关注员工心理健康的思路是什么？
4. 什么是员工帮助计划——EAP？EAP的分类、功能和服务范围是什么？
5. 企业变革、并购裁员、危机事件中如何面对员工心态与过激行为？

案例分析

案例 1

26 岁的卢某在一家欧资企业工作，她表现得非常卖力，常常晚上工作到 22 时以后。只是，这家企业并不鼓励加班，所以部门领导几次找卢某谈话，叮嘱她注意身体。卢某总是满口答应，但她仍会在办公室待到半夜。领导再来劝她时，她会说，她忍不住加班，这是她的一个习惯，请领导谅解。因为卢某工作极其出色，再加上公司文化非常宽容，并且加班毕竟看上去是好事，所以领导不再管她了。为什么非加班不可？

案例分析

卢某有完美主义，必须把工作做到尽可能的好，她才安心。而另一方面，她是用工作“kill time（即消磨时间）”。原来，卢某怕回家，怕独自一人待在空荡荡的房间里。偶尔，她会跟朋友们去酒吧等场合“kill time”，但她不喜欢那种闹哄哄的场面，她觉得那时反而会更空虚，相比较之下，工作更有意义一些，所以她宁愿加班到半夜，然后才拖着疲惫不堪的身体回家。卢某渴望在身心俱疲的情况下回家，只有在这样的情况下，她才能在回家后倒头就睡。

这样说来，卢某的加班，原来只是为了不让自己的心灵放松，因为心灵一旦放松，她一直不愿意面对的一些东西就会映现出来，令她难过。一开始，她的加班战术比较成功，她基本上每天都可以令自己身心疲惫，回家后倒头就睡。然而，随着时间的推移，这个战术逐渐失去了效力，现在，她要么不管多疲惫都难以入睡，要么常在深夜里突然醒来，然后陷入失眠状态。睡不着的时候，她会忍不住哭泣，可到底是什么事情让她为何如此悲伤？

她说，她每天晚上哭泣，都是因为同一个原因：担心男友再一次抛弃她。卢某和男友是中学同学，大学时开始谈恋爱，她在广州，而他在上海。恋爱期间，一次她没有打招呼，就跑到了男友的学校，想给他一个惊喜。不承想，男友居然提出了分手，而且什么理由都不肯讲。

这次分手给卢某造成了极大的伤害。当时，她曾有一段时间，每个夜晚都忍不住哭泣，悲伤的感觉太难过了，卢某想克服这种情绪，随后找到了办法——高强度的学习。

第二年春天，他突然和卢某取得了联系，对她说，他渴望和她重新在一起，因为一直爱着她，当时之所以分手，是因为担心毕业后找不到好工作，那样自己就配不上各方面都很优秀的卢某。没想到，他毕业后很顺利地找了一份好工作，那之后他一直想和卢某复合，只是没有勇气提出。经过了几年的犹豫后，他终于鼓足了勇气，决定告诉她真相——他一直爱着她。卢某也仍爱着他，于是，两人又走到一起。复合的爱情一开始很甜蜜，他们常在广州和上海间飞来飞去，空间上的距离似乎没有那么远了。并且，经过了几年的相思之苦后，男友更懂得了如何呵护卢某，常给她制造一些意想不到的浪漫和温暖。

然而，恋爱一年后，从今年春天开始，卢某常陷入莫名的担忧中，她脑海里常重现那次被抛弃的画面：她兴冲冲地跑到他的学校，他却冷冰冰地对她说，他不再爱她了，一切都结束了。

脑海里一出现这个画面，她就会担忧这一幕再次重演，于是难过到极点，忍不住会哭起来。这时，她会告诉男友，男友则会极力劝慰她，对她说，他以前太傻，不知道该怎么爱一个人，所以才做出那样的蠢事，但以后不会再做了，他爱她，他只爱她，心里没有其他人，你别哭了，你担心的事情不会发生……

只是，不管男友在身边劝慰，还是通过电话劝慰，都没有多大效果。卢某理性上愿意相信男友说的是真的，但她就是无法控制自己令大学时被抛弃的那幅画面不要出现。

当然，也并不是一点办法都没有。卢某很快想起，大学时，她用刻苦学习的办法克服了当时的悲伤。于是，她重新拾起这一办法，用刻苦工作的办法来克服现在的悲伤。这个办法一度有效，但现在也不行了。

卢某的这种悲伤，的确是一种过度的悲伤，而且还是不恰当的悲伤。因为，除了两地分居，她和男友的关系并没有大问题，她却为这一点而深深地悲伤，这是过度的，也是不恰当的。简而言之，这是莫名其妙的悲伤。

所谓莫名其妙，几乎一定是因为，潜意识的东西发挥了作用。当事人意识上以为是因为事件B而有了什么情绪，但其实，真正引起这一情绪的是潜意识里的事件A在发挥作用。因为潜意识不被当事人感觉到，所以当事人的情绪和意识上找到的原因明显不匹配，这种不匹配，常被我们称为莫名其妙。

卢某这种沉溺性的悲伤，是源于高中时爸爸突然去世，因为车祸。当时非常痛苦，后来想，不能辜负爸爸的期望，于是刻苦学习，决定用考上一所重点大学的办法告慰爸爸的在天之灵。显然，这也是她抑郁状态的根本原因。

（资料来源：选自心灵咖啡网）

案例 2　由联想个案看员工心理健康管理必要性

联想在收购IBM之际，需要做的事情千头万绪。面临并购后的一系列纷繁复杂的事务，对于联想而言是一个不小的考验。人们知道，在收购以及其后的大举国际化路途中，员工将承担巨大的心理压力，而最终这些压力可能直接导致组织绩效的下降。

事实上，联想并不是个案。在全球化过程中，企业将不得不应对更为复杂的商业环境，这使得员工身上的压力越来越大。不过，当时联想的人力资源负责人给联想老总提了一个建议，引进EAP，对员工职业心理健康进行管理。

整合过程中，联想最终排除万难，引入了EAP项目。

如果你是联想集团在中国的员工，在工作、生活中碰到种种不如意的事情，只要拨打一个24小时热线电话，就会有一位专业咨询师帮你分析、解决各种生活工作问题，如果需要，你们还可以约好时间面谈——当然，全过程免费。这就是目前正在国内的外企和本土大企业里流行开来的第三方EAP服务。

联想于2007年开始正式推广EAP，最主要的帮助途径就是7×24小时的电话服务热线，大到职业发展、婚恋家庭中遇到的问题，小到只是因为下雨而导致心情郁闷，都可以拨打热线电话向咨询师求助，如果员工在电话里仍然觉得未能解决问题，还可以约咨询师进行进一步的咨询，多次交流，全程免费。

此外，联想还不定期提供各种健康讲座，针对可能出现的各种职场和生活上的问题，为员工提供咨询。

根据联想集团人力资源部的统计，有64%的员工愿意接受由第三方提供的EAP服务，实际使用率超过10%（100个人里，有超过10人曾拨打过服务热线，接受咨询时间超过30分钟），员工的满意度高达97.3%。

当然，也不能寄希望于EAP解决所有问题。中国的第三方EAP服务领先者——北京盛心阳光国际企业咨询有限公司督导李旭博士说，对员工来说，EAP的三个特点是：随时、免费、专业。EAP关注的是问题的“短程焦点”，比如一个员工遇到了与子女沟通的问题，EAP咨询师会和他探讨什么是有效的沟通方式。但如果沟通困难是由于这名员工深层次的心理原因造成的，或者是由于他存在一些精神方面的疾病，那就必须进行“转介”，由专业的精神分析治疗师，或者医生来处理了。

对于公司而言，实施EAP能给公司带来多少好处，确实很难用量化指标来衡量。但作为一项高度反映公司对员工负责程度的项目，实施EAP给员工带来的归属感和给公司带来的社会美誉度是毋庸置疑的。

（资料来源：选自豆丁网）

案例问题

联想公司引入EAP项目的时机恰当吗？实施EAP能给联想公司带来多少好处？

心理测验

小测验9-1

时间压力测验

该自我测试的目的，在于帮助你了解自己的时间压力水平。请阅读下面的10句陈述并以“是”或“否”作答。

1. 是　否　明年你是否计划减缓工作的进程？
2. 是　否　你是否认为自己是个工作狂？
3. 是　否　当需要更多时间时，你是否倾向于减少睡眠的时间？
4. 是　否　每天结束时，你是否经常感到还有很多事情没有做完？
5. 是　否　你是否为未能花费足够多的时间与家人和朋友在一起而感到不安？
6. 是　否　你是否经常尝试想做比自己能够处理完的更多的事情？
7. 是　否　你是否经常陷于日常工作中？
8. 是　否　你是否感到自己不再有玩耍或取乐的时间？
9. 是　否　当时间不够时，你是否常感到有压力？
10. 是　否　你是否喜欢独自花费更多的时间？

记分及解释：将所有回答“是”的项目个数加起来，超过7个（含7个）者为具有高时间压力者，低于4个为具有低时间压力者。

（资料来源：陈国海．组织行为学［M］．北京：清华大学出版社，2006：387）

小测验9-2

你容易焦虑吗？

下列情形中，请将能够描绘你状况的程度标记出来，并按要求记分，算出总分。其中：

A＝非常同意，B＝比较同意，C＝不一定，D＝比较不同意，E＝非常不同意

测试题：

1. 同众多的同事在一起你才会更感到放松，有安全感。
2. 与公司老板说话，你一直感到很紧张。
3. 当你工作遇到困难时，你从来都没有感到紧张过。
4. 当受到上司不公平的待遇时，你会难受很长时间。
5. 你总是担心公司可能已经发不出工资了。
6. 你经常想到同事讲到的鬼故事，感到害怕。
7. 再难缠的客户，你都能耐心应付。
8. 电影再感人，你都不会跟着别人一起流泪。
9. 你经常会失眠。
10. 在你工作的时候，有再大的影响，你也不停下来。
11. 工作的时候，你总担心会停电。
12. 与异性同事说话时，你总会红脸。
13. 你一直很平静，很少有烦恼。
14. 你总觉得工作中有许多困难。
15. 你经常想到小时候见到的可怕情境。
16. 你有时莫名其妙地感到很激动。

你的总得分：＿＿＿＿＿＿＿＿＿＿

评分方法

题号为3、7、8、10、13者，选A得1分，B得2分，C得3分，D得4分，E得5分；其他题号选A得5分，B得4分，C得3分，D得2分，E得1分。

测试结果

得16~30分，你很少感到焦虑；

得31~56分，你偶尔有焦虑体验；

得57~80分，你经常会有焦虑感产生。

（资料来源：费栋华．员工脑电波——人力资源心理管理［M］．北京：中国经济出版社，2006：185-186）

参考文献

1. 王世媒．企业员工工作压力状况的调查［J］．中国健康心理学杂志，2008（3）．

2. 吴晋鲁，刘新民．405名企业员工心理压力状况调查报告［J］．皖南医学院学报，2008（4）．

3. 仲理峰．以心理援助塑造企业的精神力量［J］．中国人力资源开发，2008（8）．

4. 鲁姗妮．EAP：以人为本的人力资源管理新方式［J］．广西大学学报，哲学社会科学版，2008（30）．

5. 张宇，刘蓉晖．人力资源管理中的情绪管理［J］．中国人力资源开发，2008（6）．

6. 刘琳，潘丽君，廖芩．基于压力的员工心理管理［J］．人力资源管理，2009（9）．

第十章

职业心理与职业生涯

学习目标

- 掌握职业的内涵、特性和功能
- 了解职业的分类和发展趋势
- 掌握职业心理的内容
- 了解职业生涯及其发展阶段
- 了解职业生涯规划的含义及要素
- 掌握职业生涯规划的基本内容

关键概念

职业　职位　工作　职业发展　职业心理　职业期望　职业能力　职业观
职业满意度　职业流动　职业兴趣　职业生涯　职业生涯规划

引导案例

有一个大热天，一群人正在铁路路基上工作，一辆火车缓缓地开过来，他们只好放下工作。火车停下后，最后一节特别装有空调设备的车厢的窗户突然打开了。一个友善的声音由里面传出来："大卫，是你吗?"这群人的队长大卫回答说："是的，吉姆，能看到你真高兴。"寒暄几句后，大卫就被铁路公司的董事长吉姆邀请上去了。这两人经过一个多小时的闲聊后，握手话别，火车又开走了。这群人立刻包围了大卫，他们对他居然是铁路公司的董事长吉姆的朋友而感到吃惊。大卫解释说20年前他跟吉姆在同一天开始为铁路公司工作。有人半开玩笑半正经地问大卫，为什么他还要在大太阳下工作，而吉姆却成为董事长，大卫机智地解释道："20年前我为每小时1.75美元的工资而工作，而吉姆却为铁路事业而工作。"

（资料来源：选自豆丁网）

当今社会处在变革的时代，到处充满着激烈的竞争。物竞天择，适者生存。职业活动的竞争非常突出，要想在这场激烈的竞争中脱颖而出并立于不败之地，企业必须为员工设计好职业生涯规划。使员工学会如何运用科学的方法，采取可行的步骤与措施，不断增强自己的职业竞争力，实现自己的职业目标与理想。只有这样才能引导员工正确认识自身的个性特质、现有与潜在的资源优势，帮助员工重新对自己的价值进行定位并使其持续增值。

第一节 职业及其分类

一、职业的内涵

职业是人类社会分工的结果，随着社会的发展，生产力水平在科学技术的推动下越来越高，社会分工越来越精细，职业的类别和内部构成、外部关系也随之越来越丰富，对职业概念的界定、涉及的内涵也越来越广泛。

现实生活中，人们总是要在一定的工作岗位上实现就业，但对职业一词却有着不同的理解。有人认为，职业就是“工作”，如医生、教师、法官等；有人认为职业是一种“生活来源”；还有人认为职业是一种“职位”，一种等级身份。

有关职位、工作和职业这几个词的含义在理论上仍然存在着一定程度的争议，不过可以大致定义如下：

职位：是和分配给个人的一系列具体任务直接相关的。因此，职位和参与工作的个人相对应，有多少参与工作的个人，就有多少个职位。

工作：是由一系列相似的职位所组成的一个特定的专业领域。

职业：是在不同的专业领域中一系列相似的职务。职业不同于工作，职业是参与社会分工，利用专门的知识和技能，为社会创造物质财富和精神财富，获取合理报酬作为物质生活来源并满足精神需求的工作。因此，职业问题不是简单的工作问题。

对于职业的确切含义，众说纷纭。美国学者舒尔兹认为，职业是一个人为了不断取得个人收入（最低层次是维持生计）而连续从事的、具有市场价值的特殊活动，也可以说是同时实现社会联系和自我实现而进行的持续的活动方式。

职业存在于社会分工中，在不同工作性质的岗位上，人们从事的工作在目标、内容、方式和场所上有很大的区别。一定社会分工或社会角色的持续实现，就形成了职业。

二、职业的特性

1. 社会性

职业是为社会所需要的，是劳动者进行的社会生产劳动。它充分体现了社会分工，是社会生产力发展的产物，职业是从业人员在特定社会生活环境中所从事的一种与其他社会成员相互关联、相互服务的社会活动，每一种职业都体现了社会分工的细化以及社会生产和社会进步的积极作用。

2. 连续性

连续性也称稳定性，在连续的承担职业角色并完成工作任务之后，劳动者会从中索取报酬，获得收入，且工作相对稳定。

3. 技术性

任何一个职业岗位都有相应的职业要求，能胜任和承担岗位工作要求的人，除了达到该岗位职业道德、责任义务和服务要求以外，还要达到持证上岗的技术水平。

4. 目的性

职业以获得现金或实物等报酬为目的。

5. 规范性

职业必须符合国家法律和社会道德规范。

三、职业的功能

1. 职业是谋生的需要

职业生活是构成人生的重要组成部分，人们的职业生活表现在必须通过参加社会活动来获取生存必需的生活资料和积累个人财富。因为我国实行的是“按劳分配为主体、多种分配方式并存的分配制度，健全劳动、资本、技术、管理等生产要素按贡献参与分配的制度”。所以每个劳动者参加职业劳动的数量和质量将直接决定其财富的多少。

2. 职业能满足人们的精神需要，促进个性的健康发展

著名心理学家马斯洛的需求层次论中，把人的需要分为五个层次，即生理需要、安全需要、社交需要、尊重需要和自我实现的需要，前两种需要为基本需要，后三种需要为精神需要。职业是个人获得名誉、地位、权利、成就、尊重以及自我实现等精神需要的重要途径。由于每种职业都有其独特的活动内容和要求，对从业者的生理和心理必然产生重大影响。当这种工作能够使个人的才能得到发挥、个性得到不断发展和完善时，它就成为促进个性健康发展的途径。

3. 职业是劳动者为社会做贡献的途径，是社会存在和发展的基础

职业的本质是劳动力与生产资料的有机结合，它体现着人与人之间的社会关系。人们的职业劳动在满足个人需要的同时，也为社会创造了财富，职业劳动生产出的物质财富和精神财富，构成了社会发展的基础。

四、职业的分类

（一）职业分类的原则

1. 同一性

同一性是职业分类的最基本的原则。具体来说，它是指构成一个职业类别，必须在工作范围、工作内容、操作方法、使用工具以及工作环境等方面都是同一的。

2. 标准性

职业分类是一项复杂而又重要的工作，对于职业的分类，要有严格的标准，特别是对于政府管理来说，标准是极强的。这种标准反映为一个国家的“职业分类标准”，即由政府有关部门组织制定和实施的“国家标准”。

3. 多级性

社会职业是一个庞大又复杂的现象，有着成千上万个类别。对于这样一个庞大的体系，需要划分为几个不同的等级或者层次，每一个等级或者层次中都有许多的类别。这样才能够把庞大而复杂的“职业”区分开。一般情况下，各国根据自己的情况，把职业分为3~4个层次。

4. 现实性

职业分类是一个现实的范畴，它要反映社会实际，是基于一个社会的经济发展水平、产业结构、技术状态、社会文化状况，以及对于人的劳动状况作出划分的。

5. 应用性

职业分类虽有作为理论和学术研究的用途，但主要用途是应用。职业分类的用途非常广泛，可以用于国家对于“人”的数据的标准编码管理，可以用于国民经济与社会发展状况的统计，以及人口普查、大中专学校职业指导、政府部门的就业管理等。

（二）职业的分类

在漫长的原始社会中，人类劳动最早只有按男女性别进行的分工，男的打猎、捕鱼，女的采摘果实、挖掘茎块，所以不存在职业。在原始社会末期，出现了最初的社会大分工，农业、手工业和畜牧业开始成为专门职业。以后随着生产力的发展，社会分工越来越细，职业也越来越多。职业是人类文明和社会分工的标志。人类历史上职业的产生和发展，一方面体现了社会生产力发展水平和科技进步的结果；另一方面又促进了社会生产力的提高，促进了生产的社会化和专业化的发展。一个国家的职业构成，与其国民经济结构、经济与科学技术发展水平有着密切的关系。

由于各国经济发展水平不同，职业分类标准也不一，为便于国际比较，1958 年国际劳工组织制定了《国际标准职业分类》。1966 年又重新修订，将职业划分为 8 个大类，在 8 个大类之下又划分为 83 个小类、284 个细类以及 1 506 个职业项目，所列职业共计 1 881 个。我国的职业分类与国际劳工组织的分类方法基本相似，1995 年我国国家劳动和社会保障部、国家技术监督局、国家统计局联合发出了《关于制定国家职业分类大典》的通知，决定编制《中华人民共和国职业分类大典》，1999 年 5 月出版。它是中国第一部具有国家标准性质的职业分类大全，第一次将中国的职业进行了全面、系统的划分，具有较高的权威性。在这部大典中，职业被划分为 8 个大类、66 个中类、413 个小类、1 838 个细类（职业）。表 10-1 是国际劳工组织制定的《国际标准职业分类》（ISCO）与我国的职业分类标准的对照表。

表 10-1　　国际与国内职业分类标准对照表

类别	国际标准职业分类	中国国家职业分类
1	专家、技术人员和有关工作者	专业技术人员
2	政府官员和企业经理	国家机关、党群组织、企业、事业单位负责人
3	事务性行政工作者	办事人员和有关工作者
4	销售工作者	商业和服务业人员
5	服务工作者	军人
6	农业、牧业和林业工作者，渔民和猎人	农、林、牧、渔、水利业生产人员
7	生产和有关工作者、运输设备操作者和劳动者	生产、运输设备操作人员及有关人员
8	不能按职业分类的工作者	不便分类的其他人员

从上表中可以看出，在我国的职业分类中，军人被单独作为一类职业，商业和服务

业合并为一类职业，其他分类与国际标准职业分类基本相同。这种职业分类基本上包括了社会上的各行各业，从科学家、政府官员、公司经理到工人、农民、售票员、清洁工等无所不包，体现了大职业观念。然而，这一职业分类只分到职业项目，没有给出职业岗位。社会职业岗位是由社会劳动生产过程中的组织和社会经济、政治、文化、生活过程的组织决定的。主要取决于社会经济发展水平，也与社会制度有关。

五、职业发展趋势

21 世纪是人类历史上发生重大转折的世纪，20 世纪末已经呈现出知识经济与信息社会、人才社会、学习社会的端倪，是未来经济社会发展的概貌。了解未来社会职业发展的趋向，是每个人正确把握职业方向、塑造成功未来的必要前提。

1. 未来的职业需求

在未来的经济社会发展形势下，经济产业将呈现以下面貌：第一产业的就业数量比例变小，劳动生产率高，产品呈现“绿色”、高科技、深加工等特点，职业岗位则“少而精”，其知识、技术含量高，对从业者——“现代农民”的技能素质要求高。第二产业的结构随着社会需求变化而不断变化、更新，其产品和技术工艺的种类繁多，岗位的数量与层次也很多，总体上可以分为经营者、技术开发人员、管理人员、生产人员、服务性人员等。第三产业目前在美国、欧洲、日本等发达国家发展得非常迅速，就业者占就业总量的大部分，未来第三产业职业的发展趋势是数量和比例进一步加大，岗位种类与层次众多，许多老职业脱胎换骨，新职业迅速、大量出现，职业层次提高，形成若干大的“新兴第三产业”职业群（例如，金融业、商贸服务业、传播业、智力服务业等）。

2. 未来职业需求趋势

面对未来成千上万让人眼花缭乱的职业，到底该怎样进行抉择才是适合自己今后发展的呢？一般来说，社会急需的专门人才就是今后职业的亮点。然而，首先要分清“热门”职业和“长线”职业。“热门”职业是指当前具有良好的就业前景的职业，“长线”职业是指一直都不会过时的职业。当然职业的“冷”与“热”也是相对的，是随着社会发展而不断变化的，“热”到顶峰或许就是“冷”的开始，而有些职业看似“冷门”，但可能具有极大的发展空间。

第二节　职业心理

职业心理研究指关于个体所从事或将要从事的职业活动方面的一切心理过程、心理状态、心理现象及关系到职业活动的个性心理特征研究的总和。其研究的内容：职业期望、职业能力、职业观、就业意识、劳动意识、竞争意识、职业满意度、职业流动、职业兴趣等。本节对部分主要的内容进行介绍。

一、职业期望

职业期望又称职业意向，是劳动者对某项职业的向往，也就是希望自己从事某项职业的态度倾向。职业期望直接影响人对职业的选择，并进而影响人的整个生活。

（1）职业期望来自劳动者个体。

（2）职业期望不是空想、幻想，而是劳动者的一种主动追求，是劳动者将自身的兴趣、价值观、能力等与社会需要、社会就业机会不断协调，力求实现的个人目标。

（3）职业期望不同于职业声望。职业声望是职业地位的反映，是社会的人们对某种职业的权力、工资、晋升机会、发展前景、工作条件等社会地位资源情况，亦即社会地位高低的主观评价。其含义完全有别于职业期望，二者不可混淆。同时，二者也有联系，劳动者个体所追求和希望从事的职业，当然多是社会声望高的职业。

（4）职业期望属于个性倾向性的范畴，是职业价值观的外化，也是个体人生观、世界观的折射。每种职业有各自特性，不同人对职业特性可能会有不同的评价和取向，这就是所谓的职业价值观。

二、职业能力

（一）什么是职业能力

所谓职业能力，就是当你从事某一职业时，具体的工作职责要求你所具有的分析、解读、操作等方面的能力。这些能力依赖一定的相关知识，但是不只要求从业者掌握这些知识，更要求将这些知识在工作中具体应用以解决实际问题，长期转化为一种技术能力。

职业能力打上了职业特点的印迹，具有很强的职业个性色彩，甚至从职业能力的描述中，就能对某一职业有一个具体的认识。

（二）职业能力的构成

由于职业能力是多种能力的综合，因此，我们可以把职业能力分为一般职业能力、专业能力和职业综合能力。

1. 一般职业能力

一般职业能力主要是指一般的学习能力、文字和语言运用能力、数学运用能力、空间判断能力、形体知觉能力、颜色分辨能力、手的灵巧度、手眼协调能力等。此外，任何职业岗位的工作都需要与人打交道，因此，人际交往能力、团队协作能力、环境适应能力，以及遇到挫折时良好的心理承受能力都是职业活动中不可缺少的能力。

2. 专业能力

专业能力主要是指从事某一职业的专业能力。在求职过程中，招聘方最关注的就是求职者是否具备胜任岗位工作的专业能力。例如：你去应聘教学工作岗位，对方最看重你是否具备最基本的教学能力。

3. 职业综合能力

这里主要介绍国际上普遍注重的“关键能力”，具体包括四个方面：

（1）跨职业的专业能力。以下三方面体现出一个人跨职业的专业能力：一是运用数学和测量方法的能力；二是计算机应用能力；三是运用外语解决技术问题和进行交流的能力。

（2）方法能力。一是信息收集和筛选能力；二是掌握制订工作计划、独立决策和实施的能力；三是具备准确的自我评价能力和接受他人评价的承受力，并能够从成败经历中有效地吸取经验教训。

（3）社会能力。社会能力主要是指一个人的团队协作能力、人际交往和善于沟通的能力。在工作中能够协同他人共同完成工作，对他人公正宽容，具有准确裁定事物的判断力和自律能力等，这是岗位胜任和在工作中开拓进取的重要条件。

（4）个人能力。随着我国经济体制改革的深入，法制的不断健全完善，人的社会责任心和诚信将越来越被重视，假冒伪劣将越来越无藏身之地，一个人的职业道德会越来越受到全社会的尊重和赞赏，爱岗敬业、工作负责、注重细节的职业人格会得到全社会的肯定和推崇。

（三）职业能力对职业的影响

1. 一定的职业能力是胜任某种职业岗位的必要条件

任何一个职业岗位都有相应的岗位职责要求，一定的职业能力则是胜任某种职业岗位的必要条件。因此，求职者在进行择业时，首先要明确自己的能力优势以及胜任某种工作的可能性。条件允许的情况下，可以由专业职业指导人员帮助分析，根据求职者的学历状况、职业资格、职业实践等来确定求职者的职业能力，必要时可以通过心理测试作为参考，在基本确定求职者的职业能力和发展的可能性的基础上，帮助求职者进行职业选择。

2. 职业实践和教育培训是职业能力发展的前提

（1）职业实践促进职业能力的发展。职业能力是在实践的基础上得到发展和提高的，一个人长期从事某一专业劳动，能促使人的能力向高度专业化发展。例如，计算机文字录用人员，随着工作的熟练和经验的积累，录入的速度会越来越快，准确性也会越来越高。个体的职业能力只有在实际工作中才能不断得到发展、提高和强化。

（2）教育培训促进教育能力的提高。个体职业能力的提高除了在实践中磨炼和提高之外，另外最有效的途径就是接受教育和培训。像我们所熟悉的职业教育、专科教育、大学本科教育、研究生教育等，学生通过对有关知识和技能的掌握，对以后更好地胜任本职工作会有极大的帮助。

（3）职业能力、职业发展与职业创造间的关系。职业能力是人的发展和创造的基础。前面讲到能力是成功地完成某种任务或胜任工作的必不可少的基本因素，没有能力或能力低下，就难以达到工作岗位的要求，不能胜任。个体的职业能力越强，各种能力越是综合发展，就越能促进人在职业活动中的创造和发展，就越能取得较好的工作绩效和业绩，越能给个人带来职业成就感。

三、职业观

（一）职业观的定义

职业观就是职业价值观，是择业者对职业的认识、态度、观点，如对职业评价、择业方向等的认识，是择业者选择职业的指导思想。

职业价值观是指人生目标和人生态度在职业选择方面的具体表现，也就是一个人对职业的认识和态度以及对职业目标的追求和向往。理想、信念、世界观对于职业的影响，集中体现在职业价值观上。

每种职业都有各自的特性，不同的人对职业意义的认识，对职业好坏有不同的评价和取向，这就是职业价值观。职业价值观决定了人们的职业期望，影响着人们对职业方向和职业目标的选择，决定着人们就业后的工作态度和劳动绩效水平，从而决定了人们的职业发展情况。哪个职业好？哪个岗位适合自己？从事某一项具体工作的目的是什么？这些问题都是职业价值观的具体表现。

（二）职业价值观的类型

职业专家通过大量的调查，把职业价值观分为九大类并将个人适合的职业类型与之相对应。

1. 自由型（非工资生活者型）

该类型职业价值观的人不受别人指使，凭自己的能力拥有自己的小“城堡”，不愿受人干涉，想充分施展本领。适合职业类型有室内装饰专家、图书管理专家、摄影师、音乐教师、作曲家、编剧、雕刻家、漫画家等艺术性职业。

2. 小康型

该类型职业价值观的人追求虚荣，优越感也很强。渴望社会地位和名誉，希望受到众人尊敬。欲望得不到满足时，由于过分强烈的自我意识，有时反而很自卑。适合职业类型有记账员、会计、银行出纳、法庭速记员、成本估算员、税务员、核算员、打字员、办公室职员、计算机操作员、统计员、秘书等。

3. 支配型（权力型）

该类型职业价值观的人想当上组织的一把手，飞扬跋扈，无视他人的想法，为所欲为，且视此为无比快乐。适合职业类型有推销员、进货员、商品批发员、旅馆经理、饭店经理、广告宣传员、调度员、律师、政治家、零售商等。

4. 自我实现型

该类型职业价值观的人不关心平常的幸福，一心一意想发挥个性，追求真理。不考虑收入地位及他人对自己的看法，尽力挖掘自己的潜力，施展自己的本领，并视此为有意义的生活。适合职业类型有气象学家、生物学家、天文学家、药剂师、动物学者、化学家、报刊编辑、地质学者、物理学者、数学家、实验员、科研人员、科技工作者等。

5. 志愿型

该类型职业价值观的人富于同情心，把他人的痛苦视为自己的痛苦，不愿干表面上哗众取宠的事，把默默地帮助不幸的人视为无比快乐。适合职业类型有社会学家、福利机构工作者 、导游、咨询人员、社会工作者、社会科学教师、护士等。

6. 技术型

该类型职业价值观的人认为立足社会的根本在于一技之长。因此钻研一门技术，认为靠本事吃饭既可靠又稳当。适合职业类型有木匠、农民、工程师、飞机机械师、自动化技师、野生动物专家、机械工、电工、司机、机械制图等。

7. 经济型（经理型）

该类型职业价值观的人断然认为世界上的各种关系都建立在金钱的基础上，包括人与人之间的关系，甚至父母与子女之间的爱也带有金钱的烙印。这种类型的人确信金钱可以买到世界上所有的幸福。各种职业中都有这种类型的人，商人尤甚。

8. 合作型

该类型职业价值观的人人际关系较好，认为朋友是最大的财富。适合职业类型有公关人员、推销人员、秘书等。

9. 享受型

该类型职业价值观的人喜欢安逸的生活，不愿从事任何挑战性的工作。无固定职业类型。

随着社会的发展，一些职业可能会退出社会生活，一些新的职业也会出现，而各种职业自身所代表的社会声望、实际收入水平、工作环境背景也将发生很大的变化，这些，都将影响个人的职业指向。要想确定个人的职业方向，还需综合考虑个人的个性、兴趣、能力以及社会环境等因素。

（三）正确的职业观

正确的职业观从根本上说就是符合国家和社会需要的职业观。择业要以国家需要为重。追求美好的生活、理想的职业和个人的前程是正常的，但要清楚地认识到美好的生活来自于奋斗，个人理想和前途根基于国家的前途、人民的事业。因此，个人择业，首先要服从国家和社会的需要，要充分考虑国民经济和社会发展的需要，把择业同民族的振兴、祖国的富强联系起来，并以此为己任，要提倡无私奉献的精神。

但是，在市场经济条件下，劳动确是谋生的手段，就业确实又是在劳动力市场上出卖自己的劳动能力。劳动力是有价格的，就业需要讲报酬，也就是说就业是有私的，怎样才能把这种无私与有私统一起来呢？就业首先要考虑的应是奉献，社会、人民需要什么，我们就去干什么；干，就要把它干好。也就是说树立为人民服务、为社会奉献、敬业爱岗的精神。同时，也要认识到依照法律，按照按劳分配的原则，你付出了劳动，社会必然会对你的奉献予以恰当的回报。具体来说，就业是劳动者与用人单位确立劳动关系，明确双方的权利与义务。当你在自己的工作岗位上贡献自己的才能与劳动后，用人单位应当给你恰当的报酬。

就业首先要为满足社会需求，适应用人单位的需要，在岗位上要提倡奉献精神，同时要体现按劳分配、多劳多得的原则，贡献愈大，回报愈高。一味地追求私利，一切从个人利益出发，不讲贡献，只讲索取，到头来，为私而私不成。

一个具有无私奉献精神，又有才能的人，必是一切用人单位欢迎的人，也是获得丰富报酬的人。

四、职业流动

（一）职业流动的定义

职业流动是指劳动者在不同职业之间的变动，是劳动者变换劳动角色的过程。职业流动是社会流动形式之一。职业流动不同于劳动者的区域流动和职务变动，但又与劳动者的区域流动和职务变动有着密切的关系，互为关联，往往相伴而发生。

第一，职业流动是劳动者在不同的职业群体之间的流动，是职业角色的变换过程，其结果是对劳动者的职业生涯发生影响。区域（或单位）流动是劳动者在不同地区（或单位）之间的流动，其结果是对不同地区（或单位）劳动者的人数比例发生影响。职业流动往往伴随着劳动者在区域间的流动，区域流动也往往伴随着职业流动。但职业流动并不一定引起区域流动，区域流动也不一定与职业流动相连。

第二，职务变动主要指行政职位层级的变动。职务变动可能带来职业流动，也可能不引起职业流动。职务变动是否带来一次职业流动，主要看其工作性质和工作内容是否发生了质的变化。如果他被任命为部门经理就可以说是一次职务流动，因为从营业员的角色变成了管理和经营者的角色。

第三，从人们对职业流动的一般性概念来说，往往把区域流动和职务变动与职业流动等同起来，因而弄清它们之间的区别与联系，有助于人们正确认识职业流动的性质，把握职业流动的行为。

（二）职业流动的原因

在市场经济条件下，职业流动作为一种正常的社会现象，也有着深刻的社会背景和个人因素。

1. 社会进步、科学技术水平的提高是促成职业流动的根本原因

“大工业的本性决定了劳动的变换、职能的变动和工人的全面性流动性”。在科学技术迅猛发展的今天，面对信息时代的挑战，为了保证社会再生产的正常进行，就必须承认职业的合理流动，打破“从一而终”的传统就业观念。

2. 就业制度是促成职业流动的保障条件

劳动力市场是市场经济的基本要素，在市场经济条件下，市场机制不仅配置和调节着社会的物质资源，而且也配置和调节着人力资源。今天，双向选择意味着契约性的交换方式和交换过程。对于劳动者而言，他（她）可以自由地寻找能够发挥自己的能力、专长、志趣的有发展前途的单位（或部门）及劳动岗位；另一方面，对单位（或部门）而言，则可以自由地按职业需要来选择合适的劳动者。如果任何一方，甚至双方发现在双向选择中有了差错，经过彼此同意便可以解除契约，或期满后不再订约，从而使差错得以纠正。

3. 就业的社会心理因素对职业流动具有指导和约束的作用

就业主体受其主观意识、情感愿望、价值取向、伦理规范以及社会习俗沿袭和继承下来的就业观念的影响，对职业流动往往做出好与坏的评价。

4. 利益驱动

不可否认，职业流动存在着利益驱动的问题。在当前，职业还是人们谋生的手段，通过职业活动，谋取个人生存、发展以及提高家庭物质文化生活水平所需要的经济条件。由于职业在不同地区和不同部门（单位）给劳动者所支付的劳动报酬的差别，促使劳动者从收入低、待遇低的职业部门（单位），流向能够获取“高薪”的职业部门（单位），从而导致职业流动。

5. 人际冲突是促使个体职业流动的原因之一

在职业活动中，人际关系的好坏直接影响着人们劳动的积极性、创造性以及工作效

率。人际关系不好，有可能直接促成个体职业流动的发生。根据日本铃木建二的调查，在日本，因为别的公司薪俸丰厚而调动工作的极为罕见，大约仅占调转工作人数的5%。多数职业流动是因为人际关系不好，情绪受到影响而辞职或被辞退。根据哈佛大学就业指导小组调查的结果，数千名被解雇的人员中，人际关系不好的比不称职的人高出两倍。

6. 职业能力水平对职业流动产生一定的影响

个人对职业有个适应过程，个人的职业能力展现也需要一定的过程。由于个人不适应或不称职，也会导致职业流动。特别是在当代社会，随着科学技术的迅速发展，职业内容和能力要求越来越高，信息和技术的更新越来越快，每一次更新，都会引起由于不适应或不称职导致的职业流动。

（三）职业流动的形式

一般来说，职业流动有以下几种表现形式：

（1）以职业地位和职业声望为标准，可以把职业流动分为水平流动和上下流动。劳动者在同一职业地位和同一职业声望的职业系列中的流动就是水平流动。劳动者在不同地位等级和不同职业声望的职业系列中的流动就是上下流动或垂直流动，从一种职业地位等级较低的职业流动到社会地位较高的职业就是向上流动，反之则为向下流动。

（2）从两代人之间从事的不同职业的变化可表现为代际流动。父亲是农民，儿子是工人。父亲是大学教授，儿子是企业经理。这种状况就形成了代际流动。代际流动的状况和频率表征着一个社会的封闭和开放程度，并且受一定社会形态及人事管理制度、教育水平等多方面的影响。现代社会，代际流动显著，而且向上流动的频率明显加快，尤其是农民子女，子承父业的比例降低的速度加快，愈是发达地区愈为突出。

（3）以劳动者个人在整个职业生涯过程中、其职业地位的水平流动和垂直流动的总和来看，表现的是一生流动。有人认为：在现代社会中，人的职业生涯要经历大致6次左右的职业变动，才能达到职业成熟和职业的稳定。

（4）从职业流动引起社会职业结构性变化的情况看，表现为结构性流动和个别流动。凡是职业流动引起和影响社会职业结构发生大规模变动的流动就是结构性流动。例如，英国的圈地运动，使大批农民失去土地进城当雇佣工人，从而导致农工两大职业系统发生结构性变化。再如，科学技术的迅猛发展，新技术的广泛应用，第三产业职业的需求量大增，伴随而来的必然是职业的结构性流动。由劳动者个人自身因素引起而对职业结构的变化无足轻重的职业流动，就是个别流动。

（四）职业流动的特点

（1）与人力资本投入成反比。受教育和训练的时间长，人力资本投入大的劳动者，一般从业于职业地位高、声望高、收入高的职业，流动的数量少、频率低；而以体力劳动为主的劳动者，因为投入低、适应工作能力低，流动的数量多、频率快。

（2）与年龄成反比。年轻群体中职业流动的数量和频率远远超过中年和老年。

（3）男性多于女性。

（4）区域性差别。一方面从不发达地区流向发达地区；另一方面，不发达地区内职业流动较缓慢，发达地区内的职业流动的频率远远高于不发达地区。

（5）现代社会职业流动与家庭背景的相关因素较少。现代社会的开放性和公正性，以素质、能力为本位，打破了父业子承的框框，竞争能力是职业向上流动的资本。

（6）正常流动与非正常流动。在职业流动中，凡是促进劳动者全面发展、发挥专长，使最大潜能得到施展的流动属正常流动；以某一方面的偏好或由于个别原因使劳动者从适合自己的岗位流动到不能发挥自己特长的岗位属非正常流动。

（7）自由与控制。在市场经济条件下，劳动就业契约关系的形成，有利于职业流动，但契约需双方信守合同，解除劳动的契约关系也需符合规范。

另外，政府和社会在职业流动方面仍有宏观调控的约束机制，以防止非正常的结构性流动所带来的社会问题。

五、职业兴趣和职业满意度

1. 职业兴趣

职业兴趣是一个人对待工作的态度，对工作的适应能力，表现为有从事相关工作的愿望和兴趣，拥有职业兴趣将增加个人的工作满意度、职业稳定性和职业成就感。颇具权威的霍兰德职业兴趣分类方法，将职业兴趣分为六种类型：常规型、艺术型、实践型、研究型、社会型、管理型。

2. 职业满意度

过去几十年来，人们进行了无数研究，试图提示到底是什么能使人们工作愉快。所有的研究几乎都把关注点放在了三个因素：能力、价值观和深层志趣。

（1）能力。一个人在工作中体现出的技能、经验和知识，使员工感到自己能够胜任工作，这很重要。因为研究表明，不能胜任工作的感觉最终会阻碍个人的创造力，更不用说生产力了。然而，虽然胜任工作可以帮助个人得到工作机会，其发挥作用的时间却往往短暂。一个擅长某项工作的人并不一定喜欢这项工作。

（2）价值观。就职业满意度而论，价值是指人们追求的回报。有些人看重金钱，有些人渴望智力上的挑战，还有些人期望的是名望地位和舒适的生活方式。能力和深层志趣相一致的人可能会基于不同的价值而寻求不同的职业生涯。以三个都擅长并喜欢数量分析的人为例。其中一个可能会选择当一名金融学教授，以接受智力上更大的挑战；另一个可能会径直奔向华尔街，以赢取更多的金钱回报；第三个则可能在权力和影响力欲望的驱动下，寻求一份工作，不管这是份什么样的工作，只要能让他最后当上 CEO。

和能力一样，价值观对人们工作是否愉快也起着作用。事实上，人们很少会接受那些不符合他们价值观的工作。一个讨厌出差的人并不会欣然接受管理咨询公司给予的工作机会；一个关注收入稳定与否的人也不会谋求独立项目承包人这样的工作。但是，他们也可能会踏上这些职业道路，因为他们具备相应的能力并且喜欢该职业提供的回报，哪怕他们对该工作并无兴趣。在经过短暂的成功之后，他们逐渐回过神来，兴味索然，然后，要么辞职，要么工作效率每况愈下。

（3）深层志趣。深层志趣是职业满意度三个因素中最重要的一个因素。你可能擅长某项工作（事实上，一般来说你也应该擅长某项工作）而且也喜欢自己从中所获得的回报，但只有深层志趣得到充分满足才能使人长期感到快乐和充实，而这正是留住人才的关键。

现代管理大师彼得·杜拉克指出：知识是经济时代第一性的可再造资源。正因为知识的重要性，作为知识载体的知识型员工的职业满足度越来越引起企业的重视。

第三节　职业生涯发展及规划

一、生涯的概念

“生涯”一词出于两千多年前庄子所说的“吾生也有涯，而知也无涯”。这里，生为生命，涯为边际、极限。“我们的生命是有限的”。生涯就是我们每个人有限的全部人生历程。生涯的英文单词是“career”，含义是“两轮马车”，引申为“道路”“轨道”“轨迹”，后来发展成为人的一生的事业历程，这种事业不是暂时性的工作，而是毕身从事的、自己感到有意义的职业。

美国生涯理论研究者舒伯认为，“生涯”是指生活中各种事件的演进方向和历程，它统合了个人一生中各种职业和生活角色，由此表现出个人独特的自我发展形态。“生涯”作为一个终其一生所扮演角色的整个过程，由三个层面构成：

（1）时间，即个人的年龄或生命的过程；

（2）经历，即每个人一生所扮演各种不同的角色；

（3）为个人所扮演的各种角色投入的程度。

总之，生涯的内容是比较宽泛的，具有丰富的内涵与特性。

二、生涯的特点

学者们从不同的角度提出了对生涯的见解，侧重点不同，但是都反映出生涯的特征。

1. 独特性

每个人都有独特的生涯发展形态，同一种职业可以由很多人来承担，但是生涯确是每一个人所独有的。我们每个人有自己独特的个性和价值观，有自己独特的行为方式。因此，在同样的职业中，我们做出的努力不同，获得的感受也各异。正如同一棵树上，不会有完全相同的两片叶子。这个世界的生涯千姿百态，每个人都有自己独特的生涯，无法克隆。

2. 终身性

生涯发展是一生当中连续不断的过程。从 20 多岁离开校园成为职业人到退休，职业在我们一生中占据的时间很长，但它并不是我们生活的全部。而生涯则包含了一个终生发展的概念。在人生不同的阶段，都有自己不断地发展、追求和任务。这个蜕变与发展的生涯历程，就是我们整个的生命历程。

3. 综合性

生涯是人生扮演的各种角色的整合。职业不能占据我们整个生命长度，而即使在我们的“职业人”阶段，职业也不能占据我们生活的全部。我们除了从事职业，还要担当家庭和社会角色，比如，是子女、是父母、是朋友、是学生、是公民，等等。我们的生活经验会作业职业选择和职业发展，而我们的职业选择又往往决定了一定的生活状态和方式。生涯是一个整合的概念，它涉及了人生整体发展的各个层面，要求我们用联系的眼光来审视职业问题。

三、生涯的影响因素

决定一个人生涯发展的因素是多种多样的，概括起来有以下几点。

1. 个人的特质

生理特质：健康、形体容貌、性别、精力等。

心理特质：能力、人格、自我概念。

经验：受教育程度、掌握的技能、工作的经历、社会活动等。

2. 个人的背景状况

家族背景：父母的社会经济地位、从事的职业、父母的期望等。

个人家庭的背景：婚姻关系，夫妻间的依赖程度、配偶的期望值等。

其他状况：种族、宗教、生态环境等。

3. 个人的环境状况

包括所处的时代、社会、经济、技术、国际环境、国家政策等。

4. 不可预测的因素

包括地震、意外、疾病、死亡等难以预期的事件。

四、职业生涯

职业生涯这个概念的含义曾随着时间的推移发生过很多变化。20 世纪 70 年代，职业生涯专指个人生活中和工作相关的各个方面。随后，又有很多新的意义被纳入到“职业生涯”的概念中，其中甚至包含了生活中关于个人、集体以及经济生活的方方面面。

职业生涯是指一个人一生中所有与职业相联系的行为与活动，以及相关的态度、价值观、愿望等的连续性经历的过程。职业生涯就是一个人的职业经历。职业生涯是人一生中最重要的历程，是追求自我实现的重要人生阶段，对人生价值起着决定性作用。从经济学的观点来看，职业生涯就是个人在人生中所经历的一系列职位和角色，和个人的职业发展过程相联系，是个人接受培训教育以及职业发展所形成的结果。

职业生涯是一个动态的过程，是一个人一生在职业岗位上所度过的、与工作活动相关的连续经历，不论职位高低，不论成功与否，每个工作着的人都有自己的职业生涯。

五、职业生涯发展阶段

（一）职业生涯彩虹图与职业生涯发展

舒伯把角色概念纳入发展阶段理论，引入生命跨度、生命空间概念，提出生涯彩虹图理论（见图 10-1），展示了不同发展阶段各种角色的相互作用，不同发展阶段角色的继承与更替。

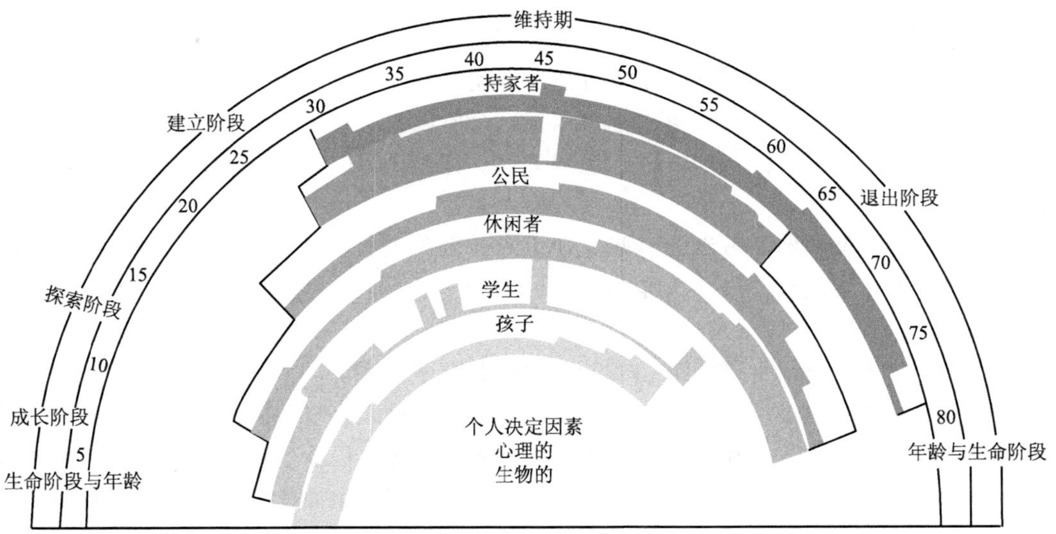

图 10-1　舒伯的生涯彩虹图

（二）影响职业生涯发展的因素

职业生涯贯穿人的一生，个人或处于职业准备阶段，或处于职业选择阶段，或处于职业工作阶段，或处于职业结束阶段。在这不同的阶段，每个人的职业生涯受各种不同因素的影响会产生各种截然不同的结果。

1. 个人因素

个人因素在人的职业生涯中起着基础作用，决定着人的发展方向和前景。具体包括健康、性别、年龄、教育、自我价值观等要素。

2. 社会因素

社会因素对每个人的职业生涯和发展都有重大的影响。个体须通过对社会大环境进行分析，了解所在国家或地区的经济、法制建设发展方向，寻求各种发展机会。

3. 环境影响

环境对个人的职业有着直接或间接的影响，它左右着人所从事的行业、改变着人生的发展轨迹。而环境又有着地理环境、行业环境、机构内外环境之分。

（三）职业生涯发展的阶段

职业生涯不仅仅是职业活动，还包括与职业有关的行为和态度等内容，发展呈现阶段性特征。美国的职业指导专家舒伯把人的职业发展过程分为五个阶段：

（1）成长阶段（出生~14 岁），以幻想、兴趣为中心，对自己所理解的职业进行选择与评价。

（2）探索阶段（15~24 岁），逐步对自身的兴趣、能力以及对职业的社会价值、就业机会进行考虑，开始进入劳动力市场或开始从事某种职业。

（3）确立阶段（25~44 岁），对选定的职业进行尝试，变换工作，到逐步稳定。

（4）维持阶段（45~60 岁），劳动者在工作中已经取得了一定的成绩，维持现状，提升自己的社会地位。

（5）退出阶段（60 岁以后），职业生涯接近尾声或退出工作领域。

我国专家也提出与之相似的划分方法，即萌发期、继承期、创造期、成熟期和老年期。一般来说，职业生涯发展也可分为以下六个阶段：

1. 职业准备阶段（一般从 14~15 岁开始，延续到 18~22 岁，读研究生则延续到 25~28 岁）

这是一个人就业前学习专业、职业知识和技能的时期，也是素质形成的主要时期。但对于职业生涯的起点，许多人是盲目的，甚至是由别人（通常是家长或老师）代替决定的。

2. 职业选择阶段（一般集中在 20~25 岁到 30 岁以前）

这一阶段的主要特征，是从学校走上工作岗位，是人生事业发展的起点。在这一时期，人们要根据社会需要和自己本身的素质及愿望，做出职业选择，走上工作岗位。这是人生职业生涯的关键一步。如果选择失误，将导致职业生涯的不顺利，抑或是浪费时间后再次选择，还可能是顾此失彼丢掉其他的工作机会。

3. 工作初期——职业适应阶段（一般在就业后 1~2 年）

这一时期是对走上工作岗位人的素质检验。具备岗位素质要求的人，能够顺利适应某一职业；素质较差或不能满足职业要求的人，则需要通过培训来与职业要求相适应；自身的职业能力、人格特点等与工作岗位要求差距较大者，难与职业要求相适应，则需要重新选择职业；而个人素质超过岗位要求、个人兴趣与现职业类别很不相符者，也可能重新对职业进行选择。

4. 工作中期——职业稳定阶段（一般从 25~30 岁开始，延续到 45~50 岁）

这一时期是人的职业生涯的主体。一般是在人的成年、壮年时期，且占人的生命过程的绝大部分时间。

这一阶段可能存在诸如发展稳定、遭遇发展瓶颈、面临中年危机、取得阶段成功等不同情况。对于大部分人来说，这一阶段应该致力于某一领域的深入发展，求得升迁和专精。它不仅是劳动效果最好的时期，也是人们担负繁重家庭责任的时期。一个人除非有特别的才干和抱负，40 岁应该是职业扎根的时候，不宜再更换职业。因此，成年人往往倾向于稳定的职业，甚至特定的岗位。一般这时的个人精力也不允许像年轻人那样上学深造，适合的充电方式只有短期培训和实践积累。即使真的处于职业生涯的瓶颈口和转折点，需要重新调整职业和修订自己的目标，也应在 45 岁以前完成。在职业稳定期，如果从业者的素质能够得到发展和提高，潜力得以体现，就可能抓住机会逐步取得成果，成为某一领域的出色人才，行家里手，得到晋升并获得职业生涯的成功和成就。因此，这一阶段的职业生涯策略应重点围绕扩大工作视野，传、帮、带新人和提升领导（指导）能力来进行。这些内容仅从书本和培训中是难以得到的。

5. 工作后期——职业素质衰退阶段（一般从 45~50 岁开始，延续到 55~60 岁）

这一时期，人开始步入老年。由于生理条件的变化，能力缓慢减退，心理需求逐步降低而求稳妥维持现状。一般来说，处在这一阶段，上升的空间已经很小，就该规划退休前全身而退的策略，以及退休后的目标转移方案。

也有一些老年人，智力并没有减退，而知识、经验还呈现越来越高的现象（有学者称之为“晶态智力”）。这种晶态智力的发挥，能够使他们的素质进一步提高，出现第二次创造高峰，直至巅峰。这些人往往是所从事职业领域里的权威专家或专业方面的学术带头人。

6. 职业结束阶段

这一时期是人们由于年老或其他原因结束职业生活历程的短暂的过渡时期。对于个人而言，职业稳定与适合是非常重要的。

在上述 6 个阶段中，“职业稳定阶段”最长，“选择阶段”最为关键，其前的“准备阶段”在一定程度上决定着选择方向与稳定性。

六、职业生涯规划

（一）职业生涯规划的含义

职业生涯规划也称职业生涯计划。它包括个人的职业生涯设计和组织的职业生涯设计与管理两方面。个人的职业生涯设计分为“择业”设计与“调整职业”设计两大部分，主要体现个人在制订职业生涯计划、职业生涯发展和对实现这些目标的时间、步骤的合理安排。概括起来就是：知己、知彼、抉择、行动、评估五个环节。组织的职业生涯设计与管理主要是由组织系统考虑现有的企业战略、人力资源存量情况、执行企业战略所需人力资源的技能结构、人员组合等，将组织内部的岗位资源调动起来，并以此作为员工职业发展和职业规划的指导和参考。

（二）职业生涯规划的特征

1. 发展的动力源于自身

我们并不否认家庭、企业、社会环境对个人职业生涯的影响作用，但如果不认清发展的动力源泉在于个人自身，就无法解释为什么有的人一生都无所作为，而在类似或更困难的条件下有人却出类拔萃。

2. 个性化特征

职业生涯规划不是企业强加在个人身上的实施方案，而是企业员工在内心动力的驱使下，结合社会和企业的发展利益，依据现实条件和机会所制订的个性化的发展方案。

3. 心理契约性质

职业生涯规划具有心理契约的作用，心理契约的最大作用是激励。企业要做的工作是提供机会、提供发展信息、提供具体帮助。企业可以用提供信息和帮助的方法来引导员工作出与企业发展目标相结合的职业生涯规划，但一定不能代替员工做规划。

（三）职业生涯规划的要素

许多人以为职业生涯发展就是换个更好的工作，或是得到职位提升，或是增加工资，但这只是职业生涯发展的一部分形式。为了更好地理解职业生涯的实质，我们还要了解一下外职业生涯和内职业生涯这两个重要概念。

1. 外职业生涯

外职业生涯是指从事职业时的工作单位、工作地点、工作时间、工作内容、工作职务、工作环境、工资待遇等因素的组合及其变化过程。外职业生涯的构成因素通常是由别人给予的，也容易被别人收回。有的人一生疲于追求外职业生涯的成功，但内心极为痛苦，因为他们往往不了解，外职业生涯的发展是以内职业发展为基础的。

2. 内职业生涯

内职业生涯是指从事一项职业时所具备的知识、观念、心理素质、经验、能力、内心感受等因素的组合及其变化过程。内职业生涯各项因素的取得，可以通过别人的帮助而实现，但主要还是由自己努力追求而实现。内职业生涯的各构成因素不因外职业生涯的构成因素不同，内职业生涯各因素一旦获得，别人便不能收回或剥夺，也不会因外职业生涯因素的改变而丧失。

内职业生涯的发展是外职业生涯发展的前提，内职业生涯发展带动外职业生涯的发展，它在人的职业生涯成功乃至人生成功中具有关键性作用。因而在职业生涯的各个阶段，我们都应重视内职业生涯的发展。尤其是在职业生涯早期和中前期，我们一定要把对内职业生涯各因素的追求看得比外职业生涯因素重要。

（四）员工职业生涯规划的内容

市场经济的发展，知识和技能的传播速度加快，人们在激烈竞争中，为了求得稳定和更好的发展，也开始重视为自己设计科学的职业生涯规划。职业道路的拓展性成为继薪酬之后最重要的离职因素。虽然员工是职业生涯规划的主体，但作为企业的人力资源管理部门，同样也担负着为员工规划职业生涯的管理责任，从理念、制度、方法等层面对员工加以引导、保证和支持。各级管理者也负有沟通、辅导和帮助员工做好职业规划的责任。这是企业有效开发员工潜力资源的一种管理方式，能有效抑制企业与员工个体在目标整合上的偏差，并避免由此造成的员工工作的主动性、积极性等因素的丧失。通过对员工进行职业生涯规划，企业不仅能满足自身人力资源需求，而且还能创造一个高效率的工作环境和引人、育人、留人的工作氛围。

员工职业生涯规划是一种新兴的人力资源管理技术，该技术的使用，很快被国内职场所接受，并得到各级人力资源管理部门的重视，逐步形成了一门新的学科。如何才能结合企业实际，设计出切实可行的员工职业生涯规划呢？

员工的职业生涯设计主要包括三部分：首先依据员工满意度调查结论，结合员工访谈，了解员工对个人发展的看法和期望；其次根据公司的现有职务划分不同的职级；最后选择典型岗位设计员工在公司的职业发展道路。员工的职业发展道路可以概括为“纵向发展”、“横向发展”、“双重阶梯”。

1. 纵向发展

在职业发展体系里，纵向发展指的是传统的晋升道路，即行政级别的晋升。在传统的晋升里，如出现职位空缺，内部招聘是公司的首选。公司所有的招聘信息都会在办公信息平台上优先向内部员工发布，对这些职位有兴趣的员工可以与部门经理沟通，获得许可后向人力资源管理部门提出申请，按照内部招聘流程经过笔试、面试步入新的工作岗位。组织在一定程度上执行竞争上岗制度，只有那些工作勤奋、表现出色、能力出众的员工才能优先获得晋升和发展的机会。

2. 横向发展

在组织结构日趋扁平化的今天，传统行政级别的晋升毕竟涉及的人数较少，因此，为了更大限度地调动员工的工作积极性，鼓励员工针对个人特长提出横向发展要求，发展自己的多重技能。因为员工的满足感不仅仅来自传统的行政级别晋升，还包括技术水平的提高、专业水平的提高、管理技能的提高等多个方面。横向发展包括扩大现有工作内容和工作轮换。扩大现有工作内容指在员工的现有工作中增加更多的挑战性或更多的责任，比如安排执行特别的项目、在一个团队内部变换角色、探索为客户提供服务的新途径等。工作轮换是指在公司里的几种不同职能领域中为员工做出一系列的工作安排，或者在某个单一的职能领域或部门中为员工提供在各种不同工作岗位之间流动的机会。

3. 双重阶梯

非管理人员比重较大的公司一般采用双重阶梯的晋升路线，由于专业技术员工的特点是比较关注自己的技术技能，希望自己在技术领域发挥潜能并获得成功，因此需要为这类员工建立双重阶梯的职业生涯路径，向他们提供与管理人员平等的职业发展机会。这样的设计不仅可以使技术员工感到被企业重视，提高其忠诚度，同时也可以使他们做到岗位相互匹配，并提高自身的创新能力和适应变化的能力。

双重阶梯的职业生涯路径模式设计了多条平等的晋升阶梯。在双重阶梯的职业生涯路径模式下，能够晋升到企业中、高层职位的员工大为增加，避免所有人都在管理跑道上挤独木桥的情况，使各类型岗位上的员工有了更多的发展机会。双重阶梯的发展标志是职级的上升，而不是行政级别的变更。职级的增长伴随着薪酬的提高，也伴随着责任的加大和工作任务的丰富化。公司鼓励有技术专长的员工持续努力地发展技术水平，在技术阶梯上发展。而有管理专长的技术岗位的员工，也可以选择通用阶梯，成为中、高层管理人员。

（五）个人发展计划的制订

设计好了员工的职业生涯体系，还需要以相应个人与组织的培训计划作为辅助。为了确保员工能得到长期的保护与培养，给每一名员工提供不断成长、挖掘个人潜力并建立成功职业的机会，让员工能争取发挥全部潜力，这也是组织人力资源管理部门的另一个重要任务。

公司给予每位员工发展的空间，但对职业发展负主要责任的仍然是员工自己。员工可以根据自身的素质特征，结合个人的价值取向和兴趣爱好，并考虑职业市场的现状和发展趋势，设计符合个人实际的、合理的职业发展目标及其实施计划。个人发展计划主要由每位员工与其上级一起根据个人工作的发展需要而制订。企业可以建立职业发展辅导的导师制度，上层的直接主管或资深员工可以成为员工的职业发展导师。职业发展导师在新员工进入公司试用期结束后，与该员工交流沟通，必要的时候还可以使用测评工具对员工进行个人特长、技能评估和职业倾向调查，帮助新员工根据自己的情况，如职业兴趣、资质、技能、个人背景等明确职业发展意向、设立未来职业目标、制订发展计划表。

职业生涯规划针对每个个体而言，员工在制订个人发展计划时需要结合组织以及部门的计划目标。

员工职业生涯规划是由员工、组织共同设计的一个整体，组织的职责主要是明确职业发展矩阵，提供发展空间并给予培训支持；员工所在部门和经理主要是辅助员工制订发展计划和培训计划。尊重员工选择的发展方向，协助员工发展是组织进行员工职业生涯规划时应该恪守的信条。

只有员工的卓越发展，才有组织目标的实现。员工职业生涯规划的最终目的就是要通过帮助员工确定个人职业发展目标，提供员工在工作中增长职业素质的机会，实现组织的持续发展，达到组织目标，使组织发展目标与员工个人发展目标协调一致，建立组织与员工双赢的关系，进而结成利益乃至命运共同体。

本章小结

中国社会的转型推动了社会经济的巨大变化，必然要求人们思想观念随之变化。职业是人的生活方式，也是人的社会角色的体现，因此，社会转型对人们的职业心理乃至职业生涯造成了巨大影响。本章介绍了职业的内涵、特性、功能以及职业的分类和发展趋势，讲解了职业心理研究的部分主要内容，包括：职业期望、职业能力、职业观、职业满意度、职业流动、职业兴趣等，并专门介绍了职业生涯发展及其规划在组织人力资源管理活动中的应用。

复习思考题

1. 你认为员工职业生涯规划对组织人力资源管理活动有何指导意义？
2. 参考职业生涯彩虹图，谈谈你对职业生涯的理解。
3. 写一篇800字以内探索自我性格与职业发展的短文。
4. 根据你对职业心理的理解，你认为怎样实现个人、组织、家庭和社会的和谐发展？

案例分析

大学生个人职业生涯规划

一、前言

在今天这个人才竞争的时代，职业生涯规划开始成为人才争夺战中的另一重要利器。对企业而言，如何体现公司“以人为本”的人才理念，关注员工的人才理念，关注员工的持续成长，职业生涯规划是一种有效的手段。而对每个人而言，职业生命是有限的，如果不进行有效的规划，势必造成生命和时间的浪费。作为当代大学生，若是带着一脸茫然，踏入这个拥挤的社会怎能满足社会的需要，使自己占有一席之地？因此，我试着为自己拟定一份职业生涯规划，将自己的未来好好地设计一下。有了目标，才会有动力。

二、自我盘点

我是一个本科生，（平时）是家里最大的希望——成为有用之才。性格外向、开朗、活泼，业余时间爱交友、听音乐、外出散步、聊天，还有上网。喜欢看小说、散文，尤其爱看杂志类的书籍，心中偶像是周恩来，平时与人友好相处群众基础较好，亲人、朋友、教师关爱，喜欢创新，动手能力较强。做事认真、投入，但缺乏毅力、恒心，学习是“三天打鱼，两天晒网”，以致一直不能成为尖子生，有时多愁善感，没有成大器的气质和个性。在身高上缺乏自信心，且害怕别人在背后评论自己。

三、解决自我盘点中的劣势和缺点

所谓江山易改，本性难移，虽然恒心不够，但可凭借那份积极向上的热情鞭策自己，久而久之，就会慢慢培养起来，充分利用一直关心支持我的庞大亲友团的优势，真心向同学、老师、朋友请教，及时指出自己存在的各种的劣势和缺点，并制订出相应计划有针对性地改正。经常锻炼，增强体质，以弥补海拔不够带来的负面影响。

四、未来人生职业规划

根据自己的兴趣和所学专业，在未来应该会向化学和英语两方面发展。围绕这两个方面，本人特对未来15年做初步规划如下：

1. 2005~2009年学业有成期：充分利用校园环境及条件优势，认真学好专业知识，培养学习、工作、生活能力，全面提高个人综合素质，并为就业做准备。

2. 2010~2012年，熟悉适应期：利用3年左右的时间，经过不断地尝试努力，初步找到合适自身发展的工作环境、岗位。

完成主要内容：

(1) 学历、知识结构：提升自身学历层次，从本科走向研究生，专业技能熟练。英语四、六级争取拿优秀，普通话过级，且拿到英语口语等级证书，开始接触社会、工作，熟悉工作环境。

(2) 个人发展、人际关系：在这一期间，主要做好职业生涯的基础工作，加强沟通，虚心求教。

(3) 生活习惯、兴趣爱好：适当交际的环境下，尽量形成比较有规律的良好个人习惯，并参加健身运动，如散步、跳健美操、打羽毛球等。

3. 2013~2019年，在自己的工作岗位上，踏踏实实地贡献自己的力量，拥有一个完美的家庭。

五、结束语

计划固然好，但更重要的在于具体实践并取得成效。任何目标，只说不做到头来都会是一场空。然而，现实是未知多变的，定出的目标计划随时都可能遭遇问题，要求有清醒的头脑。其实，每个人心中都有一座山峰，雕刻着理想、信念、追求、抱负；每个人心中都有一片森林，承载着收获、芬芳、失意、磨砺。一个人，若要获得成功，必须拿出勇气，付出努力、拼搏、奋斗。成功，不相信眼泪；成功，不相信颓废；成功不相信幻影。未来，要靠自己去打拼！

(资料来源：选自豆丁网)

案例问题

1. 你认为该职业生涯规划设计的优点和不足是什么？

2. 根据自己的实际情况，设计一份你的职业生涯规划。

案例：张某的职业生涯

张某，1955年生于中国北方一个小镇。正当他念初中一年级的时候，“文化大革命”开始了，他不得不中断学业，后来又在上山下乡的浪潮中到一个偏远的人民公社插队。“文化大革命”后恢复高考，他考入了某财经学院。毕业后，在某市的一家造船厂做成本会计，一年半后，他辞职不干到某市一家集装箱公司谋得一份管理职位，三个半月后，他被解雇了。在谋求新的工作岗位时，他到一家职业介绍所做了能力测试并寻求帮助和建议，测试结果表明他最适宜做推销工作。那家职业介绍所为他找了一份药品推销工作，任职于一家大型医药公司。他喜欢这一工作，在那里干了一年半。后来，他听说另一个更著名的药材公司有同类型的工作，便向该药材公司申请，并在1984年被雇用。进入20世纪90年代，他的女儿长大并考入一所著名大学，但他的妻子却下岗了。张某的生活发生了很大的变化，他也变得有点工作狂了，因为他感受到了来自各方面的压力。有人劝告他去找一位心理医生解除他的心理紧张。他接受了劝告，找了一位著名的心理医生，做了一系列的咨询诊断。

（资料来源：选自百度文库）

思考题

1. 他现在的工作和过去的工作在多大程度上适合他？还有其他什么工作适合他吗？
2. 张某的职业生涯设计与开发存在什么问题？

心理测验

价值观测试

价值观是我们去发现值得做和有意义的事情的原则，它能够指引我们该做什么，如何去做。请看以下的工作价值观和个人价值观列表，选出10种对你来说很重要的价值观。然后利用所提供的等级表，按照优先顺序对它们进行排列。

从表1中勾出10种对你最具意义的价值观。你也可以为列表添加其他价值观，并根据需要将其纳入你的选择之中。

表1　66种价值观

1. 有职责		2. 优秀		3. 成就	
4. 名声		5. 进步		6. 家庭	
7. 冒险		8. 快节奏		9. 威信	
10. 经济回报		11. 人道主义		12. 舒适	
13. 环境保护		14. 自由		15. 挑战	
16. 友谊		17. 变革		18. 乐趣	
19. 协作		20. 健康		21. 共性	
22. 帮助他人		23. 能力		24. 帮助社会	

续表

25. 竞争		26. 诚实		27. 创造力	
28. 独立		29. 以顾客为导向		30. 果断	
31. 效率		32. 正直		33. 内部融洽	
34. 智慧		35. 平等		36. 参与	
37. 道德		38. 知识		39. 领导能力	
40. 信仰		41. 爱		42. 名誉	
43. 忠诚		44. 责任心		45. 意义	
46. 安全		47. 开诚布公		48. 服务	
49. 和平精神		50. 慢节奏		51. 个人发展	
52. 稳定性		53. 权力		54. 地位	
55. 压力		56. 刺激		57. 私密	
58. 时间		59. 提拔		60. 信任	
61. 质量		62. 多样性		63. 认可	
64. 独立工作		65. 人际关系		66. 与他人合作	

注：如果你还有其他价值观，请写出。________________________________

将你选出的 10 种价值观填入下表第一栏“价值观”中，赋予某种价值观一个编号。其他列空着（以后再处理），先直接进入下一个等级表达操作。

表 2　　10 种价值观

价值观（填入）	A 栏 被选择的总次数	B 栏 排序（1~10）
1		
2		
3		
4		
5		
6		
7		
8		
9		
10		

现在请你完成下面的等级表（表 3）。你需要将每一种价值观和其他 9 种价值观依次做比较，以决定在每两种价值观之间你更倾向于哪一种（在每一空格中圈出它的标号）。比如，顶格中让你在价值观 1 和 2 之间做一个选择。

表 3　等级表

1　2								
1　3	2　3							
1　4	2　4	3　4						
1　5	2　5	3　5	4　5					
1　6	2　6	3　6	4　6	5　6				
1　7	2　7	3　7	4　7	5　7	6　7			
1　8	2　8	3　8	4　8	5　8	6　8	7　8		
1　9	2　9	3　9	4　9	5　9	6　9	7　9	8　9	
1　10	2　10	3　10	4　10	5　10	6　10	7　10	8　10	9　10

当你完成选择后，统计一下你圈中每一种价值观的次数，这就是你给它分配的优先权值。将其填入“价值观列表”的 A 栏中。

然后，在“价值观列表”的 B 栏中安排各价值观的优先等级。

将优先权值最大的价值观（A 栏中最高的数值）安排为 1 号，将优先权值最小的价值观（A 栏中最低的数值）安排为 10 号。

（资料来源：陈国海．组织行为学［M］．北京：清华大学出版社．2006：105-107）

参考文献

1. 徐振轩，廖忠明．职业规划与就业指导［M］．成都：西南师范大学出版社，2007.
2. 姚裕群．职业生涯规划与发展［M］．北京：首都经济贸易大学出版社，2003.
3. 堪新民，唐东方．职业生涯规划［M］．广州：广东经济出版社，2002.
4. 周文霞．职业生涯管理［M］．北京：中国人民大学出版社，2004.
5. 章达友．职业生涯规划与管理［M］．厦门：厦门大学出版社，2005.
6. 杨蓉．人力资源管理［M］．大连：东北财经大学出版社，2005.
7. 杨河清．职业生涯规划［M］．北京：中国劳动社会保障出版社，2005.